22. WISSENSCHAFTLICHE
VERÖFFENTLICHUNG DER DEUTSCHEN ORIENT-GESELLSCHAFT

JERICHO

DIE ERGEBNISSE DER AUSGRABUNGEN

DARGESTELLT VON

ERNST SELLIN UND CARL WATZINGER

MIT 4 TAFELN, SOWIE 550 ABBILDUNGEN IM TEXT UND AUF 45 BLÄTTERN

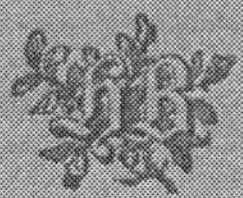

LEIPZIG
J. C. HINRICHS'SCHE BUCHHANDLUNG
1913

WISSENSCHAFTLICHE VERÖFFENTLICHUNGEN DER D.O.-G.

1: **Die Hettitische Inschrift** gefunden in der Königsburg von Babylon am 22. August 1899 von ROBERT KOLDEWEY. Faksimile der Inschrift, Vorder-, Rück- und Seitenansicht der Stele in Lichtdruck, Bemerkungen des Finders, Vorwort von FRIEDRICH DELITZSCH. 1900. 4 M.
Für Mitglieder der D.O.-G. 3 M. — Mit 2 und 4 in einem Leinenband 2.50 M. mehr.

2: **Die Pflastersteine von Aiburschabu in Babylon.** Von ROBERT KOLDEWEY. Mit 1 Karte und 4 Doppeltafeln in Photolithographie. 1901. 4 M.
Für Mitglieder der D.O.-G. 3 M. — Mit 1 und 4 in einem Leinenband 2.50 M. mehr.

3: **Der Timotheos-Papyrus,** gefunden bei Abusir am 1. Februar 1902. Sieben Faksimile-Tafeln in Lichtdruck mit einer Einführung von ULRICH V. WILAMOWITZ-MÖLLENDORFF. [Abusir IV] 1903. 12 M.
Für Mitglieder der D.O.-G. 9 M. — In vornehmer Leinenmappe 3 M. mehr.

4: **Babylonische Miscellen.** Herausgegeben von F. H. WEISSBACH. Mit 1 Lichtdruck, drei Figuren im Text und 15 autographischen Tafeln. 1903. 12 M.
Für Mitglieder der D.O.-G. 9 M. — Mit 1 und 2 in einem Leinenband 2.50 M. mehr.

5: **Die Inschriften Nebukadnezars II. im Wâdi Brîsā und am Nahr el-Kelb.** Herausgegeben, umschrieben, übersetzt und erklärt von F. H. WEISSBACH. Mit 6 Lichtdrucken, 5 Textabbildungen und 40 autographischen Tafeln. 1906. 20 M.
Für Mitglieder der D.O.-G. 15 M. — In Leinenband 2.50 M. mehr.

6: **Griechische Holzsarkophage aus der Zeit Alexanders d. Gr.** Von CARL WATZINGER. Mit 3 Chromotafeln, 1 farbigen Plan und 135 Abbildungen im Text. [Abusir III] 1905. 35 M.
Für Mitglieder der D.O.-G. 30 M. — In Leinenband 2.50 M. mehr.

7: **Das Grabdenkmal des Königs Ne-user-re'.** Von LUDWIG BORCHARDT. Mit 143 Abbildungen im Text, 24 schwarzen und 4 farbigen Blättern. [Abusir I] 1907. 60 M.
Für Mitglieder der D.O.-G. 48 M. — In Leinenband 4 M. mehr.

8: **Priestergräber und andere Grabfunde vom Ende des alten Reiches bis zur griechischen Zeit vom Totentempel des Ne-user-rê.** Von HEINRICH SCHÄFER. Mit 255 Abbildungen im Text, 1 farbigen und 12 Lichtdrucktafeln. [Abusir II] 1908. 54 M.
Für Mitglieder der D.O.-G. 45 M. — In Leinenband 4 M. mehr.

9: **Hatra.** Nach Aufnahmen von Mitgliedern der Assur-Expedition der Deutschen Orient-Gesellschaft. I. Teil. Allgemeine Beschreibung der Ruinen. Von WALTER ANDRAE. Mit 46 Abbildungen im Text und 15 Tafeln. 1908. 16 M.
Für Mitglieder der D.O.-G. 13 M. — In Leinenband 3 M. mehr.

10: **Der Anu-Adad-Tempel.** Von WALTER ANDRAE. Mit 94 Abbildungen im Text und 34 Tafeln. [Assur A I] 1909. 40 M.
Für Mitglieder der D.O.-G. 32 M. — In Leinenband 4 M. mehr.

11: **Das Grabdenkmal des Königs Nefer-ir-ke;-re'.** Von LUDWIG BORCHARDT. Mit 96 Abbildungen im Text, 7 einfarbigen und 3 mehrfarbigen Blättern. [Abusir V] 1909. 30 M.
Für Mitglieder der D.O.-G. 24 M. — In Leinenband 4 M. mehr.

12: **Das Hohe Tor von Medinet Habu.** Eine baugeschichtliche Untersuchung von UVO HÖLSCHER. Mit 65 Abbildungen im Text, 6 einfarbigen und 4 doppelfarbigen Tafeln. 1910. 25 M.
Für Mitglieder der D.O.-G. 20 M. — In Leinenband 4 M. mehr.

13: **Kasr Firaun in Petra.** Von HEINRICH KOHL. Mit 12 Tafeln und 39 Abbildungen im Text. 1910. 16 M.
Für Mitglieder der D.O.-G. 13 M. — In Leinenband 3 M. mehr.

14: **Das Grabdenkmal des Königs S'a;hu-re'.** Bd. I. Von LUDWIG BORCHARDT. Mit 197 Abbildungen im Text, 12 einfarbigen und 4 mehrfarbigen Blättern. [Abusir VI] 1910. 54 M.
Für Mitglieder der D.O.-G. 45 M. — In Leinenband 4 M. mehr.

15: **Die Tempel von Babylon und Borsippa.** Von ROBERT KOLDEWEY. Mit 110 Abbildungen im Text und auf 11 Blättern sowie 16 Tafeln. [Babylon I] 1911. 32 M.
Für Mitglieder der D.O.-G. 25 M. — In Leinenband 4 M. mehr.

16: **Keilschrifttexte aus Assur historischen Inhalts.** 1. Heft. Autographiert von LEOPOLD MESSERSCHMIDT, mit ausführlicher Inhaltsübersicht von FRIEDRICH DELITZSCH. XIII Seiten Buchdruck und 78 Seiten Autographie. [Assur E I] 1911. 12 M.
Für Mitglieder der D.O.-G. 9 M. — Kartoniert 60 Pf. mehr.

17: **Nordmesopotamische Baudenkmäler altchristl. und islamischer Zeit.** Von CONRAD PREUSSER. Mit 1 Kartenskizze und 225 Abbildungen auf 82 Tafeln und im Text. 1911. 50 M.
Für Mitglieder der D.O.-G. 40 M. — In Leinenband, Tafeln in Mappe 8 M. mehr.

18: **Der Porträtkopf der Königin Teje.** Im Besitz von Dr. James Simon in Berlin. Beschrieben und erläutert von LUDWIG BORCHARDT. Mit 4 Heliogravüren, 1 Doppellichtdruck und 42 Abbildungen im Text. 1911. 16 M.
Für Mitglieder der D.O.-G. 12 M. — In Leinenmappe 3 M. mehr.

19: **Boghasköi.** Die Bauwerke. Von OTTO PUCHSTEIN unter Mitwirkung von HEINRICH KOHL und DANIEL KRENCKER. Mit 110 Abbildungen im Text und 50 Tafeln sowie einem Porträt Otto Puchsteins. 1912. 60 M.
Für Mitglieder der D.O.-G. 48 M. — In Leinenband 6 M. mehr.

20: **Ocheïdir.** Nach Aufnahmen von Mitgliedern der Babylon-Expedition der Deutschen Orient-Gesellschaft. Dargestellt von OSKAR REUTHER. Mit 26 Tafeln und 52 Abbildungen im Text und auf 10 Blättern. 1912. 30 M.
Für Mitglieder der D.O.-G. 24 M. — In Leinenband 5 M. mehr.

21: **Hatra.** Nach Aufnahmen von Mitgliedern der Assur-Expedition der Deutschen Orient-Gesellschaft. II. Teil. Einzelbeschreibung der Ruinen. Von WALTER ANDRAE. Mit 24 Tafeln und 285 Abbildungen im Text und auf 54 Blättern. 1912. 75 M.
Für Mitglieder der D.O.-G. 60 M. — In Leinenband 6 M. mehr.

22: **Jericho.** Die Ergebnisse der Ausgrabungen. Dargestellt von ERNST SELLIN und CARL WATZINGER. Mit 4 Tafeln, sowie 550 Abbildungen im Text u. auf 45 Blättern. 1913. 60 M.
Für Mitglieder der D.O.-G. 48 M. — In Leinenband 6 M. mehr.

Band. 1—22 717 M.; für Mitglieder nur 575 M.; geb. 79.10 M. mehr.

Fortsetzung auf der 3. Umschlagseite.

JERICHO

DIE ERGEBNISSE DER AUSGRABUNGEN

DARGESTELLT VON

ERNST SELLIN UND CARL WATZINGER

MIT 4 TAFELN, SOWIE 550 ABBILDUNGEN IM TEXT UND AUF 45 BLÄTTERN

LEIPZIG
J. C. HINRICHS'sche BUCHHANDLUNG
1913

22. WISSENSCHAFTLICHE

VERÖFFENTLICHUNG DER DEUTSCHEN ORIENT-GESELLSCHAFT

Druck von August Pries in Leipzig.

Vorwort.

Die Veröffentlichung der Ausgrabungen in Jericho hat sich verzögert, da Herr Dr. Langenegger, der ursprünglich die Abfassung des Abschnittes über die Bauwerke übernommen hatte, durch anderweitige Verpflichtungen in Anspruch genommen wurde, und die Bearbeitung schließlich von dem mitunterzeichneten Watzinger durchgeführt werden mußte. Dabei konnten eingehende Beschreibungen der israelitischen Böschungsmauer, der byzantinischen Baulichkeiten auf dem Nordosthügel und der muslimischen Gräber, die Herr Dr. Langenegger an Ort und Stelle verfaßt hatte, benutzt werden. Im übrigen beruhen die Ausführungen des Abschnittes auf den Zeichnungen und Plänen der beteiligten Architekten, ihren Berichten in den Mitteilungen der Deutschen Orient-Gesellschaft 39 und 41 und eigenen Tagebuchaufzeichnungen des Verfassers. Wie aus dem Inhaltsverzeichnis hervorgeht, stammen im Texte Seite 1—15, 156—159, 171—190 von Sellin, Seite 17—156, 160—169 von Watzinger.

Die der Veröffentlichung beigegebenen Grundrisse im Text und die Pläne auf Tafel II bis IV sind Ausschnitte aus einem von Herrn Dr. Langenegger gezeichneten Gesamtplane der Ausgrabung; dem farbigen Plane auf Tafel I liegt ein von Dr. Nöldeke vervollständigter Plan Langeneggers, der auch den MDOG 41 beigegeben ist, zugrunde. Abgesehen von einigen unwesentlichen Änderungen sind ihm die Farben auf Grund der Ergebnisse des Abschnittes über die Bauwerke zugefügt. Die übrigen Zeichnungen, die im Abschnitt II wiedergegeben sind, stammen von den Herren Dr. Langenegger, Dr. Nöldeke und Regierungsbaumeister Schultze.

Die photographischen Aufnahmen der Bauwerke sind im Jahre 1908 im wesentlichen von Langenegger, 1909 von Watzinger, die der Funde zum Teil von Watzinger, zum Teil von dem Photographen Koch hergestellt. Die Aufnahmen aus der Voruntersuchung des Jahres 1907 hat Sellin beigesteuert.

Die Zeichnungen von Einzelfunden im Abschnitt III haben die Herren Regierungsbaumeister Meyer und Maler Bollacher ausgeführt.

Für Bestimmungen von Gesteinen und Mineralien haben wir den Herren Professoren Blanckenhorn, Rathgen, Thiele und Dr. Büttner, für einen ägyptologischen Beitrag Herrn Professor Schäfer zu danken.

Rostock-Giessen, im Dezember 1912

Ernst Sellin. Carl Watzinger.

Inhaltsübersicht.

I. Einleitung.

(Von Ernst Sellin)

1. Die äußere Geschichte der Grabung.

Am Nordende der immer noch paradiesisch schönen Oase von Jericho, etwa 2 km nördlich von dem heutigen Fellachendorfe Eriḥa liegt die sog. Sultansquelle (Ain es-Sultan), von christlichen Pilgern auch wohl Elisaquelle genannt, vordem von alten Bäumen malerisch beschattet und von Trümmern eines byzantinischen Bauwerks umgeben, seit etwa 10 Jahren in ein nüchternes kahles Bassin gefaßt. Unmittelbar westlich neben ihr erstreckt sich ein von der Quelle aus sehr scharf ansteigendes, ovales Hügelplateau von etwa 350 m Länge und 150 m größter Breite, aus dem ihrerseits wieder sieben Kuppen von sehr verschiedenem Umfang — drei lang von Norden nach Süden hingezogen, vier kegelförmig aufsteigend — und von verschiedener Höhe (5 bis 12 m) emporragen. Das Ganze nennen die Araber Tell es-Sultan. Vgl. die Aufnahme des Hügels vor der Grabung von Dr. Langenegger Abb. 1, die Ansicht bei Beginn der Ausgrabungen Blatt 1, a und die Ansichten der verschiedenen Hügelkuppen Blatt 2, a bis d.

Auf diesem Plateau zeigte man im 4. Jahrhundert dem Pilger von Bordeaux[1], wie im 7. dem Arkulf das Haus der Hure Rachab, vermutete also hier das alte kanaanitische Jericho. Und auch als man im 19. Jahrhundert die Topographie Palästinas nach wissenschaftlicher Methode zu betreiben begann, richtete sich das Auge besonders wegen der unmittelbaren Nähe der Quelle in erster Linie immer auf diesen Platz, wenn man auch meistens annahm, daß das israelitische Jericho auf einer andern als dieser von Josua verfluchten Stelle gelegen haben müsse[2].

Kein Wunder, daß man, als man daran ging, mit Hilfe des Spatens die topographischen Schlüsse nachzuprüfen und auch Palästinas Boden archäologisch zu durchforschen, sehr bald gerade an diesem vielverheißenden Punkte einsetzte. Der englische Palestine Exploration Fund, der soeben in Jerusalem die ersten erfolgreichen palästinensischen Ausgrabungen durchgeführt hatte, wandte sich im Jahre 1868 unter Leitung des Leutnant Warren der Jericho-Oase zu und zog durch die Hügel derselben, insbesondere gerade die des an der Quelle gelegenen Plateaus seine Probegräben. Indes die Expedition endete mit einem negativen Resultate. Den Bericht über dieselbe schloß Warren dahin ab, daß hier ein weiteres Suchen nach den Resten des alten Jericho nicht lohnend sein würde.

---

1) „Supra eundem vero fontem." Itinerarium a Burdigala usque Hierusalem 154.

2) Vgl. Tobler, Topographie von Jerusalem und seinen Umgebungen S. 665. Robinson, Palästina 2 S. 544ff.

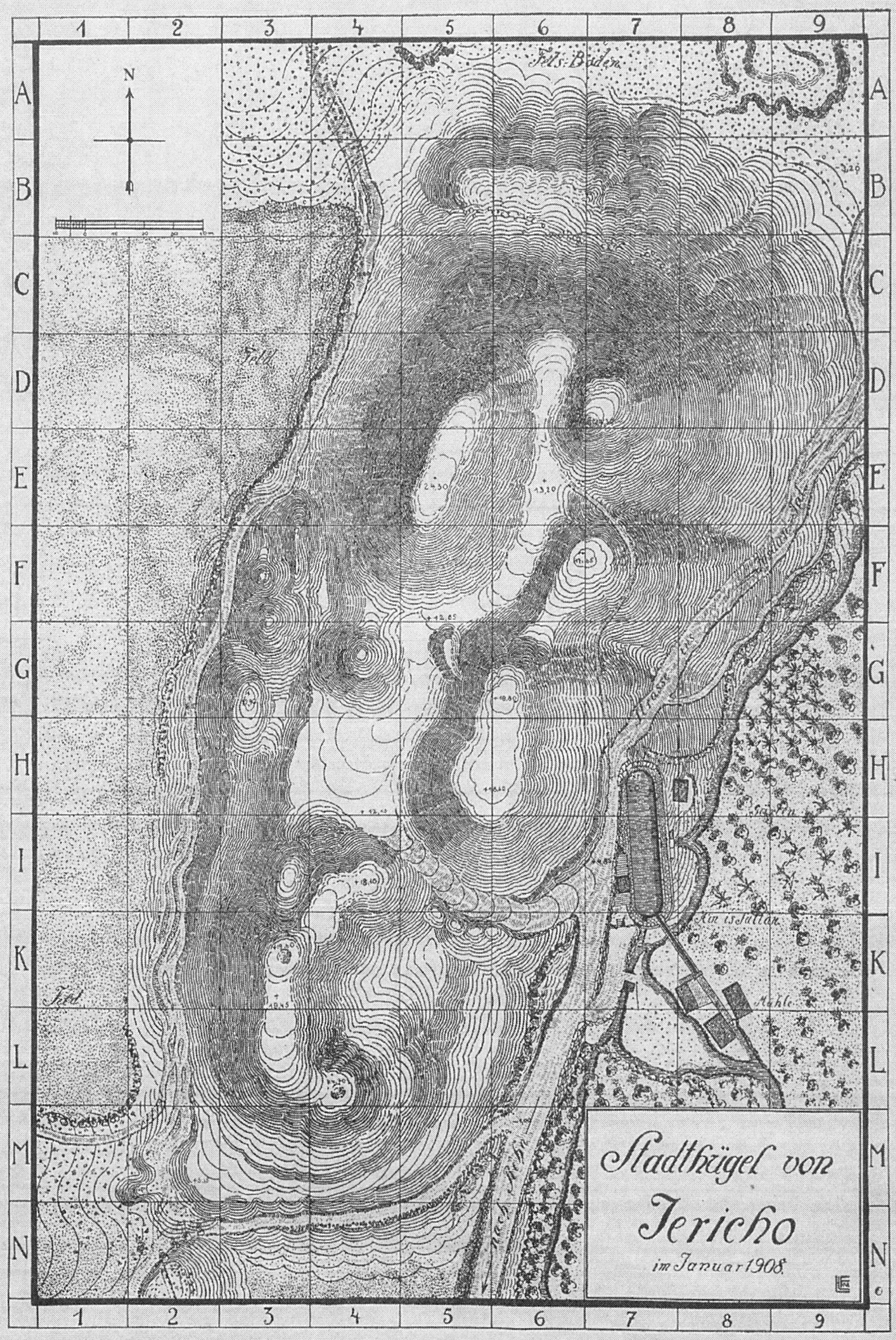

Abb. 1. Plan des Stadthügels von Jericho vor der Grabung, aufgenommen und gezeichnet von Dr. Langenegger.

Obwohl der im Dienste derselben Gesellschaft stehende Dr. Bliß, belehrt durch die Erfahrungen bei seiner überaus erfolgreichen Arbeit in Tell el-Hasy (1890—92) diesem skeptischen Urteile bereits im Jahre 1894 widersprach und für eine wirklich systematische Durchforschung des Hügelplateaus eintrat[1], zog jene es doch vor, für ihre weiteren Unternehmungen sich andere Objekte zu wählen.

Im Frühjahre 1899 unternahm ich mit Unterstützung der österreichischen Regierung meine erste Palästinareise, die dem ausgesprochenen Zwecke dienen sollte, ein geeignetes Objekt für eine künftige Grabung zu suchen. Und als ich nur ein bis zwei Stunden auf dem Tell es-Sultan geweilt hatte, war es mir gewiß, vor allem auf Grund des überaus reichen Scherbenbefundes, in dem speziell das kanaanitische Element hervortrat, daß trotz des englischen Mißerfolges gerade an dieser Stelle das kanaanitische Jericho gelegen haben müsse, daß die früheren Probegräben vorzeitig abgebrochen und überhaupt nicht genügend in die Tiefe geführt wären, und daß im Hinblick auf die einstige Geschichte des Platzes alle Aussichten für eine lohnende Ausgrabung vorhanden seien.

Die Fortsetzung der Reise bot mir dann allerdings zwei noch bessere Objekte dar, den Tell Dotan und vor allem den Tell Ta'annek in der Jesreel-Ebene. Heimgekehrt empfahl ich diesen daher an erster Stelle, und in den Jahren 1902—04 wurde hier, vor allem mit Unterstützung der kaiserlichen Akademie der Wissenschaften in Wien, eine Grabung mit reichen Resultaten von mir durchgeführt.

Dieser Erfolg bestimmte mich, obwohl in den folgenden Jahren die Mittel der Akademie anderweitig in Anspruch genommen waren, zu versuchen, die archäologische Arbeit in Palästina mit privater Unterstützung, die ich nebenher auch früher schon in dankenswerter Weise erfahren hatte, fortzusetzen. Und nach einem kurzen Versuche, mir den Tell Dotan zu sichern, der aber an den ganz übertriebenen Forderungen des Besitzers Hafis Pascha in Dschennin scheiterte, griff ich nun auf Jericho zurück.

In meinem günstigen Urteile über diesen Platz hatten mich inzwischen die Beobachtungen von Thiersch und Hölscher nur bestärkt[2]. Um das Bassin der Quelle zu bauen, hatte der Mudir von Eriḥa Erde und Steine am Ostabhange des Plateaus weggraben lassen, und dabei waren nun ganz offen alte Lehmmauern zutage getreten. Da der Platz als Dschiftelik, also Eigentum des Sultans galt, war mit Hilfe der Botschaft und dank der warmen Befürwortung seitens der Direktion des ottomanischen Museums die Lizenz verhältnismäßig schnell und einfach zu erlangen. Später freilich stellte sich heraus, daß die wirklichen Besitzer einige Negerfamilien in Eriḥa seien. Aber da nun einmal Sultan Abdul Hamid seine Zustimmung gegeben hatte, wurde die Sache nicht wieder rückgängig gemacht.

Durch den englischen Mißerfolg zur Vorsicht gemahnt, wollte ich nicht gleich alles auf eine Karte setzen, sondern zunächst eine ganz kurze Probegrabung vornehmen. Die dazu erforderlichen ca. 9000 Frcs. wurden mir in der hochherzigsten Weise von den Herren A. Krupp in Berndorf, Philipp und Paul v. Schöller, A. Dreher in Wien und K. Frank in Linz zur Verfügung gestellt. So machte ich mich im Frühjahre 1907 nach Eriḥa in Begleitung des Herrn Architekten Niemann auf und suchte durch eine dreiwöchentliche Probegrabung (vom 5. bis 26. April) Gewißheit zu gewinnen.

1) Vgl. Palestine Exploration Fund Quarterly Statement 1894 p. 175ff.
2) Vgl. M. D. O.-G. 1904, N. 23 S. 40.

An fünf Stellen wurden Probegräben angelegt, und schon nach wenigen Tagen war die Sicherheit erlangt, daß die Erwartungen nicht getäuscht hatten. Ein ganz kurzer vorläufiger Bericht über die Ergebnisse dieser Versuchskampagne ist in den Mitteilungen und Nachrichten des deutschen Palästinavereins[1] veröffentlicht. Mehrere der aus dieser dreiwöchentlichen Arbeit damals gezogenen Schlüsse sind natürlich durch die spätere Arbeit richtiggestellt. Aber, abgesehen von einigen interessanten keramischen Einzelfunden, war die Kampagne in zweifacher Beziehung von grundlegender, bleibender Bedeutung: Sie ergab, daß tatsächlich, wo man das Plateau nur angrub, alte Fundamente angetroffen wurden, die bewiesen, daß dasselbe eine ganze Stadtanlage einschloß, und zum andern, die kanaanitische Stadtmauer wurde sofort gefunden (D 6 des Planes) und konnte nun fernerhin weiter verfolgt werden.

Eine Fortsetzung der Arbeit war damit zur Pflicht geworden. Aber nun stellten sich ihr pekuniäre Schwierigkeiten in den Weg. Obwohl die oben genannten Gönner zum Teile abermals ihre Bereitwilligkeit zur Hilfe kundgaben, so war doch auf diesem Wege kaum ein Fünfteil der Ausgaben für eine große Kampagne gesichert. Und einige Versuche, andere Privatleute zu interessieren, mißlangen. In dieser Not legte mir Herr Geheimrat Dr. Delitzsch nahe, mich an die Deutsche Orient-Gesellschaft zu wenden. Und der geschäftsführende Ausschuß dieser willfahrte in entgegenkommender Weise im September 1907 meiner Bitte, die Ausgrabung von Jericho hinfort als seine Unternehmung unter meiner Leitung durchführen zu lassen. Zu diesem Zwecke attachierte er mir als Architekten Herrn Regierungsbaumeister Dr. Langenegger in Dresden und als Archäologen Herrn Prof. Dr. Watzinger, damals in Rostock.

In Gemeinschaft mit diesen beiden Herrn wurde nun die erste große Kampagne auf dem Trümmerfelde von Jericho vom 2. Januar bis 8. April 1908 von mir durchgeführt, unter Heranziehung meines früheren erprobten Oberaufsehers Nikola Datodi, fünf meiner alten Vorarbeiter aus Haifa und durchschnittlich 200 männlicher und weiblicher Arbeiter. Nur an vier Tagen, dem 18. und 27. Januar, dem 8. Februar und dem 11. März mußte die Arbeit wegen Regen und Sturm ausgesetzt werden. Sehr kam dem Arbeitsbetriebe zu statten, daß ich inzwischen eine Feldbahn — 2 Waggons und 100 m Schienen — gekauft hatte, zu der uns noch 4 Waggons und 200 m Schienen gütigst aus Baalbek geliehen wurden. Während wir bei der Probegrabung in Zelten auf dem Ausgrabungsplatze gewohnt hatten, die aber von den Stürmen mehrfach bei Tag wie bei Nacht uns über den Köpfen weggerissen waren, zogen wir es jetzt vor, im Gilgal-Hotel in Eriḥa zu logieren. Die Arbeit galt diesmal vor allem einer zusammenhängenden Aufklärung im Norden des Plateaus, sowie der Verfolgung der diesmal entdeckten Außenmauer. Ein vorläufiger Bericht über sie wurde veröffentlicht in den Mitteilungen der D. O.-G. 1908, N. 39.

Die Kampagne hatte bereits bedeutend aufklärend gewirkt, zugleich aber viele neue Probleme gestellt. Eine Fortsetzung war unbedingt erforderlich. Dieselbe begann am 15. Januar 1909 und endete am 2. April. An Stelle des Herrn Dr. Langenegger traten Herr Architekt Dr. Nöldeke und Herr Regierungsbaumeister Otto Schultze. Diese beiden leiteten die Arbeit mit Schuttaufräumen und Weiterverfolgung der Innenmauer im Westen ein; am 10. Februar trafen Watzinger und ich in Eriḥa ein. Die Arbeitskräfte wurden diesmal zeitweise bis auf 240 er-

1) Jahrgang 1907 S. 65—71.

Abb. 2. Stadthügel von Jericho von Westen 1909.

höht. In der ganzen Zeit brauchte die Arbeit wegen Unwetter nur an zwei Tagen, vom 10. Februar an überhaupt nicht mehr ausgesetzt zu werden. Die Maueraufklärung wurde bis auf den Osten geradezu vollendet, in der Mitte des Plateaus ein breites zusammenhängendes Stück freigelegt, Probegräben nach allen Richtungen hin gezogen, am Schlusse der Kampagne sogar eine kurze Schürfungsarbeit auf dem Boden des herodianischen Jericho, 2 km südlich von unserm Plateau, vorgenommen. Ein vorläufiger Bericht über diese ganze Arbeit erschien in den Mitteilungen der D. O.-G. 1909, N. 41.

Türkischer Regierungskommissär war bei allen drei Kampagnen Chevket Effendi Khaldi aus Jerusalem. Das Verhältnis zu ihm war stets ein ungetrübtes.

Gewährt hat die Arbeit an der Ain es-Sultan alles in allem etwa 7 Monate. Die Gesamtkosten haben sich auf annähernd 78000 Frcs. belaufen, für deren größten Teil wir auch an dieser Stelle Herrn Dr. James Simon in Berlin herzlichst zu danken haben. Der Umstand, daß die Grabung in drei Etappen durchgeführt und die drei, ja vier mit derselben betrauten Herren infolgedessen mehrere Male die Hin- und Rückreise machten, hat natürlich die Kosten beträchtlich erhöht.

Am Schlusse der dritten Kampagne mußten wir uns sagen, daß, so gewiß auch jetzt noch ungelöste Probleme vorlägen, so wenig glückliche Zufallsfunde auch fernerhin ausgeschlossen seien, und so gewiß vor allem eine Fortführung der Grabung in die Tiefe für die prähistorische Forschung noch weiteres überraschendes Material zutage fördern könnte, doch ein vorläufiger Abschluß erreicht sei, der bereits eine Zusammenfassung der gewonnenen Ergebnisse gestattete, und daß eine derzeitige Fortsetzung der Arbeit nicht mehr in einem richtigen Verhältnis zu den aufgewendeten Kosten stehen würde.

Absichtlich haben wir das ganze Ausgrabungsfeld aufgedeckt liegen lassen und damit einen Punkt in Palästina geschaffen, an dem sich Interessierte durch persönliche Augenscheinnahme archäologisch belehren können, wie es in diesem Umfang zur Zeit an keiner andern Stelle des Landes möglich ist. Schon während der Ausgrabung hatten wir mehrfach Gelegenheit, als gern gesehene Gäste die Mitglieder des evangelischen Instituts für palästinensische Altertumskunde in Jerusalem mit ihrem Direktor D. Dalman, die gelehrten Mitglieder der Ecole biblique, vor allem unsern Freund Père Vincent und manche andere interessierte Besucher (so die Professoren Blanckenhorn, Naville, Budde, Brown, Feine, Greßmann, Weiß, Löhr, Procksch), sowie als weniger gern gesehene manche große Reisegesellschaft zu begrüßen. Freilich ist zu befürchten, daß die alten Trümmer, die nach drei- bis viertausendjährigem Todesschlafe wieder ans Tageslicht gezogen wurden, dem Zahn der Zeit nun nicht lange mehr widerstehen werden. Die Lehmmauern bersten jetzt bald und stürzen, wenn der Winterregen darüber kommt, schnell ein. Doch die gewaltigen steinernen Denkmäler werden hoffentlich noch lange Zeugnis ablegen von der Geschichte, die sich einst hier abgespielt hat. Eine Ansicht der Hügelgruppe von Westen am Schlusse der Grabung gibt Blatt 1, b und Abb. 2, von Osten Abb. 3.

Abb. 3. Stadthügel von Jericho von Osten 1909.

2. Der Gang der Grabung.

Bevor wir an die einzelnen Ergebnisse herantreten, sei der Gang der Grabung in großen Zügen skizziert.

1. a) Wir hörten oben S. 4, daß die Probegrabung des Jahres 1907 einen festen Angriffspunkt ergeben hatte, indem auf der Nordwestseite des Plateaus (D 6) eine auf einem Sockel von fünf Steinreihen ruhende, starke, noch in der Höhe von 3 m erhaltene Lehmmauer mit einem Turmvorsprung gefunden war. Die Verfolgung dieser Mauer mußte natürlich im Jahre 1908 zunächst in Angriff genommen werden. Diese Arbeit war besonders schwierig. Nicht nur, daß der größte Teil der Mauer herabgestürzt bzw. heruntergewaschen war, in die auf diese Weise entstandene schwer entwirrbare Lehmmasse waren auch noch wieder muslimische Leichen gebettet, deren Gräber vollends vielfach die Mauerwange ruiniert hatten. Aber bei einer genauen Untersuchung stellte sich heraus, daß der eigentlichen, durchschnittlich 3 m breiten Innenmauer in der Entfernung von 3,30 bis 3,70 m eine äußere, schwächere, 1,50 m breite Begleitmauer vorgelagert war, die mit jener durch Verbindungsmauern in unregelmäßigen Abständen verbunden war. Diese ganze Maueranlage wurde im Norden in ihrem Verlaufe von 60 m vollständig freigelegt. Dabei stellte sich heraus, daß die bei der Probegrabung auf dem Nordosthügel (D 7) gefundenen Häuschen, durch die eine steinerne Treppe von 16 Stufen hindurchlief, eine bedeutend später, als die Mauer schon längst als Ruine dalag, über dieselbe gebaute Anlage sein müßten. Im Westen lief die innere Mauer in einen vorspringenden Turm aus, um den die äußere sich in einer Kurve drehte. Im Osten (E 7) glaubten wir in der Kampagne 1908 ebenfalls einen Eckturm konstatieren zu

können, von dem aus die Mauer nach Süden weiterlief, die Kampagne 1909 ergab, daß das ein Irrtum war, daß die Mauer vielmehr noch weiter ostwärts (E 8) gelaufen war.

b) Gleichzeitig mit dieser Mauerverfolgung hatten wir aber auch die Aufklärung des großen ihr vorgelagerten nördlichen Abhanges begonnen. Am äußersten Nordende des gesamten Plateaus setzten wir mit drei je 5 m breiten Suchgräben (I—III) ein, die konvergierend auf die Hügelkuppen zugeführt wurden (B 5 u. 6, C 8). Am achten Tage der Arbeit stießen wir fast gleichzeitig in Graben I und II in einer Tiefe von 3,40 bzw. 2,70 m unter der Oberfläche auf eine Mauer, die wir nun als Außenmauer betrachteten. Die eigentliche Lehmmauer war freilich nur noch in dem mittleren Graben in einer Höhe von 2,40 m erhalten. Dagegen war das Steinfundament völlig unberührt und wurde, indem bis auf den Naturfels hinuntergegangen wurde, in seiner ganzen Höhe (7 m) wieder herausgeschält. Von beiden Gräben aus wurde dann zunächst nach Westen, später von I aus auch nach Osten hin in die Breite gegangen, um den Mauerlauf zu verfolgen. Die Herausarbeitung dieser Mauer, eines geradezu majestätischen Bauwerkes, wurde durch die ganze Kampagne fortgeführt und bildete eins ihrer wichtigsten Ergebnisse.

Im Norden wurde fast zusammenhängend, nur an einer Stelle durch einen 18 m breiten Schutthaufen unterbrochen, der Lauf der Mauer in einer Länge von 239 m wieder aufgedeckt, die im Osten über das Gebiet der heutigen Hügel hinaus sich in das der Gärten fortsetzte. Im Westen wurde derselbe nur in einem 5,50 m breiten Suchgraben konstatiert, im Süden hingegen abermals im Zusammenhange in einer Länge von 160 m bloßgelegt. Hier riß im Südosten der Steinsockel plötzlich scharf ab, statt seiner aber setzte sich die Mauer in einem starken Ziegelbauwerk fort, in welchem wir zunächst den Beginn einer Toranlage vermuteten (M 5).

c) Zu einer kompakten Flächengrabung wurde während dieser Kampagne zunächst das ganze Gelände zwischen der äußeren und den beiden inneren Mauern einerseits und zwischen den nördlichen Suchgräben I und II andererseits in Angriff genommen, ein Gebiet von etwa 1350 qm Flächeninhalt (C 5, 6; D 5, 6). In der obersten Schicht dieses stießen wir fast überall auf muslimische, aus Lehmsteinen gebaute Gräber, von denen etwa 30 aufgedeckt, aufgenommen und dann weggerissen wurden.

Unmittelbar unter diesen Gräbern begannen überall die Kulturreste früherer Zeit, zunächst versprengte Scherben und Krüge, Krughenkel mit rhodischen Stempeln, mit aramäischen Legenden, Köpfe menschlicher und die verschiedensten Bruchstücke tierischer Terrakotten aus der spätjüdischen Ära. Und einiges hiervon dürfte schon als Inventar zu den etwa 30 kleinen Häusern zu rechnen sein, deren Fundamente bald zum Vorschein kamen, die eng an einander geschachtelt und nur an einer Stelle durch eine Gasse getrennt waren. Sie bargen eine ganze Fülle von Geräten des täglichen Lebens.

d) Auf der Westseite des westlichen Hügels war bei der Probegrabung eine auf denselben hinaufführende breite, steinerne Treppe von 19 Stufen gefunden, für die keinerlei Erklärung hatte gegeben werden können. Neuerliche Probeanstiche, die hier in den ersten Tagen der Kampagne 1908 vorgenommen wurden, ergaben, daß parallel jener noch zwei andere Treppen von 15 bzw. 8 Stufen den Hügel hinaufführten, und diese sowie zwei weitere, die wir später auf der Nordseite entdeckten, zeigten evident, daß dieselben in einer Zeit gebaut sein mußten, da die innere Mauer als Ruine dalag, und man mittels der Stufen bequem das durch dieselbe allmählich gebildete erhöhte Plateau erreichen wollte. Andrerseits liefen einige der Häuser im Norden schon wieder über diese Treppen hinweg.

e) Neben der Aufklärung der Befestigung, vor allem im Norden, galt unser Interesse im Jahre 1908 besonders dem breiten, unmittelbar an der Quelle gelegenen Hügel, in dem am ergiebigsten Reste alten Kulturlebens erwartet werden konnten, weil immer in der unmittelbaren Nähe des Wassers der Schwerpunkt der Siedlungen gelegen haben mußte. Über eine Probegrabung kamen wir freilich auch hier während dieser Kampagne noch nicht hinaus. Von der äußersten Westkante des ganzen Plateaus führten wir zunächst einen Suchgraben von 5,50 m Breite auf jenen Hügel hin. In ihm fanden wir nicht nur, wie schon gesagt, die äußere Mauer wieder (F 3), sondern auch, abgesehen von den Fundamenten kleiner sehr alter Häuser, außerhalb und innerhalb derselben zwei starke Mauern, die wir nach Süden hin verfolgten und die offenbar Umfassungsmauern eines großen Gebäudes waren (F 4).

In den Quellhügel selbst suchten wir zuerst von Westen her mit breiter Front einzudringen, indem wir zunächst drei 5 m breite Gräben in ihn hineinlegten, zwischen denen die Brücken ebenfalls allmählich weggegraben wurden (G 5, H 4, 5). Obwohl wir hier überall Lehmmauern, eigenartige Kornmagazine, Gräber von Kindern und Erwachsenen (im ganzen acht), Häuser mit reichem keramischen Inhalt über einander geschichtet und in einander hineingebaut antrafen, mußten wir nach dreiwöchentlicher Arbeit von dieser Methode absehen, da wir bemerkten, daß es uns doch nicht gelingen werde, auf diesem Wege während dieser Kampagne des ganzen Hügels Herr zu werden und zu einem klaren Einblick in die Schichtenfolge zu kommen. Wir beschränkten uns daher, nachdem wir so auf etwa 20 m in ihn hineingedrungen waren, auf einen 10 m breiten Graben, den wir durch den ganzen Hügel hindurchlegten (H 6).

Auch in ihm kamen wir diesmal freilich noch nicht ganz in die Tiefe. Wohl aber trafen wir hier eine ganze Häuseranlage, die zunächst stehen zu lassen wir uns für verpflichtet hielten. Der Inhalt derselben an Erzeugnissen der Keramik war ein ganz besonders reicher.

f) Der Probeschacht, der im Jahre 1907 auf dem Plateaurücken zwischen den beiden nördlichen Hügeln angelegt war und in dem die Fundamente von kleinen Häusern oder Magazinräumen gefunden waren, wurde nach Norden hin bis an die innere Mauer erweitert, zugleich aber auch nach Osten und Westen, sodaß hier im ganzen jetzt ein Gebiet von etwa 500 qm Flächeninhalt freigelegt war (E 6). Am besten waren noch die unmittelbar an die Stadtmauer gebauten Häuser erhalten. Die sehr komplizierte Anlage war von einer in der Kurve laufenden Straße durchzogen.

g) Endlich wurde westlich von diesem Platze zwischen dem Nordwestturm und der Westmauer ein Gebiet von etwa 200 qm freigelegt (D 5, E 5). Dabei wurde nun vor allem die Innenseite jener ganz herausgearbeitet, sie stand hier stellenweise noch in einer Höhe von über 8 m. An sie waren auch hier Gebäude gelehnt.

h) Zum Schlusse ist noch zu erwähnen, daß wir beim Verfolgen der Außenmauer im Nordosten (D 8, 9) in einen byzantinischen Friedhof hineingeführt wurden, der uns in einem freigelegten Familiengrabe eine sehr reiche Ausbeute an Beigaben aus Glas, Ton, Bronze, Eisen usw. bescherte, bei der Verfolgung jener im Südwesten (L 2) in ein Haus, das über das Fundament der äußeren großen Mauer hinweggebaut war und einen schier unerschöpflichen Reichtum an keramischer Ware in sich barg. Dagegen war der 5 m breite Probegraben, den wir in der Richtung eines alten Grabens von Warren (vgl. Blatt 2, b rechts, wo man oben auch einen Warren'schen Brunnenschacht erkennt, den er in die kanaanitische Ziegelmauer hineingetrieben hat) von Südwesten aus in den größten Hügel des Südplateaus hineinlegten (K 3), bis auf den Nachweis der steinernen Böschungsmauer fast ergebnislos; erst ganz am Schlusse fanden wir dort, nachdem große Massen vollständig bedeutungslosen Schuttes abgetragen waren, einige wichtige ältere Scherben.

2. Der Kampagne des Jahres 1909 waren durch die frühere vor allem drei Aufgaben gestellt.

a) Zunächst galt es, den Lauf der stattlichen äußeren Mauer im Osten noch weiter zu verfolgen, da hier eine Strecke von etwa 200 m noch unerforscht hatte liegen bleiben müssen (G 8—L 6). Leider stellten sich unserm Bemühen, uns von Norden her fest an der Mauer zu halten, unüberwindliche praktische Schwierigkeiten entgegen. Wertvolle Bäume und Pflanzungen hätten hier erst beseitigt werden müssen, was wiederum nicht ohne endlose Verhandlungen mit dem Besitzer des Bodens abgegangen wäre. Dagegen hatte uns für die Feststellung des Laufes im allgemeinen der Mudir von Eriḥa in erfreulicher Weise vorgearbeitet, indem er kurz zuvor zur zeitweiligen Ableitung der Wasser des Quellbassins einen Kanal nach Osten hin gegraben hatte, bei dem offenkundig der alte Mauerzug geschnitten war. Unser Bemühen, unmittelbar südlich von diesem Kanale (H 8) den Sockel der Mauer wieder regelrecht bloßzulegen, war freilich vergeblich. Offenbar war derselbe gerade hier durch später hineingebaute byzantinische Häuser so zerstört, daß nur noch einzelne zerstreut herumliegende Felsblöcke von dem einstigen Laufe Zeugnis ablegten. Immerhin durfte nun, was früher nur vermutet wurde, geradezu als sicher behauptet werden, daß einst diese äußere Mauer außerhalb der Quelle lief, diese mithin zum Stadtgebiete gehörte.

Noch erfolgloser war der Versuch, von Süden her den Lauf der äußeren Mauer wiederzufinden. An den zerstörten Bruchsteinsockel im Südosten (M 5) war, wie wir oben sahen, in gleicher Tiefe eine starke Lehmmauer angesetzt, in der wir den Anfang einer Toranlage zu sehen geneigt gewesen waren. Um der Sache auf den Grund zu kommen, wurde diesma auf der Innenseite der Lehmmauer in die Tiefe gegangen bis auf das Fundament und dieses das zunächst einen recht stattlichen Eindruck machte, in nordöstlicher Richtung verfolgt. Aber siehe, schon nach 10 m hörte es auf, die Mauer lag von da an nur noch auf Geröllsteinen und verlor sich nach 8 m ganz. Wohl aber lief sie über eine jener steinernen Treppen hinweg, wie wir sie im Norden und Westen an den Abhängen mehrfach gefunden hatten, ein sicherer Beweis dafür, daß wir es hier mit jüngerem Bauwerk zu tun hatten, und daß die Lehmmauer noch später als diese ganze Treppenschicht gebaut sein mußte. Zwei Versuche, die weiter nordwärts unternommen wurden, die äußere Stadtmauer wiederzufinden, endeten ergebnislos. Gerade auf dieser ganzen Ostseite schien alles Alte radikal zerstört zu sein.

b) Ungleich erfolgreicher war die weitere Verfolgung der beiden inneren Mauern. Ja, dieselbe führte wesentliche Korrekturen der früheren Anschauungen herbei. Freilich im Nordosten (E 7, 8) endete auch hier die Arbeit negativ. Zunächst ergab die Aufklärung des hier das vorige Mal vermuteten „Eckturmes" einzelne alte Häuser, die sich an die Innenseite der Mauer unmittelbar anlehnten. Eine Weile schien es immerhin, als ließen sich die Spuren dieser Mauer von jenem vermeintlichen Turm aus noch etwa auf 10 m in südwestlicher Richtung verfolgen, wo ein großer Kalkofen mit runder Umfassungsmauer aus Lehm in byzantinischer Zeit hineingesetzt war und alles Ältere zerstört hatte. Aber auch die Fundamente, die hier zuerst für den Rest der Stadtmauer gehalten waren, mußten schließlich als solche von Häusern betrachtet werden. Und da jene auch in dem nachher zu besprechenden West-Ost-Schnitte nicht gefunden wurde, so mußten wir annehmen, daß die ganze Ostseite derselben spätestens durch die byzantinische Besiedlung, wahrscheinlich aber schon viel früher radikal zerstört ist. Der Nordschenkel der Mauer lief noch 8 m über den „Eckturm" hinaus in östlicher Richtung, dann verschwand er völlig.

Ergebnisreicher war die Arbeit schon im Nordwesten, wo es galt, die äußere, 1—$1^1/_2$ m dicke Begleitmauer weiter zu verfolgen. Wir ließen uns, um zur Klarheit zu kommen, die enorme Arbeit nicht verdrießen, die hier getan werden mußte, da der alte Schutt sich bergeshoch über ihr wie der inneren Mauer aufgetürmt hatte. Aber die Arbeit wurde auch belohnt. Auf 20 m konnte konstatiert werden, daß jene der stärkeren Innenmauer genau parallel lief, nicht etwa in dieselbe einmündete. Sie konnte verfolgt werden bis in den Schnitt der Probegrabung 1907 (E 5), wo sie wohl einst durch die steinerne Treppe zerstört war. Auf Grund dieses Befundes schlossen wir, daß, obwohl in dem Schnitt in K 3 nichts und in dem Schnitt in F 4 nur unsichere Spuren von dieser schwachen Begleitmauer gefunden wurden, dieselbe doch auch einmal um die ganze Stadt herumlief, nicht, wie früher wohl vermutet war, einen speziellen Teil besonders befestigt hat.

Doch am erfreulichsten und ergebnisreichsten war die Verfolgung der breiten inneren Mauer. So schwierig dieselbe sich auch oft gestaltete, so oft es auch schien, als hätten wir ihr Fundament verloren, sei es, daß ein Absatz vorlag, sei es eine Turmausbauchung (F 4), sei es eine lokale Schädigung, immer fanden wir dasselbe bald auf der Außen- bald auf der Innenseite wieder. So konnten wir diese Mauer verfolgen auf der ganzen Westseite der Stadt, in ihrer Beugung um die Südseite derselben herum und auch noch auf dieser ca. 22 m weit feststellen. Dieser Fund, durch den erst wirklich das alte Stadtbild fast vollständig rekonstruiert ist, lehrte uns, daß die Bezeichnung Zitadellenmauer, die wir jener früher gegeben hatten, nicht korrekt war, daß es sich hier vielmehr um eine alte Stadtmauer handelt. Es war uns schmerzlich, daß die Zeit uns verbot, die Mauer im Süden ostwärts bis zu dem äußersten Ende ihres noch erhaltenen Zustandes zu verfolgen. Während wir an den beiden letzten Tagen der Grabung eine leise Abweichung nordwärts glaubten konstatieren zu können, hat Watzinger durch nachträgliche Beobachtungen und Schlüsse es wahrscheinlicher gemacht, daß der Lauf trotz dieser leichten Schwankung noch weiter ostwärts gegangen ist, sodaß auch diese Umwallung einmal die Quelle mit eingeschlossen hätte.

c) Zu einer ausgedehnten Flächengrabung empfahl sich durch die reichen Funde der früheren Grabung von selbst der sogenannte Quellhügel. Dieser wurde denn auch energisch zu einer solchen in Angriff genommen, und der im Jahre 1908 durch ihn gelegte Versuchsgraben in H 6 nach Süden hin um 8 und nach Norden hin um 12 m erweitert (H 5, 6; G 6). Diese Grabung ergänzte das früher gewonnene Bild um ein Beträchtliches. Dem Umstande, daß das einst hier gelegene Dorf vielleicht durch eine Feuersbrunst zugrunde gegangen oder aus einem andern Grunde verlassen, aber jedenfalls nicht von Feinden ausgeraubt war, hatten wir es zu danken, daß die Hausmauern noch überall in einer Höhe von 1 m bis 2,20 m standen und uns ein Bild von einer solchen antiken Dorfanlage mit ihren Türen, Höfen und Straßen gaben, wie wir es uns kaum besser wünschen konnten. Auch der Inhalt der Häuser war, besonders in keramischer Beziehung, ein außerordentlich reicher und vervollständigte das früher gewonnene Bild zu einem geschlossenen.

Ein Versuch, in der südlichen Erweiterung jenes Grabens nach Wegreißung eines kleinen Teiles dieser Häuserschicht in die Tiefe zu gehen, war der geringen Ausdehnung der Fläche wegen ziemlich erfolglos. Einige kümmerliche kleine Hausfundamente und Scherben einer früheren Periode bildeten das ganze Ergebnis. Ein größeres Gebäude dürfte hier (H 5) in der vorausgehenden Ära, wie wir wohl vermutet hatten, nicht gelegen haben.

Dagegen wurde uns eine unerwartete Überraschung am Ostabhang des Hügels (J 6) zuteil. Unterhalb jener Dorfschicht tauchten hier gewaltige Steinfundamente auf, deren Bloßlegung ein großes Gebäude ergab mit 6 oder 8 fast quadratischen kleineren Räumen und 2 langgestreckten rechteckigen Höfen oder Sälen. Es war höchst bedauerlich, daß dies am Abhang gelegene, nur 20 m von der Quelle entfernte Gebäude, das zweifelsohne einmal das bedeutendste im ganzen Orte war, eben infolge seiner Lage allen zerstörenden Mächten der Folgezeit ausgesetzt war und als erwünschtes Objekt für Steinbrecher bis herab zu unserm Straßen und Bassins bauenden Mudir betrachtet wurde. Infolgedessen waren nicht nur die Seitenwände bis auf das Fundament ganz abgetragen, sondern auch der Inhalt bis auf Scherben verschwunden. Unter diesen befanden sich neben viel älteren auch byzantinische, ein Beweis, daß der Bau in dieser Ära noch offen als Ruine dagelegen haben muß.

d) Neben den bisherigen bestimmt vorgezeichneten Aufgaben suchten wir während dieser Kampagne durch Probeschnitte an den verschiedensten Stellen möglichste Klarheit über die Schichtung der ganzen Ruinenstätte, die Besiedlung und bauliche Anlage derselben zu gewinnen. Wir nahmen drei vor.

α) Der alte Westschnitt (F 3 u. 4) wurde nach Osten in 5 m Breite zu einem großen West-Ost-Schnitt verlängert. Sein Ergebnis entsprach den sonstigen Beobachtungen. Zunächst fand sich überall eine dünne byzantinische Schicht, einmal in dieser ein Haus mit weißem Mosaikfußboden, darunter in dem Plateau von F 5 sofort Häuser der ältesten Epoche, in der Hügelkette F 6 und 7 dazwischen zunächst noch solche einer mittleren Schicht. Die keramischen Ergebnisse waren reiche, brachten aber nichts qualitativ Neues.

Von besonderem Interesse war eine Tiefgrabung, die an einer Stelle des Schnittes (F 5) bis auf 6 m gemacht wurde. Sie zeigte, wie die Besiedlung Jerichos weit in die prähistorische Zeit zurückreicht. Unterhalb der durch die Umfassungsmauern charakterisierten ältesten historischen Schicht ließen sich mindestens noch vier andere durch übereinander gebaute Hausfundamente unterscheiden. In den beiden letzten derselben hörten die Spuren von Tongeräten vollständig auf, Feuersteinwerkzeuge wurden umso reichlicher gefunden. Eine besonders überraschende Erscheinung bot die vorletzte Schicht dar: in einer Mauer derselben waren drei große Orthostaten verbaut, die offenbar einmal ganz andern Zwecken gedient hatten. Den Naturfels hatten wir hier auch mit der letzten Schicht noch nicht erreicht, mußten aber die Arbeit wegen der drohenden Einsturzgefahr abbrechen.

β) Ein ebenfalls sehr langgedehnter Schnitt wurde, gleichfalls in Verlängerung eines bereits 1908 in K 3 begonnenen, durch das ganze Südplateau (K, L 4—6) gelegt. Derselbe ergab in der östlichen Hälfte außerordentlich solide aufgeführte Häuser aus byzantinischer Zeit in cyklopischer Technik, aber mit regelmäßigen Schichten gebaut. Einige Säulenkapitelle waren in die Mauern hineingesetzt. Die westliche Hälfte dagegen enthielt schon bald unter der Oberfläche Häuser aus der ältesten Epoche, in denen große Vorratsgefäße verschiedener Form und zahlreiche kleine Vasen mit brauner Mattmalerei gefunden wurden.

γ) Endlich wurde ein Schnitt durch die nördlichste der südlichen Hügelkuppen (J 4) gegraben, weil hier nach der Beobachtung der äußeren Formation die letzte Möglichkeit geboten schien, ein größeres Gebäude zu finden. Aber auch hier trügte der Schein. Dieser Hügel war sogar fast ganz aus inhaltleerem Schutt gebildet. Ein Haus von kleinen Dimensionen und einige schöne Tonwaren aus der israelitischen Epoche bildeten das ganze Ergebnis.

e) Die letzte Untersuchung, die vorgenommen wurde, galt dem Lehmziegelmassiv, über das die Doppelmauer im Nordwesten hinwegschritt (D 5). Nachdem das Steinfundament desselben gefunden war, wurde es zunächst auf der östlichen Seite verfolgt, alsdann auf der Westseite, was nicht leicht war, weil auch hier überall jüngere Häuser darauf- oder sogar hineingesetzt waren. Schließlich aber gelang es. Und es stellte sich heraus, daß wir es mit einer außerordentlich starken, 5,60 m breiten Mauer zu tun hatten, die in nordöstlicher Richtung lief. 6 m südlich von der großen äußeren Mauer hörte das Fundament plötzlich auf. Dieser Überrest einer noch älteren Ansiedelung, als wie sie durch die Doppelmauer repräsentiert ist, zeigt, daß die Befestigung jener ganz anders orientiert war, als die spätere. Sogar unter dem breiten Nordwestturm fanden wir das Fundament dieses Massivs, nicht aber, wie vermutet wurde, in der Richtung der westlichen Innenmauer, sondern im spitzen Winkel zu ihr laufend und dann sich unter ihr verlierend.

Die Schürfungen, die am Schlusse der Kampagne von 1909 2 km südlich von unserem Ausgrabungsfelde am Südufer des Wadi Kelt vorgenommen wurden, ergaben mit Sicherheit, daß hier zum guten Teile die glänzenden Bauten des Herodes gelegen haben müssen. Auf dem Nordabfall des sogenannten Tell abu alaik fanden sich vom Fuß des Hügels unmittelbar am Wadi bis hinauf zur Spitze desselben einzelne Mauerreste, die wegen hres gleichen Charakters zusammengehören müssen. Sie alle trugen ein- oder zweiseitige Verblendungen, hergestellt aus kleinen Würfeln von den kalkigen Bruchsteinen der Berghänge in der Nähe und mit einem weißen Verputz versehen. Mauern mit dieser Retikulatverkleidung lagen nun von jenem Hügel den Kelt auf- und abwärts an der Uferböschung entlang auf einer Strecke von mindestens 300 m, sodaß hier eine große geschlossene Gebäudegesamtheit anzunehmen ist[1].

Abb. 4. Der Tell abu alaik am Schlusse der Grabung des J. 1911.

1) Vorläufig ist über diese Schürfung in den Mitteilungen der Deutschen Orient-Gesellschaft 1909, N. 41 S. 30—36 berichtet. Über sie wie über eine kurze Grabung, die ich im Frühjahre 1911 auf dem Gipfel des Tell abu alaik vornahm, und die frühere Vermutungen nur bestätigte, wird in einer späteren Veröffentlichung gehandelt werden.

3. Zählung der aufgedeckten Schichten.

Suchen wir nun eine Übersicht über die reichen, dem Tell es-Sultan abgerungenen Ergebnisse an Bauwerken wie Einzelfunden zu gewinnen, so ergeben sich, indem wir von oben nach unten schreiten, klar voneinander trennbar, folgende Schichten:

a) Die jüngste (7) repräsentiert die byzantinische Ansiedlung, deren Reste über das ganze Ausgrabungsgebiet verstreut waren. Kompakt war sie auf der östlichen Hälfte des Tell angelegt und wurde hier sowohl auf dem Nordost- wie dem Quellhügel, wie auf dem Südplateau zusammenhängend aufgedeckt. Ihr Friedhof lag am äußersten Nordostabhange.

b) Während das vollständige Fehlen von Funden aus der herodianischen Zeit auf dem ganzen Hügel konstatiert werden mußte, und auch Bauwerke aus hellenistischer Zeit nicht vorhanden waren, ließ sich eine etwas ältere charakteristische Schicht (6) am ganzen Nordabhang des Plateaus nachweisen. Die zu ihr gehörigen Hausfundamente laufen über die große Böschungsmauer hinweg; besonders charakteristisch für sie sind gewisse Terrakotten, Krughenkel mit aramäischen Legenden, Vasen mit Kerbschnittdekoration, attische Vasenscherben, rhodische Amphorenhenkel. Ganz spärlich war sie auch auf dem sonstigen Tell, insbesondere dem Quellhügel vertreten.

c) Entschieden am besten erhalten auf dem ganzen Terrain war die Schicht (5), deren charakteristische Merkmale am klarsten zu konstatieren waren in der ausgedehnten Stadtanlage, die in der östlichen Hälfte des Quellhügels mit überaus reichem Inventar aufgedeckt wurde, und deren Hausfundamente über die des großen Gebäudes am Ostabhange desselben hinwegliefen. Ihr gehörten auch sowohl ein Haus an, das im Südwesten über das Fundament der äußeren Stadtmauer hinweggebaut war, wie ein solches in dem langen West-Ost-Schnitt unmittelbar westlich vor der Böschungsmauer. Ganz dünn verstreut ist also auch sie über das sonstige Gebiet gewesen. Sie kann durchaus als ein geschlossenes Ganze sowohl gegenüber der voraufgegangenen Periode (d), über deren Fundamente ihre Bauwerke hinweglaufen, wie gegenüber der von b betrachtet werden.

d) Abermals eine ganz charakteristische Schicht (4) nach Hausbau und Keramik (Vasen mit weißer Engobe, mit schwarzem, rotem oder braunem polierten Überzug, mit Mattmalerei ohne Überzug usw.) bildet diejenige, als deren typischer Vertreter einerseits das große Gebäude am Ostabhange des Quellhügels samt seinen Scherben, andererseits mehrere Häuser am Nordabhange mit ihrem Hausgerät, über die die Häuser von b teilweise hinweggebaut waren, betrachtet werden können. Sie fehlt aber auch nicht auf der Westhälfte des Quellhügels, wo sie besonders in Gräbern, die unter oder bei den Häusern lagen, zu konstatieren war, und auf der nordwestlichen Kuppe des Südplateaus (J 4). Dazu kommen auch noch zwei Häuser in dem langen West-Ost-Schnitt (F 6, 7). Mit ihr zu verbinden ist wahrscheinlich die Anlage der von allen Seiten auf die Höhe der älteren Innenmauern hinaufführenden steinernen Treppen, durch die offenbar die ganze in der Mitte gelegene ältere Stadtruine mit ihren stellenweise noch 8—10 m in die Höhe ragenden Mauerresten bequemer bewohnbar, leichter ersteigbar gemacht werden sollte. Zu dieser Schicht aber gehört, zugleich als Krone derselben, wie wir sogleich noch näher sehen werden, die große äußere geböschte Umfassungsmauer.

e) Wiederum von d hebt sich eine Schicht (3) ab, die am umfassendsten und besten am ganzen Nordabhange des Plateaus zwischen der inneren und der äußeren Mauer konstatiert werden konnte, die eine ganz eigenartige, im dritten Abschnitt näher zu beschreibende Keramik (mit hineingestochener bzw. gekämmter Verzierung) aufweist, in der zum Aufbau der Häuser vielfach Ziegel der zerstörten Befestigung der gleich zu besprechenden Schicht f verwendet sind. Ihren Schwerpunkt hat sie offenbar im Norden außerhalb jener gehabt, doch Spuren ihrer Keramik zeigen, daß sie, wenn auch nur ganz dünn gesät, auch in dem sonstigen Revier nicht gefehlt hat.

f) Mit c wetteifert an Intensität und übertrifft sie noch an gleichmäßiger Verbreitung über das ganze Gebiet die Schicht (2), deren Bauart und Keramik am besten hervortritt in dem Kerne des Häusergewirres auf dem nördlichen Sattel unmittelbar südlich von der inneren Innenmauer (E 6). Aber wo auch sonst innerhalb dieser in die Tiefe gegangen wurde, in dem West-Ost-Schnitt, auf dem Quellhügel, besonders in seiner Westhälfte und vor allem im ganzen Südplateau, wurde sie konstatiert. Sie erweist sich sowohl in der Fundamentierung und Anordnung der Häuser, in der Qualität der Ziegel wie in dem gefundenen Hausinventar als eine durchaus einheitliche. Mit ihr hängen offenbar aufs innigste die beiden inneren Umfassungsmauern zusammen, wie die Anlehnung der Häuser bzw. Mansarden an die Hauptmauer und die Beschaffenheit der Ziegel beweisen. Sie repräsentiert die eigentliche Kultur der von jenen umschlossenen Stadt.

g) Obwohl alles das, was dieser Schicht voraufgeht, selbstverständlich in sich wieder eine ganze Reihe von Entwicklungsstadien begreift, muß es doch von uns gegenüber allem Nachfolgenden als eine Größe zusammengefaßt werden, und reicht unsere Grabung nicht aus, in ihm die einzelnen Etappen nachzuweisen. Wir fassen in Schicht 1 das zusammen, was der Stadtgründung, deren Bild wir vor allem wieder herausgestellt haben, voraufgeht. Nachweisbar ist diese ältere Kulturstufe in dem Lehmziegelmassiv im Nordwesten (D 5; C 5, 6), in den Hausmauern (E 6), über die die Innenmauer hinweggebaut war, und ganz besonders in der Tiefgrabung des West-Ost-Schnittes (F 5).

Daß zwischen den genannten sieben Schichten mehrfach Übergangsstadien vorliegen, ist so selbstverständlich, daß es eigentlich nicht noch ausdrücklich gesagt zu werden braucht. Aber unbeschadet dieser lassen sich jene zwecks wissenschaftlicher Entwirrung der Funde durchaus auseinanderhalten.

Wir deuteten schon an, daß das schwierigste Problem bei dieser Scheidung die Frage darbot, welcher Schicht die majestätische äußere Umfassungsmauer zuzurechnen sei. Während über die Zugehörigkeit der beiden inneren Mauern zu f gar kein Zweifel obwalten kann, haben wir uns bezüglich ersterer lange auf einem Irrwege befunden. Erklärlich wird derselbe dadurch, daß uns die Außen- und die Doppelinnenmauer nach einem System gebaut, von einer Idee beherrscht zu sein schienen, und sodann wohl auch dadurch, daß wir unwillkürlich, unter dem Einflusse der historischen Tradition stehend, in dem majestätischen Bau jener das geeignetste Objekt sahen, an das sich die bekannte legendarische Erzählung von der wunderbaren Eroberung der Stadt durch die Israeliten knüpfen konnte. Infolgedessen ist von uns allen zunächst nie eine andere Möglichkeit in Erwägung gezogen als die, daß auch diese Außenmauer der Schicht f zuzurechnen sei, und diese Auffassung ist denn auch noch in den vorläufigen Mitteilungen vertreten.

Aber sie muß korrigiert werden. Ganz unabhängig voneinander und auf ganz verschiedenem Wege wurden bei der Verarbeitung Watzinger und ich zu dem Resultate geführt, daß jenes glänzendste Bauwerk des alten Jericho vielmehr der Schicht d angehöre. Wir werden die Gründe dafür, die wohl einfach zwingende sind, in den folgenden Abschnitten II bis IV darlegen. A priori wird man dieser Annahme schon deswegen geneigt sein, weil nach der Analogie aller andern bis jetzt ausgegrabenen palästinensischen Städte der weitere Gürtel immer der spätere, also israelitische ist im Unterschiede von dem engeren, kanaanitischen. Doch selbstverständlich haben hier nur ganz exakte Beobachtungen den Ausschlag zu geben.

Ohne daß wir nun irgendwie schon im Einzelnen den Untersuchungen, die in II bis IV zu führen sein werden, damit vorgreifen wollten, wird es gestattet sein, da das Eine ja absolut feststeht, daß Jericho zunächst durch Jahrhunderte eine kanaanitische und sodann abermals durch Jahrhunderte eine israelitische und schließlich eine jüdische Stadt gewesen ist, für die genannten Schichten im folgenden, zunächst nur provisorisch, folgende Bezeichnungen zu wählen:

1. die prähistorische, oben g,
2. kanaanitische, „ f,
3. spätkanaanitische, „ e,
4. israelitische, „ d,
5. jüdische, „ c,
6. spätjüdische, „ b,
7. byzantinische Schicht, „ a,
8. muslimische Gräber.

II. Die Bauwerke.

(Von Carl Watzinger)

1. Die prähistorische Schicht.

Im Verlaufe der Grabung ist an mehreren Stellen der Spaten tiefer gesenkt worden, als es die Freilegung des Niveaus der erhaltenen kanaanitischen Festung, die das Hauptziel der Untersuchung war, erforderte. Bei der Freilegung und Untersuchung der Fundamente ergab sich oft eine Berührung der nächstfolgenden Schicht von selbst; im großen West-Ost-Schnitt aber wurde in F 5 eine Tiefgrabung mit dem Ziel unternommen, womöglich den gewachsenen Boden im Innern der Hügelgruppe zu erreichen und damit zugleich die Zahl der Schichten, die den Hügel zusammensetzen, zu ergründen. Die Untersuchung hat das gewünschte Ziel hier nicht ganz erreicht, da sie aufgegeben werden mußte, ehe man auf den Fels gestoßen war. Es zeigte sich aber schon da, daß die Besiedlung des Hügels in uralte Zeit zurückgeht, und daß für den heutigen Hügel ein künstliches Wachstum anzunehmen ist.

Von größeren Anlagen aus der Zeit unmittelbar vor Erbauung der Umwallung ist die wichtigste ein altes Ziegelmassiv, das zuerst an der Nordwestecke unterhalb des Eckturmes und der Vormauer der kanaanitischen Festung zutage kam und von dieser überbaut ist (vgl. Blatt 3, a und den Gesamtplan Tafel I). Diese mächtige Mauer läuft ungefähr in der Richtung des Westschenkels der Umwallung und konnte nach Norden zu bis auf etwa 5 m Abstand von der späteren Böschungsmauer verfolgt werden, wo sie im Gelände verschwindet und völlig zerstört ist. Ihren Sockel bildet eine einzige Schicht unregelmäßig gesetzter Feldsteine ohne Spuren von Bearbeitung; darauf ruht ein Oberbau aus Lehmziegeln von ungewöhnlich großem Format der Ziegel: die Größe beträgt bis 0,70×0,40 m bei Höhen von 0,10 bis 0,19 m. Die Dicke dieser Mauer ließ sich auf 5,60 m bestimmen; sie war erheblich stärker als die Innenmauer der späteren kanaanitischen Umwallung. Ihr weiterer Verlauf nach Süden ist unsicher; nur soviel ließ sich durch eine Untersuchung unterhalb der Nordwestecke des Turmes und an seiner Innenseite nachweisen, daß der Westschenkel der späteren Innenmauer nicht auf sie aufgesetzt ist, sondern in abweichender Richtung verläuft; denn die Fundamente des großen Massivs ziehen sich in spitzem Winkel mit einer stärkeren Wendung nach Südwesten unter den Sockel der Innenmauer hinein, sodaß ein weiteres Nachgehen hier nicht mehr möglich war.

Nach der Größe des Massivs kann es sich hier kaum um etwas anderes als um eine alte Umwallung handeln, die einen von der späteren kanaanitischen Umwallung völlig verschiedenen Verlauf genommen hat. Sie muß, ehe diese erbaut worden ist, einmal gründlich zerstört worden sein. Aber auf alle weiteren Fragen, vor allem, ob etwa mit dem Umbau der Besiedlung auch ein Wechsel der Bewohner stattgefunden hat, müssen wir nach dem Stand der Grabung die Antwort schuldig bleiben. Wir vermögen auch nicht bestimmt zu sagen, welche von den älteren, im Innern der Stadt noch aufgedeckten Baureste etwa zu der Siedlung gehört haben, die einst von diesem mächtigen Walle umschlossen war. Auffallend ist die stärkere Ausdehnung des älteren Stadtgebietes nach Norden, das noch über die Grenze der Böschungsmauer hinaus sich erstreckt haben muß, da von einer Änderung der Richtung des Walles bis zu der Stelle, wo er jetzt aufhört, nichts zu merken ist.

Im großen West-Ost-Schnitt kamen unter den der kanaanitischen Umwallung gleichzeitigen Anlagen alte Mauern zutage, deren Richtung im ganzen südwest-nordöstlich ist. Vier verschiedene Perioden übereinander ließen sich unterscheiden (vgl. Blatt 19 und Abb. 5): zunächst

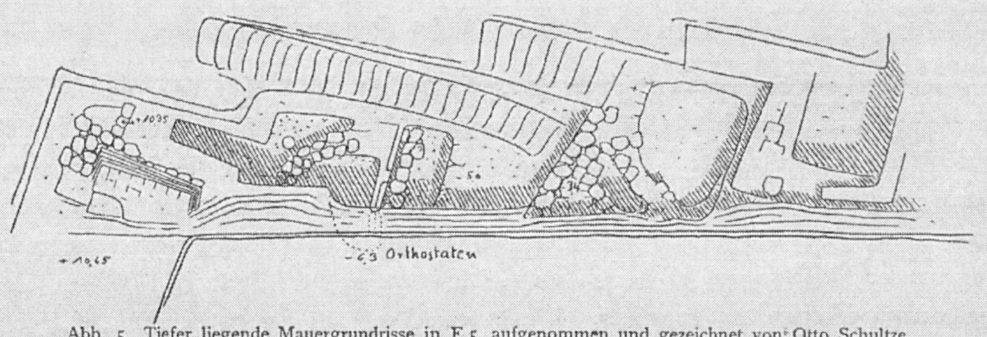

Abb. 5. Tiefer liegende Mauergrundrisse in F 5, aufgenommen und gezeichnet von Otto Schultze.

in + 9,20 bis 9,50 m Höhe der Unterkante ein Sockel aus drei Schichten Feldsteinen über einander von etwa 1,30 m Dicke, an den nach Südosten sich unklare Mauerzüge anschlossen. Nach Westen fanden sich in diesem Niveau keine weiteren Mauern. Es folgte in + 8 m Tiefe, nur an der vorderen Wange freigelegt, ein Steinsockel aus großen Blöcken von 0,50 m Höhe und in + 7,80 m Tiefe ein Pflaster aus Lehm und Mergelbrocken, das derselben Periode angehören wird; dann in + 6,90 m Unterkante eine Mauer aus Feldsteinen, die in vier Schichten bis zu + 8 m Höhe emporstieg, und deren Westseite aus drei mächtigen Orthostaten gebildet war (vgl. Blatt 3, b). Die erste dieser flachen Platten war auf eine doppelte Schicht großer Feldsteine mit der Breitseite aufgesetzt. Die beiden folgenden ruhten in derselben Höhe mit ihrer Schmalseite unmittelbar auf dem Schutt. Alle drei neigten sich etwas nach der Mauer zurück. Von diesen drei Orthostaten verdienen die beiden ersten noch nähere Betrachtung. Der erste zeigt auf der Außenseite eine große Menge größerer und kleinerer runder Aushöhlungen, die unregelmäßig verteilt sind, und nach dem oberen Rand zu zwei eingetiefte Rillen. Eine natürliche Entstehung dieser Vertiefungen ist nicht wahrscheinlich; ob sie ganz ausgeschlossen ist, wird nur ein Geologe entscheiden können. Die nächste Platte ist an ihrem oberen Ende an der Außenseite stark angestoßen und zerschlagen, nach unten zu ist ihre ursprüngliche, glatte Oberfläche noch wohl erhalten. Im unteren Teil sind in den Stein zwei halbkuglige, schalenförmige Höhlungen schräg übereinander eingetieft, deren Rand etwas erhaben über die Oberfläche der Platte vortritt. Sie sind unter sich durch eine flache Rinne verbunden, und von der oberen zieht sich eine zweite Rinne nach dem Seitenrand des Steines. Die

Oberfläche des Steines ist um die Schalen herum etwas gerauht. Aus dieser Abarbeitung der ursprünglichen Oberfläche erklärt sich wohl die Erhöhung des Randes der Schalen. Der dritte Orthostat entspricht dem zweiten; auch er zeigt eine glatte Oberfläche, besitzt aber keine Einarbeitungen. Nach Süden zu haben sich keine Orthostaten mehr angeschlossen; ob nach Norden noch weitere folgten, läßt sich nicht sagen, da die Grabung nicht über die erste Platte hinausgegangen ist. In + 6,35 m Höhe fand sich hier wieder ein hartes und festes Pflaster aus Lehm und Mergelbrocken, das als Estrich gut der beschriebenen Mauer entsprochen haben kann.

In der Tiefe von + 5 m wurde schließlich noch ein schmaler Mauersockel gefunden, der aus zwei Reihen roh neben einander gesetzter Feldsteine bestand; der Versuch noch tiefer zu gehen, mußte aber aufgegeben werden, nachdem man über 9 m unter die Hügeloberfläche gelangt war.

Von den vier nachgewiesenen Schichten ist die dritte die wichtigste. Schon über ihr mit der II. Schicht in etwa + 8 m Höhe hörten die Funde von Vasenscherben ganz auf. Der in + 7,80 m liegende, erste Estrich war durchsetzt mit Feuersteingeräten, die an Zahl vor der Orthostatenmauer immer mehr zunahmen: in der Beschreibung der Feuersteingeräte im Abschnitt III sind sie als zweite Gruppe zusammengefaßt. Auch zwei stark abgenutzte brotförmige Mühlsteine fanden sich in dieser Tiefe. In der Schicht unter der Orthostatenmauer hielt die Menge der Feuersteingeräte noch an; sie sind als erste Gruppe im oben genannten Verzeichnis vereinigt; mit ihnen zusammen lagen hier sehr zermürbte, unförmliche Stücke von Tierknochen, deren Erhaltung leider nicht möglich war. An eine Feuersteinwerkstätte zu denken, verbietet das Fehlen der Absplitterungen; auch zeigen fast alle gefundenen Stücke Spuren von starker Benutzung. Es wird also hier, worauf auch die Tierknochen hinweisen, eine uralte Wohnstätte gelegen haben, die älteste, die von uns auf dem Stadthügel von Jericho ausgegraben worden ist.

Der besondere Zweck der Orthostatenmauer ist nicht auszumachen, da sie auf eine zu kurze Strecke freigelegt ist. Die drei Orthostatenplatten selbst sind hier nicht mehr an ihrem ursprünglichen Platz, sondern wieder verwandt worden; die Zerstörung der Oberfläche der zweiten Platte und die Lage der Schalen, die jetzt, da die Platte aufrecht steht, unbenutzbar sind, gestatten diesen Schluß mit Sicherheit zu ziehen. Bei der Größe der Platten wird man annehmen dürfen, daß sie sich ursprünglich kaum allzu weit von dem Ort ihrer jetzigen Aufstellung befunden haben. Ihre Zusammenstellung zu einem Dolmen, einer aus drei oder mehr Steinplatten bestehenden Grabanlage, bei der der Schalenstein den Deckstein gebildet hat, und die Schalen als Opferschalen dienten, mag hier als eine Möglichkeit bezeichnet werden. Dieses Trilithon ist dann spätestens gleichzeitig der III. Schicht mit der Orthostatenmauer, eher aber älter gewesen und führt uns in die früheste bisher nachweisbare Zeit der Ansiedlung an der Stelle Jerichos zurück. Über die Bedeutung der Orthostaten für die Frühgeschichte und die Religionsgeschichte Palästinas wird an anderer Stelle noch zu handeln sein. Sonstige vereinzelte Mauerreste dieser Epoche sollen im Zusammenhang mit den Bauten über ihnen besprochen und erst im folgenden Kapitel beschrieben werden.

Der Ausschnitt aus älteren Besiedlungsschichten, den die Grabung liefern konnte, ist unklar und lückenhaft, doch lehrt er wohl soviel, daß eine weitere Erforschung der ältesten Schichten Jerichos nicht ohne Gewinn für die Prähistorie Palästinas sein würde. Aber da eine Tiefgrabung stets die Zerstörung der höheren Schichten zur Voraussetzung hat, so muß sie der Zukunft vorbehalten bleiben und durfte nicht bei einer Grabung unternommen werden, die erst einmal über die Hauptperiode der Geschichte Jerichos Aufklärung schaffen wollte und mußte.

Abb. 6. Hauptmauer mit Nordwestturm und Vormauer im Norden, von Nordosten gesehen.

2. Die kanaanitische Stadt.

a) Die Umwallung.

Die Umwallung der kanaanitischen Stadt ist im Jahre 1908 auf der Nordseite der Hügelgruppe freigelegt und ihr weiterer Verlauf 1909 auf der West- und Südseite verfolgt worden. Den Ausgangspunkt zu ihrer Feststellung hatte die bereits in der Voruntersuchung des Hügels im Frühjahr 1907 aufgedeckte Turmecke im Nordwesten (in D 6 des Planes) geliefert.

Die Umwallung ist doppelt und setzt sich aus einer stärkeren Innenmauer und einer schwächeren Vormauer zusammen, die in regelmäßigem Abstand von einander fast parallel verlaufen (vgl. Blatt 4, a, b und Abb. 6). Die Grabung mußte sich meist darauf beschränken, diesen Verlauf des Befestigungszuges durch eine Freilegung der äußeren oder inneren Wange der Mauern nachzuweisen. Nur im Norden und Nordwesten wurden größere Stücke der beiden Mauern bis auf die Fundamente freigelegt. Wenn wir dem Mauerzug, soweit er ausgegraben ist oder nachweisbar war, nachgehen, so fällt zunächst die unsichere Führung seiner Fluchtlinie auf, die fortwährend nach außen oder innen von der geraden Linie ausbiegt; auch fehlt dem Mauerzug jede genaue Orientierung nach den Himmelsgegenden. Auf eine genaue Orientierung und ein sorgfältiges Abfluchten gerader Strecken haben also die Baumeister der Stadtbefestigung keinen Wert gelegt. Ein Blick auf den Plan zeigt dann weiter, daß wir den

Verlauf der Mauer im Osten nicht haben nachweisen können. Wir sind also für diesen Teil auf Schlüsse aus den ausgegrabenen Stücken und auf Vermutungen angewiesen. Der ununterbrochen in einer Richtung sich bewegende Zug der Mauerschenkel im Süden und im Norden und das Fehlen einer Umbiegung bis zu der Stelle, wo die Ausgrabung abschließen mußte, legen den Gedanken nahe, daß eine Umbiegung erst später und wohl erst da erfolgt ist, wo der Ostmauer die Einbeziehung der Quelle ermöglicht war. Etwa in der Gegend, wo bei einer Verlängerung der beiden Schenkel diese die israelitische Böschungsmauer am Fuß des Hügels schneiden würden, wird man die beiden Anschlußstellen der Ostmauer annehmen dürfen. Hätte man die Quelle nicht mit einschließen wollen, so ist nicht einzusehen, warum man nicht wie im Westen die Mauer dem Rande der Anhöhe entlang führte, sondern im Norden und Süden so weit den Abhang hinabstieg, daß man des strategischen Vorzugs der Mauerführung am Rand der Höhe verlustig ging. Auch die Niveauzahlen des Mauerlaufs sprechen für diese Folgerung. Die innere Ecke des Nordwestturmes mit 13,85 m über dem Nullpunkt (nördliche obere Kante der Quelleinfassung) zum Ausgangspunkt genommen, senkt sich die Mauer allmählich nach Osten der Nordseite entlang bis auf 5,12 m Höhe des Fundaments; auf der Westseite dagegen hält sie sich ungefähr im gleichen Niveau, wobei sie nur von dem Turm aus ganz langsam bis auf 11,39 m (außen) in der Mitte der Westseite und im Südschnitt auf 11,12 m (innen) herabsteigt. Auf der Südseite tritt dann wieder ein stärkeres Abfallen nach Osten bis auf 6,91 bis 6,01 m am Ende des erhaltenen Fundamentes ein. Es lehren diese Zahlen gleichzeitig, daß die höchste Erhebung des natürlichen Stadthügels sich nach Norden zu erstreckte und von den Erbauern der Befestigung auch voll ausgenutzt worden ist. Man stieg nicht, wie in der vorausliegenden Zeit, auf die Abhänge, die sich noch weiter nach Norden hinziehen, herab, sondern blieb mit der Nordmauer auf der Höhe des Hügels. Die Burg wandte also ihr bewehrtes Antlitz, ihre stärkste Front, einem von Norden kommenden Feinde zu.

Die Länge des ausgegrabenen oder nachgewiesenen Stückes der Stadtmauer im Norden, Westen und Süden beträgt in runden Maßen: Nordseite 81 m, Süd- und Westseite ca. 250 m, zusammen also ca. 330 m. Nehmen wir die Lage der Ostmauer wie oben ausgeführt an, so erhalten wir für diese und die Anschlußstücke der Nord- und Südschenkel zusammen ca. 260 m. Wir können den Umfang der von der Befestigung umschlossenen Stadt also auf mindestens 590, rund 600 m berechnen. Ihre größte Längenausdehnung beträgt etwa 210 m, ihre Durchschnittsbreite etwa 120 m. Eine Vorstellung von der Bedeutung dieser Zahlen erhält man, wenn man die Maße eines bekannten Bauwerkes, des Kolosseums in Rom, vergleicht. Die Ellipse dieses Baues hat eine große Achse von 187, eine kleine von 155 m und ihr Umfang beträgt 524 m. Die Fläche, die das alte Jericho einnahm, ist also um ein geringes größer als die Grundfläche des Kolosseums in Rom, eines einzigen Denkmals einer antiken Großstadt. Vergleichen wir dagegen die sogenannte zweite Stadt Troias, die Burg der prähistorischen Stadt Troia, deren Achse etwa 100 m beträgt, so ist Jericho etwas mehr als doppelt so groß. Dabei ist aber zu berücksichtigen, daß wir die Ausdehnung der Unterstadt Troia, die zur Burg gehörte, nicht kennen. Auch dieser Vergleich verstärkt nur den Eindruck, eine wie kleine Stadt das vorisraelitische Jericho gewesen ist.

Die Hauptmauer der Befestigung hat eine Stärke von 3,30 bis 3,70 m, die Vormauer von 1,50 bis 1,60 m. Beide bestehen aus an der Sonne getrockneten Lehmziegeln, die auf einem Bruchsteinfundament ruhen. Dieses Fundament setzt sich aus zwei bis drei Schichten unregelmäßig verlegter Feldsteine zusammen und hat eine Breite von ungefähr 4 m und eine Höhe von 0,50 bis 0,80 m, bildet also eine breitere, nach außen und innen vorspringende Basis für den Aufbau der Ziegelmauer. Als Bindemittel ist Lehmmörtel verwandt. Außerdem zieht sich an der Nordseite der Vormauer eine 1,60 m breite Untermauerung aus Feldsteinen in doppelter Schichtung entlang (vgl. Abb. 6), die offenbar die Gründung der schwachen Ziegelmauer verstärken und ihr damit eine größere Standfestigkeit verleihen sollte. Dieses Steinfutter ist auf eine Strecke von etwa 16 m in D 5 und 6 verfolgt worden; es steigt über den Rest des oben beschriebenen Ziegelmassivs hinweg und verschwindet dann im unberührten Teil des Hügels im Nordwesten, während sein weiterer Verlauf nach Osten zu zerstört ist.

Die Lehmziegel sind von unbestimmter Größe und zeigen noch kein einheitliches Normalformat. Nur ihre Höhe ist annähernd gleich und schwankt zwischen 0,09 und 0,10 m, sodaß wenigstens eine gleichmäßige Horizontalschichtung erzielt wird. Die Länge ist ganz verschieden; sie geht oft sogar über 0,54 m hinaus. An den Wangen sind nach außen und innen große und kleine Ziegel in allerdings nicht regelmäßiger Abwechselung angeordnet, sodaß eine Art primitiven Läufer- und Binderverbandes entsteht. Der innere Mauerkern ist dann mit Lehmpatzen verschiedener Form und Größe ausgefüllt. Die Ziegel selbst bestehen aus fast reinem Lehm mit sehr wenig Kieselbeimengungen und keiner Spur von Vegetabilien und zeigen eine blaßrötliche Färbung. Zur Verbindung dient ein Mörtel aus sandigem Lehm von heller Färbung mit vielen Kieseleinsprengungen. Er bildet in den Lagerfugen oft eine starke Schicht und dient dann gleichzeitig zur Abgleichung der Schichten bei verschiedenen Ziegelhöhen. In den Stoßfugen fehlt er oft ganz oder ist so dünn gestrichen, daß sie kaum zu erkennen sind.

Beide Mauern sind in Absätzen gebaut, die an der höheren oder niedrigeren Lagerung des Steinsockels, an dem Wechsel der Ziegelschichten und der Fugen, die infolge des Aufhörens des Verbandes senkrecht durch die Ziegelmauer verlaufen, sich deutlich erkennen lassen. Diese Absätze liegen regelmäßig da, wo die Mauer einen Niveauunterschied zu überwinden hat, wenn das Gelände stärker steigt oder fällt, oder wenn ältere Mauerzüge überschritten werden müssen. An jeder dieser so von einander abgesetzten Strecken der Stadtmauer wird eine bestimmte Gruppe von Werkleuten tätig gewesen sein, sodaß, wenn man nur viele Hände zur Verfügung hatte, gleichzeitig, etwa an der ganzen nördlichen Seite der Mauer, gearbeitet werden konnte. Der Mangel einer einheitlichen Führung der Fundamente und das Nichteinhalten einer Fluchtlinie findet dadurch seine natürliche Erklärung.

Im allgemeinen ist die beschriebene Konstruktion für den gesamten Verlauf der Befestigung festgehalten; im einzelnen finden sich Abweichungen, die sich aus wiederholten Zerstörungen und Erneuerungen der Anlage erklären und bei der Beschreibung des Mauerzuges ihre Besprechung finden werden.

Verfolgen wir den Zug der Befestigung von der Nordwestecke aus (vgl. Blatt 5; Blatt 6, a, b; Tafel III und Abb. 6 und 7), so erweitert sich hier zunächst die Hauptmauer zu einem massiven Turm von 12,20 m Länge, der 1,80 m nach Norden vor die Mauer vorspringt (nach der innern Ecke der Ostseite zu gemessen). Der sichtbare Sockel des Turmes besteht in der östlichen Hälfte aus fünf bis sechs Schichten von Bruchsteinen, die nach der

Ecke zu immer sorgfältiger bearbeitet und in horizontalen Schichten gelagert sind. Die Ecke selbst wird von sechs Quadern gebildet, die gerade Lagerfugen zeigen und an beiden Außenseiten glatt zugehauen sind. Auf der Nordseite hält sich der Sockel etwa 3,50 m lang auf derselben Höhe, steigt aber dann in einem kräftigen Bogen empor, um quer die uralte Ziegelmauer zu überschreiten, deren Außenwange unmittelbar unter der Nordwestecke des Turmes nach Süden verläuft. Diese Ecke liegt dadurch um 1,50 m höher als die entsprechende Unterkante des Fundamentes der Ostseite. Der Sockel sowohl wie das aufgehende Ziegelmauerwerk sind der Hauptmauer vorgesetzt und liegen nicht im Verband, wie auf Abb. 7 deutlich an dem Wechsel der Ziegelschichten zu sehen ist. In etwa 3 m Höhe über der Unterkante des Sockels liegen auf dem Ziegelmauerwerk in der Richtung der Innenmauer noch drei Schichten von ebenfalls quaderförmig zugehauenen verschieden großen Feldsteinen, die als der letzte Rest einer Unterlage für eine zweite Ziegelschicht aufgefaßt werden können.

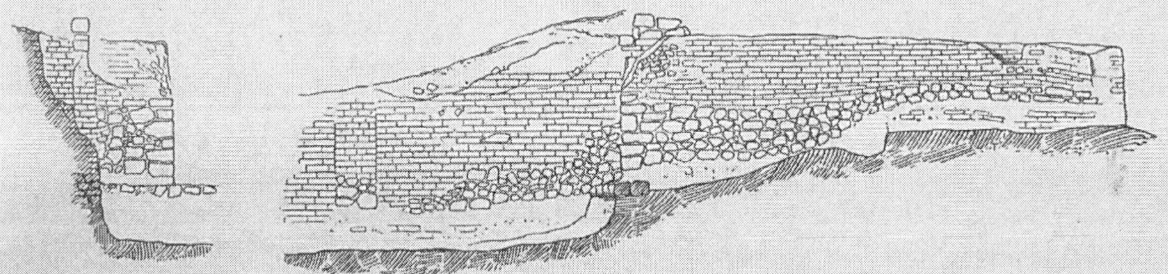

Abb. 7. Ansicht des Nordwestturmes der Stadtmauer von Osten und Norden, gezeichnet von Dr. Nöldeke.

Aus der Anlage der Turmverstärkung außer Verband mit der Innenmauer wird nicht auf eine spätere Hinzufügung des Turmes geschlossen werden dürfen, derart, daß einmal die Festung eine Zeit lang ohne den Turm bestanden hat. Vielmehr ist die Erklärung darin zu suchen, daß diese Verstärkung der Mauer genau wie die einzelnen Mauerstrecken von einer besonderen Gruppe von Arbeitern für sich aufgeführt worden ist, nachdem die Hauptmauer an dieser Stelle bereits fertiggestellt war. Das hatte zugleich einen praktischen Vorteil. Die spätere Lehre vom Festungsbau schreibt vor, daß die Türme außer Verband mit dem Mauerzug errichtet werden sollen, damit bei ihrer Zerstörung die Mauer selbst nicht in Mitleidenschaft gezogen wird (vgl. z. B. Philons Schrift über den Festungsbau V, 84, 18 [Schöne]). Vielleicht haben Beobachtungen solcher Nachteile bereits die alten Kanaaniter dazu bewogen, ihre Türme nicht in die Mauer einzubinden. Der Vorsprung des Turmes auf der Westseite, der dem auf der Nordseite entsprochen haben muß, konnte infolge der Höhe des Schuttes auf dieser Seite nicht freigelegt werden, seine Länge läßt sich aber, da die Dicke der Westmauer bekannt ist, auf 1,60 m berechnen. Da der Turm auch auf der Innenseite der Mauer vorspringt, so erhält man für seine Dicke das Maß von 5,80 m; der Turm hat also eine gestreckt rechteckige Form, seine Länge ist mehr als doppelt so groß als die Breite.

Unter der östlichen Schmalseite des Turmvorsprunges läuft ein Steinsockel entlang in der Richtung von Norden nach Süden quer zur Haupt- und Vormauer, an den sich im rechten Winkel nach Osten an der Vormauer noch ein kurzes Mauerstück anschließt (vgl. Blatt 6, a, b, Abb. 7 und Tafel III). Es handelt sich hierbei schwerlich um eine Futtermauer, die zur

Überwindung des Höhenunterschiedes sich quer durch den Raum zwischen Haupt- und Vormauer hinzieht, wie Langenegger (M. D. O.-G. 39 S. 24) vermutet hat, die also zugleich mit der Errichtung des Turmes angelegt worden wäre, sondern um den stehen gelassenen Sockel einer älteren Hauswand, die von den Erbauern des Turmes als willkommene Unterlage für den Aufbau der Ecke benutzt worden ist.

Nach Osten steigt das Fundament der Mauer allmählich abwärts; die erste Fuge des Mauerzuges liegt in 5,90 m Entfernung von der inneren Ecke des Turmes (vgl. Abb. 6 links und Abb. 7). Eine Lücke in der Mauer von 1 m Breite ist hier mit einem eingesetzten Steinsockel von drei Schichten und nach beiden Seiten nicht eingebundenem Ziegelmauerwerk ausgefüllt. Es wird sich hierbei entweder um die Schließung einer von Feindeshand gelegten Bresche durch neues Mauerwerk handeln oder um eine Öffnung, die während des Baues der Mauer Kommunikationszwecken gedient hatte, um nach Vollendung des Mauerbaues zugesetzt zu werden. Die zweite Annahme erscheint wahrscheinlicher, da jedes der beiden anschließenden Mauerstücke eine Wange nach innen erkennen läßt, und beim Schlagen einer Bresche wohl die Mauer in einer größeren Breite erschüttert und eingestürzt wäre.

An derselben Stelle zieht sich von der Hauptmauer zur Vormauer eine Ziegelmauer, die aus zwei Reihen Ziegel von unregelmäßiger Größe besteht und tiefer liegt als die Fundamente der Doppelmauer. Es handelt sich also auch hier um den Rest einer älteren Hausmauer aus der Zeit vor der Befestigung der Stadt mit der Doppelmauer (vgl. Blatt 4, a, b und Tafel III). In 2,80 m Abstand folgt eine neue Quermauer, ein Sockel aus Feldsteinen in zwei Schichten übereinander, über den die Doppelmauer hinwegsteigt (deutlich in der Mitte auf Blatt 4,b), und der demnach einer älteren Schicht angehört. Keine dieser Mauern kann als Futtermauer, die zur Überwindung des Höhenunterschiedes in der Richtung von Norden nach Süden angelegt wäre, aufgefaßt werden; aber auch keine von ihnen hat den Zweck gehabt, als gleichzeitige Verbindungsmauer den Gangraum zwischen Vor- und Innenmauer in Einzelabteilungen zu zerlegen. Eine derartige Verbindung beider Mauern findet sich erst weiter im Osten in D 6, 7; doch zuvor soll der Verlauf der Vormauer bis zu dieser Stelle beschrieben werden.

Die Vormauer geht an der Nordwestecke um den Vorsprung des Turmes in einem Bogen herum und verläuft dann nach Süden in gerader Richtung weiter bis zu dem alten Versuchsgraben aus dem Frühjahr 1907. Ihr weiterer Zug ist dann nicht mehr erhalten; weder im großen West-Ost-Schnitt noch im Südschnitt konnte sie nachgewiesen werden. Eine so schwache Mauer wie diese mußte leichter der Zerstörung und Beseitigung anheimfallen als die mächtige Innenmauer, und so ist ihr Fehlen kein Beweis gegen die an sich natürliche Annahme, daß sie einst der Hauptmauer parallel mit ihr zusammen die ganze Stadt umzogen habe. Im Norden setzt die Vormauer der Innenmauer entsprechend mit ansteigendem Sockel über die älteste Ziegelmauer hinweg und senkt sich dann in zwei Absätzen mit vertikaler Fuge in 0,60 und 5,80 m Abstand von der Innenwange der alten

Abb. 8. Absatz in der Vormauer, von Norden gesehen.

Mauer auf das Niveau der Hauptmauer herab. Eine durchgehende Fuge folgt dann wieder in 13 m Entfernung. Von hier ab ist auf eine Strecke von 3,60 m die Ziegelmauer in ihrem unteren Teil durch 3 bis 4 Schichten an der Vorderfläche zugehauener Steine als Sockel für eine jetzt fast ganz zerstörte Ziegelmauer ersetzt, die weder in das vorhergehende, noch in das folgende Stück der Mauer einband (vgl. Abb. 8 und Abb. 6 links). Man hat wahrscheinlich die Mauer an der Stelle, wo sie sich der inneren Turmecke entsprechend am stärksten einzog, ganz besonders verstärken wollen. Von dieser Einziehung ab begleitet nunmehr die Vormauer, bald mehr, bald weniger zerstört, den weiteren Zug der Hauptmauer in einem regelmäßigen Abstand von durchschnittlich 2,60 m. In etwa 2 m Entfernung von der letzten Fuge ist sie bis auf die untersten Ziegelschichten durch eingebaute dünne Ziegelmauern eines Hauses zerstört (vgl. Blatt 4, a, b; Blatt 6, a bei c), dessen eine auf Schutt gesetzte Wand quer zur Richtung des Mauerzuges verläuft und sich an die Hauptmauer anlehnt, während die andere Wand über die Vormauer hinweggebaut ist. Das Haus hat sich dann noch weiter nach Norden fortgesetzt. Die Wände des Hauses bestehen aus zwei Reihen Ziegeln von 0,41 × 0,41 × 0,10 m und von 0,41 × 0,30 × 0,10 m Größe, die in der Längsrichtung neben einander gesetzt sind. Südlich von der Mauer umschließen die Wände an drei Seiten einen Innenraum, dessen Fußboden mit einem Pflaster von Ziegelbrocken belegt ist. Die vierte, westliche Wand des Raumes ist nicht erhalten. Auch zwischen den beiden Stadtmauern breitet sich westlich von der Querwand des Hauses ein Ziegelpflaster aus, das sich bis zu dem älteren, oben S. 24 genannten Mauersockel erstreckt (vgl. Blatt 4, b in der Mitte). Aus der Ziegelgröße 0,40 × 0,40 × 0,11 m ergibt sich seine Gleichzeitigkeit mit den späteren Einbauten. Auch östlich von dem eingebauten Hause ist die Vormauer zunächst noch durch eine jüngere Mauer aus ganzen und halben Ziegeln von 0,50 × 0,50 × 0,14 m Normalgröße zerstört. Alle diese sich in die Stadtmauer eindrängenden Anlagen gehören ihrer Höhenlage nach zur spätkanaanitischen Schicht; sie sind unmittelbar nach der Zerstörung der Stadt, aber vor der israelitischen Neugründung errichtet. Nach dieser Unterbrechung wird die Vormauer wieder immer höher hinauf deutlich und erreicht schließlich mit den erhaltenen Ziegelschichten die Höhe der Hauptmauer; ihr Abstand von dieser verbreitert sich dabei mehrfach bis zu 3,50 m.

Die Erhaltung der Hauptmauer wird um so besser, je weiter man sie nach Osten verfolgt; sie erreicht in D 6 und 7 auf eine Strecke von etwa 20 m eine Höhe von 4 bis 5 m und ist hier bis auf das Fundament freigelegt (vgl. Blatt 7, a, b und Tafel II). Nur an dieser Stelle findet sich zum erstenmal im Zug der beiden Mauern eine Verbindung von Vor- und Hauptmauer durch zwei beiderseits einbindende, 1,40 m von einander entfernte Quermauern aus Ziegeln auf Bruchsteinsockel von 0,65 bis 0,80 m Breite (a, b auf Tafel II). Eine schmale Quermauer von 0,40 m Breite verbindet sie unter sich in 1,40 m Entfernung von der Hauptmauer. Drei weitere Quermauern (c, d, e) folgen in 3, 8,26 und 11,60 m Abstand; von den beiden ersten sind nur die zweihäuptigen Steinsockel, von der dritten auch die doppelte Lage regelmäßig rechteckiger Ziegel von 0,40 bis 0,45 × 0,30 bis 0,36 × 0,11 m Größe in mehreren Schichten erhalten. An der Gleichzeitigkeit dieser Quermauern mit der Doppelmauer ist kein Zweifel, da die Steinsockel einbinden, und auch an der Innenwange der Hauptmauer das hochgehende Ziegelmauerwerk bis zu 2 m Höhe, mit dieser innig verbunden, deutlich zu sehen ist (vgl. Abb. 9).

Eine weitere auffallende Erscheinung in diesem Stücke der Befestigung ist das Vorkommen von großen runden Balkenlöchern von 0,20 bis 0,25 m Dm. in der Hauptmauer. Das erste, unmittelbar östlich der Mauer B, liegt am höchsten, dann folgt in 2,20 m Abstand ein zweites, etwas tiefer liegendes westlich von c und ein drittes in 2,40 m Abstand zwischen c und d. Verbindet man die drei Löcher, so erhält man eine schräge, allmählich nach der doppelten Quermauer a—b ansteigende Linie. Außer diesen großen Balkenlöchern konnten auch noch kleinere von etwa 0,10 m Dm. festgestellt werden, die in irgend einer Beziehung zu den großen gestanden haben werden. Das erste liegt etwas schräg unterhalb des zweiten großen Loches neben der Mauer c (fehlt im Plan Tafel II), das zweite etwas höher auf der anderen Seite derselben Mauer westlich von dem dritten Loche. Die Löcher selbst waren alle mit brauner Erde von vermodertem Holz ausgefüllt und reichten bis zu 1 m tief in die Mauer hinein. Sie sind nicht gleichzeitig mit dem Aufbau der Mauer, da die Ziegellagen keine Lücken für das Einlegen der Balken lassen, sondern sind erst später in die fertige Mauer eingebohrt. Innerhalb des Schuttes in der Umgebung der Löcher fanden sich deutliche Spuren von vermodertem Holz, die vor der Mauer c noch unverkennbar die Form eines quer zur Mauerrichtung liegenden Balkens zeigten. Zwischen den Mauern b und c sind bis zu drei Schichten von solchem vermoderten Holz zu erkennen. Zwischen c und e beginnen diese Schichten in etwa 0,90 m Höhe über dem steinernen Sockel der Mauern zunächst in einer Dicke von 0,10 bis 0,20 m, dann folgt nach einer Lehmschicht von etwa 0,65 m Höhe eine zweite stärkere Lage von Holzerde von etwa 0,45 bis 0,50 m Dicke. Die Holzlagen füllen nicht nur die Breite, sondern auch die ganze Länge des Raumes zwischen Vor- und Innenmauer in diesem Stücke in ziemlich wagerechter Lage aus und reichen noch etwas über die Mauer e hinaus, hören dann aber ganz auf. Das gleichmäßige Durchlaufen der Holzschichten wird nur etwa in der Mitte zwischen Mauer c und d durch den Einbau von Steinfundamenten und Ziegelwänden späterer Häuser unterbrochen, die die Vormauer östlich von der Mauer e bis an den Steinsockel heran zerstört haben. Die Schichten waren also schon vorhanden, als diese Häuser erbaut wurden, und gehören demnach in die Zeit nach der Erbauung der Befestigung und vor der Wiederbesiedlung. Ein Stück der Schuttwand zwischen beiden Mauern mit den charakteristischen Holzschichten ist bei der Ausgrabung unberührt stehen gelassen worden, um auch für spätere Besucher eine Beurteilung zu ermöglichen. Auf Blatt 7, a, b ist dieses Stück als abschließende Querwand im Hintergrund deutlich zu erkennen.

Abb. 9. Blick von Westen in den Raum zwischen Haupt- und Vormauer in D 7.
a: Reste einer schmalen Quermauer (e auf Tafel II).

Die Beurteilung der beschriebenen Erscheinungen ist schwierig. Schon bei der Frage nach dem Zweck und der Anordnung der Balken, die in die drei großen und die zwei kleinen Löchern eingelassen waren, kommt man zu keinem sicheren Ergebnis. Abzulehnen ist zunächst die Annahme, es könne sich um Gerüstbalken handeln derart, daß sie als Stützen einer Rampe gedient haben, auf der die Arbeiter hin- und hergingen. Dagegen spricht nicht so sehr, daß diese Löcher an anderen Stellen nicht gefunden sind, weil die Mauer bis zu gleicher Höhe sonst nirgends ganz freigelegt wurde, als vielmehr die Tatsache, daß die Löcher, wie bereits oben bemerkt wurde, später sind als die Errichtung der Mauer. Auch sind die Balken, wie die Spuren zeigen, nachher noch in der Mauer verblieben, während Gerüststützen herausgenommen zu werden pflegen. Gegen die Verwendung eines Gerüstes oder einer festen Rampe wie im alten Ägypten spricht aber überhaupt die Beobachtung, daß noch heutzutage in Palästina und Mesopotamien die Maurer auf den Mauern arbeitend sich selbst mit den Mauern in die Höhe bauen und daher ein Gerüst gar nicht verwenden. Im Altertum wird es nicht anders gewesen sein wie heutzutage, wo in allen diesen Dingen im Orient uralte Tradition nachwirkt.

Für die Erklärung der Balkenlöcher wäre es von entscheidender Bedeutung, zu wissen, ob auch in der Vormauer Löcher an entsprechender Stelle vorhanden waren. Leider läßt sich diese Frage nicht mehr beantworten, da die Vormauer gerade hier nicht mehr so hoch erhalten ist. Vielleicht kommen wir zu einer Erklärung, wenn wir zunächst die Quermauern selber und die übrigen Holzreste nach ihrer Bestimmung befragen. Daß die in ganz verschiedenem Abstand verlaufenden Quermauern, die den Gang zwischen den beiden Festungslinien in kleine Kammern zerlegen, damit allein ihre Existenz nicht zu rechtfertigen vermögen, dürfte wohl gewiß sein. Die enge Verklammerung der beiden Mauern gerade an dieser Stelle wird einen Übergang von der Hauptmauer auf die Vormauer für die Verteidiger vermittelt haben. Dann muß man annehmen, daß quer zu diesen Stützmauern Holzbalken gelegen haben, die eine verbindende hölzerne Plattform trugen. Die Räume unter dieser Plattform wurden dann zu einer Art von Kasematten. Wegen der zwei oder, wenn wir auf jede Schicht 0,20 m rechnen, vielleicht sogar drei Schichten von Holzbalken übereinander, möchte man mehrere Stockwerke übereinander annehmen, die später in sich zusammengestürzt sind. Die so entstehenden Kasemattenräume konnten freilich nur von oben her auf hölzernen Treppen oder Leitern zugänglich sein und auch nur von oben her durch Luken ihr Licht empfangen haben. So gewann man einen breiten Übergang nach der Vormauer und gleichzeitig eine ganze Reihe für militärische Zwecke verwendbarer Räume. Von den großen Balken, die in den Löchern staken, und die ich mir quer zur Vormauer durchlaufend denke, müssen die beiden ersten, die sich so eng an die Mauer b und c anschließen, mit dieser noch enger verbunden werden. Sollten sie eine Galerie getragen haben, die den beiden Innenseiten der Ziegelwände entlang lief? Der dritte Balken könnte am ersten den festen Halt einer durchgehenden Bretterwand gebildet haben, die den Raum zwischen c und d nochmals in zwei Kammern teilte. In den beiden kleineren Löchern sind vielleicht kürzere Balken eingezogen zu denken, die als Stützen für Treppenaufgänge gedient haben. Doch kommt man da einstweilen über Vermutungen nicht hinaus. Nur soviel scheint mir sicher zu sein, daß die Reste der Balkenlagen nichts mit den hölzernen Wehrgängen und umlaufenden Galerien zu tun haben, die den oberen Abschluß der kanaanitischen Ziegelmauern gebildet haben, wie die Darstellungen syrischer Festungen

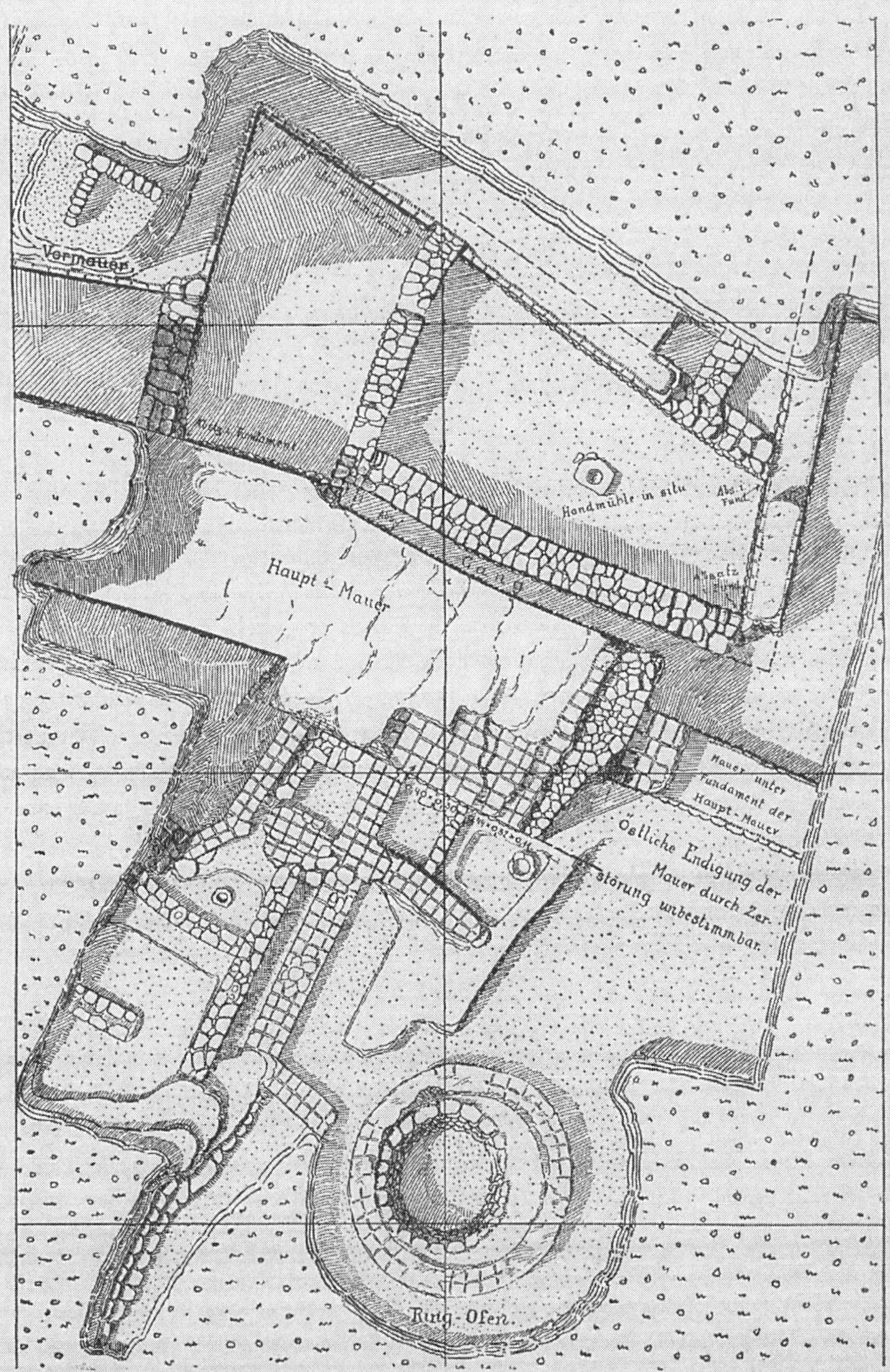

Abb. 10. Ende der Stadtmauer im Osten mit anschließenden Hausmauern im Süden und älteren und jüngeren Anlagen in der Umgebung. Aufgen. u. gez. Dr. Langenegger und Otto Schultze.

in ägyptischen Reliefs lehren (vgl. z. B. Hölscher, Das Hohe Tor von Medinet Habu S. 60 ff.). Ihre Erhaltung erklärt sich wohl nur daraus, daß sie sich zwischen den Mauern befanden und dadurch von der Zerstörung durch Feuer, das die oberen Teile der Mauer heimgesucht hat, verschont geblieben sind.

Die Fortsetzung des Befestigungszuges nach Osten ist zunächst noch klar; die Hauptmauer steigt in zwei Fundamentabsätzen tiefer und beginnt von der zweiten Fuge ab in ihrem oberen Teil immer stärker zerstört zu werden. Zunächst ist auch ihre Innenwange bis fast an den Sockel verloren, doch behält die plötzlich so in ihrem Volumen verminderte Mauer ihre alte Richtung bei bis zu einem weiteren Absatz in 3,80 m Entfernung vom vorigen. Ein Rücksprung und ein Füllstück mit Absatz und Fuge von 1,40 m Breite vermitteln den Übergang zu einem neuen, in etwas veränderter Richtung laufenden Teil der Mauer (vgl. Abb. 10 und 11). Gleichzeitig verstärkt sich die Mauer nach innen durch einen Vorsprung von etwa 1 m auf 4,50 m Dicke. Die Ziegelschichten der so verstärkten Mauer nehmen schnell immer mehr ab, bald verschwinden sie ganz, und es sind nur noch die Feldsteine des Sockels sichtbar, die schließlich auch abbrechen. Unter dem Sockel kommt in größerer Tiefe eine schmale ältere Mauer, die ebenfalls nach Osten läuft, zum Vorschein (vgl. Abb. 10).

Abb. 11. Östliches Ende der Stadtmauer; rechts ältere und jüngere Hausfundamente, von Nordosten gesehen.

Die Vormauer wird von dem gleichen Schicksal schon früher ereilt. Östlich der Quermauer e ist sie zuerst gerade nur im Sockel noch nachzuweisen, um sich dann nach einer Fuge wieder bis zu etwa 1,50 m zu erheben. Dann ist ihr quer eine ganz roh aus Feldsteinen aufgeschichtete Mauer vorgeschoben, die ihrem weiteren Verlauf ein Ziel setzt. Es folgen da, wo die Fortsetzung der Vormauer zu suchen wäre, Mauern von Häusern, die an anderer Stelle zu besprechen sind (vgl. Abb. 10 und 11).

Auf der West- und Südseite ist die Innenmauer nur an drei Stellen auf kurze Strecken freigelegt, sonst nur ihrer Außen- oder Innenwange entlang verfolgt worden. Schon im Frühjahr 1907 war sie in einem West-Ost-Schnitt in E 5 angetroffen worden und wurde dann 1908 bei einer Vertiefung dieses Schnittes bis auf ihren Steinsockel ausgegraben (vgl. Abb. 12 links). Sie ist hier über ihrem Sockel bis zu 8,45 m Höhe noch heute erhalten und war dadurch besonders leicht zu erkennen, daß die Ziegel durch und durch von einem intensiven Feuer rot gebrannt und ganz mürbe waren. Der Raum vor der Mauer war erfüllt mit hartem rotem Ziegelschutt, untermischt mit zum Teil riesigen Steinblöcken; die Vormauer davor war verschwunden. Die starke Verbrennung der Ziegel durch Feuer an dieser Stelle wird sich daraus erklären, daß auch hier wie in D 7 bedeutendere Holzbauten zwischen und auf den Mauern errichtet waren. Die Spuren des Brandes ließen sich nach Norden bis in die Gegend der

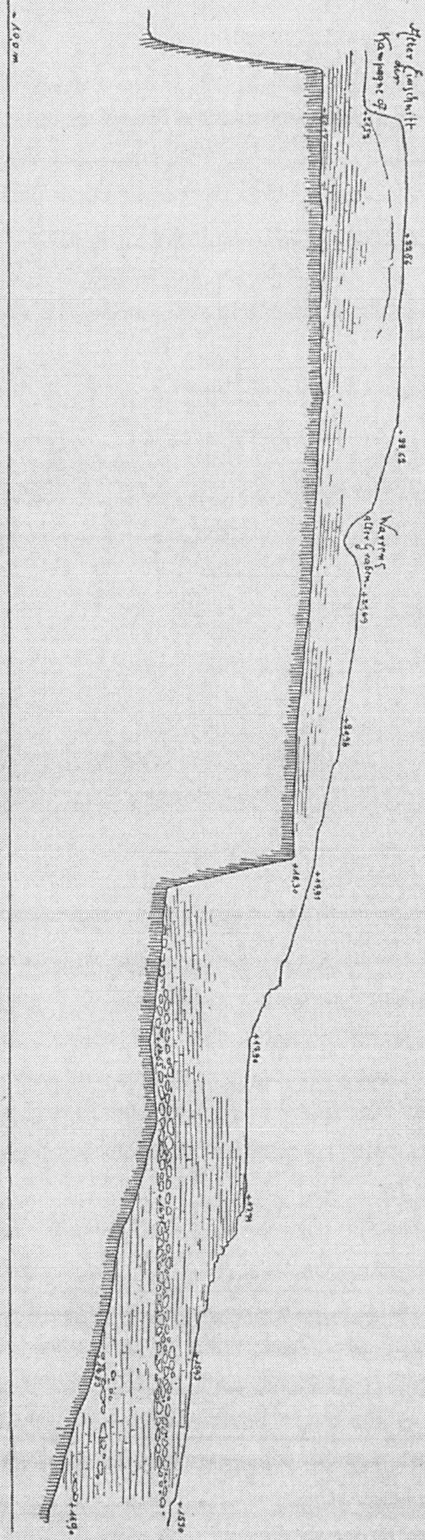

Abb. 12. Ansicht der kanaanitischen Stadtmauer in E 5, F 5 von Westen. Aufgen. und gez. Dr. Nöldeke.

Turmecke, auch an der Vormauer, verfolgen. Von der genannten Stelle ab wurde der Mauerzug nur noch der Außenwange entlang durch E 5 und F 5 nach F 4 und G 4 verfolgt, wobei sich zeigte, daß die Hauptmauer auf dieser ganzen Strecke in bedeutender Höhe aufrecht stand und allmählich nach Süden tiefer herabstieg bis auf etwa + 12 m über unserem Nullpunkt. Wegen der starken Höhenunterschiede, die hier bei dem Bau der Mauer zu überwinden waren, sind die Sockel, wie es scheint, in Stufen angeordnet. Der Sockel, dessen Unterkante im Schnitt von 1907 etwa 14,50 m über dem Nullpunkt liegt, läuft in F 5 über die etwa 3,50 m tiefer sich ziehende Ziegelmauer in ziemlich ebener Richtung hinweg, während diese sich vermutlich am ansteigenden Gelände totlief und darin verschwand (vgl. Abb. 12). Anders als auf der Nordseite waren daher in diesem Teil der Mauer Absätze und Fugen nicht zu konstatieren. Da, wo die Mauer mit 11,39 m Sockeloberkante ihren tiefsten Punkt erreicht, breitet sich ihr Sockel nach außen stark aus und bildet einen bogenförmigen Vorsprung von etwa 12 m Länge und 2 m größter Breite (vgl. Blatt 19). Auf diesem Sockel sind von der aufgehenden Ziegelwand heute nur noch geringe Reste vorhanden. Es ist sehr verständlich, daß man an der tiefsten und daher dem Angriff zuerst ausgesetzten Stelle die Mauer noch besonders verstärkt hat. Den ursprünglich im Verband mit dem Mauerzug liegenden halbrunden Vorsprung wird man eher als zu einem Strebepfeiler zu einer turmartigen Verstärkung der Mauer ergänzen. Dieser Turmvorsprung hatte zugleich den Vorteil, ein wirksames Bestreichen der Kurtine zwischen diesem und dem Eckturm und auch des weiter nach Süden verlaufenden Mauerzuges zu ermöglichen.

Wir wenden uns nunmehr auf die Ostseite der Mauer, da die Untersuchung ihres weiteren Verlaufes sich zunächst in G 4, H 4 (vgl. Abb. 13) auf die Innenwange beschränkt hat. Die Oberkante des Sockels liegt auf der Innenseite der Turmverstärkung 0,46 m höher als außen. Die Innenwange wurde hier auch noch ein Stück nach Norden zu freigelegt, wobei der Sockel der Mauer sich mit zwei Absätzen bis auf

11,65 m Oberkante herabsenkt. An der Stelle, wo im großen West-Ost-Schnitt der in 15,30 m Höhe laufende Sockel der Mauer unter dem jetzt zerstörten Ziegelmauerwerk zutage kommt, verbreitert sich dieser Sockel in der Richtung nach Norden um etwa 2 m (vgl. Blatt 19). Als eine der Innenseite parallel laufende Verstärkung wurde diese Verbreiterung des Sockels 15 m weit festgestellt bis zu der Stelle, wo eine Hausmauer an ihn anstieß.

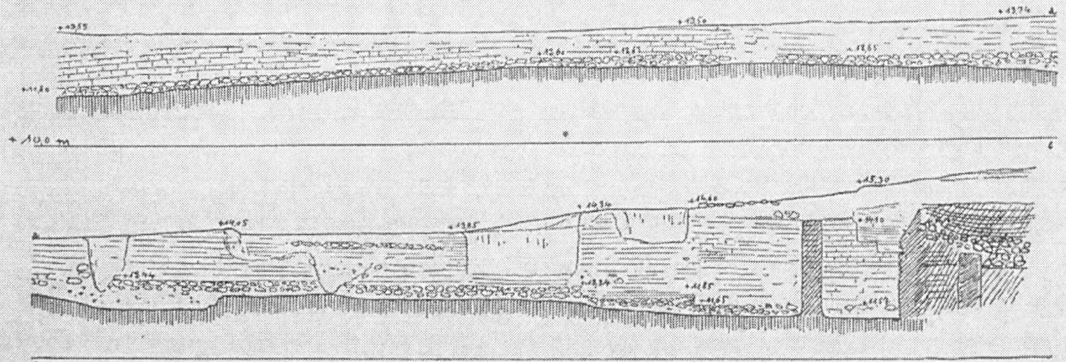

Abb. 13. Ansicht der kanaanitischen Stadtmauer in G 4, H 4 von Osten. Aufgen. und gez. Dr. Nöldeke.

Da weiter im Norden im Schnitt von 1907 die Mauer wieder ihre normale Dicke von 4 m hat, so kann es sich nur um eine Verstärkung auf einer verhältnismäßig kurzen Strecke handeln. Man wird die Frage aufwerfen dürfen, ob diese Verbreiterung in ihrem aufgehenden Ziegelmauerwerk die Form einer Rampe hatte und einen Aufgang auf die Festungslinie gebildet hat. Weiter nach Süden wechselt die Mauer mehrfach den ihr sonst eigentümlichen Charakter. So sind ein Stück weit in G 4 die Ziegel, da keine Stoßfugen zu sehen sind, offenbar, noch bevor sie richtig getrocknet waren, verlegt worden. Umsomehr fallen die Lagerfugen auf, die aus einer dicken Schicht von gelbem, stark mit Sand versetztem Mörtel bestehen. In H 4 folgt dann nach einer Strecke, die wieder die übliche Bauart zeigt, ein Stück, bei dem regelmäßige, mit guter Kante geformte Ziegel verwendet sind, die zugleich sorgfältig als Läufer und Binder verlegt sind. Über die Maße der Ziegel fehlt mir eine Angabe.

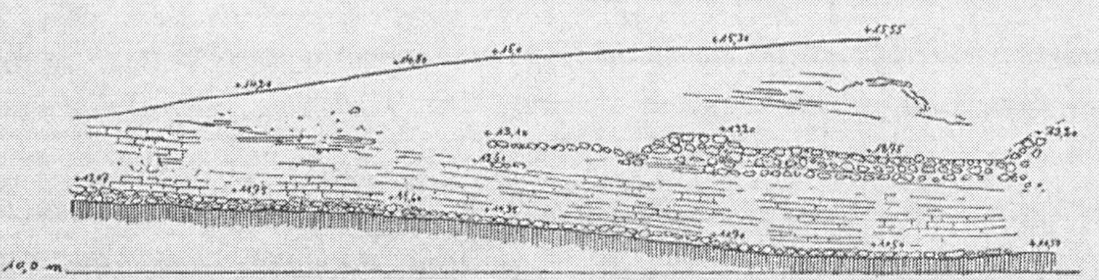

Abb. 14. Ansicht der kanaanitischen Stadtmauer in J 4, J 3 von Westen. Aufgen. und gez. Dr. Nöldeke.

Die Untersuchung der Mauer sprang in J 4 und J 3 wieder auf die Westseite über (vgl. Abb. 14), wo die Wange noch auf eine Strecke von 35 m freigelegt wurde. Sie ist hier anfangs auf einem zweifachen, dann auf einem einfachen Steinsockel errichtet und senkt sich noch tiefer bis auf 10,50 m herab. Diesem stärkeren Abstieg entspricht auch hier das Übergreifen eines zweiten Sockels über die aufgehende Ziegelmauer in etwa 1,80 m Höhe, der aus drei bis vier Schichten von Feldsteinen besteht, und über dem die Ziegelmauer stark mit Schutt durchsetzt und nach vorn vorgestürzt ist. Die Mauer hat an dieser Stelle ihre größte Tiefe erreicht und beginnt nun wieder in sanftem Anstieg sich auf die südliche Kuppe des Hügels emporzuziehen. Im Südschnitt (vgl. Abb. 21) wurde die Mauer an zwei Stellen geschnitten, und dann ihre Biegung um den südlichen Rand des Hügels und weiter nur noch der Kante entlang festgestellt. Die Oberkante des Sockels, die innen zunächst im Südschnitt bis auf 11,12 m angestiegen ist, fällt in ziemlich raschem Abstieg in der Richtung nach Osten bis auf 6,01 m herab und verschwindet schließlich in etwa 3 m Entfernung von der Südwestecke des byzantinischen Hauses, dessen tief herabgehende Fundamente der alten Mauer hier offenbar ein Ziel gesetzt haben. Die Untersuchung endete also auch hier genau wie im Nordosten, ohne daß eine Umbiegung der Mauer nach Norden nachgewiesen werden konnte. Bemerkenswert ist hier noch eine im Südgraben beobachtete innere Verstärkung der Mauer um 2 m, die nicht nur im Sockel, sondern auch im aufgehenden Ziegelmauerwerk erhalten war, sich aber weniger als 13 m weit fortgesetzt hat, da in diesem Abstand im vertieften alten Warren-Schnitt weiter nördlich die Mauer wieder ihre normale Dicke zeigt. Auch hier kann es sich wie oben um eine Zugangsrampe zur Mauer handeln, ohne daß freilich diese Vermutung bewiesen werden könnte.

Mit der Umwallung der Stadt werden zwei Mauerzüge in Zusammenhang zu bringen sein, die sich in C 5 um den Nordwestabhang des Hügels im Bogen herumzogen (vgl. Tafel III und Abb. 29). In 18,65 m Abstand nördlich von der Turmecke ist unterhalb der von Norden emporführenden Treppe und unter der Schicht der späteren israelitischen Häuser, aber über dem Niveau des ältesten großen Massivs eine Stützmauer aus großen Feldsteinen von bis zu 1 m Länge zutage gekommen, die aus zwei bis drei Schichten übereinander sich zusammensetzt. Die Steine liegen mit der Breitseite nach Norden und bilden eine gebogene Linie; da eine rückwärtige Steinsetzung fehlt, kann es sich nur um eine Böschungs- oder Stützmauer handeln. In 3,35 m Abstand weiter nach Norden folgt eine zweite, ganz entsprechende, nur aus kleineren Steinen in drei Schichten erbaute Stützmauer, die der ersten fast parallel ebenfalls im Bogen von Osten nach Südwesten verläuft. Beide Mauern werden Packungen des hier besonders schnell abfallenden Nordwestabhanges sein, die nicht nur einem Erdrutsch der Hügelkrone, auf der die Umwallung sich erhebt, vorbeugen, sondern vor allem der künstlichen Aufschüttung, die hier die älteren Anlagen überdeckt, die nötige Festigkeit geben sollten. Auch diese Vorkehrung zeigt, wie sehr man bei der Errichtung der Umwallung bemüht war, die Fundamente vor Erdbewegungen zu schützen und zu sichern. Den Gedanken, mit der Gründung der Mauern bis auf den gewachsenen Fels herabzugehen, hat man damals noch nicht gefaßt. Doch wird man in den Packmauern des Abhanges die ersten Vorläufer der schrägen Böschungsmauern sehen dürfen, die den Fuß des Hügels umfassen, und hinter und über denen dann die Umwallung emporsteigt.

Die kleine, aber feste Burg von Jericho ist von einer furchtbaren Zerstörung heimgesucht worden. Auf die Spuren des Brandes, der an der Nordwestseite wütete und die Ziegel zum Teil zu Backsteinen verbrannt hat, wurde schon oben hingewiesen. Aber das völlige Verschwinden der beiden Mauerschenkel im Süden und Norden nach Osten zu und das gänzliche Fehlen jeder Spur der alten Ziegelmauer auf der ganzen Ostseite läßt sich nur so erklären, daß diese Seite vor allen anderen dem heftigsten Angriff ausgesetzt war und dann gründlich zerstört worden ist. Die Feinde, die Jericho erobert haben, kamen nicht von Norden, wohin die Burg ihre stärkste Front wandte, sondern von Osten und

Südosten. Da im ganzen aufgedeckten Verlaufe der Stadtmauer ein Tor nicht gefunden wurde, so werden wir seinen Platz im Osten suchen müssen; wie immer werden die Feinde ihren Hauptangriff gegen das Stadttor gerichtet haben. Nach der Eroberung haben sie sich damit begnügt, die Stadt zu einer offenen zu machen, dadurch, daß die Stadtmauer mit ihrem Tor an der Ostseite niedergelegt und von Grund auf beseitigt wurde. Im übrigen ließ man die Umwallung stehen und steckte nur die hölzernen Wehrgänge und Aufbauten in Brand, von deren Feuer dann auch die Ziegelmauer selbst in Mitleidenschaft gezogen wurde. Das Fehlen einer Brandschicht über den Ruinen aber beweist, daß eine wirkliche Verbrennung der ganzen Stadt nicht stattgefunden hat.

b) Die Gebäude im Inneren der Stadt.

Von der Stadt, die einst durch die Doppelmauer geschirmt war, sind Teile an vier Stellen des Hügels ausgegraben worden, eine zusammenhängende Fläche unmittelbar hinter der Mauer im Norden, ein unklarer Komplex auf der Westseite des Quellhügels und schmale Streifen im West-Ost-Schnitt und im Südschnitt.

Abb. 15. Räume an der Innenseite der Stadtmauer im Norden, von Südwesten gesehen.

Das erste, etwa rechteckige Stück im Norden (vgl. Blatt 8 und Tafel II) schließt sich mit seinen Hauswänden unmittelbar an die Innenmauer an und ist von einer 2 m breiten Gasse durchzogen, die von Süden kommt, sich im Bogen nach Norden wendet und dann genau in westlicher Richtung verläuft. Das Gebiet ist dadurch in einen kleineren nördlichen und einen größeren südlichen Häuserkomplex geschieden. Von Ost nach West finden wir im nördlichen Teil zunächst drei ungefähr parallele, hochgehende Wände (vgl. Blatt 8), deren Steinsockel und Ziegelwerk in die Hauptmauer einbinden, und die bis zu deren oberster Schicht noch heute emporreichen. Es folgen dann noch weitere fünf, nur im Steinsockel erhaltene Wände (vgl. Abb. 15), die alle im rechten Winkel zum Zug der Gasse verlaufen und daher bis auf die letzte Wand schräg auf die Innenmauer münden. Auch sie lehnten sich ursprünglich im gleichen Niveau an die Innenmauer an, müssen also gleichzeitig erbaut sein. Wir haben demnach hier eine Gruppe von sieben langgestreckten Räumen mit gemeinsamen Zwischenwänden zu erkennen, die mit der Innenmauer einheitlich errichtet worden sind. Nach Westen und Osten scheinen sich, soweit man nach der Grabung urteilen kann, entsprechende Räume nicht mehr angeschlossen zu haben; die sieben Kammern werden also militärischen

Zwecken gedient haben und dürfen als zur Innenmauer gehörende Kasematten aufgefaßt werden. Von der Verwendung der Räume zeugen noch einige Funde, große Amphoren und Vorratsgefäße im ersten und zweiten und eine Reibschale im dritten Zimmer von Osten, die beweisen, daß hier Vorräte aufbewahrt und auch zubereitet wurden. Bei mindestens zweien der Räume ist durch eine Quermauer eine kleinere Kammer abgetrennt, die entweder nach der Innenmauer oder nach der Straße zu liegt.

Zugänge und Verbindungstüren zwischen den sieben Kammern sind nicht gefunden worden; man wird annehmen dürfen, daß sie sich nach der Straße zu öffneten und vielleicht unter sich gar nicht durch Türen verbunden waren. An der Innenwange der Befestigungsmauer, die zugleich die Rückwand der vierten Kammer darstellt, sind drei tiefe runde Löcher für Holzbalken zu sehen (vgl. Abb. 15 links), die in einer nach Osten zu schräg ansteigenden Linie liegen. Die in diese Löcher eingeschobenen Balken könnten wohl die Stützen einer schmalen, steilen Treppe gebildet haben, die zu einem zweiten Stockwerk oder schon zum Dach des Gebäudes emporgeführt hat. Von dieser Höhe aus mag dann die Mauerkrone durch Leitern oder Treppen aus Holz zugänglich gewesen sein. Die Annahme, daß die sieben Räume als Bau von mehreren Stockwerken mit ihrem Dach die Höhe der Befestigungsmauer erreicht und damit deren Krone zu einer breiteren Plattform erweitert hätten, verbietet sich durch die zu geringe Stärke der Wände. Die militärische Bedeutung der Räume und ihr enger Zusammenhang mit der Befestigung wird aber dadurch noch wahrscheinlicher, daß an derselben Stelle eine Verbindung von Haupt- und Vormauer durch einen mehrstöckigen Bau, der oben S. 25f. besprochen wurde, hergestellt ist. Von dem Dach der Kasematten aus konnte man also gleichzeitig auf Haupt- und Vormauer gelangen; eine Überwachung und schnelle Besetzung des nördlichen Mauerzuges war von hier aus am besten zu ermöglichen.

Innenmauer und Kasematten sind an dieser Stelle über ältere Anlagen hinweggebaut, deren Spuren noch unmittelbar unter ihnen vorhanden sind. Die beiden Längswände der vierten Kammer und die Hauptmauer laufen über ältere Fundamente hinweg, die zusammen mit einer zwischen beiden freigelegten Quermauer den Innenraum eines Hauses gebildet haben werden, dessen vierte Wand sich wohl unter der Hauptmauer verbirgt. Bei der Errichtung der Befestigung ist man so schnell verfahren, daß man sich nicht einmal die Zeit genommen hat, die Vorratsgefäße aus dem Raume wegzunehmen. Eines der Gefäße steht im Schutt halb unter dem Fundament der Mauer, die einfach darüber hinwegläuft, zwei andere stecken neben einander im Boden in der Südostecke des Raumes. Der Niveauunterschied zwischen diesem Haus und den Kasemattenfundamenten ist so gering, daß nur ein ganz kurzer Zeitraum die Zerstörung des Hauses und die Errichtung der Befestigungsanlagen trennen kann. Auch weiter nach Norden wurde unmittelbar neben der sechsten Wand noch ein älteres, ihr fast parallel laufendes Fundament gefunden, über das ebenfalls die Innenmauer hinwegsteigt. Es ergibt sich hieraus, daß die Häuser der Stadt sich ursprünglich bis in das Gebiet ausgedehnt haben, das jetzt die Nordbefestigung durchzieht, daß mithin diese erst im Laufe des Bestehens der Stadt erbaut worden ist und, wenigstens im Norden, den Umfang der Stadt gegen früher eingeschränkt hat. Eine solche weitere Ausdehnung der Stadt nach Norden in älterer Zeit wird auch durch das oben S. 17f. beschriebene Massiv bestätigt, das wohl einst dieses ältere größere Gebiet im Norden als Mauer umzog. Bezeichnen wir vorläufig die ältere Periode der Besiedlung, deren Reste unter der einheitlichen Nordumwallung liegen, als Periode I der Stadt, so werden wir diese selbst mit Periode II beginnen lassen. Während die Befestigung dann lange in gleicher Weise fortbestanden hat, sind im Innern der Stadt fortwährend Veränderungen vor sich gegangen. So ist hier die Außenwand nach der Straße bei Kasematte 4, 5 und wahrscheinlich auch 6 in späterer Zeit, also einer III. Periode, einmal erneuert und dabei nicht nur etwas verschmälert, sondern auch weiter nach Süden vorgeschoben worden.

Im Norden ist der Raum unmittelbar hinter der Hauptmauer bis zur Turmecke von anstoßenden Gebäuden freigehalten worden. Erst in etwa 12 m Abstand von der inneren Ecke nach Süden zu ist die Grabung wieder auf eine Anlage gestoßen, die ursprünglich mit dem Zug der Mauer einheitlich errichtet worden ist (vgl. Abb. 16). Sie besteht aus zwei rechteckigen Räumen mit gemeinsamer Zwischenwand, die an die hier 8,45 m hoch erhaltene Innenmauer sich anlehnen und mit dem Fundament und dem Rest des Ziegeloberbaues in sie einbinden. Im Gegensatz zu den schmalen und kleinen Kammern im Norden haben wir hier verhältnismäßig große und sorgfältig gebaute Räume; der nördliche ist 4,65 m breit, 7 m lang, der südliche bei gleicher Länge nur 2,90 m breit. Da auch sie gleichzeitig mit der Befestigung gebaut sein müssen, so wird hier dieselbe Erklärung Geltung beanspruchen wie für die Anlage hinter der Nordmauer. Funde sind in den Räumen, abgesehen von ganz wenigen Scherben, nicht gemacht worden. Dagegen ist deutlich, daß der Boden sich hier schnell aufgehöht haben muß; denn in jüngerer Zeit ist die Anlage in einem 1,50 m höheren Niveau erneuert worden, wobei die neuen Wände in der Richtung der alten, nur um eine Fundamentbreite nach Norden verschoben, angelegt sind. Die Größe der beiden Räume ist dabei genau die gleiche geblieben; auch suchen die neuen Wände wieder unmittelbaren Anschluß an die Rückseite der Innenmauer. Der Zweck der Anlage wird demnach der gleiche geblieben sein. Es ist möglich, daß nach Süden sich noch weitere Zimmer angereiht haben, da von der südlichen Wand nur die innere Wange festgestellt wurde, und die Grabung dann hier abgebrochen werden mußte. Die geradlinige Führung der Wände und der durchgeführte rechtwinklige Grundriß unterschieden diese Anlage ebenso wie die Größe deutlich von den Kasematten im Norden. Während diese durch die Vorratsgefäße und die Reibschale sich als Wohnräume ausweisen, haben wir hier keinen

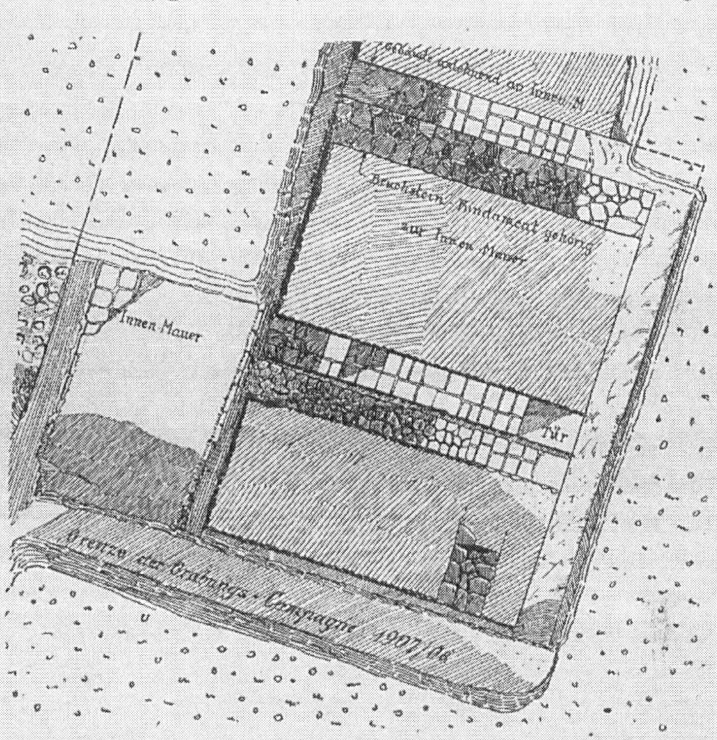

Abb. 16. Zwei von Osten an die westliche Innenmauer anstoßende kanaanitische Räume in E 5. Aufgen. u. gez. Dr. Langenegger.

äußeren Anhalt, den Zweck zu bestimmen. Man könnte vielleicht das Fehlen charakteristischer Funde als Zufall ansehen und die Räume als die besseren Zimmer für Hauptleute oder als geräumigere Schlafstätten für eine größere Wachtmannschaft ansprechen. Deren Aufgabe wäre dann die Bewachung der westlichen Umwallung gewesen, die genau wie im Norden von den Kammern aus auf Treppen oder Leitern zugänglich war. Zu voller Sicherheit des Urteils ist freilich auch in diesem Falle nicht zu gelangen.

Das ausgegrabene Stück der inneren Stadt südlich der Straße (vgl. Blatt 8 und Tafel II) erweckt zunächst den Eindruck eines großen Mauergewirres, da die Sockel von Häusern mehrerer Perioden unmittelbar über einander weg gebaut sind. Fassen wir zunächst die Häuserreste ins Auge, die nach der Höhenlage ihrer Fundamente mit der Umwallung gleichzeitig sind, also der II. Periode angehören. Die auf der Südseite der Gasse laufenden Sockel stammen alle aus dieser II. Periode, ein Beweis, daß auch die Gasse selbst in den Zusammenhang der Stadtanlage dieser Zeit gehört. Genau wie bei den Kasematten ist auch hier in einer dritten Periode eine Erneuerung der Wände nötig gewesen, deren neue Sockel einfach über die älteren in gleicher Richtung und Dicke gelegt sind. Im Inneren des Komplexes hatte man freilich nicht nötig, wie an der Straßenseite, sich in der alten Linie zu halten, und so kommt es, daß die Fundamente der Innenwände der III. Periode vielfach eine andere Richtung nehmen als die der II. Periode. Das Verständnis ist ferner dadurch erschwert, daß den Sockeln nicht anzusehen ist, ob auf ihnen Hauswände oder nur Umfassungsmauern eines Hofes gestanden haben. Da das Ziegelmauerwerk bis auf ganz geringe Reste infolge der Lage der Fundamente dicht unter der heutigen Hügeloberfläche verschwunden ist, so läßt sich auch über die Lage der Türen nichts aussagen. Gleichwohl gestattet die Anordnung der Fundamente folgende Beobachtungen auszusprechen. Wenn wir als den Typus des Wohnraumes nach dem Muster der Kasematten einen rechtwinkligen, langgestreckten Raum mit geraden Wänden annehmen, so finden wir, daß vier solcher Räume aus dem Gebiet sich herausheben. Mit ihrer Schmalseite liegen sie alle nach der Straße zu, der erste (A) nach Norden, der zweite (B) nach Nordosten, der dritte und vierte (C, D) nach Südosten. Wahrscheinlich ist die Straße in starker Biegung im Südosten an die Außenwand der Häuser C und D herangelangt.

Abb. 17. Hausfundamente und Gasse hinter der Stadtmauer im Norden, von Nordosten gesehen.

Das nördliche Haus A (vgl. Abb. 17) enthält zunächst sicher einen langgestreckten Raum von nicht ganz rechteckiger, sondern mehr trapezähnlicher Form, da die Langseiten ungleich und die Winkel keine rechten Winkel sind. Die mittlere Länge beträgt 6,80, die Breite 3,20 m. Als Wohnraum ist der stattliche Raum gekennzeichnet durch die Reste eines aus Lehm aufgemauerten Backofens, der im südlichen Ende des Zimmers vor der Westwand steht, und durch ein von einer gebogenen Steinsetzung umgebenes Abteil in der Nordostecke, das man wohl als Schrank bezeichnen darf. Nach Westen schließt sich eine kleine, rechteckige Kammer an, deren Südwand mit der Südwand des Hauptraumes bündig ist, deren Nordwand aber an dessen Westwand sich ohne einzubinden anlehnt. Ob die Kammer einen von außen zugänglichen Anbau oder einen zweiten Innenraum in Verbindung mit dem Hauptraum darstellt, läßt sich nicht entscheiden. Die Außenmauern sind sämtlich in der III. Periode erneuert, sodaß die Steinsockel höher liegen; nur die östliche Wand ist aus der II. Periode erhalten geblieben. Diese Erhaltung erklärt sich wohl daraus, daß sie zum Teil Innenmauer war, zum Teil durch die anstoßenden Mauern mehr geschützt wurde. Unter den beiden Räumen des Hauses weg läuft ein älterer Steinsockel, der aus der I. Periode stammen wird, und dessen Fortsetzung wieder unter dem Hause B zum Vorschein kommt.

Die Wände des Hauses B (vgl. Abb. 17 links) stammen sämtlich aus der II. Periode und schließen sich zunächst wieder zu einem trapezförmigen Zimmer von 6,20 m Länge und 3,85 m Breite zusammen. In der Mitte dieses Raumes lag ein großer Feldstein mit der glatten Seite nach oben in der Höhe der umgebenden Fundamente, dessen Lage an dieser Stelle nicht zufällig sein kann (vgl. Abb. 17 links). Die Frage mag hier ausgesprochen sein, ob er nicht die Basis einer Holzstütze für die Decke bildete, da der Raum die sonst bei diesen Räumen vorkommenden Breitenmaße überschreitet. Nach Norden schließt sich an die Außenwand ein toter Winkel an, der durch eine zweite der Außenwand gleichzeitige, aber in spitzerem Winkel zu ihr verlaufende Mauer abgetrennt wird. Da diese Mauer senkrecht zu der Ostwand des Hauses A angelegt ist, möchte man sie mit diesem verbinden und das kleine Dreieck zwischen der Straße und den beiden genannten Mauern zu dem Hause A als einen kleinen Hof hinzuziehen. Dann wäre der dem Hause B zugehörige Hof in dem Dreieck westlich der Gasse und nordöstlich von dem Hause C zu erkennen. Auch das Haus C (vgl. Blatt 8) ist eine einheitliche Anlage der II. Periode. Die südöstliche Wand des Hauses ist nicht freigelegt, wird aber in der Fortsetzung der hier stark umbiegenden Gassenmauer zu suchen sein. Es ergibt sich dann ein kleiner Raum von etwa 5 m Länge und 3 m Breite. Der zugehörige Hof darf wohl in dem langgestreckten, unregelmäßigen Bezirk gesehen werden, der sich südwestlich anschließt. In seiner äußersten Ecke ist eine große dreieckige Abfallgrube erhalten, die durch eine gebogene Steinsetzung vom Hofe abgetrennt ist.

Stärkere Veränderungen haben sich in dem Gebiet des Hauses D vollzogen. Die Wände des so bezeichneten Raumes gehören der III. Periode an und bilden ein fast regelmäßiges Rechteck von 3,40 m Länge und 4,90 m Breite. Das Zimmer ist in der II. Periode schmäler gewesen; der südwestlichen Außenwand läuft in einem ganz spitzen Winkel die ursprüngliche Außenwand aus der II. Periode entlang, in der die Breite des Raumes 1 m weniger betrug, wenn man annimmt, daß die gegenüberliegende Wand auf der alten errichtet ist. Dafür ist das Zimmer länger gewesen, denn die Rückwand der II. Periode liegt, um 0,37 m nach Nordwesten verschoben, zum Teil unter der jüngeren Mauer und setzte sich dann noch weiter nach Südwesten fort, wo noch ein Vorratsgefäß in Resten südöstlich von ihr erhalten ist. Hier hat sich also in der II. Periode noch ein Innenraum befunden. Hinter dem Raume D dehnt sich ein unregelmäßiges, rings von Mauern umschlossenes Gebiet aus, das nochmals von einer Mauer der II. Periode durchquert wird. Ob es als Hof zum Hause D zu ziehen ist, bleibt ungewiß. Es ist ebenso gut möglich, daß es zu einem anderen Raumkomplex gehörte, der sich nach Westen anschloß und jetzt zerstört ist. Von Westen her ragen nämlich drei Mauerschenkel in vollkommen abweichender Richtung und etwa $1/2$ m höherem Niveau in das freigelegte Stück der alten Stadt hinein, die erst angelegt sein können, als die Häuser der II. und III. Periode völlig zerstört waren. In diesen Mauern werden wir Reste von Häusern vermuten dürfen, die der Zeit nach der Einnahme und Zerstörung des kanaanitischen Jericho angehören. Dasselbe gilt von der Mauerecke, die sich im Süden über das Haus C hinweglegt und noch über den zugehörigen Hof sich erstreckte. Aus noch späterer, wahrscheinlich byzantinischer Zeit stammt der schlechte, zweihäuptig mit einem Lehmkern gebaute Sockel, der sich schräg über den äußersten Winkel des Grabungsfeldes hinzieht.

Ob die Scheidung des beschriebenen Gebietes in vier selbständige Häuser mit einem Wohnraum und je einem kleinen Hof das richtige trifft, muß dahingestellt bleiben. Dafür schien zu sprechen, abgesehen von der Analogie der modernen Fellachenwohnungen, daß sich deutlich in dem ganzen Gebiete Räume von mehr oder weniger rechteckigem Grundriß aus anderen winkligen und unregelmäßigen herausheben, die man kaum mit jenen unter einem gemeinsamen Dach vereinigen kann.

Die in dem grossen West-Ost-Schnitt (vgl. Blatt 19) geschnittenen Mauern der kanaanitischen Zeit lassen sich naturgemäß nicht derart zu einem Gesamtbild vereinigen, wie die Reste auf der breiten Fläche hinter der Nordmauer. Der Wert eines solchen Schnittes wie des großen West-Ost-Schnittes liegt zunächst darin, daß er uns über die Niveauverhältnisse der alten Ansiedlung aufklärt. Hinter der Innenmauer in F 5 beginnen die Mauern in einer Sockelhöhe von + 10,30 m, steigen allmählich bis + 12,70 m empor und erreichen damit ihre höchste Höhe. In F 6 beginnt bereits ein deutliches Absteigen; der Schnitt, der sich hier noch in derselben Höhe hält, trifft hier nur auf byzantinische und israelitische Schichten, ohne auf die vorisraelitischen Mauern zu stoßen. In F 7 erscheint die kanaanitische Schicht bereits in einer Tiefe von + 6,80 m und senkt sich dann sehr rasch auf + 4 m, um am Ende des Feldes bereits unter dem Nullpunkt auf — 1,10 m anzugelangen. Jenseits der modernen Straße setzt sich dieses Absteigen noch derart fort, daß die Sockelunterkante schließlich — 4,80 m erreicht. Diese Zahlen lehren, daß die höchste Erhebung des Hügels in kanaanitischer Zeit in der Mitte zwischen den heutigen Hügelkuppen lag, und daß die heutige Erhöhung im Osten nicht natürlich, sondern künstlich ist, veranlaßt durch die starke Besiedlung von israelitischer bis in byzantinische Zeit, die an der dem Stadtbrunnen zugewandten Ostseite besonders intensiv gewesen ist. In alter Zeit hat diese Kuppe überhaupt nicht bestanden, sondern in raschem Abstieg senkte sich der Hügel nach dem Tal der Quelle hinab, auf eine Strecke von 75 m um 17,50 m oder auf je 10 m um etwa 43 cm. Die erhaltenen Hauswände zeigen die Erscheinung mehrfacher Erneuerungen ebenso ausgeprägt wie im Norden, doch läßt das Gewirr der Mauern ebenso wie die Schmalheit des Grabens eine genauere Einsicht in die Hausgrundrisse nicht zu, da immer nur kurze Stücke der quer verlaufenden Mauern freigelegt sind. Im ganzen sind die Hauswände in stärkeren Kurven gebaut, weniger regelmäßig und geradlinig als im Norden, wenn auch hie und da einmal zwei breitere, sorgfältiger gebaute Mauern im rechten Winkel auf einander treffen. In einigen Räumen standen ein oder zwei Vorratsgefäße in einer Ecke noch an ihrem alten Platz.

An der Westseite des Quellhügels (vgl. Abb. 18, 19 und 20), wo der Versuch gemacht wurde, unter Bewahrung der oberen Schichten in die tiefer liegenden vorzudringen, zeigten sich überall unter den israelitischen und jüdischen Mauerzügen die kanaanitischen Hauswände, deren Richtung oft dieselbe war. Die jüngeren Steinsockel sind meist unmittelbar auf die zerstörten Ziegelwände der älteren Häuser gegründet, und diese selber stammen oft aus verschiedenen Perioden, wie die Wiederholung der gleichen Erscheinung bei ihnen lehrt. So ist hier ein Übereinander von Mauern verschiedener Zeiten entstanden, das im Grundriß nicht darstellbar ist. Es kommt hinzu, daß der Zusammenhang der älteren Mauerzüge vielfach durch tiefe Gruben und aus Ziegeln aufgemauerte Tröge späterer Zeit, die in die älteren Schichten hineingetrieben oder hineingebaut wurden, gestört ist. So ist das Bild der kanaanitischen Überreste hier besonders unklar und verwirrt. Weiter nach Osten zu, auf der Kuppe des Hügels, hat die Grabung sich dann auf die israelitischen und jüdischen Schichten beschränkt und ist nicht in größere Tiefe hinabgegangen. Den kanaanitischen Mauern an der Westseite

Abb. 18. Häuserreste kanaanitischer Zeit auf der Westseite des Quellhügels, von Westen gesehen.

des Hügels fehlt damit ihre Fortsetzung nach Osten. Es mußte darauf verzichtet werden, da die weitere Freilegung der vorisraelitischen Anlagen eine Zerstörung der auf der Höhe des Hügels gerade besonders gut erhaltenen Grundrisse der jüdischen Ansiedlung notwendig gemacht hätte. Da im Inneren des Quellhügels zweifellos auch in der ältesten Zeit genau wie später die Hauptbauten gelegen haben werden, so bleibt hier eine wichtige Aufgabe für spätere Forschung.

Beginnen wir die Betrachtung des Komplexes mit dem nördlichen Teile der drei freigelegten Stücke (vgl. Abb. 18, 19 links und Abb. 20), so heben sich aus dem Gewirr der Mauern nach Westen zu drei Räume von rechteckigem Grundriß heraus. Der südlichste, von 4,40 m mittlerer Breite und 3,60 m erhaltener Länge der Seitenwände, deren Dicke 0,60 m beträgt, ist nach Westen durch eine auf hohem Steinsockel von 6 bis 7 Schichten ruhende Ziegelmauer abgeschlossen. Ihre Höhe erklärt sich aus dem stärkeren Abfall des Geländes nach Westen zu. Die Ostwand ist durch eine spätere Mauer quer überbaut, die in den Raum hineinreicht, aber nur noch zum Teil erhalten ist. Von dem nach Norden anstoßenden Zimmer (Größe etwa 3,25 × 2,70 m) ist die Vorderwand durch eine tiefe Grube zerstört; eine andere Grube greift tief in die östliche Wand ein. Von diesem zweiten Zimmer scheinen noch einmal durch eine schmale Quermauer von Süden her zwei Nebengelasse abgeteilt zu sein. Der dritte nach Norden folgende Raum wurde nicht ausgegraben. Er ist vorn durch eine hohe Ziegelmauer auf zweischichtigem Steinsockel abgeschlossen. Der Sockel wendet sich an der Ecke in spitzem Winkel um und verläuft allmählich die Höhe empor nach Osten, wo er unter den stehengebliebenen höheren Schichten verschwindet. Der Komplex der Räume ist also damit nach Norden zu beendet. Nach Westen zu ist dem zweiten und dritten Raum eine fast kreisrunde Fläche wie eine Tenne vorgelagert, die von einem einfachen Steinsockel rings umgeben ist. Über den Zusammenhang mit den Zimmern und über den Zweck dieser Tenne läßt sich auf Grund der Grabung nichts Sicheres sagen. In den zwei ausgegrabenen Zimmern sind viele Scherben von Vorratsgefäßen, Amphoren und Kochtöpfen gefunden. Es handelt sich also hier sicher um Vorratskammern oder um Wohnräume. Vergleicht man die

Abb. 19. Häuserreste kanaanitischer Zeit auf der Westseite des Quellhügels, von Nordwesten gesehen.

Größe dieser Zimmer mit denen hinter dem Nordwall, so sind sie bei ähnlichem rechteckigem Grundriß doch erheblich kleiner. Ein weiterer Unterschied liegt darin, daß hier mehrere Räume von rechteckigem Grundriß an einander gereiht sind, während dort daneben sehr unregelmäßige Grundrisse erscheinen. Dieser Unterschied wird sich aus dem Zwang erklären, die Häuser dort einer gerundeten Fläche anzupassen, während hier ausreichender Raum zur Verfügung stand, und damit eine normale Grundrißentwicklung möglich war.

Im mittleren Teile der Grabungsfläche (zwischen beiden ist ein Stück der Hügeloberfläche als Verbindungssteg mit der Höhe des Hügels stehen geblieben) kehren ganz ähnliche Räume wieder wie im Norden. Von Süden beginnend finden wir zunächst zwei Zimmer vor einander, die sich an eine hohe Ziegelmauer auf Steinsockel von zwei bis drei Schichten anlehnen. Diese Wand bildet den Abschluß des Komplexes nach Süden. Das vordere Zimmer A (Größe 2,10 × 1,70 m) zeigt an allen vier Seiten wohl erhaltene Ziegelwände auf hohem, mehrschichtigem Steinsockel. Der Raum B (Größe 2,30 × 1,80 m) östlich dahinter stammt aus zwei verschiedenen Perioden, deren Wände unmittelbar über einander aufgebaut sind; die Funde im oberen und im tiefer liegenden Zimmer sind ganz gleicher Art gewesen: mehrere große Vorratsgefäße und Amphoren waren an der Südwand des Raumes aufgestellt oder in den Boden eingegraben.

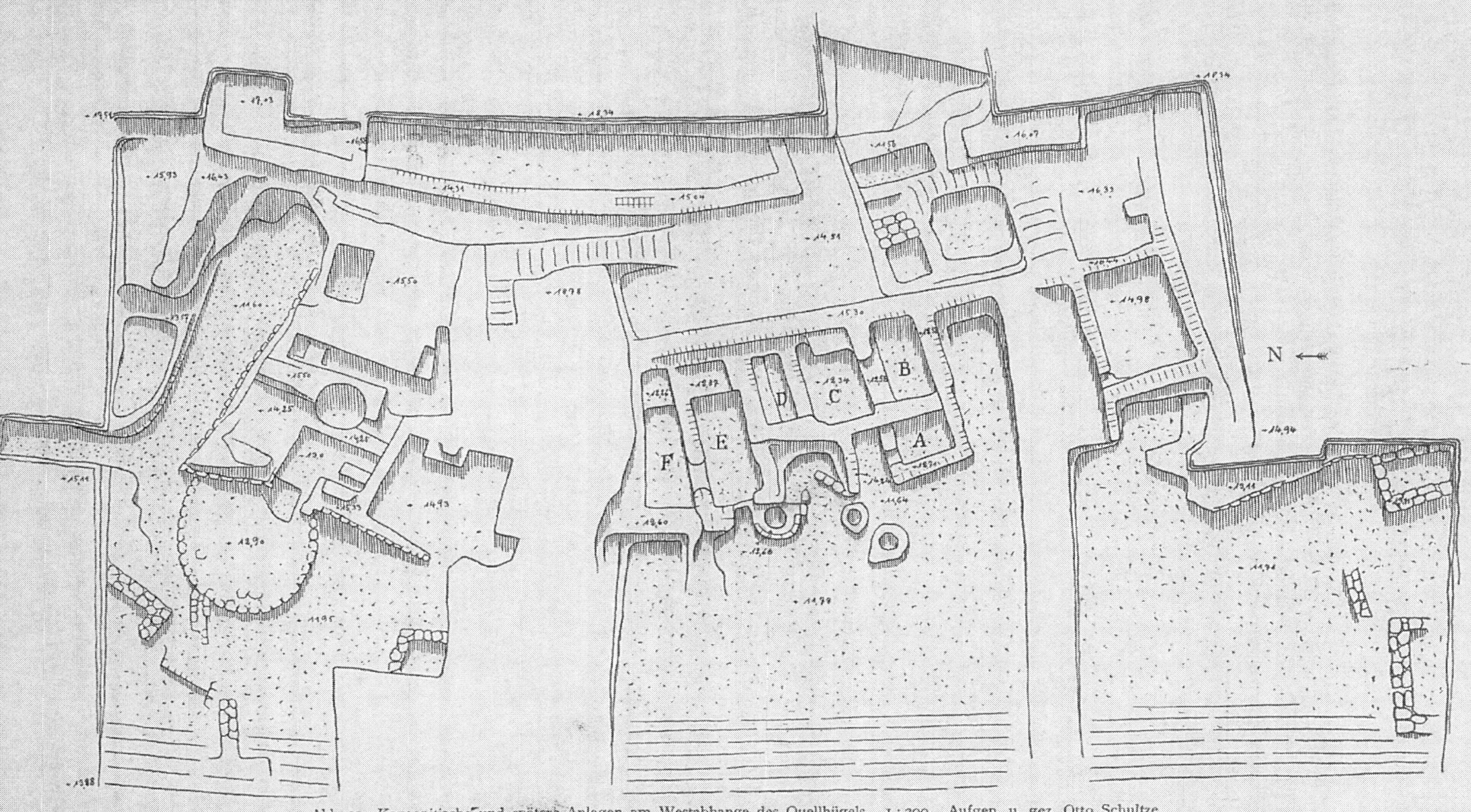

Abb. 20. Kanaanitische und spätere Anlagen am Westabhange des Quellhügels. 1 : 200. Aufgen. u. gez. Otto Schultze.

Die obere Ziegelmauer ruht auf einem Sockel von vier Schichten von Feldsteinen, der 0,84 m hoch ist. In 1,50 m Tiefe unter diesem Fundament standen die Vorratsgefäße des älteren Hauses, dessen Grundriß im ganzen dem des späteren entsprochen haben muß; nur scheint der Raum etwas breiter gewesen zu sein; die Fundamente des oberen Zimmers sind nach innen vorgeschoben und ruhen zum Teil auf dem Schutt, der den unteren Raum ausgefüllt hat.

Der nach Norden zu folgende Raum C (Größe 3,20 × 2,30 m) ist wieder nach allen Seiten durch wohl erhaltene Wände, die auf mehrschichtigen Steinsockeln ruhen, abgeschlossen. Das Innere war völlig ausgeraubt. Dasselbe gilt von dem schmalen Zimmer D und den langgestreckten Räumen E und F. Bei diesen ist die Rückwand nach Westen zu vorgeschoben, auch sind sie von jüngeren Mauern überbaut. Ihr Abschluß nach Westen ist ebenfalls nicht mehr deutlich. Immerhin ordnen sich die hier aufgedeckten, an einander schließenden Zimmer mit gemeinsamen Zwischenwänden zu einem einheitlichen Baugedanken zusammen; nach den Funden im Raume B wird es sich wohl bei allen ursprünglich um Vorratskammern handeln. Wahrscheinlich haben sie sich nach Norden weiter fortgesetzt und dort den Anschluß an die drei bereits oben besprochenen Räume gewonnen.

Das dieser Raumgruppe vorgelagerte Zimmer A macht es wahrscheinlich, daß ursprünglich der Reihe der Räume B—F eine zweite Reihe von an einander stoßenden Zimmern vorgelagert war. Durch spätere Mauern ist diese Reihe leider stark zerstört, ihre Außenwände nach Westen zu sind beseitigt, und ihr Zusammenhang ist durch Einbauten unklar geworden. Aber einzelne Funde erheben diese Vermutung zur Gewißheit. So fand sich nördlich der jüngeren Mauer, die parallel zur Nordmauer des Raumes A nach Westen läuft, im Schutt in größerer Tiefe eine kanaanitische Amphora, die nur im Innern eines Raumes gestanden haben kann. Dieser Mauerwange ist ein großer, aus quadratischen Ziegeln aufgemauerter Trog auf einer Steinbasis von etwa 1,75 m jetziger Höhe und etwa 1,05 oberem Durchmesser vorgelagert, und etwas weiter südöstlich davon steht ein zweiter, etwas kleinerer gleicher Trog. Diese Tröge werden zu der israelitischen Siedlung gehört haben, die über die alten Mauern hier hinweggreift. Ein dritter noch größerer Trog von etwa 2 m oberem Durchmesser steht vor der nächsten jüngeren Mauer, der späteren Verlängerung der Nordwand des Raumes D. Die beiden Tröge liegen wahrscheinlich in der Richtung und in der Gegend, in der ursprünglich die Abschlußmauer der vorderen Zimmer verlief, und haben sie zerstört. Daß die folgenden Zimmer, die E und F vorgelagert waren, sich weiter nach Westen zu genau wie die hinter ihnen liegenden Zimmer vorgeschoben haben, beweist der Rest einer kleinen Kammer, die vor dem Zimmer F gefunden ist; hier ist unter einer jüngeren, von Süden nach Norden laufenden Ziegelmauer eine ältere Wand und in der Ecke eine 0,27 m starke Ziegelsetzung von im Halbrund gestellten Ziegeln erhalten; im Innern fanden sich Reste von Holzkohlen und mehrere Gefäße in Scherben, nach denen es sich nur um die Feuerstelle eines kleinen Raumes handeln kann. Auch hier lehrte eine Tiefgrabung, daß unter den Wänden dieses Zimmers sich noch weitere Mauern aus einer früheren Periode befanden. So ergibt sich das Bild einer Vereinigung von etwa 9 bis 10 Räumen mit gemeinsamen Zwischenwänden zu einem Ganzen, das in dieser Form noch nicht vollständig sein kann. Nach Osten oder nach Westen muß mit diesem Komplex ein größerer Hofraum verbunden gewesen sein; denn die ausgegrabenen Räume können sämtlich nur als Zimmer aufgefaßt werden. Die Frage soll

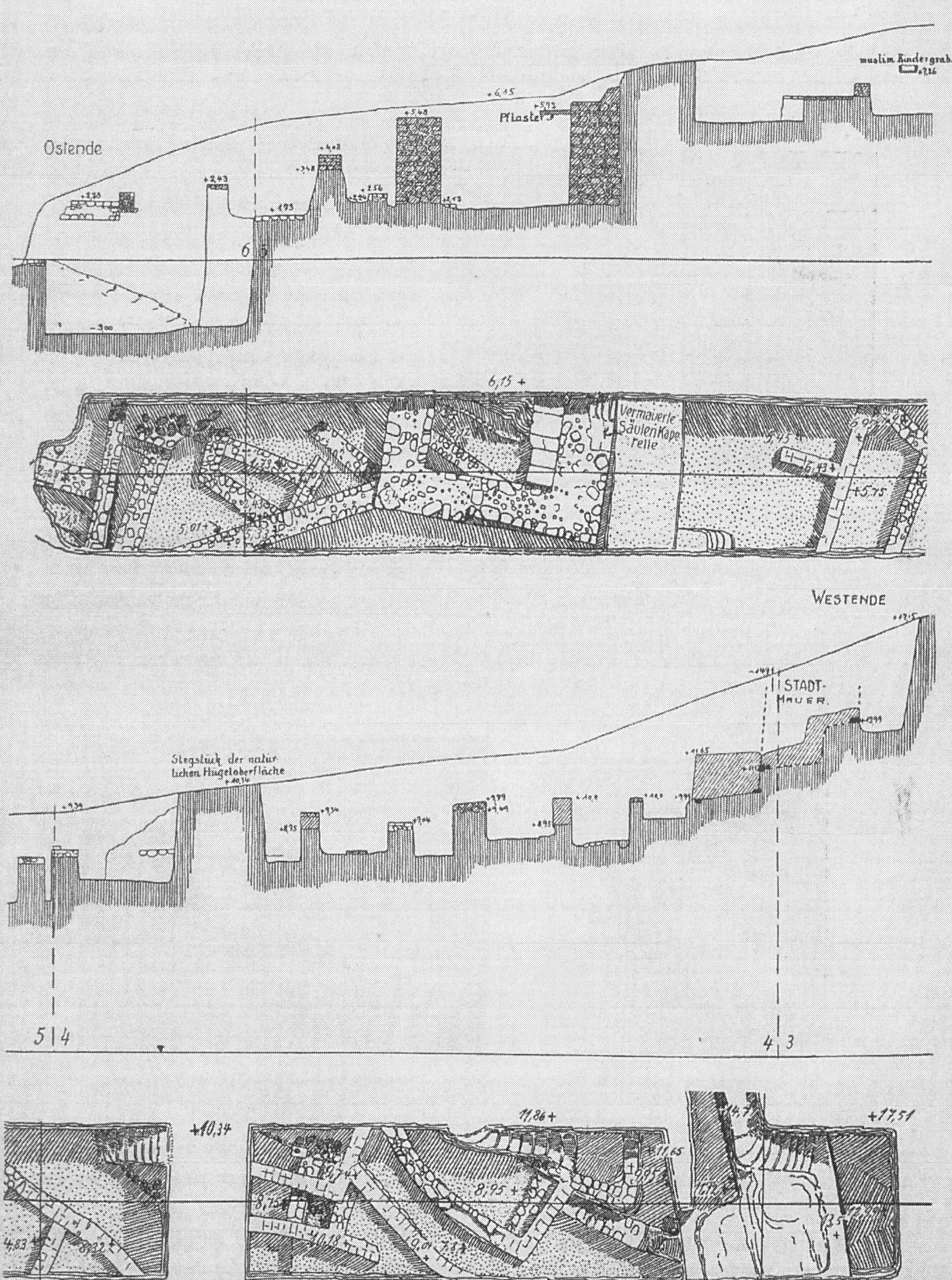

Abb. 21. Ansichten und Schnitte des Südschnittes in K, L 3—6, von Norden gesehen, aufgen. u. gez. Otto Schultze.

daher wenigstens aufgeworfen werden, ob es sich nicht bei dieser ganzen Gruppe um die Neben- und Vorratsräume einer größeren Anlage handelt, die durch den Hof von ihnen getrennt weiter nach Osten im Quellhügel verborgen liegt. Gerade hier wird man, wenn es sich um selbständige Wohnhäuser handeln sollte, größere Räume erwarten, während kein Zimmer die Größe der Haupträume in den Häusern hinter dem Nordwall erreicht. Noch ein weiteres lehren die Ausgrabungen: die Erhebung des Quellhügels über das übrige Niveau ist künstlich und veranlaßt durch die ganz besonders intensive Besiedlung, die hier in nächster Nachbarschaft der Stadtquelle stattgefunden hat.

Abb. 22. Hausmauern im mittleren Teil des Südschnittes, von Osten gesehen.

Die im Südschnitt in K, L 4—6 (vgl. Abb. 21) aufgedeckten ältesten Hausmauern lassen entsprechende Schlüsse zu wie die im West-Ost-Schnitt gefundenen. Von der Innenmauer im Westen aus senken sich auch hier die Fundamenthöhen von etwa 10 m unmittelbar hinter der Mauer bis auf den Nullpunkt am Ost-Ende des Grabens herab. Der Graben hört an der modernen Straße auf und ist nicht weiter nach Osten vorgeschoben worden. Wir beobachten also im Süden dasselbe Abfallen des Hügels nach der Quelle zu wie im Norden, dem auch hier die Umwallung folgt. Die gefundenen Mauern, von denen meist nicht nur der Sockel, sondern auch ein Stück des Ziegeloberbaues erhalten ist, ordnen sich nur in der Mitte

Abb. 23. Hausmauern im westlichen Teil des Südschnittes, von Osten gesehen (vgl. Abb. 24).

Abb. 24. Hausmauern im westlichen Teil des Südschnittes, von Westen gesehen; im Hintergrund l. Quellbassin, r. Mühle.

des Grabens in K, L 4, 5 zu einem engeren Zusammenhang. Drei Hauswände laufen hier von Norden auf eine sich von Südosten nach Nordwesten ziehende Quermauer zu, jenseits von der eine etwa 2 m breite Fläche von Mauern frei ist (vgl. Abb. 22). Im westlichsten, von zwei Wänden umschlossenen Raum sind zwei Amphoren, ein großes Vorratsgefäß und mehrere kleine Gefäße gefunden worden; andere Gefäße lagen in Asche gebettet in einer Ecke des nach Osten anstoßenden Zimmers. Es wird sich wohl um kleine, aus je einer Stube bestehende Häuschen mit gemeinsamen Zwischenwänden handeln, die mit ihren Schmalseiten an einer Gasse liegen. In dem Stück hinter der Befestigung (vgl. Abb. 23 und 24) ist über einen etwaigen Zusammenhang der Mauern nicht zu urteilen; wichtig ist hier nur, daß unter den der Umwallung gleichzeitigen Mauern sich andere hinziehen, die nach ihrer Tiefenlage älter sein müssen. Spuren einer I. Periode, die der im Norden nachgewiesenen entsprechen, erweisen also auch im Süden eine Besiedlung, die der Umwallung vorausliegt.

Reste vorisraelitischer Häuser sind schließlich noch in E 7 hinter dem äußersten Ostende der Nordumwallung aufgedeckt worden (vgl. S. 28, Abb. 10). Sie lehnen sich mit ihren Seitenwänden an die Mauer an, sodaß diese die Rückwand bildet; die Steinsockel liegen aber höher als das Fundament der Innenmauer, und die Ziegel des Oberbaues binden nicht ein. Die drei kleinen viereckigen Kammern sind also erst später, nach Errichtung der Umwallung, an diese herangeschoben worden. Im Innern standen die üblichen Amphoren und Vorratsgefäße noch an ihrer alten Stelle, die Vorratsgefäße wie auch sonst zu $^{2}/_{3}$ ihrer Höhe in den Boden eingegraben. Die Hausreste setzen sich in Mauern aus verschiedenen Perioden noch weiter nach Süden fort, wo sie unklarer werden und stärker zerstört sind. Ein großer byzantinischer Ringofen mit einer Steinsetzung als innerem Ring und einem doppelten Ziegelkreis außen reicht hier in das Niveau der alten Schicht hinein und liefert den Beweis, daß weiter nach Osten die byzantinischen Anlagen alles alte beseitigt haben.

Die Bauart der Häuser ist an allen betrachteten Fundstellen durchaus einheitlich. Das Fundament bildet ein zweihäuptiger Sockel von ein bis drei Schichten Feldsteinen, die mit den Breitseiten nach außen gelegt sind, während der Kern mit kleineren Steinen ausgefüllt wird. Die Breite schwankt, nicht erheblich, zwischen 0,60 und 0,90 m. Wo die aufgehenden Wände erhalten sind, zeigen sie eine doppelte Lage Ziegel nebeneinander; dabei sind hier stets Ziegel von regelmäßiger Größe verwandt; soweit es möglich war, die Ziegelgröße überhaupt zu bestimmen, schwankt sie zwischen 0,30 × 0,40 × 0,12 und 0,35 × 0,50 × 0,12 m. Die Zusammensetzung der Ziegel ist, wie nicht anders zu erwarten, genau dieselbe wie bei der Umwallung; auch die sorglose und unregelmäßige Führung der Schichten und Lagen ist die gleiche. Von einem Verputz sind keine Spuren gefunden. Über den weiteren Aufbau der Wände ist Sicheres nicht mehr zu sagen. Die Dächer wird man sich als flache Balkendecken zu denken haben, über welche Äste und Zweige ausgebreitet waren. Auf diesen lag dann eine Schicht von festgestampftem Lehm, sodaß eine flache Terrasse entstand. Das Dach bildet noch heute im Orient ein Geschoß für sich und dient namentlich im Sommer als Wohnung und Schlafstätte für die ganze Familie. Im alten Palästina ist es, wie biblische Zeugnisse erweisen, nicht viel anders gewesen (vgl. auch Koldewey, Ausgrabungen in Sendschirli II S. 106f; Langenegger, Baukunst des Irâq S. 129).

---

3. Anlagen aus spätkanaanitischer Zeit.

Die zerstörte Stadt ist nicht lange unbewohnt geblieben; die ersten Ansiedler müssen sich unmittelbar nach der Eroberung wieder in die Ruinen eingenistet und sie gleichzeitig nach Schätzen durchwühlt haben. Spuren einer solchen raschen Wiederbesiedlung sind an mehreren Stellen des Hügels nachzuweisen; durch die eigentümliche Keramik (handgemachte Gefäße mit Kamm- und Stichverzierung (vgl. Abschnitt III) hebt sich ihre Kultur deutlich zwischen der älteren kanaanitischen und der jüngeren israelitischen Schicht heraus. Beim Bau der Häuser werden die neuen Ansiedler vielfach die Ziegel aus den älteren Ruinen entnommen und wiederverwandt haben.

Auf der Nordseite der Umwallung in D 5 fanden sich zwei Wände eines Hauses dieser Zeit zwischen die Haupt- und Vormauer unmittelbar vor die Turmecke eingebaut; sie bestehen aus nur einer Ziegelschicht, die unmittelbar auf den Schutt gesetzt ist (vgl. Tafel III). Ein anderer Ansiedler hatte sein Häuschen auf und in das alte Ziegelmassiv unmittelbar nördlich von der Vormauer gebaut und dabei auch die Ziegel für seinen Bedarf wieder verwandt (vgl. den Gesamtplan Tafel I). Ein Bewohner dieses Hauses hat offenbar die alten Ruinen recht gründlich untersucht; in dem Raume lagen in einer Ecke zwei Gefäße, von denen das eine eine Menge von Kupfergeräten enthielt, die im Abschnitt III, 2 besprochen werden, das andere eine lange Kette von Perlen aus Knochen und Kupfer, wie sie ganz entsprechend in kanaanitischer Schicht im Südschnitt gefunden wurden. Die Kupfergeräte sollten wohl zur Herstellung neuer Geräte eingeschmolzen werden. Wände eines anderen Hauses, das sich in D 6 zwischen Haupt- und Vormauer eingeschoben hat und sich über die zerstörte Vormauer noch weiter nach Norden ausdehnte, sind bereits oben S. 25 beschrieben worden.

Abb. 25. Blick von Osten auf die Hausfundamente nördlich vom Ostende der Stadtmauer und auf den Zug der Hauptmauer.

In diese Zeit wird auch das Haus zu setzen sein, das im Nordosten sich an die zerstörte Vormauer und vor die Hauptmauer geschoben hat (vgl. S. 28, Abb. 10 und Abb. 25). Ihm zuzurechnen ist zunächst eine rohe Feldsteinmauer, die im rechten Winkel zur Vormauer bis an die Hauptmauer heranläuft und sie gerade an der Stelle berührt, wo deren starke Zerstörung beginnt. Nach Norden zu biegt die Mauer in einem spitzen Winkel nach Osten um; an den Ostschenkel setzt sich eine Quermauer an, die wieder auf die Hauptmauer zuläuft, aber, kurz ehe sie diese erreicht, sich nach Westen wendet. Die beiden etwas schräg zu einander laufenden Mauerschenkel gehen dann weiter im Westen über das Ziegelmauerwerk einer älteren Mauer hinweg und sind hier zerstört. Die von Nord nach Süd ziehende ältere Mauer gehört zu einem Haus, das der Zeit der Umwallung vorausliegt, also der I. Periode zuzurechnen ist. Mit ihm ist ein festgestampfter Lehmboden im Innern des Komplexes und eine in den Boden eingelassene, noch an ihrem alten Platz ruhende Reibschale zu verbinden. Die Räume des späteren Hauses haben sich noch weiter nach Norden und Westen ausgedehnt, wie ein vom nördlichen Mauerschenkel sich nach Norden ziehender Sockel beweist, der zwei weitere anstoßende Räume von einander trennte. Nach der tiefen Lage der Fundamente muß dieser ganze Komplex sehr bald nach der Zerstörung der Umwallung errichtet worden sein.

Auf der größeren freigelegten Fläche der Innenstadt im Norden hinter dem Walle wurden Mauerzüge, die von Südwesten hereinragen und sich in abweichender Richtung über die kanaanitischen Mauern hinwegschieben, bereits als dieser jüngeren Schicht angehörig bezeichnet (vgl. oben S. 38). Im Norden liegen ihre Spuren, wie die keramischen Funde lehren, tiefer als die schräge Schuttschicht mit den Treppen darin, über der unmittelbar die alte israelitische Stadt der Königszeit aufgebaut ist. Auch sonst mögen noch an manchen Stellen des Hügels Mauerreste dieser Zeit freigelegt sein, ohne daß sie nähere Aufmerksamkeit auf sich gezogen haben. Überall aber, wo die Grabung bis in die kanaanitische Schicht gelangt ist, konnten auch Spuren der jüngeren Besiedlung darüber festgestellt werden. Demnach ist anzunehmen, daß schon bald nach der Mitte des II. Jahrtausends hier wieder eine Ansiedlung bestanden hat, daß also der alte Wohnplatz nie ganz verlassen worden ist.

Abb. 26. Die israelitische Siedlung im Norden mit der israelitischen Stadtmauer, von Nordosten gesehen.

4. Die israelitische Stadt.

a) Die Anlage der Stadt.

Die Schuttschicht, die sich in den Räumen zwischen den kanaanitischen Stadtmauern ansammelte, hatte in der Zeit unmittelbar nach der Zerstörung 0,50 bis 1 m Höhe erreicht. Bis zu 7 m Höhe ragten noch immer über dieses Niveau an einigen Stellen, besonders im Nordosten, die mächtigen Ruinen der alten Ziegelmauer empor. Wer auf diesem Gebiet regelmäßiges Gelände für eine Stadtanlage gewinnen wollte, mußte erst diese gewaltigen Überreste einer vergangenen Zeit beseitigen; im antiken Sinne gesprochen, er mußte diese Trümmer unter der Erde verschwinden lassen, sie verschütten, damit über ihnen eine neue Stadt entstehen konnte.

Spuren einer Zerstörung und Verschüttung der Ruinen waren besonders im Nordwesten deutlich wahrzunehmen. Die Freilegung des Zuges der Vormauer um den Turm und ein Stück der Westseite entlang ist dadurch erheblich erschwert worden, daß der Raum zwischen den beiden Wällen mit verbranntem, lockerem Ziegelschutt und riesigen Steinblöcken ausgefüllt war, die oft ganz lose und mit Hohlräumen zwischen sich übereinander im Schutt lagen. Die großen Steinblöcke müssen heraufgewälzt und in die Gasse zwischen Haupt- und Vormauer gestürzt, der Schutt verbrannter Ziegel von der Mauerhöhe darüber geschüttet sein, da er vielfach die Hohlräume zwischen den Felsblöcken mit ausgefüllt hat. So ist an dieser Stelle ein Hügel entstanden, der sich hoch über das ursprüngliche Niveau der Stadthöhe erhob und durch die Schuttschichten weiterer Ansiedlungen auf seinem Gipfel dann die anderen Kuppen um mehrere Meter überragte.

Über die Hilfsmittel, die man bei der Einebnung des Ruinenfeldes angewandt hat, unterrichten uns merkwürdige Treppenanlagen, die im Laufe der Grabung an verschiedenen Stellen des ganzen Hügels zutage gekommen sind und zunächst dem Verständnis und der

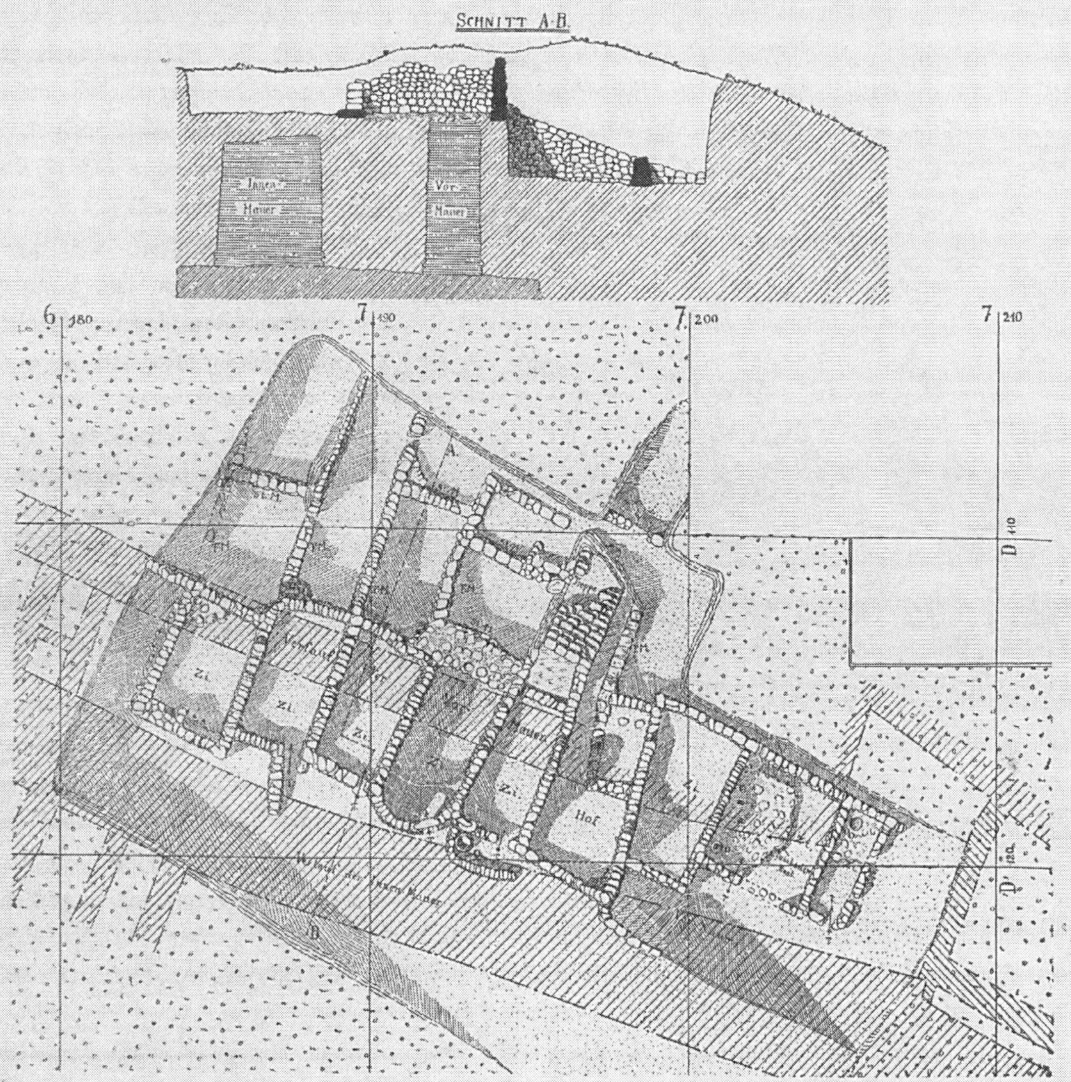

Abb. 27. Israelitische Stützmauern, Treppe und byzantinische Hausreste über der kanaanitischen Stadtmauer in D 6, 7. Ausgegraben 1907, abgerissen 1908; Maßstab 1 : 200. Aufgen. und gez. Dr. Langenegger. (F.M. Futtermauer; St.M. Stützmauer; Zi. Zimmer; T. Tür; O. Backofen.)

Erklärung Schwierigkeiten bereiteten. Erst die genauere Untersuchung ihrer Lage, ihres Verlaufs und ihres Verhältnisses zu den verschiedenen Besiedlungsschichten des Hügels gestattet jetzt ein bestimmtes Urteil über ihre Zeit und über ihren Zweck zu fällen. Die Treppenanlagen finden sich alle in der Gegend des ursprünglichen Steilabfalls der Hügelkuppen, beschränken sich also auf das Gebiet zwischen der großen Böschungsmauer und der kanaanitischen Festungsmauer und verlaufen durchweg radienförmig von allen Seiten die Hügelabhänge hinauf. In der Höhe der Hauptmauer finden sie dann regelmäßig ihren Abschluß.

Es sind im ganzen neun solcher Treppenanlagen aufgefunden und mehr oder weniger vollständig freigelegt worden, und zwar drei im Norden, fünf im Westen und eine im Südosten. Da sie nicht systematisch gesucht wurden, sondern ihre Aufdeckung nur da erfolgte, wohin aus anderen Gründen die Grabung sich ausdehnte, so ist es so gut wie zweifellos, daß noch zahlreiche andere Treppen gleicher Art in den unberührten Abhängen des Hügels verborgen sein werden. Eine Einzelbetrachtung der aufgedeckten Treppen wird über ihre Bestimmung am besten Aufschluß geben. Wir beginnen im Nordosten (vgl. Abb. 27 und 28). Hier ist bereits in der Voruntersuchung im Frühjahr 1907 bei der Freilegung einer Gruppe von Zimmern unmittelbar unter der Oberfläche des Hügels eine von Norden auf die Höhe emporsteigende Treppe in Resten gefunden worden. Die später zu besprechende Zimmergruppe der byzantinischen Epoche liegt über der zerstörten Haupt- und Vormauer der kanaanitischen Zeit; die Treppe führt bis auf das Niveau, das von den Kronen der zerstörten Mauern gebildet wird, schräg den Abhang empor, aus etwa nord-nord-östlicher Richtung. Zwölf Stufen sind mehr oder weniger vollständig erhalten, nach oben wie nach unten sind die Steine herausgerissen, vielleicht zum Teil, als man die Hauswände auf der Höhe über der Treppe gebaut hat. Ihre Breite beträgt etwa 1,60 m; ihre Stufen, die etwa das Verhältnis von 0,17 zu 0,20 m haben, bestehen aus roh zugehauenen Feldsteinen, von denen vier bis fünf neben einander zu einer Stufe gelegt sind. Die Trittstufe ist oberflächlich geglättet und liegt einigermaßen in der Wage. Die Setzstufe ist meist gar nicht oder kaum bearbeitet. Die oberen Stufen greifen in einer Art Verband etwas über die unteren vor; unter den beiden Wangen befindet sich eine Untermauerung durch Zungenmauern, deren Unterkante der Hügelschräge folgt. Im übrigen ist die eigentliche Treppe einfach auf eine Lehmbettung gelagert.

Abb. 28. Treppe in D 7 und byzantinische Hausmauern über der kanaanitischen Stadtmauer, von Nordwesten gesehen.

In derselben Richtung und Neigung wie diese Treppe laufen vier Mauern den Abhang empor, die nach ihrem Aussehen und ihrer Lage der Treppe gleichzeitig sein müssen. Sie entsprechen den Zungenmauern der Treppe und sind als Versteifungsmauern des schrägen, zum Teil wohl künstlich angeschütteten Hügelabfalls zu erklären. Es sind nie Hausmauern gewesen, da ihre Oberkante eine dem Abhang entsprechende schräge Richtung hat, und auf ihr eine Deckschicht von größeren, grob zugehauenen Steinen liegt, die der rohen Feldsteinmauer darunter eine gewisse Festigkeit und Sicherung nach der Hügelschräge zu geben soll. Wir können also hier über den Zweck der Treppe soviel aussagen, daß sie angelegt war, um die Schräge einer nach den Versteifungsmauern zum Teil künstlichen Anschüttung vor den kanaanitischen Mauertrümmern zu überwinden und auf die Fläche, die durch die damals noch erhaltenen Mauerkronen bestimmt war, emporzuführen. Die Treppe hat also mit der kanaanitischen Befestigung nichts zu tun, sondern gehört einer Zeit an, in der die alte Umwallung bereits zur Ruine geworden war.

Eine obere Grenze für die Entstehungszeit ergibt sich bei der zweiten Treppe im Norden, die etwa in der Mitte der freigelegten Häuserfläche im Norden zutage kam (vgl. Tafel III, Blatt 9 links oben, Blatt 13 und 14). Ihr oberes Ende ist zerstört, das untere verschwindet unter dem Fußboden eines quer über sie hinweg gebauten Hauses mit Ziegelwänden; die Breite beträgt hier nur etwa 1,40 m; die Konstruktion der Stufen ist dieselbe wie bei der Nordosttreppe, nur sind die Trittsteine bisweilen etwas kleiner, sodaß drei bis fünf Steine zusammen eine Stufe bilden. Auch ist sie ohne Futtermauern an ihren Wangen unmittelbar auf den Schutt gesetzt. Das über sie hinweggebaute Haus läßt sich nach den Funden, die in dem Hauptraum und bei einem Kindergrab unter dem Vorraum gemacht worden sind, in das IX.—VIII. Jahrh. vor Chr. datieren (vgl. S. 63). Da die Treppe bei seiner Erbauung bereits vorhanden war, muß sie der vorhergehenden Zeit angehören. Sie scheint sich nicht viel weiter nach Norden erstreckt zu haben, da ihre Spuren unter dem Fußboden nur etwa bis zur Mitte des Zimmers feststellbar waren.

Abb. 29. Treppe im Nordwesten, von Norden gesehen. A, A[1]: vorisraelitische Stützmauern; B: die Vormauer; a: jungisraelitische, b: byzantinische Hauswände.

Die dritte Treppe im Norden (vgl. Abbildung 29), am äußersten Westrande der aufgedeckten Fläche, ließ sich auf eine Strecke von 15 m hin verfolgen; ihr Anfang und ihr Ende dürfte wohl aufgefunden sein. Ihren Ausgang nimmt sie von der südlicheren der beiden kanaanitischen Packmauern, auf deren oberster Blockschicht ihre ersten Stufen auflagern, steigt dann in genau nord-südlicher Richtung bis über die Vormauer empor, und hört gerade oberhalb von ihr mit sehr sorgfältig gelagerten Stufen auf. Ihre Breite ist wieder 1,40 m; drei bis fünf Steine mit nach dem oberen Ende zu immer besserer Lagerung und Glättung der Oberfläche bilden die Stufen (vgl. Tafel III und das obere Ende links auf Blatt 4, b). Die Treppe führt also genau wie die erste auf die Höhe der zerstörten Stadtmauern empor. Bei diesen beiden Treppen ließ sich noch eine weitere, zunächst sehr überraschende Erscheinung beobachten: sie liegen in und über einer bis zu 0,50 m dicken Schicht von Verwitterungsprodukten des Kalkmergels, einem weissen Sand mit größeren und kleineren Steinbrocken darin. Eine natürliche Entstehung an dieser Stelle ist ausgeschlossen, da unter dieser Schicht sich Lehmschutt und Kulturreste finden. Dieselbe Schicht aber kam immer wieder in einem entsprechenden schrägen Verlauf am Steilabfall des Hügels überall da, wo im Westen und Süden die Treppen ausgegraben wurden, zum Vorschein. Als ein von dem späteren Schutt sich scharf absetzender heller Streifen ist sie auf Blatt 9 oben deutlich zu erkennen. Sie muß also, während man die Treppen anlegte, auf dem Hügelabfall künstlich aufgeschichtet worden sein; da sie im Westen bisweilen auch noch über die Treppen hinweggeht, sodaß die Treppen in sie eingebettet sind, so scheint sie bisweilen auch noch nachträglich um und über die Treppen ausgebreitet worden zu sein. Diese Schicht aber entspricht in ihrem Aussehen genau der Schüttung aus zerkleinerten Verwitterungsprodukten des Felsbodens, mit der im Norden die Baugrube vor der Böschungsmauer ausgefüllt worden ist (vgl. unten S. 58 ff.). Diese Übereinstimmung ist von großer Bedeutung bei der Frage nach der Zusammengehörigkeit der Böschungsmauer mit der Anlage der Treppen. In derselben Richtung wie die beiden Treppen läuft von Norden nach Süden etwa in der Mitte zwischen ihnen auf die Vormauer eine Steinmauer zu, deren schräges Oberteil durch eine Deckschicht von Feldsteinen geschützt ist. Sie entspricht in ihrem Aussehen den oben besprochenen Versteifungsmauern, die im Nordosten der Treppe parallel ziehen und wird ebenso zu beurteilen und mit der Treppenanlage zu verbinden sein. Ob die zweite, östlich neben ihr laufende, aber nach Süden zu stark divergierende Mauer auch als Versteifungsmauer aufzufassen ist, muß dahingestellt bleiben.

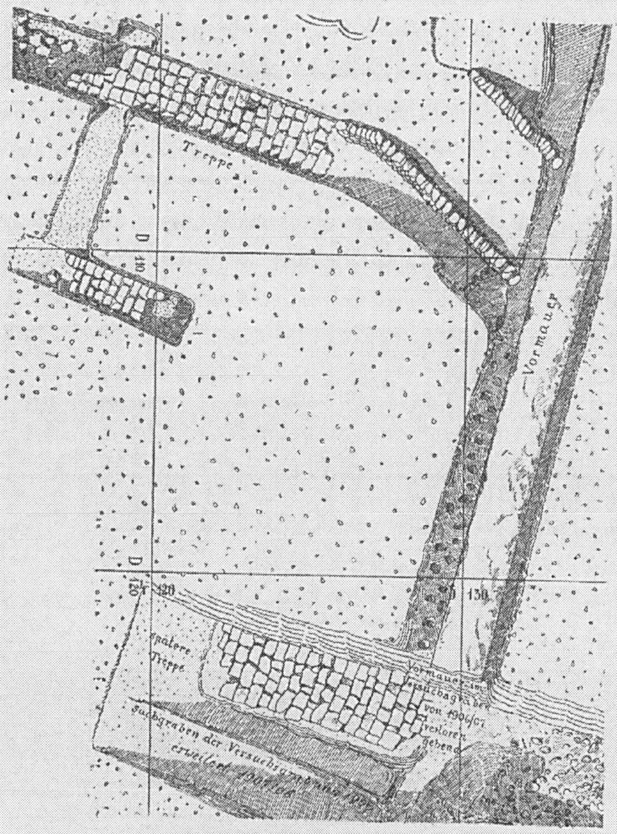

Abb. 30. Treppenanlage aus israelitischer Zeit im Westen in D 4, 5 vor der kanaanitischen Stadtmauer. Aufgen. und gez. Dr. Langenegger.

Im nördlichen Teil der Westseite, in D 4 und 5 (vgl. Abb. 30 und 31), sind zunächst zwei parallel in 4,80 m Abstand von einander den Abhang emporsteigende Treppen beobachtet worden, von denen die eine 1,80 m, die andere, von der nur ein kurzes Stück erhalten ist, nur 1,20 m breit ist. Die Stufen dieser bestehen aus 2 bis 3, die jener aus 3 bis 5 Feldsteinen in der üblichen Schichtung und Zurichtung. Unter den Stufen breitet sich hier deutlich Ziegelschutt mit größeren und kleineren Steinen aus und in der gleichen Höhe mit ihnen der schräge Belag des Abhanges mit den reinen Verwitterungsprodukten des Bodens der Um-

Abb. 31. Nördliche Treppe auf der Westseite des Stadthügels in D 4, 5, von Westen gesehen.

gebung, der als dicker, weißer Streifen sich heraushebt. An das obere Ende der nördlicheren Treppe stößt schräg zu ihrer Richtung, aber senkrecht zu der kanaanitischen Umwallung, eine Bruchsteinmauer von einer Steinbreite an, die bis dicht an die Krone der zerstörten Vormauer herankommt. Zwei kürzere, gleichartige Mauern laufen weiter im Norden dieser fast parallel den Abhang empor auf die Vormauer zu oder über sie hinweg; man wird in ihnen wieder Versteifungsmauern der künstlichen schrägen Anschüttung sehen.

Bei der weiter südlich folgenden, schon im Frühjahr 1907 aufgedeckten 2,20 bis 2,40 m breiten Treppe (vgl. Abb. 30 unten), ist das Verhältnis zur alten Befestigung besonders klar zu erkennen. Die ganze Treppe ruht auf Schutt von verbrannten Ziegeln mit großen und kleinen Steinblöcken darin und steigt über die Vormauer hinweg, über der sie zerstört ist. Denkt man sich die Steigung weiter nach oben fortgesetzt, so gelangt die Treppe deutlich auf die Oberfläche des zerstörten Hauptwalles. Es ist hier zweifellos, daß die künstliche Schüttung, unter der die Vormauer ganz verschwindet, und die bis zur erhaltenen Krone der Hauptmauer emporsteigt, einheitlicher Entstehung mit der Treppe ist. Ein künstlicher Abhang, dessen Krone durch die Höhen der zerstörten kanaanitischen Mauern bezeichnet wird, ist angelegt worden, und damit gleichzeitig sind die Treppen erbaut worden, um das Material für die Verschüttung der Ruinen leichter emporschaffen zu können.

Die beiden letzten Treppen im Westen, in G 4 (vgl. S. 85 Abb. 52), sind in byzantinischer Zeit umgebaut, und auf ihnen hochgehende Ziegelmauern errichtet worden. Sie laufen fast parallel in etwa 4,70 m Abstand in der Richtung auf die alte Stadtmauer zu; ihre Breite beträgt 1,75 bis 1,80 m. Die Veränderung der Treppe zu einem Mauersockel wird unten S. 85 f. beschrieben werden.

Von der Treppe im Südosten, in M 5 (vgl. S. 83 Abb. 50), die hinter den byzantinischen Ziegelmauern den Abhang hinaufsteigt, fehlt eine Aufnahme. Die Treppe muß hier dicht hinter der Böschungsmauer begonnen haben; da aber leider gerade hier die Böschungsmauer durch die tiefgeführten byzantinischen Stützmauern völlig beseitigt ist, so ist der genaue Anschluß nicht mehr erhalten. Nach den Niveauverhältnissen müßte sie unterhalb der Oberkante der Böschung geendet haben. Einen terminus ante quem für ihre Anlage ergibt der Fund einer henkellosen Amphora der israelitischen Gattung A, 1 aus dem IX. Jahrh. in der Schuttschicht unmittelbar über ihr.

Auch im Norden und Westen läßt sich das Verhältnis der Treppen zur Böschungsmauer nur noch vermuten, da die Treppen nie bis an diese heran erhalten sind. Denkt man sie sich aber an allen Stellen, wo sie aufgefunden sind, mit dem gleichen Neigungswinkel fortgesetzt, so würden sie in der Gegend der Böschungsmauer fast auf dem gewachsenen Boden enden. Es ist aber wohl gewiß, daß an ein so nahes Zusammentreffen von Treppenanfang und Böschungsmauer im Norden und Westen nicht zu denken ist; die Treppen werden erst da begonnen haben, wo die eigentliche Schräge des künstlichen Abhanges anfängt; der Ausgang der nordwestlichen Treppe unmittelbar über der kanaanitischen Packmauer gibt wohl ungefähr den Abstand an, in dem sich die Linie der ersten Stufe um den Steilabfall herum bewegt hat. Damit aber gelangt man mindestens in ein Niveau mit der Oberkante der Böschung oder der Unterkante des Sockels des aufsteigenden Ziegelwalls, vielleicht bisweilen sogar noch etwas tiefer. Durch diese Feststellung wird die Frage der Datierung der Böschungsmauer entschieden: sie muß gleichzeitig oder sogar noch jünger als die Erbauung der Treppen sein und ist damit sicher später als die kanaanitische Umwallung, deren Zerstörung die Voraussetzung für die Anlage der Treppen und die Verschüttung der Ruinenstätte ist. Man kann sich den Vorgang der Stadtgründung also so vorstellen, daß zunächst das Baugelände durch Verschüttung der Ruinen gewonnen wurde, wobei man sich der Treppen zur Heranschaffung des Materiales bediente; gleichzeitig hat man den Sockel der Umwallung zu erbauen begonnen und dann den bei der Herstellung der Baugrube herausgeschafften Verwitterungsschutt des Bodens benutzt, um eine gleichmäßige Deckschicht über dem angeschütteten Gelände herzustellen und später auch die Baugrube selber nach Vollendung der Böschungsmauer zum Teil wieder zu schließen. Ob diese Vorstellung richtig ist, muß sich bei der folgenden Betrachtung der Böschungsmauer selbst und der Bauten ergeben, die auf dem neu gewonnenen Grund und Boden errichtet worden sind.

b) Die Umwallung.

Die große Böschungsmauer, die im folgenden beschrieben wird, wurde gleich zu Beginn der Grabung im mittleren und östlichen der drei von Norden an den Hügel herangeführten Suchgräben entdeckt und bald darnach auch im westlichen Graben nachgewiesen. Sie wurde dann von Norden aus um den Hügel herum oberflächlich verfolgt und ihre Wange an fünf Stellen durch einen tieferen, bis auf den gewachsenen Boden geführten Schnitt untersucht um festzustellen, wie weit die Anlage einheitlicher Entstehung ist.

Wir folgen nunmehr in der Beschreibung dieses Bollwerks der Darstellung Langeneggers, die an Ort und Stelle ausgeführt ist und von dem in einer Länge von 11 m freigelegten Stück der Böschungsmauer im Norden ausgeht, und verbinden mit ihr, was auf Grund der Aufnahmen und aus der Beschreibung in den M. D. O.-G. 39 S. 15 über die übrigen freigelegten Stücke der Böschungsmauer hinzuzufügen ist.

Die große Festungsmauer (vgl. Blatt 10, 11 und 12) besteht im Norden und Westen aus drei verschiedenen Konstruktionsabschnitten:

1. einer Unterfüllungsschicht,
2. einer geböschten Stützmauer mit Ausbauchung,
3. einer lotrechten Mauer aus Lehmziegeln.

Die Mauergründung reicht hinab bis auf den anstehenden Felsboden. Dieser Fels ist von splitteriger Struktur und ziemlich verwittert; es läßt sich nicht entscheiden, ob er zum Zwecke der Abgleichung bearbeitet wurde. Sicher ist, daß die über ihm lagernde Schicht von Verwitterungsprodukt, wie sie ähnlich in der Gegend überall vorkommt, einer Abgleichung unterworfen wurde, als die Baugrube auf sie stieß und es galt, deren Boden horizontal zu gestalten. Die Höhe der Verwitterungsschicht beträgt durchschnittlich nur 0,60 m. Sie setzt sich zusammen aus Gesteinssplittern kleinsten Kornes, denen mit der Verwitterung des Bindemittels der Zusammenhang verloren ging. Sie ist von grünlicher Farbe, doch kommen in ihr auch flache Schichten rostroten Flußkieses vor, ein Beweis, daß die Ablagerung natürlich ist (nach Mitteilung von Professor Blanckenhorn, anwesend in Jericho am 16. 2. 08).

1. Die Unterfüllungs-Schicht. Die unterste Steinlage der geböschten Stützmauer ist nicht unmittelbar auf den Felsboden oder die beschriebene Verwitterungsschicht aufgebracht. Die Baumeister werden der ungleichmäßigen Tragfähigkeit des verwitterten Felsbodens mißtraut haben. So wurde zunächst eine etwa 1,30 m mächtige Schüttung aus reiner Lehmerde,

mager durchmischt mit Schotterstein, in die Baugrube eingebracht, die wahrscheinlich unter Zufluß von Wasser eingestampft wurde: Es läßt sich jedenfalls stellenweise eine verschiedenfarbige Schichtung in dieser Schüttung erkennen. Diese Lehmerde-Schüttung — der ja bekanntlich auch heutigentags im Bauwesen besondere Tragfähigkeit zugesprochen wird — besitzt als Verstärkung ihres Fußes ein Packlager aus mäßig großen Feldsteinen, das unmittelbar auf jener Verwitterungsschicht ruht. Nach dem Verlaufe des Packlagers zu urteilen, muß die Baugrube vor der Stirn der Stützmauer noch eine lichte Breite von mindestens 2 m besessen haben.

2. Die geböschte Steinmauer. Diese Mauer weist außer ihrer Böschung eine Bauchung nach außen auf und bewirkt ihre Umbiegungen nach Osten und Westen herum durch Kurven.

Das Baumaterial stammt aus der unmittelbaren Umgebung. Es besteht aus Gesteins-Zusammensetzungen der obersten Kreide: bituminösem Kalkstein, kieseligem Kalkstein, bituminösem Mergel, Feuerstein (nach Professor Blanckenhorn).

Die Gesamthöhe der Steinmauer von ihrem Fuß bis zu ihrer Oberkante schwankt zwischen 5,40 und 4,50 m, und zwar weist die Mitte der Nordseite die größten Höhen auf, während gegen die Langseiten der Umwallung im Westen und Osten die Höhen sich auf 4,50 m vermindern und im Süden wieder auf 4,80 m ansteigen. Sie besteht aus zwei deutlich markierten Abschnitten, die von einander durch einen etwa 0,15 m breiten Absatz getrennt werden. Diese zwei Abschnitte können bezeichnet werden als a) das Fundament-Stück (Bankett) und b) die Böschungsmauer.

a) Das Bankett beginnt mit zwei Lagen mittelgroßer, beinahe lagerhaft verlegter Bruchsteine, deren Zwischenräume sorgfältig ausgezwickt sind. Im Norden senkt sich das ganze Mauerwerk entsprechend dem Abfall des Geländes allmählich von Westen nach Osten. Auf dieser Untermauerung lagert eine Reihe mächtiger Blöcke, deren Stirnflächengröße 1 × 1,20 bis 1 × 2,10 m beträgt. Diese mächtigen Blöcke liegen nahe bei einander und sind durch untergepackte kleinere Steine in annähernd wagerechte Lage gebracht. Ihre Zwischenräume sind gleichfalls sorgfältig mit Bruchsteinen ausgefüllt und zwar so, daß zuerst größere, sodann kleinere Zwicker eingefügt, und endlich die noch verbleibenden kleinsten Spalten mit entsprechenden Splittern verschlossen wurden. So geben die großen Blöcke dem Unterteile der Gesamtböschung als Binder die nötige Festigkeit. An einer Stelle im Norden, wo die Böschungsmauer eine besonders große Höhe erreicht, liegen zwei solcher Blockschichten übereinander. Auf die Lage der großen Blöcke folgt eine weitere Lage mittelgroßer, grob lagerhaft zugerichteter Steine, die entsprechend versetzt und ausgezwickt sind, und oben am Absatz eine Lage schwacher, plattenartiger Decksteine. Deutlich erscheint also hier die im Gebiet des ägäischen Meeres als kyklopisch bezeichnete Mauertechnik: das System der Verlegung des großen Blockes, der vom kleineren und kleinsten Stein umgeben liegt. Auch die kleinsten Zwischenräume sind so ausgefüllt, daß im Gewirre der Fugung keine Stelle bleibt, an der ein Instrument zur Zerstörung wirkungsvoll ansetzen könnte. Nirgendwo hat im Laufe der Zeit ein durchgehender Vertikalriß das Gefüge dieser kyklopischen Mauer gelockert.

Die großen Steinblöcke liegen mit ihren Stirnen etwa in der Mitte der Bankettwange. Sie sind mit dem Hammer roh behauen; da der Bruch des kieseligen Kalksteines muschelig, rundlich ist, so haben die Stirnen der Blöcke ein hügeliges, wenig charakteristisches und verwaschenes Aussehen. Die unregelmäßigen Ränder sind abgefast. Es machen sich da und dort auch Spuren eines spitzen Instrumentes (Zweispitz?) bemerkbar.

Die mittelgroßen Steine haben ein grob zugerichtetes oberes und unteres Lager, während ihre Stoßflächen meist unbearbeitet blieben.

b) Die Böschungsmauer besteht an den verschiedenen Stellen des Gesamtmauerzuges aus sechs bis zwölf Schichten gut gelagerter Bruchsteine mit sorgsamer Auszwickung. Die Stirnflächen der Steine fügen sich nicht in die Krümmungsfläche der ausgebauchten Böschungs-

Abb. 32. Die Böschungsmauer im Südschnitt, in K 2, von Westen gesehen.

Abb. 33. Die Böschungsmauer im Süden, in M 3, 4, von Süden gesehen.

schräge ein, sondern stehen mit der Oberkante etwas treppenartig vor. Die Höhenmaße der Einzelschichten verjüngen sich von der Fußschicht gegen die Deckschicht zu, sodaß die Fußschicht etwa 0,50 bis 0,60 m, die Deckschicht 0,15 bis 0,20 m hoch ist. Die Stichhöhe der Oberflächenkrümmung beträgt 0,15 bis 0,20 m, während der Bankettabsatz selber kaum ausgebaucht ist. Es tritt uns im oberen Abschnitt der Böschungsmauer vor allem die Absicht der Bauleute entgegen, durch sorgsame Lagerung und Abgleichung der Einzelschichten Standfestigkeit und Verband des Mauerkörpers zu erhöhen. Verband der einzelnen Stirnsteine unter sich ist nicht feststellbar. Insgesamt fällt die Böschungsmauer 2,15 bis 2,65 m zurück, wobei auf das Bankett 0,65 bis 0,90 m, auf die eigentliche Böschung 1,50 bis 1,75 m kommen.

Bemerkenswert ist, daß eine gleichmäßige Durchbildung von Bankett- und Böschungsabsatz nicht in allen Teilen der Gesamtmauer durchgeführt wurde. Namentlich gegen Süden hin wird deutlich, daß die Außenmauer ein Werk verschiedener Baumeister gewesen sein muß.

Nach Südwesten und Süden (vgl. Abb. 32 und 33) verliert sich die regelmäßige Schichtung lagerhafter Steine völlig. Zwar finden sich noch immer in der Nähe des Mauerfußes jene mächtigen Blöcke versetzt, aber die beiden im Nordteile und an seinen Umbiegungen gegen Osten und Westen (in C bis F) überall erkennbaren Abschnitte mit ihrer deutlichen Trennung von Unterbau und Aufbau gehen völlig verloren. Es herrscht ein direktionsloses Durcheinandergehen unlagerhafter Bruchsteine, dazu wird die Böschung äußerst steil. Obwohl allgemeinhin eine Abnahme der Steingröße von unten nach oben bemerkbar bleibt, kann doch der Unterschied des südlichen gegen das nördliche Mauerwerk der Böschung nicht übersehen werden, durch den das Mauerwerk hier regelloser und altertümlicher erscheint als

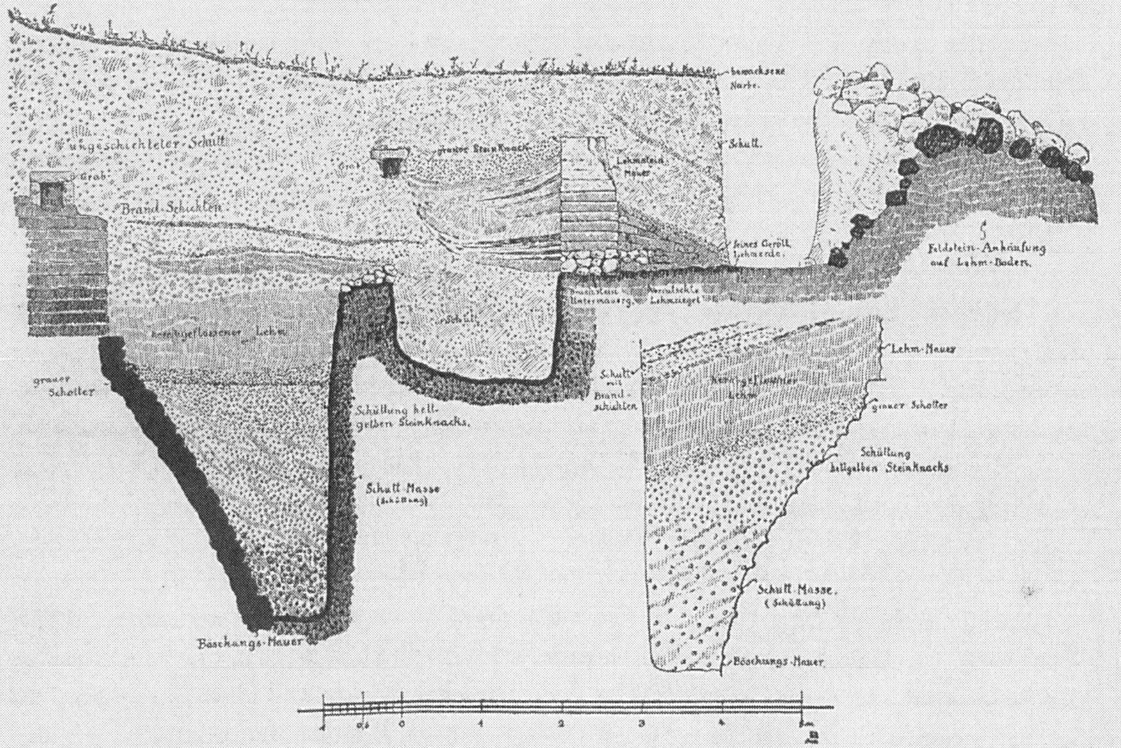

Abb. 34. Schnitt im Norden, in C 6, durch die Stadtmauer und den mittleren Nordgraben mit Ansicht der Schüttung gegen Westen und gegen Osten. Aufgen. und gez. Dr. Langenegger.

dort. Doch darf man daraus nicht auf eine verschiedene Entstehungszeit schließen; dagegen spricht der einheitliche Verlauf der ganzen Umwallung und die prinzipielle Übereinstimmung des Systems. Der Eindruck wird vielmehr der richtige sein, daß der südliche Teil der Böschungsmauer in größerer Eile und daher mit weniger Sorgfalt als der nördliche errichtet ist, daß also im Gegenteil der nördliche Wall etwas älter ist als der südliche, weil man bei seiner Erbauung noch mehr Zeit zur Verfügung hatte als bei der des südlichen Walles.

3. Die senkrechte Lehmziegelmauer ist leider nur noch in geringen Resten erhalten, und zwar gerade über der höchsten Stelle der Gesamtmauer im Norden (vgl. Tafel III). Auch hier konnte sie nur auf eine kurze Strecke hin untersucht werden, da sie auf die Länge von 19 m durch den Schutthügel vom Jahre 1907 zugedeckt ist. An manchen Stellen fußt sie auf einem eigenen Bruchsteinsockel von zwei bis drei Lagen, sonst unmittelbar auf der Mauerkrone der Böschung, gegen deren Vorderkante 20 bis 30 cm zurücksetzend. Die Mauer-

breite beträgt 2 m, die noch vorhandene Höhe ist mit 2,40 m meßbar. Es hindert jedoch nichts, anzunehmen, daß sie ursprünglich 6 bis 8 oder mehr Meter erreichte.

Etwa in der Mitte von C 6 springt die Ziegelmauer mit einer scharfen Ecke um 0,80 m nach Norden vor und verbreitert sich dadurch, da die südliche Wange in der alten Richtung weiterläuft, auf 2,80 m (vgl. Blatt 10 und 13). Ob diese Verstärkung der Mauer eine dauernde gewesen oder durch eine nur an dieser Stelle vorgenommene turmartige Erhöhung der Mauer veranlaßt ist, läßt sich nach dem Stand der Grabung nicht mit Sicherheit sagen. Denn weiter nach Westen in C 5 ist der obere Abschluß der Böschungsmauer bereits nicht mehr erhalten, sodaß über die einstige Gestalt der Ziegelmauer nichts mehr festgestellt werden kann. In der steinernen Böschung macht sich der Vorsprung der Ziegelmauer nur im oberen Teil in einer leichten Ausbiegung und Schwellung nach außen bemerkbar. Der übrige ausgegrabene Teil der Umwallung läßt nirgends ein ähnliches Vorspringen der Ziegelmauer oder ein Ausbiegen der Böschung nach außen erkennen.

Ein Normalformat der Ziegel, wie es von Babylon, Tell el-Mutesellim und anderswoher bekannt ist, wurde in Jericho nicht erreicht. Die Ziegel weisen Langform auf mit den Größenverhältnissen von 0,34 (32)×0,50×0,115 (12) und 0,37×0,40 (34)×0,115 m. Sie liegen in einer Art von Binderverband, der aber nur an beiden Mauerwangen und auch hier nicht überall sorgsam durchgeführt ist. Allzugroße Unregelmäßigkeiten der Fugung werden unbedenklich durch Einfügung halbierter Steine oder regelloser Lehmpatzen ausgeglichen. Die Ziegelmaterie ist reiner Lehm. Es macht sich der Abdruck gehackter Strohhalme bemerklich, deren Beimischung für eine rißlose Durchtrocknung des Einzelziegels bekanntlich von Vorteil ist.

Der Steinverband der großen Festungsmauer im Innern ist nicht untersucht worden, da hierzu eine Zerstörung der Mauer an irgend einer Stelle notwendig gewesen wäre. Doch zeigte eine kleine Grabung auf der Rückseite der Mauer im Südosten an der Stelle des Anschlusses der byzantinischen Ziegelmauer, daß die Innenwange des Sockels der Ziegelmauer in lotrechter Richtung herabging, daß also wahrscheinlich das Fundament von unten auf die volle Breite der Mauer aufwies und nicht nach innen zu in Absätzen einsprang, wie es bei der Böschungsmauer der VI. Stadt Troias (vgl. Dörpfeld, Troia und Ilion S. 117 Fig. 38) der Fall gewesen zu sein scheint. Ob die Anlage überall dieselbe war oder je nach der Natur des Geländes gewechselt hat, läßt sich nicht sagen. Über den Charakter der Mauer hat die bisherige Erforschung soviel ergeben, daß der Unterbau (das Bankett) eine Stützmauer darstellt, welche den Erddruck aufzunehmen hatte, der durch Abschneiden der natürlichen Böschung eines vorhandenen Hügels entstand. Dagegen ist der gebauchte Aufbau eine reine Futtermauer zum Zwecke der Verblendung künstlich aufgeschütteter Erdmassen und solcher Erdschichten, die sich bei der Besiedlung der Abhänge allmählich auf dem ursprünglichen Niveau des Geländes angesammelt hatten. Der Fußboden der zugehörigen Bauten im Inneren muß also in der Höhe der Oberkante des Sockels der Ziegelmauer gelegen haben, und der ganze Unterbau der Ziegelmauer war unsichtbar. Nach außen scheinen nicht überall die gleichen Verhältnisse bestanden zu haben. Im Norden und Westen ist der Unterbau und der größte Teil der Böschung durch eine künstliche Verschüttung der Baugrube unter der Erde verschwunden (vgl. Abb. 34 und 35). Über dem Lehmbeton in der Tiefe lag eine Schicht von reiner Lehmerde, die schräg bis zur Oberkante des Banketts verlief, dann folgte eine gelblichweiße Schüttung von zerkleinerten Verwitterungs-

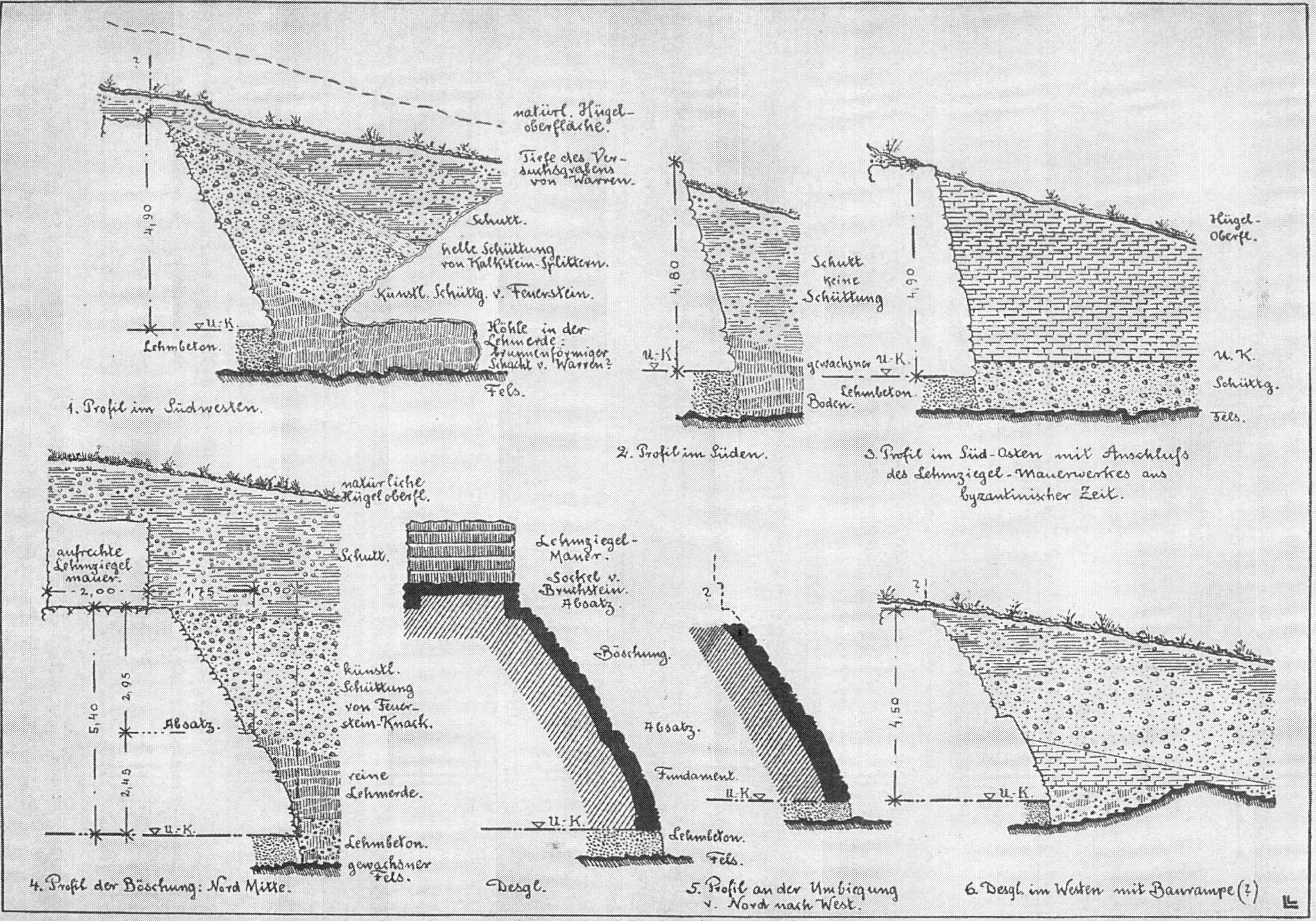

Abb. 35. Profile der Stadtmauer 1 : 100, aufgen. und gez. Dr. Langenegger.

produkten des Felsbodens und besonders von Feuerstein, die fast bis zur Krone der Böschung emporreichte und sich nach Norden allmählich senkte. Erst darüber wurden Schichten von den Mauern herabgeschwemmten Lehms und der übliche Schutt mit Besiedlungsresten und Brandspuren gefunden. Das gewaltige Bollwerk der Böschungsmauer ist also im Norden und Westen nach seiner Erbauung fast ganz unsichtbar gewesen.

Im Süden dagegen (vgl. Abb. 35, 2. 3) ist nur der unterste, in die Verwitterungsschicht des gewachsenen Bodens gesenkte Teil der steilen Böschung verdeckt gewesen, der übrige größere Teil ragte als Wall über die Umgebung empor. Erst allmählich im Laufe der Zeiten hatte sich eine Schuttschicht vor der Mauer gebildet; aber noch bei Beginn der Grabung traten die oberen Steinlagen der Böschungsmauer aus der Hügeloberfläche zutage und müssen in moderner Zeit noch höher empor geragt haben. Der Unterschied wird sich aus der schwächeren Besiedlung des südlichen Teiles der Stadt in älterer Zeit erklären, die keine so starken Schuttschichten abgelagert hatte wie im Norden und Westen. So lag hier offenbar der gewachsene Boden unmittelbar unter der alten Oberfläche, und es war nicht nötig, eine tiefe Baugrube auszuheben und später wieder zu verschütten. In der Gründung auf dem gewachsenen Boden sahen die Bauherrn der Böschungsmauer eine unerläßliche Vorbedingung bei der Errichtung einer Umwallung.

Über die Bauausführung selber gibt vielleicht ein rampenartiger Anbau aus Lehmziegeln Aufschluß, der in C 4 dem Bankett senkrecht vorgelagert ist (vgl. Blatt 12, b und Abb. 35 Profil Nr. 6). Langenegger vermutet darin, vielleicht mit Recht, eine Baurampe. Sie führte ursprünglich bis zur Oberkante des Banketts und zeigt also, daß zuerst dieses fertig gestellt wurde, und sodann die mit Steinen für den Böschungsaufbau beladenen Tiere emporgetrieben wurden, um auf dem fertigen Bankett nach links und rechts hin den Maurern das Material zuzuführen. Auch diese Rampe verschwand nach Beendigung des Mauerbaues mit der Böschung unter der künstlichen Anschüttung.

Abgesehen von den bisher angeführten Beobachtungen, die für die Datierung der Stadtmauer in nachkanaanitische Zeit entscheidend sind, sprechen auch die Funde, die vor der Böschung im Schutt gemacht worden sind, für die gleiche Ansetzung. So sind zwei israelitische Gefäße (Nr. C, 18 und D, 2) im Schutt, aber über der künstlichen Schüttung, vor der Mauer gefunden worden, während sicher kanaanitische Scherben erst in noch größerer Tiefe, unterhalb der Schüttung, zutage kamen. Bei der Gründung der Fundamente der Böschungsmauer auf den gewachsenen Felsboden mußte natürlich auch die nächstältere kanaanitische Schicht durchstoßen werden, die demnach erheblich unter dem Niveau liegt, das durch die Oberkante des Fundaments der Ziegelmauer als das der israelitischen Stadt bezeichnet ist. Andererseits bestätigt sich damit für die auf der Böschung sich aufbauende Stadtmauer die Datierung in die israelitische Zeit.

Der Zug der Mauer umfährt den heutigen Trümmerhügel ziemlich genau am Fuße des steilen Hügelabfalls. Nach Norden, wo eine ältere intensive Besiedlung des Hügels auch die Gestalt seiner Abhänge verändert hatte, und nach Nordosten, wo der Hügel allmählich in die Niederung mit der Quelle übergeht, weitet sich der Bogen der Umwallung nach außen aus, sodaß eine mehr allmählich ansteigende Fläche zwischen Mauer und Steilabfall des Hügels entsteht. Die stärkere Besiedlung der Nordseite auch in späterer Zeit zeigt sich darin, daß hier die Böschung der Mauer unter einer Schuttschicht von bis zu 3 m Höhe verschwand, während sie im Süden bis zum heutigen Tag an manchen Stellen sichtbar gewesen ist. Leider fehlen Nivellements für den Zug der Böschungsmauer vollständig, sodaß wir nicht sagen können, wie weit der Baumeister sich bemüht hat, die Mauerkrone auf der gleichen Höhe zu halten, und ob sich aus einem solchen Bestreben die verschiedenen Höhen der Böschungsmauern erklären.

Die Umwallung ist im Norden auf eine Länge von 239 m, im Süden von 160 m, im Westen von 5,50 m, im ganzen also auf eine Länge von 404,50 m verfolgt worden. Im Südosten hat die spätere Besiedlung die Mauer bis auf die letzten Reste zerstört; sie bricht hier in M 5 plötzlich senkrecht ab und stößt an byzantinische Ziegelbauten an, deren Fundamente an der Anschlußfläche noch tiefer hinabreichen als der Sockel der israelitischen Umwallung (vgl. unten S. 83 Abb. 49). Im Osten setzten wertvolle Gärten dem weiteren Nachgehen ein Ziel, doch waren östlich der Quelle in einem Abflußgraben in H 4, den der Mudir von Jericho im Jahre 1909 einer Reinigung des Quellbassins wegen hatte anlegen lassen, große Blöcke der Mauer zutage gekommen, die ihren Verlauf an dieser Stelle zu erschließen gestatteten. Die Stelle lag in der Verbindungslinie des nördlichen und südlichen Mauerschenkels und gab einen sicheren Anhalt zur Ergänzung der östlichen Linie der Umwallung. Auch in israelitischer Zeit ist also die Quelle in die Stadtbefestigung einbezogen gewesen. Die Gesamtlänge der Umwallung läßt sich somit auf etwa 778 m berechnen. Die Form des von ihr eingefaßten Stadtkerns ist die eines Eies, dessen Spitze, oder einer Fußsohle, deren Ferse nach Süden zeigt. Die Längsachse mißt 307 m, die größte Breite, im Norden in dem großen West-Ost-Schnitt gemessen, beträgt 161 m. Die Stadt hat also ihren Umfang gegenüber der kanaanitischen Festung um etwa ein Drittel vergrößert. Wie in der kanaanitischen Zeit wird auch jetzt das einzige Tor der Stadt auf der Ostseite, wahrscheinlich im Südosten, gelegen haben. Bei der völligen Zerstörung gerade dieser Seite besteht leider keine Hoffnung, es wiederzufinden.

Vergegenwärtigt man sich das einstige Aussehen und die Gesamtgestalt dieses großen Festungswerkes, so tritt die unendliche Überlegenheit der Festungsbaukunst gegenüber der kanaanitischen Zeit deutlich zutage, die sich in der Anwendung des geböschten Unterbaues, in der Gründung der Böschungsmauer auf dem Felsboden und in der kyklopischen Technik der Steinfügung ausprägt. Eine solche Vervollkommnung des Festungsbaues läßt immer auf eine weiter fortgeschrittene Belagerungstechnik schließen. Wirksamen Schutz gegen ein Unterminieren der Mauer, eines beliebten Belagerungsmittels im Orient, sollte die nach der Tiefe zu immer dicker und mächtiger werdende Böschungsmauer gewähren. In der israelitischen Königszeit ist vielleicht von einem solchen Untergraben der Stadtmauern bei Jesajas 22, 5 mit Beziehung auf die Zerstörung Jerusalems und bei Jeremias 51, 58 in der Weissagung des Untergangs von Babel die Rede (vgl. Koldewey, Sendschirli S. 182)[1]. Auch gegenüber den älteren geböschten Stadtmauern im Gebiet des ägäischen Meeres, wie in Troia II und VI und in Sendschirli, zeigt diese Festungsanlage in ihrer Technik einen so bedeutenden Fortschritt, daß schon diese Tatsache allein für eine jüngere Entstehung sprechen würde. Aber während dort der gleichmäßige Zug der Mauer durch mehrere Tore und durch Türme unterbrochen wird, hält die Umwallung von Jericho wie ein fester, ungegliederter Gürtel den

1) Wahrscheinlicher ist freilich nach Hab. 3, 13; Psalm 137, 7 die Beziehung auf die „Entblößung" d. i. die Niederreißung der Mauer bis hinunter zum Fundament. Dagegen könnte in Amos 7, 7, 8 von einem Unterminierungswerkzeug der Mauern die Rede sein (Sellin).

Stadthügel eng umschlossen und steigert dadurch noch den Eindruck schirmender Festigkeit und trotziger Kraft.

c) Die Gebäude im Inneren der Stadt.

Wir beginnen die Beschreibung der israelitischen Häuser im Norden (vgl. Blatt 9, 13 und 14 und Tafel III), und zwar mit dem Hause A, das mit seiner einen Langwand über die mittlere Treppe (s. oben S. 51) hinweggebaut ist. Da der Sockel dieser Wand unmittelbar auf die Treppenstufen ohne eine Schuttschicht dazwischen aufgesetzt ist, so muß die Treppe bis zur Erbauung des Hauses noch benutzbar gewesen sein, und der Boden in der Umgebung war noch nicht über ihr Niveau gestiegen. Das Haus ist also sicher nicht allzulange nach der Fertigstellung der Treppe erbaut worden, wenn man bedenkt, wie schnell in antiken Städten der bewohnte Boden emporsteigt.

Mit diesem Hause in engem Zusammenhang stehen die Wände weiterer Häuser (B, C, D), die sich stufenförmig nach Westen anschließen, sodaß jedesmal eine nach Norden zu einspringende innere Ecke entsteht. Drei, wahrscheinlich vier, solcher Wände sind westlich und eine östlich von dem Hause über der Treppe erhalten. Die Regelmäßigkeit der Mauerzüge spricht für eine einheitliche Entstehung der ganzen Anlage. Der Sockel ist aus roh zugeschlagenen Feldsteinen von ganz verschiedener Größe hergestellt; sie liegen in zwei Schichten übereinander, von denen die untere etwas vorgerückt ist. Meist nimmt ein länglicher Stein, in die Länge oder in die Quere gelegt, die ganze Breite der Mauer ein; doch werden auch kleinere Steine zu zweien in die Breite aneinander geschoben. Das aufgehende Mauerwerk, das zum Teil noch eine Höhe von 0,60 m aufweist, besteht aus Ziegeln von regelmäßiger, rechteckiger Form, die aber unter sich sehr verschiedene Größenverhältnisse besitzen. Es wurden folgende Größen gemessen: 0,45×0,28×0,11; 0,43×0,29×0,12; 0,40×0,27×0,10; 0,39×0,34×0,13; 0,37×0,37×0,14; 0,35×0,35×0,15 m; ohne daß damit alle möglichen Maße erschöpft sind. Ein Ziegel an der Westecke des zweiten Hauses nach Westen zu (C) mißt 0,40 m in beiden Richtungen. Von einem Normalformat kann auch hier nicht die Rede sein. Immerhin läßt sich feststellen, daß eine gewisse Entsprechung in den Größen vorhanden ist: je größer die Länge, desto geringer die Breite und die Dicke. Es scheint demnach, als wenn zwar die Größen wechseln, aber die zu dem einzelnen Ziegel verwendete Lehmmasse stets die gleiche ist. Die Mauern haben die Dicke der Ziegellängen, ihre Stärke schwankt zwischen 0,35 und 0,45 m, ist also etwa halb so groß wie die der kanaanitischen Hauswände. Man wird daraus nicht auf eine andere Gestaltung des Daches schließen dürfen; die ältere Zeit bevorzugt die starken Ziegelmauern; in der späteren Zeit hat man erkannt, daß die Mauern nicht so stark zu sein brauchen, um das flache Erddach zu tragen. Auch heute zeigen die Fellachenhäuser, die man vor allem vergleichen muß, keine dickeren Wände.

Das erste Haus (A) von 5,10 m Länge zu 5,20 m Breite setzt sich aus zwei Räumen zusammen, die beide langgestreckt rechteckig sind, einem breiten Innenraum und einem schmäleren Vorzimmer. Der Hauptraum enthält in der Südwestecke einen aus Feldsteinen gemauerten Herd, auf dessen Benutzung Aschenspuren hindeuten, in der Nordostecke eine größere, rechteckige, von Ziegelmauerwerk eingefriedigte Erhöhung, auf der einige Gefäße und Scherben gefunden wurden, eine Art Küchenschrank; nördlich neben der Feuerstelle befand sich in einer aus Lehm aufgemauerten, trogartigen Vertiefung eine Reibschale, deren Höhlung durch starke Benutzung vollkommen durchgerieben war. Unter dem Fußboden des Vorraums in etwa 0,25 m Tiefe war die Leiche eines kleinen Kindes in einer Amphora mit einigen Beigaben an Vasen verscharrt. Die Vasen sind weiter unten bei den Funden aus der israelitischen .Schicht unter Nr. C, 3, C, 4 (Blatt 28) und D, 4 (Blatt 30) beschrieben. Man wird in dem einen Raum den Küchen- und Wohnraum, in dem anderen schmäleren einen Vorraum erkennen dürfen. Wo der Eingang gelegen hat, läßt sich nicht sagen. Langenegger hat ihn im Plan (Tafel III) auf der Südseite vermutet, wozu keine Veranlassung ist; die vermeintliche Tür liegt viel zu hoch in der Wand, als daß es sich um einen Zugang handeln könnte und ist nur eine zufällige Lücke in der Ziegelwand. Das Haus wird nicht ohne Grund so angelegt sein, daß es fast genau nach Norden orientiert ist; seine Front und damit auch sein Eingang werden nach Norden gelegen haben, wo man der Sonne nicht ausgesetzt war, während die geschlossene Südseite auch noch durch den ansteigenden Hügel vor den Sonnenstrahlen geschützt wurde. Wenn der Eingang in der Mitte der Nordseite lag, was leider nicht bewiesen werden kann, da von der Nordwand nur der Sockel erhalten ist, so handelt es sich hier um die Form des „breitstirnigen" Hauses mit dem Eingang an der langen Seite. Dieser Typus des Hauses mit breiter Front im Gegensatz zur schmalstirnigen Front des griechischen Hauses ist für Syrien vor allem durch die Gebäudereste des II. Jahrtausends in Sendschirli bezeugt. Seine weitere Verbreitung hat Noack, Homerische Paläste S. 27 ff. behandelt. An der Nordostecke des Hauses A befindet sich ein schmaler rechteckiger Anbau, dessen Bedeutung unbekannt ist. Als Verlängerung der Ostwand dieses Nebenraums und der Westwand des Hauses laufen zwei lange Zungenmauern nach Norden die Hügelschräge hinab und auf die Umwallung zu; die östliche zieht sich unter einer jüngeren, aus alten Ziegeln oberflächlich gemauerten Wand hin, die westliche ist dicker als die Westwand des Hauses A. Ihre Ziegel haben eine Größe von 0,55×0,38×0,12 m, stehen also den Ziegeln der Stadtmauer sehr nahe. Diese Zungenmauer verschwindet unter dem Sockel der Nordwestecke des Hauses, ist also älter als dieses. Auch sie ist in ihrem weiteren Verlauf nach Norden von einer jüngeren Mauer überbaut. Man wird nur die jüngeren Mauern zu dem Hause ziehen dürfen; die älteren dagegen werden nach ihrer Tiefenlage und ihrer Ziegelgröße mit der Umwallung in Zusammenhang gestanden haben. Die jüngeren bildeten wohl die Einfassung des zu dem Hause gehörigen Hofes, der sich bis an die Ziegelmauer der Umwallung erstreckte. Das Hoftor wird an der Ostseite zu suchen sein.

Die drei weiteren Häuser nach Westen zu (B, C, D) bestanden ebenfalls aus oblongen Zimmern; doch war die nördliche Abschlußmauer nur bei dem Hause C noch vorhanden, das aus einem Raume von 5,60×3,10 m Größe besteht. Die westliche Wand des Hauses B ist ebenfalls nach Norden durch eine Zungenmauer verlängert, die aber in ihrer Fortsetzung auf die Befestigung zu durch spätere, querlaufende Mauerzüge spätjüdischer Zeit unterbrochen und dann zerstört ist. Im Plan (Tafel III) ist etwa in der Mitte ein Zugang von Westen her vermutet. Etwas südlich von diesem Zugang ist vor der Mauer in etwa 0,45 m Tiefe unter dem Niveau des Fußbodens des Hauses B eine Kinderbestattung in einer großen Amphora ausgegraben worden; dabei fand sich eine feine Kanne mit lila Verzierung (s. unten israelitische Keramik Nr. B, 2, Blatt 22).

Ob bei den anderen Häusern noch weitere gleiche Zungenmauern vorhanden waren, muß unsicher bleiben; die westlichste von Nord nach Süd laufende Ziegelmauer mit Ziegeln von 0,50 × 0,40 m Größe ist nach ihrer Höhenlage jünger als die Häusergruppe. Wahrscheinlich ist, daß auch mit diesen Häusern nach Norden zu liegende kleinere Höfe verbunden waren.

Nach Osten schließt sich an das Haus A ein weiteres Haus E mit einer Fläche von 5,25 × 3,80 m Ausdehnung an, dessen Südwand gegen die des Hauses A nach Norden einspringt. Die nördliche Wand ist nur zum Teil erhalten, die östliche nach Osten zu verschoben; im Plane ist hier ein Eingang von Osten her angenommen, jedoch erklärt sich die Lücke in der Mauer hier einfach aus dem Vorstürzen des oberen Teiles der Wand nach Osten. Ursprünglich ist also auch hier eine geschlossene Wand gewesen, und der Eingang wird wie bei dem Hause A im Norden gelegen haben.

Die beschriebene, einheitlich gebaute Häusergruppe von fünf Häusern, die zum Teil mit Höfen ausgestattet sind, ist jünger als die Errichtung der Stadtmauer, wie sich aus ihrer Höhen-

Abb. 36. Grabfund unter dem Fußboden eines Hauses in C 6.

Abb. 37. Grabfund in C 6 hinter der Umwallung.

lage und der Überbauung der Zungenmauern ergibt, die zur Umwallung gehörten. Doch hat die Burgmauer damals noch bestanden, da die Höfe sich an sie anlehnen und sie als Rückwand benutzen können. Die langgestreckten Häuser mit den Höfen davor, in denen wir uns die hölzernen Stallungen und Hürden an die Mauern angeklebt zu denken haben, erinnern lebhaft an die Fellachenwohnstätten, wie man sie im heutigen Eriḥa noch typisch vor Augen hat. Ihre Lage unmittelbar hinter der Umwallung und zum Teil im Anschluß an sie darf vielleicht auch als Beweis einer jüngeren Entstehung angesehen werden. Alle Festungsbaukunst läßt aus strategischen Gründen einen Streifen hinter dem Walle unbebaut und unbesiedelt; wenn dieses Prinzip, das noch in der VI. Stadt Troias befolgt ist und erst in der VII. Stadt aufgegeben wird, hier keinen Zwang mehr ausübt, so muß die Stadt als Festung damals nicht mehr von so großer Bedeutung gewesen sein. Diese Tatsache gestattet einen Rückschluß auf die friedlichen Verhältnisse dieser Zeit, die durch die Vasenfunde in den Häusern rund als das IX. bis VIII. Jahrh. vor Chr. bestimmt wird.

Nach Osten zu schließt sich keine Hausmauer der gleichen Zeit mehr unmittelbar an das letzte Haus E an, aber am äußersten Rande von C 6 (ganz rechts auf dem Plane Tafel III) ist unter den spätjüdischen Hausmauern der Steinsockel und noch ein paar Ziegel der aufgehenden südlichen Wand eines Hauses zutage gekommen, das nicht vollständig ausgegraben worden ist. Seine Ausdehnung nach Westen und Osten ist daher nicht bekannt. Die Wand ist durch eine 0,70 m breite Türöffnung mit zwei steinernen Schwellen unterbrochen. Im Inneren vor der Wand war unter dem Fußboden ein Kind bestattet, dem eine Amphora, eine kleine Kanne und ein Napf beigegeben waren (vgl. Abb. 36). Dieser Fund bestätigt die vermutete Datierung des Hauses in israelitische Zeit. Ein zweiter Grabfund der gleichen Zeit ist weiter nach Norden, unterhalb der spätjüdischen Mauern hinter der Umwallung, gemacht worden, der ebenfalls zu einer Kindesbestattung gehört und aus einem kleinen Kupferring, einer kleinen und einer größeren Kanne besteht (vgl. Abb. 37). Vielleicht gehört die Beisetzung zu einem Hause, dessen westliche, schräg unter den jüngeren Mauern hinlaufende Ziegelwand gerade noch am äußersten Rande von C6 erhalten ist. Sie läuft auf die Umwallung zu, ist aber in ihrem nördlichen Ende wieder durch jüngere Mauern zerstört.

Daß die Häuser israelitischer Zeit sich auch nach Westen über die beschriebene Häusergruppe hinaus ausgedehnt haben, bezeugt ein Grabfund, der in C5 nördlich vom Fuß der Treppe über der äußeren kanaanitischen Futtermauer, aber unter dem Fundament einer spätjüdischen, von Osten nach Westen laufenden Bruchsteinmauer gemacht worden ist. Die Leiche eines Kindes war hier in einer großen Amphora (C, 2) beigesetzt und eine kleine Kanne (D, 1) als einzige Beigabe mitgegeben. Von dem zugehörigen Hause ließen sich sichere Mauerreste nicht mehr nachweisen. Reichlichere Reste der gleichen Zeit sind dafür unmittelbar hinter der Umwallung nördlich von dem Hause A gefunden worden. Hier zieht sich auf eine Strecke von fast 8 m der Mauer parallel ein Raum F, dessen Rückwand mit einem Einsprung verläuft und aus der Zeit der Erbauung der Umwallung stammt (vgl. Abb. 38). Sein Abstand von der Mauer beträgt 2,6 m; sein westlicher Abschluß ist durch einen später aufgesetzten Backofen zerstört, der zu jüngeren, weiter westlich liegenden Häusern gehört. Etwa in der Mitte am Einsprung ist später eine Quermauer gezogen, die höher und auf Schutt liegt. Das Ganze bildet einen Anbau an die Mauer, der den Zweck gehabt haben kann, die gerade hier vorspringende Ecke durch Verbreiterung zu verstärken und turmartig zu erhöhen. Doch scheinen Spuren ähnlicher Anbauten auch weiter nach Westen unter dem späteren Mauerwerke aufzutauchen, sodaß die Erklärung des einen derartigen Anbaues als Turmverstärkung nicht als gesichert angesehen werden kann. Von den beiden Seitenwänden des Anbaues gingen nach Süden zu Mauern aus, die unter den Hofmauern des Hauses A noch festgestellt werden konnten; ihr Abschluß nach Süden

Abb. 38. Zimmer F hinter der Stadtmauer, von Osten gesehen. A: aufgehendes Ziegelwerk der Stadtmauer. B: gleichzeitige Rückwand des Zimmers F. a: jüngere Quermauer auf Schutt. b: Backofen aus spätjüdischer Zeit, auf die zerstörte Ziegelwand aufgesetzt.

Abb. 39. Abfallgrube israelitischer Zeit im West-Ost-Schnitt, von Süden gesehen.

ist unbekannt. Es wird sich also um Baulichkeiten handeln, die mit der Befestigung selbst zu verbinden sind und militärischen Zwecken zu dienen hatten, da sie nicht den Charakter von Wohnräumen tragen.

Der große West-Ost-Schnitt (vgl. Blatt 19) hat an zwei Stellen, in F 6 und F 7, Mauern von Häusern der israelitischen Zeit berührt, auf deren völlige Freilegung verzichtet werden mußte. Sie liegen da, wo der Hügel in seiner heutigen Gestalt sich nach Osten zu senken beginnt. Es kam hier zunächst östlich von einem byzantinischen Hause mit Wänden aus Bruchsteinen eine runde Grube zutage, die etwa 1 m Durchmesser hat und von rohen Feldsteinen umstellt war (vgl. Abb. 39). Diese Grube enthielt Vasenscherben der israelitischen Zeit von Kochtöpfen mit plastischen Randstreifen mit Fingereindrücken, henkellosen Amphoren mit weißer Engobe und dabei das Fragment einer kleinen Kanne aus grauem Ton mit eingravierten, weißgefüllten Punkten um die Schulter (G, 1). Die Grube, deren Boden etwa 1 m tiefer lag als die Unterkante der byzantinischen Hauswände, gehört wahrscheinlich mit den Fundamenten zusammen, die in der nächsten Schicht unter den byzantinischen Mauern zutage kamen. Die Hügeloberfläche hat sich dann nach Osten zu herabgesenkt; die in diesem Abschnitt erhaltenen Oberkanten der Hausmauern aus der gleichen Zeit liegen daher etwa 10—20 cm tiefer als der Boden der eben beschriebenen Grube. Ihre Datierung ist auch dadurch gesichert, daß zu ihrer Aufdeckung die Beseitigung eines byzantinischen Hauses aus Bruchsteinen nötig war, dessen Fußboden ein einfaches Kieselmosaik bildete in + 14,66 m Höhe. Die Unterkanten der Mauersockel der nächstjüngeren Schicht liegen in etwa 13 bis 12,60 m Höhe (vgl. Abb. 40 und 41). Es handelt sich hier um gute Mauerzüge aus zwei verschiedenen Perioden derselben Schicht; von der älteren sind nur die Fundamente, von der jüngeren auch aufgehendes Ziegelmauerwerk erhalten. Die Fluchtlinien der oberen Mauern divergieren stark nach Osten gegen die unteren; die Mauertechnik ist die gleiche: zweistirniges Bruchsteinmauerwerk mit Füllung von kleineren Steinen und Erde. Das aufgehende Ziegelmauerwerk ist fast 1 m hoch erhalten; am Nordrand des Schnittes lädt die Mauer (B) mit einem 0,40 m starken Vorsprung nach Westen aus, im Süden macht sie eine Ecke, biegt nach Osten um und bindet in ein ihr parallel laufendes Fundament ein, das sich nach Norden und auch nach Süden über die Anschlußstelle noch fortsetzt; die nördliche Abschlußmauer des kleinen Raumes ist nicht aufgedeckt worden. Hier liegt an die Westwand angelehnt eine runde, mit Feldsteinen umsetzte Grube (a auf Abb. 41) ähnlich der oben beschriebenen, deren Boden etwa 1,50 m tiefer liegt als die Fundamentoberkante von B. Der Inhalt auch dieser Grube ergab eine Datierung der Hausreste in israelitische Zeit: Scherben von henkellosen Amphoren mit weißer Engobe (A, 1), von israelitischen Amphoren der älteren Art (C, 2, 3), und u. a. eine kleine Kanne mit schwarzer Politur (D, 13). Die feste, sorgfältige Bauart dieser Häuser und die Form der Gruben mit ihrem Inhalt verbinden sie aufs engste mit dem großen Gebäude am

Ostabhang des Quellhügels, das derselben Epoche entstammt und weiter unten beschrieben werden soll.

Die geringen und unbedeutenden Mauern frühisraelitischer Zeit in F 6 verdienen hier nur deswegen noch eine Erwähnung, weil sie unmittelbar auf den Mauern der kanaanitischen Schicht errichtet sind und dabei die älteren Mauerzüge wie Fundamente benutzt haben. Irgend einen Zusammenhang ergeben die Reste nicht; doch bestätigen die hier gemachten Funde an Vasenscherben die Datierung ihrer Schicht in israelitische Zeit. Darunter sind hervorzuheben Scherben mit violetter und roter Mattmalerei (B, 1; F, 1), Fragmente kyprischer Kännchen wie H, 2, 3 und die kyprische Scherbe H, 5.

Abb. 40. Israelitische Hausmauern (B B B) in F 6 im West-Ost-Schnitt, von Nordwesten gesehen; davor rechts älteres Fundament.

Abb. 41. Sockel und Ziegelmauer eines israelitischen Hauses in F 6 im West-Ost-Schnitt (B B), von Nordosten gesehen; a: Abfallgrube.

Derselben Epoche, der das im Norden freigelegte Stück der israelitischen Stadt entstammt, sind nach den gleichen Vasenfunden bedeutendere Mauerzüge auf dem Quellhügel zuzurechnen, die auf dem Südostabhang nach der Quelle zu liegen (vgl. Abb. 42, Blatt 15 und 16 und Tafel IV). Fundamente eines größeren Bauwerkes beginnen hier sich von einer Höhe von 7,20 m (Unterkante des Fundamentes) bis auf 11,13 m Höhe den Abhang emporzuziehen. Die Höhe der erhaltenen Mauern nimmt von unten nach oben zu; sie steigt von 0,80 bis auf 3 m. Ihre Dicke schwankt zwischen 1,50 bis 1,80 m. Die Technik des Mauerwerks ist ausgeprägt ‚kyklopisch'; große unregelmäßige Steinblöcke, die nur an der Vorderseite roh zugehauen erscheinen, sind aufeinander getürmt, die Zwischenräume ohne Anwendung eines Bindemittels mit kleinen Steinen geschlossen. Nach den beiden Außenseiten liegen größere Steine; das Innere ist mit kleineren Steinen und Erde ausgefüllt. Eine horizontale Schichtung tritt nicht hervor. Auch divergieren die Fluchtlinien der Mauern in der Richtung nach Norden und Osten, sodaß alle Winkel zu stumpfen oder spitzen verschoben sind. Das Gebäude, das früher mit seinen Fundamentmauern über die Hügelschräge emporragte, ist bei dem Bau des Quellbassins und der Straße durch den Mudir von Jericho als Steinbruch benutzt und dadurch stark zerstört worden.

Es setzt sich jetzt in seinen Resten zusammen aus zwei langgestreckten, rechteckigen Räumen von im Durchschnitt 10,50 m Länge und 3,70 m Breite, die hintereinander angeordnet sind. Ein dritter, ebenso großer Raum dahinter ist durch eine Quermauer in zwei 3,80 m tiefe, 4,40 bis 4,50 m breite Zimmer eingeteilt. Die besonders starke und hoch erhaltene

Rückwand dieser beiden Räume (vgl. Blatt 16,b) setzt sich nach Norden und Süden noch auf eine Länge von 11 und 7 m fort. Nach Süden zu folgt in 4,90 m Abstand eine Quermauer, die sich in östlicher Richtung erstreckt. Ebenso verlängert sich die Vorderwand der Zimmer nach Süden; die beiden Mauerenden fehlen leider; verlängert man sie bis zu ihrem Schnittpunkte, so entsteht hier ein drittes Zimmer von etwa 4,80 × 3,40 m Größe. Da auch die vordere und die mittlere Mauer der oblongen Räume sich entsprechend nach Süden fortgesetzt haben, wie die Anfänge der Mauerzüge lehren, so liegt eine Ergänzung von zwei weiteren Zimmern vor dem ersten im Süden nahe. Auf der Nordseite, wo die Zerstörung der Mauerschenkel durch spätere Anlagen noch stärker ist, lassen die erhaltenen Reste doch keinen Zweifel, daß auch hier die drei Fundamentsockel sich weiter nach Norden erstreckt haben. Von einem Anschluß einer Quermauer an die Rückwand im Westen ist freilich nichts zu sehen, doch kann jede Spur davon verloren gegangen sein, da die aneinanderstoßenden Mauern nicht regelmäßig in Verband gelegt sind. Bei dem starken Abfall

Abb. 42. Großes Gebäude auf dem Quellhügel und die Quelle, von Süden gesehen.

des Geländes nach allen den drei Seiten, die für eine weitere Ausdehnung des Gebäudes in Frage kommen könnten, ist es unwahrscheinlich, daß dort noch weitere Räume vorhanden waren. Es wäre sonst eine stärkere Aufhöhung des Geländes, wie sie weiter östlich stattgefunden hat, zu erwarten. Demnach ist eine Ergänzung der Räume im Norden denen im Süden entsprechend am ehesten möglich. Da die Westmauer sich nach beiden Seiten, wir wissen nicht wie weit, erstreckt hat, darf in der ganzen Anlage wohl ein Gebäude gesehen werden, das sich an eine Umfassungsmauer anlehnte und seine Front der Quelle zuwandte. An die Rückwand stößt hinter der Quermauer zwischen den erhaltenen viereckigen Zimmern eine runde Grube an, die von roh gesetzten Steinen eingefaßt ist. Die Scherbenfunde in dieser Grube und ihrer nächsten Umgebung gehören zur Gruppe der israelitischen Keramik und ergaben im Verein mit den wenigen Scherben, die innerhalb des Gebäudes in der Höhe der Unterkante der Fundamente gefunden wurden, die Datierung der Anlage in das X. bis IX. Jahrh. vor Chr. Vom Oberbau, der wie sonst aus Ziegeln bestanden haben wird, ist nichts erhalten; wie hoch die Fundamente noch emporgestiegen sind, läßt sich nicht sicher sagen. Mit den fast zwei Meter dicken Mauern und der tiefen Führung der Fundamente erweckt die Anlage den Eindruck eines festungsartigen Bauwerks, das sich hierin der Stadtmauer der israelitischen Zeit würdig an die Seite stellt und mit ihr auch in der kyklopischen Bauweise übereinstimmt.

In seinem Grundriß stellt sich das Gebäude dar als ein Komplex von zwei sich in ihrer Größe fast genau entsprechenden, langgestreckten Räumen, an die sich ursprünglich, wenn die oben begründete Ergänzung richtig ist, nach Westen zwei ungefähr halb so große und nach Süden und Norden je drei Zimmer von ebenfalls wohl annähernd gleicher Größe angeschlossen haben. Bei den geringen Maßunterschieden, die innerhalb der Mauergrößen und des Flächeninhalts der sich entsprechenden Räume bestehen, ist es wahrscheinlich, daß diese Verschiedenheiten bei der Bauausführung entstanden sind, und auf dem Plan des Architekten ursprünglich eine symmetrische Anlage gezeichnet war.

Der Festungscharakter des Baues schließt seine Benutzung als Wohnhaus oder Palast nicht aus, verstärkt vielmehr noch die Verwandtschaft mit dem hethitischen Hilani, die sich in dem Grundriß ausspricht. Die Entwicklung des hethitischen Hilani als Palastbau, ausgehend vom Festungstor, hat Koldewey, Sendschirli II S. 183 geschildert. In seiner ältesten Form besteht das Hilani aus einer offenen Vorhalle mit Säulen zwischen zwei Türmen und einem Hauptsaal mit symmetrischen Nebenräumen zu beiden Seiten. In Sendschirli verläuft die weitere Entwicklung dann so, daß nur der eine der beiden Fronttürme als massiver Turm ausgebaut, daß das eine Seitengemach des Hauptraums unterdrückt wird, und daß an der Rückseite Nebengemächer hinzugefügt werden. Dabei tritt der Festungscharakter der Anlage immer mehr zurück. Unter den jüngsten Hilanis dieser Art ist wegen seiner Ähnlichkeit mit dem Bau in Jericho das kleine Hilani R—Z des oberen Palastes (a. a. O. Taf. XXI/II), der von Koldewey in die Zeit Asarhaddons (681—668) gesetzt wird, hervorzuheben. Um Vorhalle und Hauptsaal gruppieren sich symmetrisch die Nebenräume an allen drei Seiten wie in Jericho; dazwischen aber ist in der Mitte ein langgestreckter schmaler Verbindungsraum eingeschoben, der in Jericho fehlt. Der Bau in Jericho steht also seinem Typus nach etwa in der Mitte zwischen den Hilaniformen des unteren Palastes (a. a. O. Tafel XXIV—XXVII) aus dem VIII. Jahrh. vor Chr. und dem jungen Hilani R—Z, ohne daß mit einer der beiden Gruppen volle Übereinstimmung vorläge, wie bei den von den hethitischen Vorbildern unmittelbar abhängigen assyrischen Palastbauten desselben Namens. Eine gleiche Abhängigkeit von hethitischer Baukunst wird in Palästina nicht anzunehmen sein. Dagegen spricht schon das höhere Alter der Anlage in Jericho, die dem X. bis IX. Jahrhundert angehört, und die Selbständigkeit der israelitischen Architektur schon zur Zeit Salomos[1]. Zugrunde liegt sowohl in Palästina wie im Reich der Hethiter die Form des breitstirnigen Hauses mit dem Eingang an der Langseite, die sich entsprechend auch in Ägypten wiederfindet. In der Siedlung im Norden hinter der Stadtmauer aus der israelitischen Zeit sind die Hausgrundrisse wohl alle entsprechend dem einen erhaltenen des Hauses A als aus einem langgestreckten Hauptraum mit parallel vorgelagertem, schmälerem Vorraum bestehend zu ergänzen; wir haben dann hier die einfachste Form des breitstirnigen Hauses vor uns. Der große Bau am Quellhügel ist dann nur eine Vervollkommnung und Bereicherung dieser primitiven Grundform durch Hinzutritt der symmetrisch verteilten Nebenräume.

Für die Rekonstruktion des Aufbaues geben die Fundamente wenig aus. Ihre Mächtigkeit erlaubt wohl die Ergänzung von zwei oder mehr Stockwerken auf den breiten

1) Vgl. dazu Puchstein, Arch. Jahrbuch 1892 S. 9ff. Koldewey, Sendschirli II S. 186f.

Sockelmauern; über das weitere Aussehen lassen sich aber nur Vermutungen aufstellen, die auf unserer sonstigen Kenntnis vom Stand der israelitischen Architektur beruhen. Man könnte auch hier sich hölzerne Säulen in der Front der Vorhalle und zu beiden Seiten über den vordersten Kammern höher emporragende, turmartige Seitenbauten ergänzen und damit die Front des Baues der des Hilani ähnlich machen. Was wir über den Tempel und den Palast Salomos wissen, steht einer solchen Ergänzung nicht im Wege, würde sie vielmehr nur empfehlen.

Auf der Westseite des Quellhügels (vgl. oben S. 41 Abb. 20) haben sich einzelne Spuren der israelitischen Siedlung über den kanaanitischen Hausmauern und zwischen ihnen und der jüdischen Siedlung auf der Höhe des Hügels nachweisen lassen. Im nördlichen Teil sind die jüngeren Mauern über den kanaanitischen drei Räumen so stark zerstört, daß sie keinerlei Schlüsse gestatten. Von der Existenz einer späteren Ansiedlung zeugen hier tiefe, runde, einfach in den Lehmboden getriebene Gruben, die zum Teil zerstörend in das ältere Mauerwerk eingegriffen haben. Eine dieser Gruben hat 0,90 m Durchmesser und wurde mehrere Meter tief ausgeräumt, ohne daß wir auf ihren Boden gelangen konnten. Löcher zum Einsteigen an ihren Seitenwänden machen es möglich, daß es sich hier um einen Brunnen handelt; da diese Gruben aber auch jüngeres Mauerwerk zerstört haben, werden sie wohl nicht der israelitischen Siedlung, sondern erst der byzantinischen Epoche zuzuschreiben sein. Ein sicherer Beweis israelitischer Bewohnung in der Gegend östlich der drei kanaanitischen Räume sind aber zahlreiche Vasenfunde und mehrere Grabfunde, die westlich und östlich von einer sich lang von Norden nach Süden im Bogen hinziehenden Ziegelmauer auch noch im mittleren Teil der Westseite gemacht wurden (vgl. auch Tafel IV oben). Soweit die geringen Knochenreste ein Urteil gestatten, handelt es sich nicht nur um Kinder, sondern auch um Erwachsene, die hier außerhalb eines Gebiets, das die genannte Ziegelmauer nach Westen zu abschloß, bestattet waren. Nach der Höhenlage gehören alle diese Gräber nicht der späteren Siedlung auf der Höhe des Quellhügels, sondern älterer Zeit an. Die Vasenfunde sind denen gleichartig, die im Norden und in der Umgebung des ‚Palastbaues' gemacht worden sind. Die Leichen der Erwachsenen waren einfach in die Erde verscharrt, ohne jede Spur einer Steinsetzung oder Andeutung eines Grabes. Die Beigaben bestanden in einigen Vasen; einmal waren ein Reibstein aus Kalkstein, ein andermal eine Muschel und Vogelknochen beigegeben. Eine Kindesleiche lag in einer großen Vorratsamphora. Im ganzen sind in dieser Gegend acht solcher Bestattungen nachzuweisen gewesen, darunter nur eine eines Kindes, deren Beigaben hier in der Reihenfolge, wie die Gräber gefunden wurden, unter Hinweis auf ihre Einordnung im Abschnitt III aufgezählt werden:

1. Fragmente grober und rotpolierter Gefäße; kleine Kanne mit schwarzer Politur (D, 4); eine kleine Muschel.

2. Zwei schwarzpolierte Kännchen (D, 5 und D, 6); Napf mit Schnauze (C, 13); Kanne mit spitzem Fuß (C, 10); Napf mit roter Politur (E, 1); Reibstein aus Kalkstein. (vgl. Abb. 43).

3. Kanne mit spitzem Fuß wie C, 10.

4. Henkellose Flasche (C, 5).

5. Amphora wie C, 2 mit Kindesknochen; Kanne mit spitzem Fuß wie C, 10; zwei Kännchen mit brauner Politur (E, 2 und E, 5); Napf (C, 21).

6. Kanne mit spitzem Fuß wie C, 10; Napf mit roter Politur wie E, 1; Kanne (D, 9); kleine Muschel; Vogelknochen.

7. Napf wie C, 21; zwei Kännchen mit roter (E, 5) und mit schwarzer Politur (D, 10).

8. Napf (D, 13); Kanne mit spitzem Fuß (D, 11); zwei Näpfe mit roter Politur wie E, 1; große Kanne (C, 9).

Abb. 43. Grabfund Nr. 2 von der Westseite des Quellhügels.

Die Lage dieser einfachen Bestattungen lehrt, daß man damals bisweilen die Toten noch innerhalb des Stadtgebiets, und zwar in den Höfen der Häuser oder unter dem Fußboden begraben hat. Die östlich der Ziegelmauer bestatteten Leute waren wohl die Bewohner der Siedlung, die von dem jüdischen Dorf überbaut jetzt verborgen liegt; die anderen westlich davon wird man als einstige Bewohner der Häuser ansprechen dürfen, von denen einige Ziegelwände im mittleren Teil der Grabung über den altkanaanitischen Häusern aufgedeckt wurden. Auf die zugeschütteten Zimmer kanaanitischer Zeit und zum Teil unmittelbar auf die alten Ziegelwände sind die Sockel der jüngeren Mauern gesetzt; doch ist auch hier der Zusammenhang der einzelnen Mauerzüge ganz unklar, zumal charakteristische Funde fast völlig fehlen. Mit diesen Häusern dürften die drei trogförmigen Gruben zu verbinden sein, die außerhalb der Mauergruppe, die Vorderwand der älteren Häuser zerstörend, aus Ziegeln aufgemauert sind (vgl. Abb. 44 und oben S. 42). Die Ziegelformen sind dieselben länglichen und fast quadratischen, die auch bei den israelitischen Häusern auf der Nordseite verwendet sind. Der Zweck der Tröge wird ein ähnlicher sein wie bei den aus Feldsteinen aufgemauerten Gruben im West-Ost-Schnitt: Vorratsbehälter eher als Abfallgruben; denn in den Hohlräumen selber ist kaum eine kleine Scherbe gefunden worden; sie waren also vor ihrer Verschüttung völlig leer und ausgeräumt, während in den mit Steinen ausgesetzten Abfallgruben stets eine Menge Gefäßscherben lagen.

Ein paar Hausmauern der gleichen Zeit wurden schließlich noch auf der nordwestlichen Kuppe des Südhügels in I 4 gefunden, die durch einige Vasenscherben in die israelitische Epoche gewiesen werden (vgl. Tafel I).

Abb. 44. Zwei Vorratsbehälter aus Ziegeln auf der Westseite des Quellhügels.

Die Verteilung der Reste der Siedlung über das Gebiet des Stadthügels ist derart, daß an einer vollständigen Bebauung des Weichbildes innerhalb der Stadtmauer im X. und IX. Jahrh. vor Chr. nicht gezweifelt werden kann. Die heutige Erhaltung, wie sie bei der Grabung besonders im West-Ost-Schnitt sich herausgestellt hat, ist freilich ungleich. In der Mitte des Hügelplateaus zwischen dem Westabhang des Quellhügels und der alten kanaanitischen Stadtmauer im Westen ist von israelitischen Häusern kaum ein Rest vorhanden. Fast unmittelbar unter der Oberfläche folgen hier die Mauern kanaanitischer Häuser; nur einzelne Scherbenfunde weisen auf die israelitische Besiedelung hin. Erst oben auf der Höhe des Quellhügels, und nur hier, wird dies anders. Eine Erklärung hierfür gibt vielleicht die byzantinische Ansiedlung, die sich im wesentlichen auf der Höhe des Quellhügels und der der Quelle zugewandten Ostseite des Stadthügels ausgedehnt hat. Vermutlich haben die Gärten und Felder der Byzantiner sich zum Teil auf das innere Hügelplateau ausgedehnt, und ihre Bestellung hat die an der Oberfläche liegenden Reste der israelitischen Stadt dem Erdboden gleichgemacht. Ebenso haben die byzantinischen Häuser den Abhang herab nach der Quelle zu alles zerstörend sich nicht nur in die israelitische, sondern bis in die kanaanitische Schicht hinein eingedrängt.

---

5. Die jüdische Ansiedlung.

Über die Fundamente der Rückwand des großen Gebäudes am Südostabhang des Quellhügels sind Mauern jüngerer Häuser hinweggebaut, die aus der Zeit nach der Zerstörung des Gebäudes stammen (vgl. Tafel IV). Es sind die südlichsten Ausläufer einer Dorfanlage auf der Höhe des Quellhügels, die 1908 und 1909 auf einem größeren Flächenraum freigelegt wurde und sich als besser erhalten herausstellte als alle älteren Bauten auf der Stätte des alten Jericho.

Die Ziegelwände der Häuser standen meist bis zu 2 m Höhe noch aufrecht. An einigen Stellen, wo unter Einwirkung der Sonne oder eines Brandes die Ziegel hart geworden waren, konnten die Ziegelgrößen gemessen werden, und es stellten sich folgende Zahlen heraus: 47 × 34 × 12; 40 × 32 × 14; 40 (42) × 34 × 12; 39 × 39 × 13; 39 × 29 × 12 cm. Diese Maße gestatten wohl den Schluß auf die Benutzung eines größeren Langformats, das nur einmal, in den Zahlen 47 × 34 × 12, auftritt, und eines kleineren von durchschnittlich 40 × 30 × 13, das als das eigentliche Normalmaß dieser Zeit angesehen werden kann und bisweilen, aber nicht fast ausschließlich wie jetzt, schon in der israelitischen Zeit begegnet. Die Mauerstärke schwankt zwischen 0,40 bis 0,60 m, je nachdem die Ziegel in einer Reihe quer oder in zwei Reihen längs der Mauerrichtung gelegt sind. Die Ziegelwände tragen an der Innenseite vielfach einen Lehmverputz. Der Steinsockel, auf dem das Ziegelmauerwerk ruht, besteht aus zweihäuptig verlegten Bruchsteinen, in zwei bis drei Schichten übereinander; die Zwischenräume sind mit kleinen Steinen, das Innere mit Steinen und Erde ausgefüllt. Die Bruchsteinsockel beschränken sich meist auf die Außenwände, während die Ziegelmauern im Inneren gewöhnlich ohne Steinsockel unmittelbar auf den Boden aufgesetzt werden. Die Fußböden aus gestampftem Lehmbeton liegen oberhalb der Oberkante der Sockelschicht; die Fußbodenschicht hat eine Dicke von 0,15—0,20 m; bisweilen liegen mehrere solcher Schichten übereinander; man hat den neuen Boden einfach auf den alten, ohne diesen wegzuräumen, aufgelegt.

Die Erhaltung ist nicht immer die gleich gute; meist haben die eingestürzten oberen Teile der Lehmwände und der Decken im Verein mit der Auflösung des unteren Teils der Wände in eine verschwommene Lehmmasse die Feststellung des Grundrisses und besonders den Nachweis von Eingängen und Türöffnungen so erschwert, daß oft das frühere Vorhandensein einer Wand sich erst dann herausstellte, wenn ihr Ziegelwerk, das sich von dem umgebenden Lehmschutt kaum unterscheiden ließ, im Laufe der Arbeit zum großen Teil weggeräumt war. Andererseits werden vielfach Türöffnungen nicht nachweisbar gewesen sein, weil sie durch hereingestürzte Ziegel, die den Zwischenraum ausfüllten, oder durch den von den aufgelösten Wänden hereingeflossenen Lehm geschlossen waren. Trotz dieser Erschwerung der Untersuchung konnte eine Reihe von Hausgrundrissen hier ziemlich deutlich freigelegt und für die Bestimmung der einzelnen Räume aus ihrer Herrichtung und aus den zahlreichen Einzelfunden sichere Schlüsse gezogen werden (vgl. Blatt 17 und 18 und Tafel IV).

Das erste Haus (I), das bei der Grabung 1908 zutage kam, liegt an der Westseite des freigelegten Gebietes etwa in der Mitte. Die Raumverteilung ließ sich schon damals bis

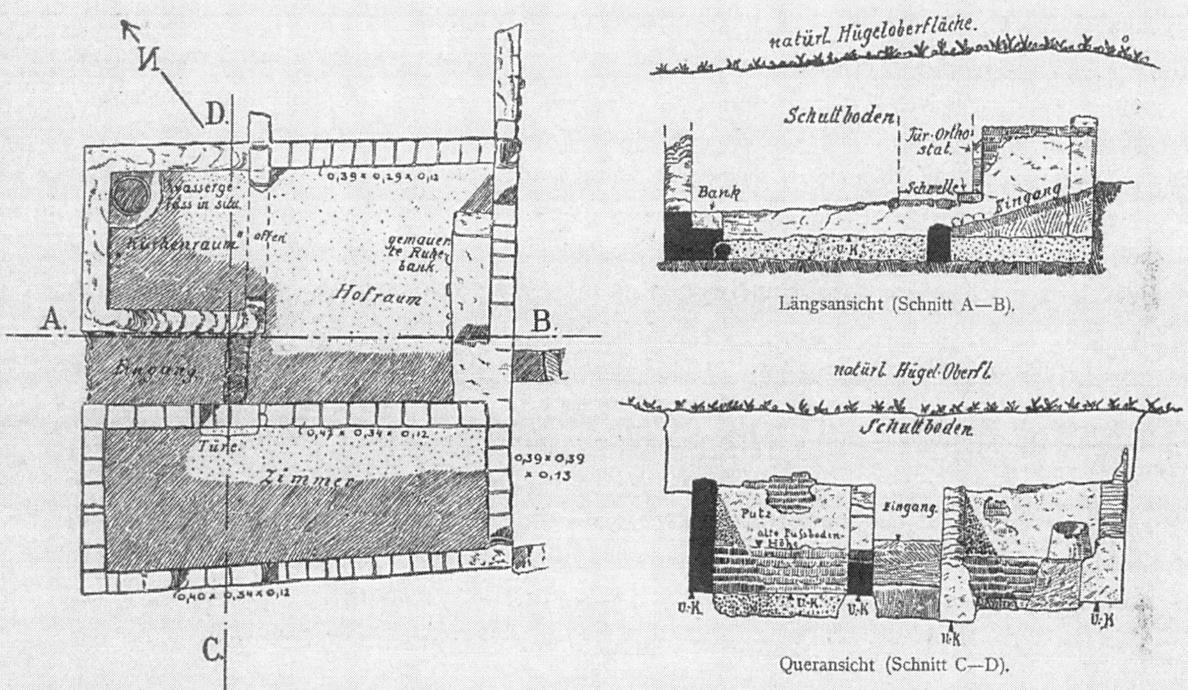

Längsansicht (Schnitt A—B).

Queransicht (Schnitt C—D).

Abb. 45. Grundriß und Ansichten des jüdischen Hauses I auf dem Quellhügel nach der Ausgrabung 1908. 1:100. gez. Dr. Langenegger.

auf eine Ergänzung, die erst die weitere Arbeit im Jahre 1909 ergab, aufklären, und die reichlichen Einzelfunde, die im Inneren gemacht wurden, gewährten zugleich einen Einblick in das gesamte Inventar, das die früheren Bewohner zurückgelassen hatten (vgl. Blatt 17, b und Abb. 45). Den Zugang zu dem Hause an der Nordwestseite bildet ein schmaler Flur von 1,20 m Breite, dessen Boden nach dem Inneren des Hauses schräg abwärts verläuft. Von einem Torverschluß an der Frontseite oder am inneren Ende des Ganges war keine Spur nachzuweisen. Der Flur mündet auf einen fast quadratischen Raum, zu dem eine erhöhte Stufe aus Lehm hinabführt. An der Südostseite dieses Raumes, der Mündung des Flures gegenüber, ist eine Ruhebank aus Lehm mit erhöhten Seitenlehnen von 2,90 m Länge und 0,90 m Breite aufgemauert. Der Boden dieses Raumes besteht nur aus Erde und zeigt keine Spur eines Lehmestrichs wie die anderen Räume des Hauses. Diese abweichende Behandlung des Bodens läßt auch auf eine andere Bestimmung des Raumes schließen und macht es wahrscheinlich, daß wir in ihm einen ungedeckten Binnenhof zu erkennen haben.

Nur über der Bank wird das Dach zum Schutz etwas vorgezogen gewesen sein. Auf diesen ‚Hof' öffnet sich von Nordwesten ein neben dem Flur liegender, von diesem durch eine gemeinsame Wand getrennter kleiner, viereckiger Raum. An der Vorderseite dieses Raumes biegen die beiden Seitenwände nach innen um und bilden einander gegenüberliegende, kurze Wandvorsprünge, die zwischen sich eine breite Öffnung lassen. Der Raum war also gegen den Hof nicht durch eine Tür oder eine Matte abgeschlossen. Die Erklärung der Bestimmung dieses kleinen Raumes ergibt sich aus dem großen, in der Nordwestecke bei der Ausgrabung noch in situ stehenden tönernen Wasserfasse, das mit zwei plumpen, seitlichen Handgriffen versehen war, und aus der großen Fülle von Tongefäßen aller Art, die hier gefunden wurden; es wird als der Vorratsraum und die Speisekammer des Hauses aufzufassen sein. Große Weinamphoren in Scherben, kleine bauchige Amphoren, Kochtöpfe, Kannen der verschiedensten Form, flache Schalen, Teller, Schalen auf hohem Fuß, Lampen, Gewichte aus Ton, ein Griff aus Hirschgeweih lagen hier durcheinander und waren auch noch weiter in den anstoßenden Hofraum hineingestürzt. Die Gefäße werden an der Wand und vielleicht auch an der Decke aufgehängt und auf hölzernen Wandborden übereinander aufgereiht gewesen sein. Gegen die Benutzung dieses Vorratsraumes auch als Küche spricht das Fehlen eines aufgemauerten Herdes oder wenigstens von Brandspuren und Asche. Vermutlich hat man im Hofe auf offenem Feuer die Speisen zubereitet. Zwei brotförmige Reibsteine aus rotem Sandstein beweisen, daß man hier Getreide gemahlen, und Kugeln von rotem Ocker, daß man die Töpfe im Hause selbst rot gefärbt und dann poliert hat.

Das Haus hat, was in der Zeichnung Langeneggers von 1908 noch nicht zu sehen ist und erst bei der Nachgrabung 1909 sich herausstellte, nordöstlich von dem Hofe noch einen weiteren Raum besessen, der durch eine Tür in der Nordostwand des Hofes dicht neben der Umbiegung der Wand des Vorratsraumes zugänglich war. Auf Blatt 17, b steht der Knabe auf der Türschwelle. Von diesem Zimmer sind noch der Ansatz der nordwestlichen, ein längeres Stück der südöstlichen Wand, die in der Fortsetzung der Rückwand des Hofes liegt, und ein Teil der Nordwand erhalten. Nach den Funden, einer großen Weinamphora, die in der erhaltenen Ecke aufrecht stand, und verschiedenen anderen Gefäßen, Kannen, Kännchen und Amphoriskoi hat auch dieses Zimmer als Vorratsraum gedient. Der eigentliche Wohn- und Schlafraum des Hauses liegt auf der Südseite und nimmt die ganze Breite des Hauses ein. Der Lehmestrich dieses Zimmers liegt erheblich höher als der Boden des Hofes und ist wohl mehrfach erneuert worden, da seine Oberfläche noch die Höhe der Schwelle des Eingangs übersteigt.

Weiter nach Osten folgt ein zweites Haus (II), das von dem ersten durch eine Sackgasse getrennt ist (vgl. Blatt 18 links). Die Gasse läuft von Nordwesten her auf einen kleinen viereckigen Raum zu, in den man durch eine schmale Türöffnung an der Seite gelangen konnte. Es mag sich hier um einen von der Straße zugänglichen Nebenraum eines der beiden Häuser handeln, über dessen Bestimmung nichts Sicheres festzustellen war. Der Eingang des zweiten Hauses (II) von Nordosten her hat wieder die Form eines schmalen Korridors, der sich aber nach innen durch Einspringen der Ostwand zu einem viereckigen offenen Vorraum erweitert. An diesen Vorraum schließt sich der Hof an und nordöstlich an diesen der Vorratsraum, an dessen Frontseite die Wände wieder nach innen umbiegen und eine breitere Öffnung lassen, als sonst die Türöffnungen sind. Die nach der Analogie des ersten Hauses gewählte Bezeichnung dieses Raumes wird durch die Vasenfunde gesichert, die hier wieder in besonders reicher Fülle zutage kamen: tiefe Schalen, Kannen, Kännchen, Teller, ein kleiner Seiher und Kochtöpfe. Nach Nordwesten liegen neben dem Hof und dem Korridor zwei Zimmer. Das erste ist vom Hofe aus durch eine Tür am Ende der dem Hofe zugekehrten Wand zugänglich und hat fast quadratische Form. Das andere, größere von oblonger Form besitzt seinen Eingang an dem Ende der Schmalseite. Die nördliche Ecke des Zimmers ist nicht mehr ausgegraben, aber nach der Gestaltung des Grundrisses mit Sicherheit zu ergänzen. Die nordwestliche Abschlußwand ist nur noch in ihrem dreischichtigen Steinfundament erhalten, und auch dieses bricht an der Grabungsgrenze ab und geht verloren.

Der Grundriß des Hauses II zeigt eine auffallende Übereinstimmung in allem Wesentlichen der Raumverteilung mit dem Hause I. Charakteristisch ist der Korridor, der Innenhof mit dem Vorratsraum und den Wohn- und Schlafzimmern an der Seite des Hofes, die bei I zu beiden Seiten des Hofes einander gegenüber, bei II an der einen Seite neben einander angeordnet sind. Bei den Türen fällt das Fehlen eines Anschlages auf und die Art, wie die Türen nicht in der Mitte, sondern am Ende einer Wand eingefügt sind. Vielleicht sind statt der Türen Matten verwandt worden, wie noch heute vielfach im Orient, oder das Türgewände war aus Holz eingesetzt und darin erst die hölzerne Tür eingehängt. Die Anordnung der beiden Türen zu beiden Seiten desselben Wandendes im Hause II spricht wohl mehr für die erste Annahme. Zu erklären bleibt noch das vor dem Vorratsraum nach dem Hofinneren vorspringende Wandstück, durch das der Korridor sich zu einem kleinen Vorraum erweitert. Sein Zweck war wohl, vor dem Vorratsraum noch ein Stück des Hofes abzutrennen, mit in die Bedeckung der übrigen Räume einzubeziehen und damit vor Regen zu schützen, ähnlich wie wir auch über der Hofbank im Hause I ein vorspringendes Dach annehmen mußten.

Weniger klar sind die weiter nach Süden und Südwesten folgenden Hausgrundrisse (vgl. Blatt 18 rechts). An die Rückwand des Hofes des Hauses II lehnt sich die höher emporsteigende, zwei Ziegelreihen starke Rückwand eines dritten Hauses (III), dessen Wände unmittelbar auf ältere Ziegelmauern aufgesetzt sind. Diese Mauern scheinen zu einem Hause derselben Epoche zu gehören, wie das Haus II, sodaß sich der darüber erhaltene Komplex als ein jüngerer Um- und Aufbau des alten Hauses darstellt. Die älteren Wände verlaufen in derselben Richtung wie die jüngeren, die nur etwas weiter nach Südosten vorgeschoben sind; die Raumverteilung wird also im ganzen dieselbe geblieben sein. Der Raum, der für diese Hausanlage zur Verfügung stand, war nach allen Seiten genau begrenzt: an der Außenseite dieses Hauses und des vorigen zieht sich in der Richtung von Nordosten nach Südwesten eine Straße hin. Von dieser Straße geht ungefähr im rechten Winkel eine schmale Gasse ab, die in nordwestlicher Richtung läuft. So sind der Ausdehnung des Hauses nach Osten und Westen Schranken gesetzt, und auch im Norden wird die Fläche durch das Haus I, das sich um eine Zimmerbreite weiter als Haus II nach Süden vorschiebt, eingeengt. Hierdurch erklärt sich vielleicht der eigentümlich langgezogene Grundriß dieses Hauses III, wenn die im folgenden gegebene Erklärung der Räume richtig ist. Die Ziegelwände waren gerade hier so verschwommen und zu einer einheitlichen Masse zusammengebacken, daß es nicht möglich war, die Türöffnungen mit Sicherheit ausfindig zu machen. Zunächst sind unmittelbar hinter dem Hause II ein längliches und ein fast quadratisches Zimmer vorhanden, denen weiter nach Süden zwei weitere längliche Zimmer vorgelagert sind. Die Verbindungstüren dieser vier Räume sind nicht nachweisbar gewesen. In den Zimmern sind einzelne Vasenfunde gemacht worden, mehrere kleine Kannen, ein Amphoriskos, eine Pilgerflasche und eine tiefe Schüssel, die auf eine Bewohnung der Zimmer schließen lassen. Aber keiner der Räume ist so angeordnet und so groß, daß man ihn als Binnenhof auffassen könnte, vielmehr muß der zugehörige Hof, wenn er nicht gefehlt hat, in dem großen langgestreckten Raum gesucht werden, der sich nordwestlich hinter der Sackgasse und dem Wohnzimmer des Hauses I hinzieht. Die Außenwand dieses Raumes ist leider zum großen Teil durch einen großen byzantinischen Vorratskeller zerstört, der bis in die anstoßende Gasse hineinreicht. Weiter nach Nordwesten folgt dann ein kleines rechteckiges Zimmer und zwischen diesem und der Rückwand des Hauses I ein schmaler, nur 0,60 m breiter Gang, der in den Hof führt. Wenn man diesen als den Zugangskorridor des Hauses ansieht, so sind nach Analogie der beiden anderen Häuser der Raum daneben als Vorratsraum und die vier Räume im Osten als die eigentlichen Wohnräume des Hauses anzusprechen. Es ergäbe sich so eine Deutung des Komplexes, wenn man ihn als eine Einheit fassen will. Für diese Deutung spricht immerhin soviel, daß ein Eingang von der Straße und der Gasse her, wo die Wände fast mannshoch erhalten sind, nicht aufgefunden werden konnte. Die Südecke des Hauses ist durch einen nach den beiden Straßen zu vorspringenden, runden Stein des Sockels gesichert, der als Prellstein eine Zerstörung der Ziegelwand beim Umfahren der Ecke durch Wagen verhindern soll. Ein ganz entsprechender Prellstein liegt an der Ecke des südlich gegenüberliegenden Hauses. Es bleibt dann noch in der Mitte zwischen den drei beschriebenen Häusern ein kleiner rechteckiger Raum übrig, der auf allen vier Seiten geschlossen wie ein tiefer Keller erscheint. Er verdankt seine Entstehung wohl nur dem Aneinanderstoßen der Wände der drei Häuser und wurde nicht als Innenraum benutzt.

Jenseits der schmalen Gasse im Südwesten beginnt eine neue Häusergruppe, von der nur etwa die Hälfte zweier Häuser (IV und V) aufgedeckt ist. Von dem südöstlichen Hause IV sind zwei Räume ausgegraben worden, ein schmales rechteckiges Zimmer nach Norden und ein langgestrecktes größeres nach Süden, die beide erst dem Umbau eines älteren Hauses, das darunter liegt, und dessen Außenwände wiederbenutzt sind, ihre Entstehung verdanken. In dem älteren Hause ist die Raumverteilung etwas anders gewesen: die Trennungswand der beiden Zimmer war weiter nach Süden gerückt, sodaß das nördliche Zimmer das größere wurde. In beiden Zimmern werden die Wohnräume zu erkennen sein; der Hof mit Flur und der Vorratsraum folgten im Süden, wohin die Außenwände sich fortsetzen. Die Türöffnungen waren nicht mehr nachzuweisen. Das mit gemeinsamer Zwischenwand anstoßende Haus im Nordwesten enthält zwei ganz entsprechende Zimmer, ein größeres nach Süden, ein kleineres nach Norden; hier ist auch der Eingang des größeren Zimmers, der wieder am Ende der Vorderwand liegt und wohl die Verbindung nach dem Binnenhof herstellte, gefunden worden. Der Zugang von hier zu dem kleineren Zimmer war dagegen nicht zu ermitteln. Das Haus wird ebenso wie das vorige durch Hof und Vorratsraum zu vervollständigen sein.

Die lange Straße, die von Nordosten nach Südwesten dem Rande des Quellhügels entlang zieht, trennt diese Gruppe von fünf Häusern von der nächsten, die im Südosten über das ältere große Gebäude hinweggebaut war. Den Abhang hinab sind diese Häuser bereits bei der Ausgrabung zerstört aufgefunden worden. Erhalten war die große, der Straße entlang ziehende gemeinsame Frontwand, von der sich nach Südosten die inneren Querwände über die mächtige Rückwand der alten Palastanlage hinüberstrecken. Nur von dem nördlichsten Hause ist auch eine der Straßenfront parallel laufende Innenmauer erhalten, die zwei Räume abtrennt. Der eine ist noch ganz vorhanden und besitzt seine Tür am Ende der Querwand, der andere wird dem größeren Wohnraum des gegenüberliegenden Hauses II entsprechend zu ergänzen sein. Hervorhebung verdient hier noch eine Bestattung aus jüdischer Zeit, die sich über der inneren südlichen Ecke des Raumes 1 des großen Baues fand. Der Leiche waren eine Kanne mit roten und schwarzen Ringen, ein Kännchen kyprischer Form, ein kleiner Amphoriskos, eine Lampe und drei kleine Kannen beigegeben. Der Tote war offenbar im Hofraum desjenigen Hauses, zu dessen Zimmern die nordwestlich davon gefundenen Quermauern gehören, begraben worden. Von den Häusern ist sonst zu wenig erhalten, sodaß über die Bildung des Grundrisses nichts ausgesagt werden kann.

Abb. 46. Blick in den Vorratsraum (Weinkeller) des Hauses VI auf dem Quellhügel von Nordosten.

Nördlich von den beiden Häusern I und II wurde im Jahre 1909 ein Haus (VI) aufgedeckt, dessen Grundriß wieder klar herauskam, und bei dem auch die Raumverteilung durch die Vasenfunde ermittelt werden konnte (vgl. Blatt 17, a). Die Beschreibung beginnt am besten mit dem in der nördlichen Ecke liegenden Raume. In diesem Raume standen nach der Südwestecke zu vier große Weinamphoren auf dem Boden nebeneinander, von denen drei ganz erhalten waren, über zweien von ihnen lag eine große zweihenkelige Schüssel mit Schnauze (vgl. Abb. 46). Vor der Nordwand lag eine große Amphora mit vier Henkeln in Stücke gebrochen. Im Schutt über diesen fanden sich noch eine Menge von Gefäßen: Amphoren, Kannen, Kännchen, Schalen auf hohem Fuß, Amphoriskoi, ein kleines Sieb, tiefe Schalen und Spinnwirtel. Diese höher im Schutt gefundenen Vasen werden an der Wand aufgehängt und auf Wandbrettern aufgestellt gewesen sein. Der Raum ist also als Vorratsraum zu erklären. Er besitzt auch besonders starke Innenwände und hatte keine Verbindungstür nach den anderen Zimmern des Hauses, sondern muß von oben durch eine Treppe zugänglich gewesen sein. Man kann ihn demnach als Keller bezeichnen. In dem östlich anstoßenden Zimmer, dessen nordöstliche Außenwand bis auf ein paar Steine des Sockels zerstört ist, standen an der Nordwestwand drei große Weinamphoren, von denen eine zerschlagen war. In ihrer Umgebung fanden sich im Schutt noch weitere kleine und große Gefäße. Dieses Zimmer, das darnach ebenfalls ein Vorratsraum war, ist durch eine Tür am Ende der Vorderwand zugänglich. Durch diese Tür gelangt man in einen langgestreckten, rechteckigen Raum und von diesem durch zwei Türen, die an den Enden seiner den genannten Vorratsräumen gegenüberliegenden Wand durchgebrochen sind, in zwei kleine rechteckige Zimmer. Diese waren durch eine Querwand voneinander getrennt, die jetzt zum großen Teil zerstört ist. In dem großen rechteckigen Raume standen in der Mitte vor der Nordwand ein großes Wassergefäß mit geraden Wänden und einer runden Öffnung unten (A, 1, Blatt 31) und dabei eine große Amphora. Die zentrale Lage des Raumes, seine Größe und seine Ausstattung mit der Wassertonne machen seine Deutung als Hofraum sehr wahrscheinlich. Dem Hofe und den vier seitlichen Räumen ist nach Osten eine weitere Zimmergruppe vorgelagert; zunächst im Süden ein rechteckiges Zimmer, dessen Zugang in der Nordwand gelegen haben muß, die bis auf wenige Ziegelreste zerstört ist. Darauf folgt nach Norden ein fast ebenso großer Raum, dessen Nordwand noch aufrecht steht, während die Trennungswand vom Hofe und die Westwand nur noch als niedrige Ziegelstufen kenntlich sind. Der Raum muß nach dem Hofe zu einen Eingang und in der gegenüberliegenden Wand die Haustür besessen haben. Der sonst korridorartige Hausflur ist demnach hier zu einem eigenen Vorraume erweitert. Ob nach Nordwesten ein dritter Raum zu ergänzen ist, der den Grundriß des Hauses zu einem regelmässigen Rechteck vervollständigen würde, ist nicht ganz sicher. Es scheint, daß die Westwand sich wenigstens in einem Steinsockel noch ein Stück nach Norden zu fortsetzt, von der Ziegelmauer ist aber keine Spur mehr vorhanden. Doch fände die völlige Zerstörung der Außenwände dieses Raumes ihre Erklärung in dem Einbau zweier steinerner Fundamentmauern eines byzantinischen Hauses, die sich von Nordwesten hereindrängen und bis auf das Niveau der jüdischen Zeit herabgesenkt sind. Noch unsicherer ist die Zugehörigkeit des zusammenhanglosen, nach Süden vorgelagerten Raumes, dessen Ostwand verloren ist. Vielleicht lag sein Eingang auf der Ostseite, und der Raum ist etwa als ein von außen zugänglicher Anbau des Hauses aufzufassen. Doch muß dies dahingestellt bleiben.

Nördlich von dem letzten Hause ist bereits im Jahre 1908 ein Stück von der Nordwestwand und zwei anschließenden Seitenwänden eines Hauses ausgegraben worden, das eine besonders reiche Ausbeute an Gefäßen lieferte (vgl. Abb. 20 oben links). Es war wohl gerade der Vorratsraum, auf den man gestoßen war; eine Tür von 0,72 m Breite führte von Süden in den Raum. Der Inhalt war der gleiche wie bei dem Keller des vorgenannten Hauses: Amphoren, große Weinamphoren, kleine Kannen und Gewichte aus Ton. Die übrigen Räume des Hauses sind noch im Schutt verborgen.

Die Siedlung hat sich noch über die Höhe des Quellhügels hinweg nach Südwesten hingezogen. Ein Hausrest im südlichen Graben auf der Westseite des Quellhügels gehört in diese jüngere Epoche, wie seine Höhenlage und die spärlichen in ihm gemachten Funde lehren (vgl. S. 41 Abb. 20 rechts). Es ist hier ein rechteckiger Raum mit dem Eingang am Westende der Nordwand gefunden; die Ziegelmauern setzen sich nach Westen und Osten weiter fort, wo sie zerstört und nicht mehr freigelegt worden sind. Doch trifft die Verlängerung der Südwand in die Richtung der Wände der südlichsten Häuser auf dem Quellhügel und stimmt mit diesen auch in den Niveauverhältnissen überein.

Hausreste derselben Periode sind bei der Grabung nur noch an zwei Stellen des Stadthügels, an der Südwestbiegung der Stadtmauer in C 2 und im großen West-Ost-Schnitt außerhalb vor der Stadtmauer zutage gekommen. Der erstgenannte Hausrest (vgl. Abb. 47) erstreckt sich in südöstlicher Richtung über die Böschung der zerstörten Stadtmauer hinweg und setzt sich aus zwei Räumen zusammen. Der nördliche langgestreckte, rechteckige Raum mit dem Eingang auf der Südwestseite ist ganz erhalten, von dem anderen fehlt die südöstliche Abschlußwand. Die Rückwand des ersten Zimmers ist in der Mitte durch eine islamische

Bestattung zerstört, die quer über die Böschungsmauer gelegt ist. In dem Hauptraume des Hauses sind eine ganze Fülle von Vasen gefunden, die den ganzen Innenraum anfüllten, dabei fast jede Form in mehreren Exemplaren: Kochtöpfe, Kannen und Kännchen, tiefe Schalen, kleine und große Teller, Terrakottatiere, dazu ein kleiner Terrakottakopf archaïschen Stiles, die ägyptische Fayencefigur einer Göttin und ein Alabasterschälchen. Bei der Masse der Gefäße in diesem kleinen Raum wird es sich hier nicht um den Vorratsraum eines Wohnhauses, sondern eher um den Verkaufsladen eines Töpfers handeln, dessen Atelier wohl nicht weit zu suchen ist. Die Töpferöfen und -läden liegen in antiken Städten häufig hinter oder in der Nähe der Stadtmauern; freilich ist hier ein solcher Zusammenhang nicht mehr vorhanden, da die Stadtmauer längst zerstört war, als das Haus über sie hinweg gebaut wurde.

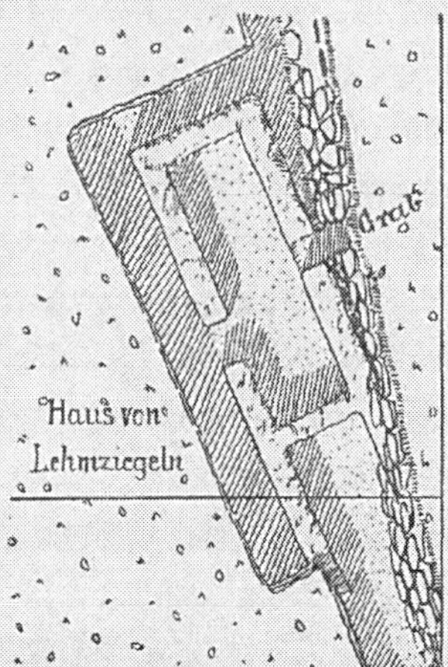

Abb. 47. Jüdisches Haus an der israelitischen Stadtmauer im Südwesten. Aufgen. u. gez. Dr. Langenegger.

Im West-Ost-Schnitt beschränken sich die Reste dieser Zeit auf zwei im rechten Winkel zueinander laufende Ziegelwände unmittelbar westlich vor der alten Böschungsmauer; die Ziegelgröße beträgt 0,35 × 0,23 × 0,13 m, also die Hälfte des größeren Formats, das bei den Häusern auf dem Quellhügel angewandt ist. Im inneren Winkel der beiden Wände stand ein kleiner, aus dünnen niedrigen Ziegelmauern aufgebauter Herd, der sich aus mehreren kleinen, rechteckigen Gruben zusammensetzte. In den Gruben fanden sich Aschenreste und Holzkohle, einige Vasenscherben und ein kleines Kännchen der jüdischen Gattung. Eine völlige Freilegung des Hausrestes ist nicht mehr erfolgt, nachdem hier die Böschung der Stadtmauer nachgewiesen war (vgl. Blatt 19 unten rechts).

Wie weit die jüdische Siedlung sich über das Gebiet der alten Stadt ausgedehnt hat, ist nicht mit Bestimmtheit zu sagen. Es scheint, als wenn sie im wesentlichen den Hügel in der Nähe der Quelle umfaßt habe, wo sie die Gestalt einer dorfähnlichen Siedlung annimmt. Die übrigen Hausreste im Süden und Westen sind so vereinzelt, daß daraus nicht auf eine Verbreitung über die ganze Hügelgruppe geschlossen werden kann. Jedenfalls sind aber in dieser Epoche die Stadtmauern bereits unter der Erde verschwunden gewesen, und das Stadtgebiet lag offen und ungeschützt. Jericho war also damals keine starke Festung mehr, sondern ein offenes Landstädtchen ohne strategische Bedeutung.

---

6. Anlagen aus spätjüdischer Zeit.

Die jüngsten Spuren jüdischer Siedlung aus vorchristlicher Zeit sind über der älteren israelitischen Schicht im Norden hinter der Stadtmauer aufgedeckt worden (vgl. Tafel III). Die Mauerzüge dieser jüngsten Schicht sind auf dem Gesamtplan mit hellgrünem Ton bezeichnet worden, zum Unterschied von den Häusern der älterjüdischen Siedlung auf dem Quellhügel aus dem VIII. bis VII. Jahrh.; ihrem Charakter nach bildet die nördliche Häusergruppe eine Schicht für sich, die sich von der des Quellhügels durch Bauart und Funde deutlich unterscheidet und einer wesentlich jüngeren Zeit angehört. Da die völlig getrennte Lage eine Verwechslung der beiden Siedlungen ausschließt, konnte auf die Einführung eines neuen Farbtons verzichtet werden. Die Mauerreste ergeben kein so klares Gesamtbild wie die der Häuser auf dem Quellhügel; in der westlichen Hälfte des Gebietes sind überhaupt nur wenige Mauerreste gefunden, in der östlichen sind durch die Anlage der Gräber des islamischen Friedhofes die sonst besser erhaltenen Mauern an vielen Stellen zerstört. Innerhalb der Siedlung lassen sich mindestens drei verschiedene Perioden unterscheiden, wie die übereinander weg gebauten, immer höher liegenden Steinsockel lehren. Für die Datierung gewähren einen Anhalt die hier besonders zahlreich gefundenen Amphorenhenkel mit dem Jahu-Stempel und die vielen Fragmente von Terrakottatieren aus rotbraunem grobem Ton. Zu den ältesten Funden dieser Schicht gehören archaïsche Terrakottaköpfe aus dem VI. Jahrh.; zu den jüngsten griechische Vasenscherben des V. und IV. Jahrh. vor Chr., ein paar hellenistische Fragmente und rhodische Amphorenhenkel, die, bis auf einen, sämtlich aus diesem Gebiete stammen. Bei dem Fehlen der charakteristischen einheimischen Keramik der hellenistischen Zeit und der geringen Zahl sonstiger hellenistischer Funde wird man die Häuserreste im wesentlichen ins VI. bis IV. Jahrh. vor Chr. datieren dürfen. Als man die neue Siedlung erbaute, ist die Ziegelmauer über der Böschung fast ganz zerstört gewesen, sodaß die Fundamente der Häuser quer über sie hinweggeführt werden konnten. Auch auf die andere Seite jenseits der Mauer haben sich unklare Reste dieser Zeit noch fortgesetzt. Von den Wänden der Häuser sind fast nur die Steinfundamente erhalten, in die hinein sich oft die islamischen Gräber gelagert haben. Die Fundamente setzen sich regelmäßig aus mehreren, bis zu fünf, Schichten übereinander zusammen, die aus großen, roh zugehauenen Feldsteinen mit zwischengesetzten kleinen Steinen bestehen. Die Anordnung ist zweihäuptig, aber viel weniger sorgfältig als in kanaanitischer Zeit. Nur an den Ecken und an den Seiten der Türöffnungen liegen größere, regelmäßiger zugehauene Steine; ebenso sind als Schwellen der Türen ein oder zwei glatte, rechteckige Platten benutzt. Die tiefere Fundamentierung zeigt immerhin einen baulichen Fortschritt gegenüber den Häusern der jüdischen Siedlung auf dem Quellhügel. Die Breite der Mauern schwankt zwischen 0,55 und 0,65 m. Dem entsprechend sind für die aufgehenden Wände Ziegel von 0,53×0,36×0,15 m verwendet, doch kommt auch ein kleineres Format von 0,45×0,38×0,12 m vor. Die Ziegel sind einreihig mit den Langseiten aneinander gelegt und durch Lehmmörtel verbunden. Die Fußböden zeigen, wo sie nachweisbar waren, besonders sorgfältige Herrichtung. In zwei Zimmern der östlichen Hälfte der Ansiedlung bestanden sie aus flachen, polygonalen Kalksteinplatten, die etwas unterhalb der Oberkante des Sockels verlegt waren; auf der westlichen Seite waren hier und da Reste eines Pflasters aus Ziegeln nachzuweisen.

Von der weiteren Einrichtung der Häuser haben sich nur wenige Spuren erhalten. Der untere Teil eines aus Lehm aufgemauerten, bienenkorbförmigen Backofens von 0,50 m Höhe und 0,80 m Durchmesser steht auf der zerstörten Ziegelmauer des israelitischen Raumes F hinter der Stadtmauer und ist wohl zu den Feldsteinmauerresten zu rechnen, die weiter westlich von ihm über die alte Stadtmauer hinweggehen (a auf Abb. 48). Wichtiger ist das Stück eines Kanals, das unmittelbar weiter westlich unterhalb des Mauersockels b auf Abb. 48 aufgedeckt wurde und in westöstlicher Richtung verläuft. Zwei schmale Bruchsteinsetzungen fassen eine mit Lehm verschmierte Vertiefung von 0,20 m Breite ein; diese war oben mit flachen Steinplatten von länglicher Form zugedeckt, die zum Teil noch an Ort und Stelle lagen. Genau südlich von dem Ofen ist dann in dem zu dem Hause A fragweise gerechneten Hofe wieder der Rest eines ähnlichen Kanales und dazu eine Tonrohrleitung zutage gekommen, deren Richtung etwas von der Ost-West-Linie nach Norden abweicht. Der Steinkanal von etwa 0,66 m lichter Breite ist auf eine Strecke von 1,50 m festzustellen gewesen; in sein östliches Ende mündet von Süden her ein Verbindungskanal ein, der noch etwa 0,90 m nach Süden nachweisbar war. Eine Deckplatte lag hier noch in situ. Die weitere Fortsetzung des Kanals nach Osten oder Norden ist verloren. Dagegen läuft von Westen in den Steinkanal hinein eine Tonrohrleitung, von der noch zwei Rohre ganz und eines halb erhalten sind, die einfach in den Lehmschutt gebettet waren. Die runden Rohre aus braunrotem Ton, der stark mit Kieseln versetzt ist, hatten 0,34 m Länge und 0,14 m Durchmesser. Die verstärkten Muffen am oberen Ende waren 2½ cm breit; ihnen entsprechend verjüngten sich, um eingeschoben werden zu können, die Rohre am unteren Ende. Der Kanal und die Tonrohre hatten Gefälle von Westen nach Osten. Die Leitung gehört wohl zu einem der Häuser, deren Mauerreste weiter westlich liegen, und ist als Abflußkanal, nicht als Wasserzuleitung aufzufassen. Als ein Zeichen für die Kultur der spätjüdischen Zeit ist diese Kanalanlage immerhin bemerkenswert; in den älteren Schichten ist bisher keine Spur solcher Kanäle gefunden worden.

Abb. 48. Mauern hinter der israelitischen Stadtmauer (A), von Osten gesehen. B: Rückwand des Zimmers F; a, b, c: Steinsockel von Hauswänden aus spätjüdischer Zeit; d: Backofen, zu den Hausmauern a gehörend.

Von der Grundrißbildung und dem Aufbau der Häuser ist wenig festzustellen gewesen. Wenn man den Komplex der Mauerzüge von Osten her betritt, so heben sich in C 6 unmittelbar hinter und über dem ganz aufgedeckten Stück der Stadtmauer eine Reihe gleichmäßiger Fundamente rechteckiger Zimmer heraus, die den Rest einer einheitlichen Hausanlage bilden: das Zimmer A^1 mit einem geringen Rest des Steinfußbodens, daran anschließend das größere Zimmer B^1, dessen nördlicher Abschluß zerstört ist. Durch eine Tür in der Ostwand von A^1 gelangt man in den Raum C^1, der einen Lehmestrich besitzt und in der Südwestecke mit einem Ofen ausgestattet war, von dem gerade der unterste Teil noch zu erkennen ist. Die Räume setzten sich noch weiter nach Osten fort, wo ein dritter Raum noch folgte, wo aber die hohen Schutthalden der ersten Untersuchung von 1907 der Grabung ein Ziel setzten. Es muß leider dahingestellt bleiben, ob die ganze Anlage als ein Komplex von Räumen zu ergänzen ist, die sich um einen Innenhof gruppierten. Wäre die Ergänzung gesichert, so unterschiede sich dieses Haus von denen auf dem Quellhügel nur durch die regelmäßige Verteilung der Räume und die sorgfältigere Führung der Fluchtlinien.

Über die übrigen Mauerzüge ist kein sicheres Urteil möglich: nach Westen gehen von der Westwand dieses Hauses zwei mit ihr, wie es scheint, im Verband liegende und daher gleichzeitige Mauerzüge aus, von denen der nördliche, im rechten Winkel anschließende, bald abbricht, der südliche schräg mit einer Krümmung über drei ältere Steinsockel hinwegsetzt. Über die Bedeutung dieses Anbaues läßt sich nichts Sicheres sagen. Vielleicht endete der nördliche Mauerzug ursprünglich an einer Quermauer, die der Westwand des Hauses fast parallel in nordsüdlicher Richtung auf die südliche Mauer zuläuft. Dann könnte man das Ganze zu einem Hof mit Nebenräumen ergänzen.

Als jüngere Erweiterung der beschriebenen Anlage ist vielleicht ein höher liegender Raum D^1 im Süden aufzufassen, dessen Seitenwände schräg an die Südwand der Zimmer A^1 und C^1 sich anlehnen. Hier waren noch ein großer Teil des Steinpflasters des Fußbodens und Reste der aufgehenden Ziegelwände kenntlich. Dagegen sind älter als dieser Komplex die drei genannten dünnen, sich von Süd nach Nord erstreckenden Steinsockel, deren Bestimmung im unklaren gelassen werden muß. Ihr Verlauf erinnert an die Mauerzüge der israelitischen Schicht weiter im Westen, eine Zugehörigkeit zu dieser ist aber nach ihrer Höhenlage und ihrer viel schlechteren Bauweise ausgeschlossen; sie gehören wohl nur einer älteren Periode der spätjüdischen Schicht an.

Im westlichen Teil des Gebietes hinter der Stadtmauer läßt sich keiner der Mauersockel, die in mindestens drei verschiedenen Höhen liegen, zu einem Raume verbinden, sodaß eine Beurteilung unmöglich ist.

Mit diesen Resten schließt die Besiedlung Jerichos in jüdischer Zeit ab. Bauwerke der hellenistischen und frührömischen Zeit fehlen vollständig, wie dem entsprechend auch Einzelfunde aus dieser Zeit ganz spärlich sind. Eine neue intensive und in die älteren Schichten tief eingreifende Bebauung des alten Stadthügels beginnt erst wieder in frühbyzantinischer Zeit.

---

7. Die byzantinischen Bauten und Gräber.

Die Bautätigkeit der byzantinischen Zeit hat ihre Spuren an vielen Stellen des Hügels hinterlassen; eine recht intensive Bebauung besonders der östlichen Seite nach der Quelle zu kann nach den Ergebnissen der Grabung als gesichert gelten. Doch mußte die Ausgrabung auf eine völlige Freilegung der byzantinischen Reste von vornherein verzichten; sie wurden nur soweit aufgedeckt, als es zur Aufklärung ihres Verhältnisses zu den älteren Schichten Jerichos notwendig war; ein geschlossenes Bild dieser Epoche können die Mauerreste, die sich zudem auch sicher über mehr als ein Jahrhundert verteilen, ohne daß eine historische Scheidung möglich gewesen wäre, nicht gewähren. An der Einheit der Epoche kann aber nach der Gleichartigkeit der Funde und Übereinstimmungen in der Technik der Mauern kein Zweifel sein. Die Reste sind im Gesamtplan (Tafel I) mit gelbem Tone bezeichnet.

Bedeutende Reste der byzantinischen Epoche schließen sich im Südosten unmittelbar an das Ende der israelitischen Stadtmauer an. Die Böschungsmauer mit ihrem zerstörten oberen Abschluß ist hier in senkrechter Fläche abgebrochen, um den Anschluß einer starken Ziegelmauer zu ermöglichen, die zunächst die Richtung der alten Böschungsmauer nach Nordosten fortsetzt (vgl. Abb. 49 und 50). Diese Mauer, deren Unterkante am Anfang noch etwas tiefer liegt als die der Böschungsmauer, steigt in ihrem Verlauf nach Nordosten immer höher empor und endigt schließlich ohne deutliche Fortsetzung oder klaren Abschluß in der jetzigen Hügeloberfläche. Wenn in der ersten Kampagne 1908 noch die Frage ihrer Zugehörigkeit zur israelitischen Stadtmauer aufgeworfen werden konnte, so wurde diese Frage entschieden durch eine Nachuntersuchung im Jahre 1909. Dabei stellte sich heraus, daß die Mauer über eine der israelitischen Treppen hinwegschreitet, und daß zwischen ihr und der Treppe noch eine erhebliche Schuttschicht sich aufgehäuft hatte. Für eine späte Entstehung spricht auch die Technik des Ziegelwerks. Die hellbraunen Ziegel bestehen nicht, wie stets in kanaanitischer und israelitischer Zeit, aus reinem Lehm, sondern sind stark mit Stroh untermischt und zeigen eine durchgehende Normalgröße von 0,37×0,12×0,42 m.

Abb. 49. Israelitische Böschungsmauer (A) und byzantinische Stützmauer (B) beim Zusammenstoß in M 5.

Ein zweiter Mauerschenkel verläuft im rechten Winkel nach Südosten auf eine Strecke von fast 10 m, um dann, der ersten Mauer parallel, nach Nordosten umzubiegen. In 16 m Entfernung von der Ecke springt die Mauer mit einer verstärkten Ecke nach außen vor und läuft noch eine Strecke von 12,30 m in fast nördlicher Richtung weiter, um dann plötzlich ohne Spur einer Fortsetzung abzubrechen. Eine schmale Quermauer verbindet die parallelen Mauerschenkel an der Stelle, wo die Mauer in die mehr nördliche Richtung übergeht. Der Zweck der Anlage läßt sich nicht mit voller Sicherheit bestimmen. Daß es sich

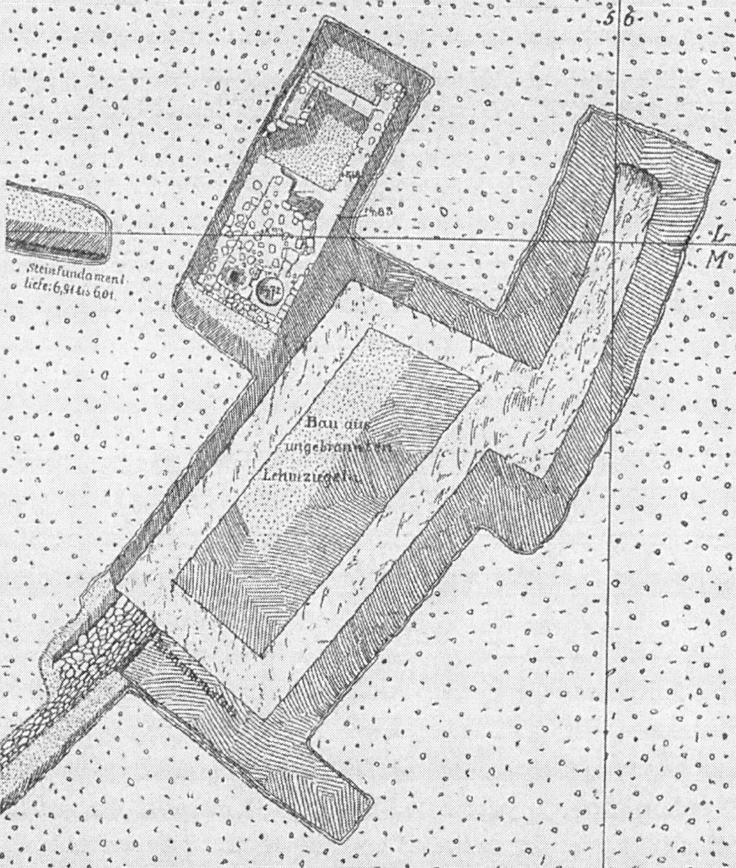

Abb. 50. Byzantinische Anlagen im Südosten nördlich von der israelitischen Stadtmauer. Aufgen. u. gez. Dr. Langenegger.

nicht um eine Gebäudeanlage handelt, ist klar; die Mauern konnten nie sichtbar sein, da sie bis in das israelitische Niveau hinabsteigen. So wird man sie als Befestigungs- und Stützmauern des Geländes auffassen müssen, die hier nötig waren, weil die völlige Zerstörung der israelitischen Böschung den dahinterliegenden, im Laufe der Zeit immer höher angestiegenen Schutt eines Haltes beraubt hatte. Diese Erklärung gewinnt dadurch noch an Wahrscheinlichkeit, daß unmittelbar oberhalb dieses Ziegelwerks nach Nordwesten zu die Fundamente eines byzantinischen Gebäudes aufgedeckt wurden, als dessen Fortsetzung eine im Ostende des Südschnittes getroffene Gruppe von Mauern aufgefaßt werden darf (vgl. Abb. 50).

Die Fundamente bilden ein langgestrecktes Rechteck von 13 m Länge und 4,50 bis 5,20 m Breite. Die Stärke der Mauer beträgt durchschnittlich 0,90 m. Sie setzt sich aus Bruchsteinen zusammen, die in kyklopischer Weise gefügt sind; nur die Ecken sind aus sorgfältiger behauenen Steinen mit glatter Außenseite gebildet. Der südliche Teil des Gebäudes, der durch eine Quermauer von dem nördlichen geschieden ist, mit einer Länge von fast 7 m, ist mit roh zugeschlagenen polygonalen Platten gepflastert. In der Südostecke befindet sich eine 1,20 m tiefe, kreisrunde Grube von 1,30 m Durchmesser, deren Innenwände sorgfältig verputzt sind Dicht daneben liegt eine zweite, entsprechende Grube, die aber oben eingedeckt ist und nur eine quadratische, wohl durch eine Steinplatte verschließbare Öffnung von 0,40 m Breite besitzt. Vielleicht ist der Raum mit seinen beiden Gruben als eine Kelteranlage zur Gewinnung und Aufbewahrung von Olivenöl anzusprechen, die offene Grube dann als das Sammel- und Klärbecken für das ausgepreßte Öl, die geschlossene aber als die eigentliche Ölcisterne zur Aufbewahrung des Öles aufzufassen. Eine ähnliche, aber ältere und primitivere Anlage hat Schumacher in den Nebenräumen der „Mittelburg" auf Tell el-Mutesellim aufgedeckt (vgl. Tell el-Mutesellim I S. 69f.). Von den beiden nach Norden folgenden Räumen sind die nördlichen und westlichen Außenwände stark zerstört. Ein Stein einer Türwange liegt an der Innenseite der Westmauer noch in situ in 6,09 m Höhe der Oberkante. Im übrigen ist das aufgehende Mauerwerk überall nicht mehr vorhanden, und es läßt sich nicht sagen, ob es aus Bruchsteinen oder aus Ziegeln bestanden hat. Jedenfalls handelt es sich hier um ein Wirtschaftsgebäude, das zu einem größeren Hof gehören muß, von dem die im Südschnitte gefundenen, byzantinischen Fundamente stammen werden (vgl. oben S. 43 Abb. 21 und Abb. 51).

Diese Fundamente liegen mit ihrer Oberkante in ungefähr demselben Niveau wie die eben beschriebenen, unterscheiden sich aber von ihnen durch die viel sorgfältigere, solidere Herrichtung und ihre größere Stärke von 1,80 bis 2,20 m. Ihre Wangen setzen sich aus horizontalen Schichten von großen Feldsteinen zusammen, die mit ihren Seitenflächen eng aneinander gefügt sind und mit schmalen Schichten kleiner Zwicker abwechseln, die auch die oberen und unteren Zwickel ausfüllen und so ein wagerechtes Lager herstellen. Die Steine sind in Kalkmörtel gebettet; das Innere der Mauern besteht aus einem Gemenge von kleineren Feldsteinen mit Kalkmörtel, einer Art *opus incertum.* Auch das aufgehende Mauerwerk war aus Bruchsteinen hergestellt; in die westliche der drei im Graben geschnittenen Wände waren eine ganz rohe, halbierte Säulenbasis, die aus Platte, Wulst und ansetzendem Schaftstück bestand, und zwei korinthische Kapitelle verbaut; das eine Kapitell war mit zwei Reihen anliegender Akanthusblätter, das andere (auf Abb. 51 oben in der Mitte sichtbare) mit glatten, ungegliederten dicken Blättern verziert, die Ausführung außerordentlich roh. An

Abb. 51. Byzantinisches Haus im Südschnitt, von Nordosten gesehen.

der Innenwange derselben Wand saßen noch Spuren eines dicken Verputzes, und vor ihr zogen sich die Reste eines Estrichs aus Kalkmörtel hin. Die südliche Abschlußwand des Gebäudes liegt außerhalb des Südschnittes und ist nicht freigelegt worden. In die Nordostecke bindet ein Fundament von 1,10 m Dicke ein, das nur aus einer Schicht Feldsteinen mit Füllmauerwerk im Innern besteht und demnach wohl keine aufgehende Gebäudewand, sondern nur die Einfassungsmauer eines Hofes getragen hat.

Im Westende des großen West-Ost-Schnittes und weiter südlich anschließend in F und G förderte die Ausgrabung der Kampagne 1908 eine Reihe von Mauerzügen zutage, die nach Höhenlage und Ziegeltechnik ebenfalls der byzantinischen Epoche zuzuweisen sind (vgl. Abb. 52). Die braunen oder grünlichen Ziegel stimmen in der starken Mischung des Lehmes mit Stroh zu denen der großen Stützmauern im Südosten, zeigen aber im einzelnen abweichendes und nicht einheitliches Format. Bei der westlichsten, im Graben geschnittenen Mauer, die weiter nach Süden verfolgt wurde, war das Format quadratisch $0{,}38 \times 0{,}38 \times 0{,}13$ m. Die aufgehenden Ziegel ruhen in vier Reihen auf einem Fundament von Bruchsteinen und sind mit diesem Fundament zusammen an der westlichen Wange mit einem gemeinsamen grünlichen Verputz versehen. Die Mauerstärke beträgt 1,70 m. Im Süden schließt sich an das Mauerende die Ecke eines schräg zu ihr liegenden Ziegelbaues an, dessen Mauern die gleiche Dicke und dessen Ziegel größtenteils dasselbe Format aufweisen. Daneben sind hier auch einzelne kleinere Ziegel von $0{,}37 \times 0{,}27 \times 0{,}14$ m und größere von $0{,}37 \times 0{,}42 \times 0{,}12$ m verwendet, also dasselbe Format wie bei der Stützmauer im Südosten. Das nach Osten ansteigende Mauerwerk dieser Anlage benutzt zwei Treppen der israelitischen Zeit, die an dieser Stelle den Hügelhang emporsteigen (vgl. oben S. 53). Man hat dabei immer zwei bis drei Stufenreihen weggenommen, die weg-

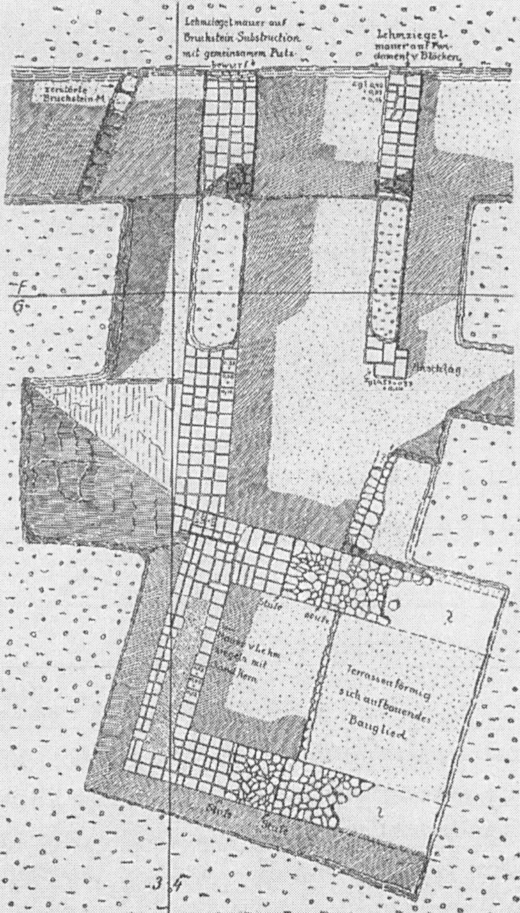

Abb. 52. Byzantinische Anlagen im Westen zwischen der kanaanitischen und der israelitischen Stadtmauer. 1 : 200. Aufgen. u. gez. Dr. Langenegger.

genommenen Steine zur Ausgleichung der nächsthöheren Stufenreihe verwendet und so breitere, terrassenartige Stufen von 1,25 bis 1,60 m Tiefe gewonnen, auf denen die Mauer in Absätzen den Abhang bis an die heutige Hügeloberfläche emporsteigt, um sich dann zu verlieren. Vom Ziegelmauerwerk sind nur im Westen noch mehrere Schichten erhalten; dabei hat man nur die Außenwange aus Ziegeln aufgemauert, das Innere aber einfach

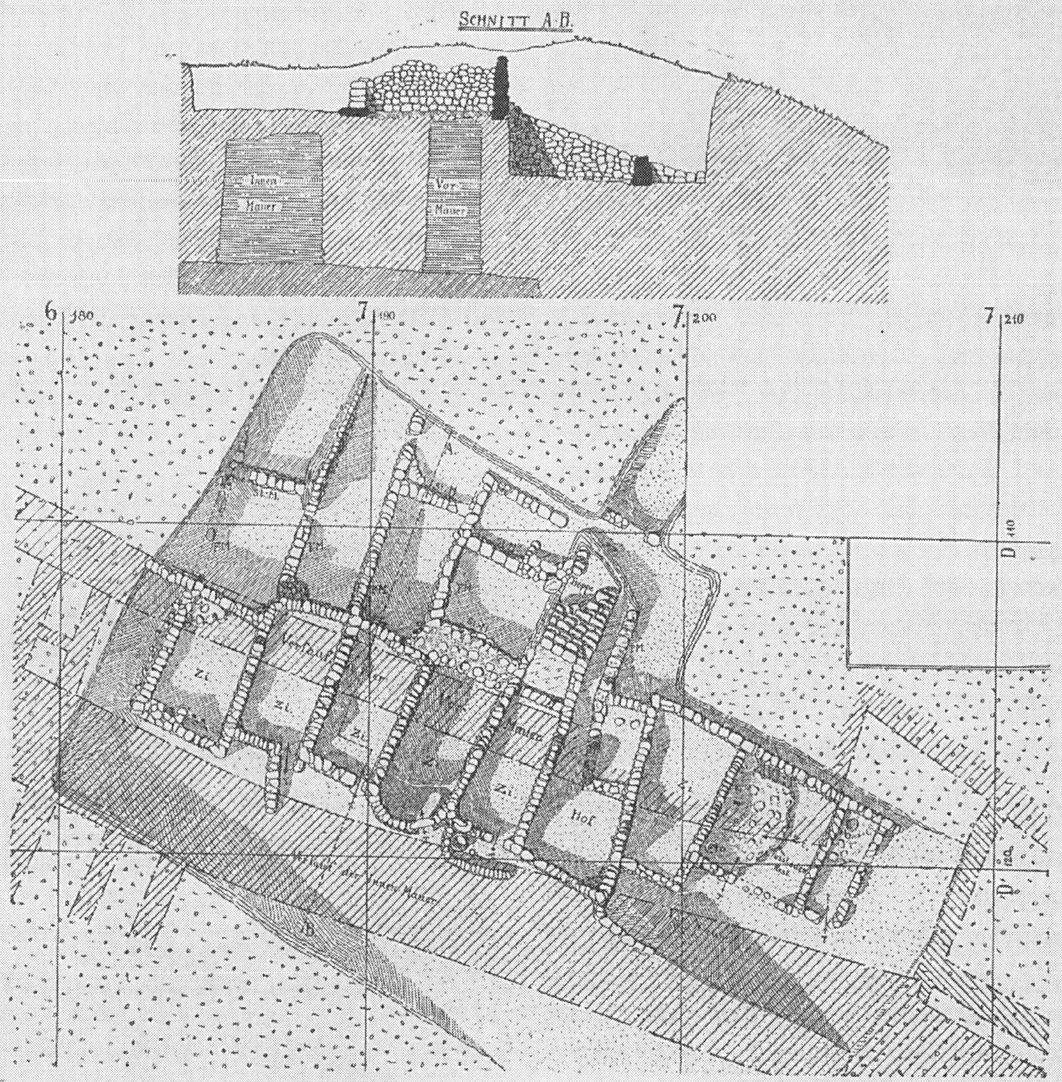

Abb. 53. Israelitische Stützmauern, Treppe und byzantinische Hausreste über der kanaanitischen Stadtmauer in D 6, 7. Ausgegraben 1907, abgerissen 1908; Maßstab 1 : 200. Aufgen. und gez. Dr. Langenegger. (F.M. Futtermauer; St.M. Stützmauer; Zi. Zimmer; T. Tür; O. Backofen.)

mit Sand ausgefüllt. Da, wo der von Norden kommende Mauerzug mit der südlichen Anlage zusammenstößt, ist der Mauer eine glacisartige Schräge vorgelagert, die aus Bruchsteinen mit Erdmörtel besteht und an ihrer Oberfläche mit Kalkmörtel verputzt ist. Ihre Bedeutung und ihr Zweck ist rätselhaft. Ebensowenig ist es möglich, über die ganze Mauergruppe ein sicheres Urteil abzugeben. Die große von Norden nach Süden ziehende Mauer aus Bruchsteinen und Ziegeln mit gemeinsamem Außenverputz dürfte als die Wand eines Hofraumes aufzufassen sein; die rechteckige Anlage im Süden dagegen als ein kleines

Gebäude, das freilich seiner wenig soliden Ausführung wegen keine sehr hohen Wände und kein schweres Dach besessen haben kann. Das zeitliche Verhältnis beider Anlagen ergibt sich aus der Art, wie das südliche Ende der Hofmauer auf die Ecke des Hauses Rücksicht nimmt und in der Größe und Lage der Ziegel sich ihr anpaßt: die Mauer ist erst errichtet, als das viereckige Gebäude bereits bestand, ohne daß deswegen auf einen großen Zeitunterschied geschlossen zu werden braucht. Festungscharakter, den man vielleicht der glacisartigen Schräge wegen annehmen möchte, hat die Anlage sicher nicht gehabt; dafür sind die Mauern viel zu schwach und auch ursprünglich nicht hoch genug gewesen. Es wird sich um die Reste eines byzantinischen Gutshofes einfacherer Art handeln als des an der Südostseite gelegenen. Im Innern des Raumes östlich von der Hofmauer ist eine zweite, schmälere Mauer aufgedeckt worden, die in etwas höherem Niveau ihr fast genau parallel läuft. Auf einem Fundament von großen Bruchsteinen ruhen zwei Reihen Lehmziegel nebeneinander von 0,49×0,37×0,14 m

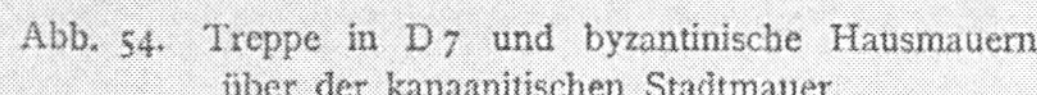

Abb. 54. Treppe in D 7 und byzantinische Hausmauern über der kanaanitischen Stadtmauer.

Abb. 55. Tür in dem vierten Zimmer der byzantinischen Anlage in D 7.

Größe; die 1 m breite Mauer endet im Süden mit einer nach Süden und Osten um eine Ziegelbreite vorspringenden Ecke, die von zwei Ziegeln größeren Formates (0,55×0,37×0,14 m) und einem halben Ziegel gebildet wird. So entsteht eine Art Türanschlag für eine von Süden nach Norden sich öffnende Tür; der Versuch, im Osten das entsprechende Türgewände zu finden, hat leider zu keinem Ergebnis geführt. Es wird aber doch hier die eine Wand eines größeren Gebäudes gefunden sein, das im Innern des Hofes lag, vorausgesetzt, daß die Auffassung der ganzen Anlage richtig ist.

Über der kanaanitischen Stadtmauer im Nordosten in D 7 war in der Versuchsgrabung 1907 eine Zimmergruppe aufgedeckt worden, die bei der vollständigen Freilegung der gerade hier besonders hoch und gut erhaltenen Haupt- und Vormauer im Jahre 1908 beseitigt werden mußte (vgl. Abb. 53, 54, 55 und oben S. 50 Abb. 28). Die Grabung hat eine Gruppe von neun ungefähr in der Richtung von Westen nach Osten aneinandergereihten Zimmern festgestellt, deren Wände bis unmittelbar unter die heutige Oberfläche reichten. Die Zimmer sind unregelmäßig rechtwinklig; die Zugänge liegen, soweit sie nachweisbar waren, an der

Südseite; bei dem zweiten, fünften (und siebenten?) Raum von Westen ist eine Mauer vorgebaut, um die Tür zu decken und eine Art Windfang oder einen kleinen Vorraum zu bilden. Die Tür des vierten Zimmers war noch bis auf ihren Sturz wohl erhalten; das Gewände des 0,50 m breiten Eingangs bestand aus Bruchsteinen, deren Seiten an den Laibungsflächen sorgfältiger zugerichtet waren. Darüber lag in 1,30 m Höhe der Sturz aus einem einzigen, ganz roh zugehauenen Kalkstein (vgl. Abb. 55). Das Mauerwerk, das bis zu 1,50 m Höhe erhalten war, besteht aus ganz kunstlos gefügten Feldsteinen. Die Mauerstärke beträgt 0,30 bis 0,40 m. Die Steine liegen stets quer zur Mauerrichtung, die Zwischenräume sind mit kleinen Steinen ausgezwickt; als Bindemittel ist Lehmmörtel und grober Kalkmörtel mit Kiesbeimengungen verwendet; die Mauer verbreitert sich nach ihrem Fuße zu um etwa 5 bis 10 cm, da im Mauersockel größere Steine verwendet sind. Die Fußböden haben aus kleinen und großen nebeneinander gepackten Steinen bestanden, die in Lehmerde gebettet waren, sind jedoch nur in geringen Spuren erhalten gewesen. Von der Ausstattung der Zimmer waren im Vorraum des fünften Zimmers und in den beiden letzten Zimmern im Osten noch Backöfen zum Brotbacken vorhanden, denen entsprechend, die noch heute Fellachen und Beduinen erbauen. Sie bestehen aus einem kaum $^3/_4$ m tiefen konischen Einbau in den Boden, dessen Wände ausgebaucht sind. Die Wände bestehen aus Lehm von 5 bis 7 cm Stärke, der infolge der Feuersglut gebacken ist; das Innere war mit Brandasche gefüllt; weder das untere Feuerloch, noch der obere Abschluß sind erhalten. Aus dem Vorhandensein der Backöfen ergiebt sich, daß die Zimmer einmal bewohnt gewesen sind.

Der primitive Charakter dieser Zimmergruppe und die tiefstehende Bauweise, die an heutige Fellachenhütten erinnert, weisen auf späte Entstehung und untergeordnete Bedeutung hin. Die Räume werden zum Teil armen Menschen zum Aufenthalt, zum Teil aber auch als Scheunen, Ställe und Wirtschaftsräume gedient haben. Ihre Entstehung und Benutzung in byzantinischer Zeit ergiebt sich nicht nur aus der Höhenlage, der Mauertechnik und einzelnen Funden von Vasenscherben byzantinischer Zeit, sondern auch aus der Art, wie die aus israelitischer Zeit stammende Treppe in ihrem oberen Teil bei der Häuseranlage zerstört, in ihrem unteren, vielleicht um den Niveauunterschied nach Norden zu überwinden, mitbenutzt worden ist. Eine ähnliche Einbeziehung der Treppen in spätere Anlagen fanden wir bereits bei den Bauten auf der Westseite südlich des West-Ost-Schnittes.

Die übrigen Reste byzantinischer Besiedlung des Stadthügels sind ganz vereinzelt an den verschiedensten Stellen des Hügels zutage gekommen und sollen hier noch kurz beschrieben werden. Über den oberen Teil der Treppe im Nordwesten in D 5 ist das Zimmer eines Hauses aus Bruchsteinen hinweggebaut (vgl. Tafel III und oben S. 51 Abb. 29), dessen Innenwände mit einem Kalkverputz versehen sind. Der Innenraum des Zimmers ist 3 zu 1,90 m groß, die Wände haben eine Dicke von 0,60 bis 0,70 m. Seine Fortsetzung nach Westen ist in dem hier hoch anstehenden Gelände zu suchen. Auf dem Quellhügel waren einzelne Mauerreste der byzantinischen Zeit am reichlichsten, und auch die zahlreichen Einzelfunde weisen hier auf eine besonders starke Besiedelung hin. Von den jüdischen Ziegelhäusern unterschieden sich die byzantinischen Mauern durch die Verwendung von Bruchsteinen mit Kalkmörtel auch bei den freistehenden Hauswänden, die reichliche Anwendung des Kalkputzes und die tiefe Führung der Fundamente, die bis in das Niveau der jüdischen

Schicht hineinreichten. So ist oben auf der Höhe des Quellhügels in H 5 eine große viereckige Vorratsgrube aus Bruchsteinen mit abgerundeten Ecken und dickem Verputz auf dem Boden und den Innenwänden tief zwischen die jüdischen Hauswände hinabgesenkt (vgl. Tafel IV und Blatt 18 rechts). Ein Teil der älteren Mauerzüge ist bei ihrer Anlage zerstört oder ganz beseitigt worden. Der Boden der 3,40×2,25 m großen Grube liegt mit 13,9 m Höhe über dem Nullpunkt 1,90 m tiefer als der Fußboden der unmittelbar anstoßenden jüdischen Hausräume. Sie hat wahrscheinlich als Behälter für Futter und Feldfrüchte gedient, da unten auf dem Boden bei der Ausgrabung noch Reste von Häcksel gefunden wurden. Durch byzantinische Einbauten zerstört ist das nordöstliche Zimmer des jüdischen Hauses VI im Norden des Quellhügels (vgl. Tafel IV); bei den zwei im rechten Winkel sich treffenden Bruchsteinmauern fanden sich in derselben Fußbodenhöhe mit dem älteren Hause eine byzantinische Kanne und Scherben von Glasgefäßen.

Im großen West-Ost-Schnitt (vgl. Blatt 19) liegen in F 5, 6 die byzantinischen Hausreste unmittelbar unter der Oberfläche. Zunächst ein auf dem Schutt stehender und aus Lehmmörtel aufgemauerter runder Behälter von 1,90 m Durchmesser (vgl. Abb. 56). Die sich nach außen etwas ausbiegenden, mit Kalkmörtel verputzten Seitenwände sind 0,50 m hoch und scheinen nicht höher gewesen zu sein, da sie auf allen Seiten gleich hoch erhalten sind. Nach Osten folgen verputzte Hausmauern der gleichen Epoche aus Ziegeln, dann die noch 1 m hoch stehenden Bruchsteinwände eines Hauses, die in der Technik den Hausmauern über der alten Stadtmauer im Nordosten entsprechen; noch weiter nach Osten in der Gegend zwischen der israelitischen Abfallgrube und den israelitischen Hausmauern (vgl. oben S. 66) lag dicht unter der Oberfläche ein einfacher Mosaikfußboden aus kleinen Kieselsteinen; von den ihn umgebenden Wänden aus Bruchsteinen mit Verputz waren nur geringe Reste vorhanden. Er mußte bei der Tiefgrabung entfernt werden. Auch ganz am Ostende des Schnittes unter der heutigen Hügeloberfläche sind mehrere Mauern aus Feldsteinen berührt worden, die in ihrer rohen Technik denen über der alten Stadtmauer im Nordosten vollkommen entsprechen. Als letzter Fund von Bedeutung in dieser Gegend ist dann noch der byzantinische Brennofen zu erwähnen, der vor der zerstörten kanaanitischen Stadtmauer im Nordosten liegt und in das Niveau der kanaanitischen Zeit hinabgesenkt ist (vgl. S. 28 Abb. 10). Er setzt sich zusammen aus einem runden Mantel aus Ziegeln von etwa 0,50 m Dicke und einem inneren runden Kern aus Bruchsteinen von 2,60 m oberem Durchmesser, der sich nach unten verengt. Die Steine zeigen starke Spuren von Brand. Der Ofen entspricht in seiner Form den Kalköfen, wie sie vielfach an antiken Ruinenstätten gefunden werden.

Abb. 56. Byzantinischer Vorratsbehälter in F 6.

Auf der Suche nach der israelitischen Böschungsmauer in der Umgebung der Quelle wurden östlich von dem Quellbassin in dem Niveau der Quelle Mauerreste byzantinischer Zeit angetroffen, die es erklären, warum hier aus älterer Zeit nichts mehr erhalten ist. Es sind zwei in der Richtung von Ost nach West verlaufende starke Mauern aus Kalkstein mit hochkant gestellten Quadern an den Ecken und großen Bruchsteinen dazwischen, die in Mörtel gebettet sind. Beide Mauern sind durch einen schmalen Wasserdurchlaß voneinander

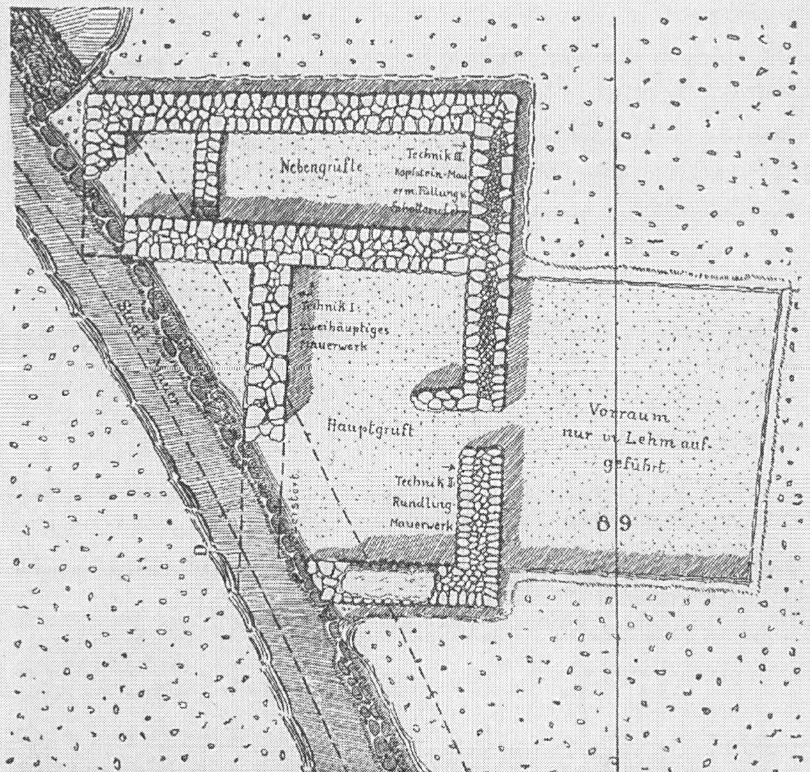

Abb. 57. Byzantinische Grabanlage an der israelitischen Stadtmauer im Nordosten. Aufgen. u. gez. Dr. Langenegger.

getrennt, der sich nach der Innenseite zu verbreitert. Die Mauern bilden wohl die eine Wand eines byzantinischen Wohnhauses, das in nächster Nähe der Quelle errichtet war.

Über die israelitische Böschungsmauer im Westen ist kurz vor ihrer Umbiegung nach Süden in M 3 ein kleines Haus schräg hinweggebaut, dessen Wände aus Lehmziegeln bestehen. Zwei kleine Zimmer mit gemeinsamer Zwischenwand sind freigelegt; ihre südlichen Abschlußwände fehlen. In dem Hause fanden sich die beiden byzantinischen Pilgerflaschen A, 27 und 28. Bemerkenswert ist die Lage des Hauses, die sich von der des jüdischen Hauses weiter südlich über der Stadtmauer in keiner Hinsicht unterscheidet, und die also für sich allein eine Einordnung in eine bestimmte Schicht nicht gestattet.

Zu der byzantinischen Siedlung, deren Reste hier beschrieben wurden, gehört eine Grabanlage im Nordosten an der israelitischen Stadtmauer, die bei der Verfolgung dieser entdeckt und dann völlig freigelegt wurde (vgl. Abb. 57 und 58). Die Anlage setzt sich zusammen aus einem rechteckigen Raum im Süden mit Zugang in der Mitte der Ostseite. Von dem Nordschenkel der Ostwand springt neben der

Abb. 58. Byzantinisches Grab an der Stadtmauer im Nordosten, in D 8, von Norden gesehen. A: Hauptgruft. B: Nebengruft.

Türöffnung ein kurzes Mauerstück nach innen vor. Dieser Raum kann als die Hauptgruft bezeichnet werden. Er ist von einem zweihäuptigen Mauersockel aus Bruchsteinen mit innerer Füllung von kleinen Steinen auf der West-, Nord- und Südseite und aus Rundlingen mit Füllung von Schotter und Lehm auf der Ostseite umgeben. Die Südwestecke des Raumes ist bei der Freilegung der Böschungsmauer weggebrochen worden. Nach Osten folgt ein großer trapezförmiger Vorraum, dessen Wände aus Lehm aufgeführt sind.

Nach Norden schließt sich an die Hauptgruft eine rechteckige, von West nach Ost gestreckte Nebengruft an, deren Wände ganz entsprechend ausgeführt sind wie bei dieser. Durch eine schmale Quermauer ist ein kleineres, rechteckiges Gelaß im Westen abgetrennt, dessen Südwestecke ebenfalls zerstört ist. Auf den Steinsockeln haben sich wahrscheinlich niedrige Lehmwände bis fast unter die heutige Oberfläche erhoben. Die Räume selber waren oben mit vermutlich flach aneinander gelegten Ziegeln eingedeckt, die später durch den Erddruck durchgebrochen und zwischen die Beigaben gestürzt waren. Über den Ziegeln scheint noch eine Art Estrich aus kleinen Steinen und Kalk gelagert gewesen zu sein.

Abb. 59. Blick in die Nordwestecke der Hauptgruft des byzantinischen Grabes von Südosten.

Abb. 60. Blick auf die Westseite der Hauptgruft des byzantinischen Grabes von Osten.

In der Hauptgruft waren vier Personen bestattet; Reste von zwei Skeletten sind im Südwesten an der Westwand, Reste von zwei weiteren im Nordosten und im Südosten an der Ostwand gefunden worden; sie lagen in der Richtung von Osten nach Westen mit dem Kopf im Westen. In dem Vorraum nach Osten waren drei Leichen in entsprechender Lage der Westwand entlang bestattet. Dagegen war in der Nebengruft im Norden keine Spur einer Bestattung vorhanden. Die Toten waren wahrscheinlich in Holzkisten beigesetzt, da in ihrer Nähe sich eiserne Nägel fanden, mit denen die Sargbretter zusammengenagelt gewesen sein werden. Von der persönlichen Ausstattung der Leichen fehlt jede Spur; auch die Perlenhalsketten lagen mitten unter den anderen Beigaben. Demnach war in der Hauptgruft eine Familie von vier Köpfen beigesetzt, und die drei im Vorraume Bestatteten sind wohl Diener dieser Familie gewesen. Dieser Annahme entspricht auch die Verteilung der Beigaben. Sie beschränkten sich im Vorraume auf einige wenige Glasgefäße (III, 9), ein Gewicht aus Glas (III, 11), eine eiserne Lanzenspitze (V, 3) und eine kleine Tonschale mit Knopf auf der Mitte des Bodens (wie A, 24). Diese Beigaben lagen alle bei der dritten Bestattung im Nordwesten des Vorraumes. In der nördlichen Nebengruft dagegen setzte sich das Inventar nur aus mehreren großen Amphoren (wie A, 2, 3, 5, 10), Kannen (A, 14, 16) und einem großen zweihenkligen Napf (A, 13) zusammen.

Alle übrigen im Abschnitt III zusammengestellten Funde aus dem byzantinischen Grabe entstammen der Hauptgruft und lagen als Beigaben um die vier hier bestatteten Personen, sodaß der Innenraum dieser Gruft vollkommen mit Gegenständen ausgefüllt war (vgl. Abb. 59). Die erste der beiden Bestattungen im Südwesten war offenbar die einer Frau, da hier die Reste des Kastens mit Perlmutter- und andrer Verzierung lagen, dazu eine Nadel und die eine Perlenkette (III, 12). Außerdem fanden sich hier eine Menge Glasgefäße, Wagschalen aus Bronze, Griffel aus Bein und Bronze und zahlreiche große und kleine Tongefäße. Für Bruchstücke von Marmorplatten, die unter den Beigaben lagen, ergab sich bei der weiteren Aufdeckung der Anlage näherer Aufschluß. In der nördlichen Hälfte waren an der West- und an der Nordmauer mitten unter die Beigaben zwei durch den Erddruck zerdrückte, aber noch vollständige Marmorplatten gelegt von 0,44×0,31 und 0,33×0,21 m Größe. Man wird annehmen dürfen, daß es ursprünglich im ganzen vier gewesen sind, und ihre Zahl so der Zahl der Toten entsprochen hat. Da aus der Lage der am besten erhaltenen Platte vor der Westseite (vgl. Abb. 60) sich deutlich ergibt, daß die Platten nicht etwa als äußere Bezeichnung auf dem Grabe gelegen haben und nur hineingestürzt sind, sondern daß sie wie die übrigen Beigaben mitgegeben worden sind, so müssen sie auch eine besondere Bedeutung als Beigabe besitzen. Vielleicht sind sie als Tischplatten aufzufassen, die der Tote im Jenseits beim Mahle benutzen sollte. Jeder der vier Bestatteten hat dann seinen eigenen Tisch erhalten. Außerdem lagen vor der Nordseite in der Mitte auf einem Haufen eine Menge kleiner Kupfermünzen byzantinischer Prägung, die wahrscheinlich alle zusammen in einem Säckchen vereinigt den Toten mitgegeben waren. Eine genaue Beschreibung aller Beigaben und ihrer Lage erübrigt sich hier, da im Abschnitt III alle Funde genau beschrieben sind, und irgend ein System in der Anordnung der Gegenstände nicht festzustellen ist. Man hat den Verstorbenen offenbar eine große Auswahl des Hausgerätes, das sie im Leben besessen hatten, mitgegeben. Dabei fehlen völlig alle Gegenstände aus wertvollerem Material, vielleicht, weil die Toten sie auch im Leben nie besessen hatten. Ob man aus der Beigabe der zahlreichen Sägeblätter und Sägen im Südwesten schließen darf, daß der eine der hier Bestatteten in seinem Beruf Tischler gewesen ist, muß dahingestellt bleiben. Hervorzuheben ist aber, daß Gegenstände ausgeprägt christlichen Charakters in dem Grabe völlig fehlen. Auch die reiche Ausstattung der Grabanlage fände aus heidnischen Vorstellungen vom Leben nach dem Tode ihre ausreichende Erklärung. Gleichwohl werden die hier Bestatteten Christen gewesen sein. Heidnische und christliche Kultur ist hier noch einheitlich; die eigentümlich christliche Dekoration der Gebrauchsgegenstände hat sich offenbar erst allmählich herausgebildet.

---

8. Die muslimischen Gräber.

Die gleich zu Beginn der Grabung auf dem Stadthügel von Jericho im Januar 1908 aufgedeckten muslimischen Gräber bilden im Norden über der israelitischen Stadtmauer in C 6 und über der kanaanitischen Vormauer in D 6 geschlossene Gruppen; außerdem sind vereinzelte Bestattungen an anderen Stellen des Hügels aufgefunden worden. Im Norden

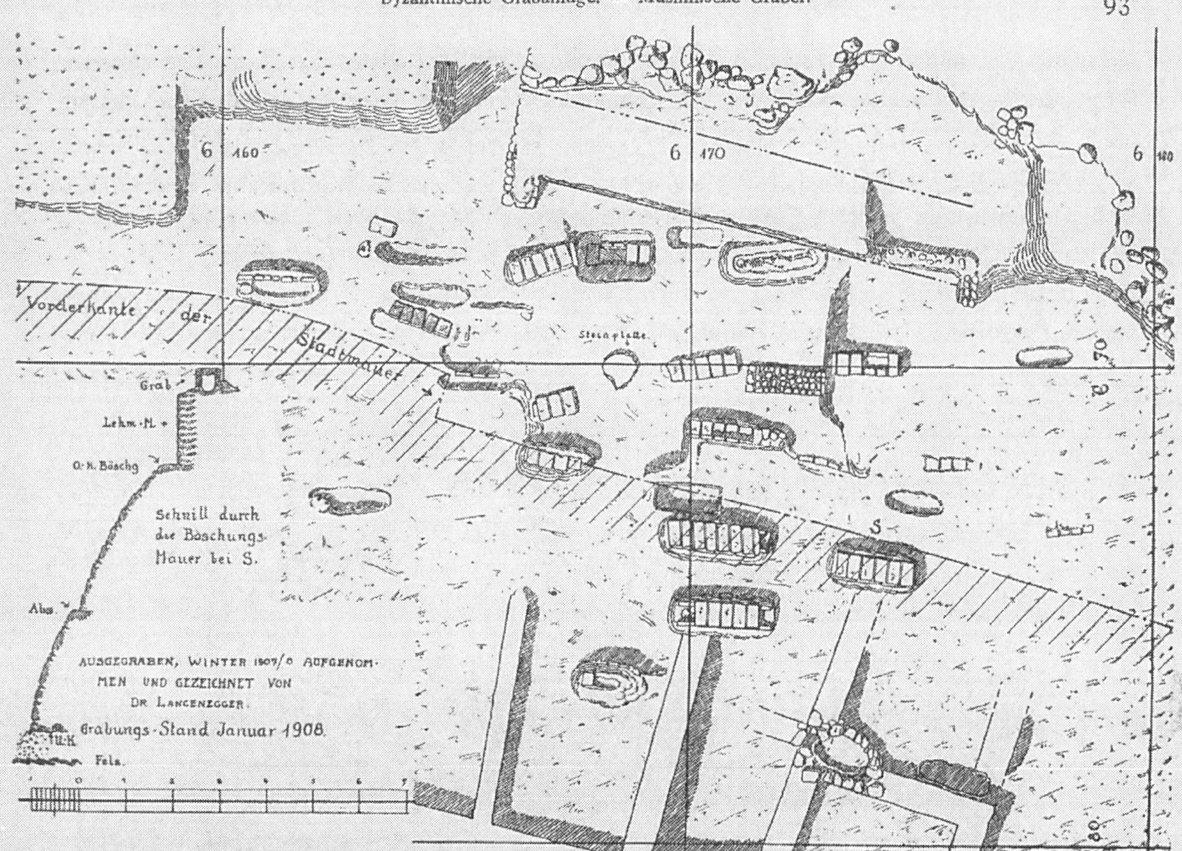

Abb. 61. Die muslimischen Gräber im Norden in C 6 über der israelitischen Stadtmauer. Aufgen. u. gez. Dr. Langenegger.

wurden 28 Gräber gezählt, die alle in der Richtung von Osten nach Westen liegen. Sie sind zum Teil unmittelbar auf das zerstörte Ziegelwerk der Stadtmauer oder in die Fundamente der Häuser der spätjüdischen Schicht hineingebaut, in 0,50—1 m Tiefe unter der natürlichen Oberfläche (vgl. Abb. 61). Die in den Gräbern bestatteten Toten liegen regelmäßig mit dem Kopfe gegen Westen auf der rechten Seite und das Gesicht nach Süden, nach Mekka zu, gewandt. Die Lage der Leichen, die der heutigen muslimischen Sitte entspricht, macht es zweifellos, daß es sich hier um muslimische Bestattungen handelt. Den Toten waren keinerlei Beigaben mitgegeben. Die Anlage der Gräber selbst ist folgende: Man hat zunächst in den Boden oder in das antike Ziegelmauerwerk eine flache, kaum 5 bis 10 cm tiefe und etwa 25 cm breite Mulde eingegraben und darin die Leiche niedergelegt. Darüber wurde dann ein Aufbau aus Lehmziegeln von 0,54×0,26×0,11 m Größe errichtet. Zwei Reihen von hochkant gestellten Ziegeln umgeben zu beiden Seiten die Grube; darüber ruhen in der Querrichtung zur Grube flache Deckziegel von gleicher Größe, die nach beiden Seiten etwas über die unteren Ziegel vorkragen. Eine Art

Abb. 62. Muslimisches Grab im Norden in C 6.

Verband ist dadurch hergestellt, daß jeder zweite Deckziegel über eine Fuge der unteren Ziegel zu liegen kommt. Stirn- und Fußende des Grabes sind bisweilen, aber nicht immer, noch durch hochkant gestellte Ziegel geschlossen. Zu einem Grabe sind je nach der Größe des Bestatteten 3 bis 8 Querziegel und $7^1/_2$ bis $8^2/_3$ seitliche Langziegel verwendet (vgl. Abb. 62). Neben diesem gewöhnlichen Typus treten vereinzelt noch ein paar andere Formen auf. So ist eine Grube oben mit einer einfachen Lage von Bruchsteinen eingedeckt, wie dies noch heute im Orient gebräuchlich ist, eine andere scheint mit dachförmig gegeneinander gestellten Deckziegeln geschlossen gewesen zu sein. Ein Kindergrab ist erst in der Tiefe eines

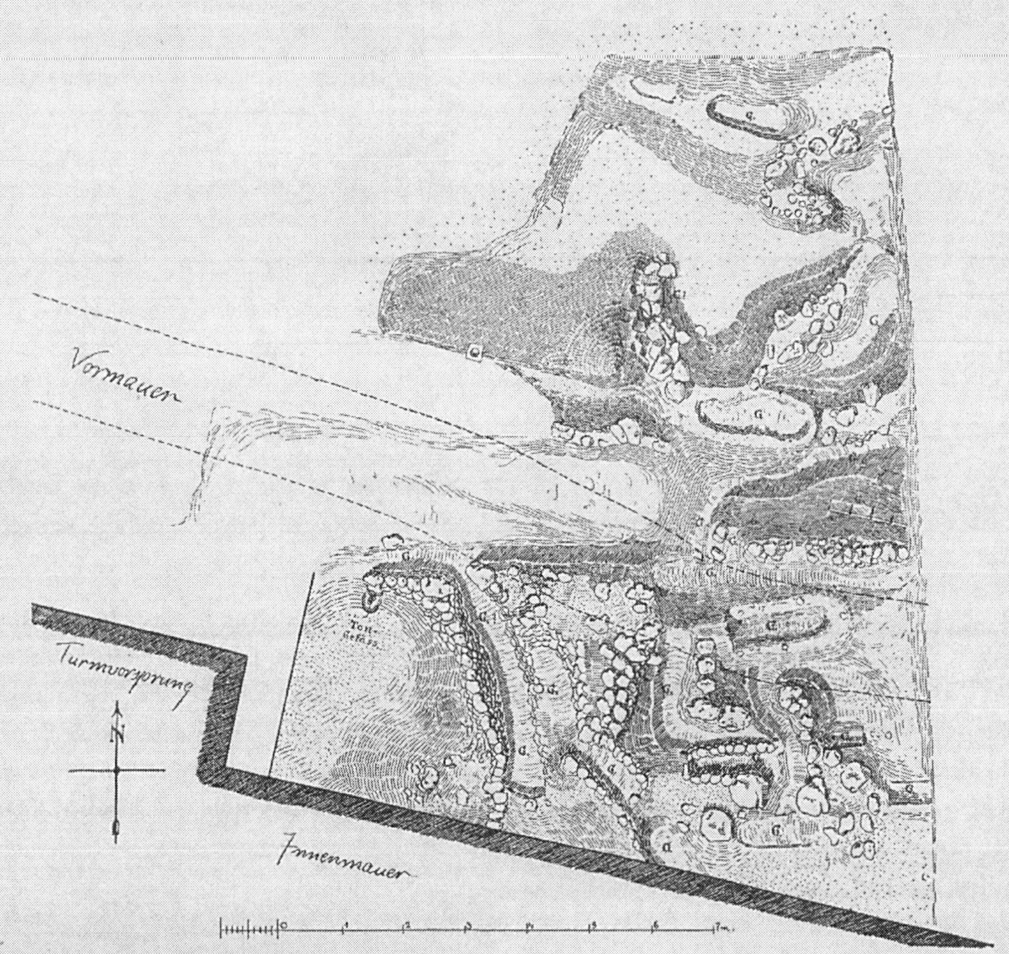

Abb. 63. Muslimische Gräber vor der kanaanitischen Stadtmauer in D 6. Aufgen. u. gez. Dr. Langenegger.

in den Schutt getriebenen, rechteckigen Schachtes angelegt worden, ein zweites besteht aus einer ovalen, mit Bruchsteinen umstellten Grube; die Steine sind dem antiken Mauersockel, in den die Leiche gebettet ist, entnommen. Nach der Herstellung des Grabbaues hat man Erde darüber geschüttet, die durch die Ritzen zwischen den Ziegeln einsickerte und die Toten bald mit einer Hülle umgab. Einige Leichen sind auch einfach ohne Bedeckung in einer Mulde in der Erde verscharrt.

Von dieser im ganzen einheitlichen Anlage unterscheiden sich die Gräber über der kanaanitischen Vormauer schon durch ihre größere Regellosigkeit (vgl. Abb. 63).

Sie haben sich auch hier auf die Vormauer gesetzt und in spätantikes Mauerwerk eingedrängt. Dabei ist keine genaue Orientierung von Osten nach Westen festgehalten; auch liegen die Bestattungen nicht in einer gleichen Schicht wie im Norden, sondern vielfach übereinander und kreuzen sich. Dazu ist die Erhaltung der Grabanlagen selber weniger gut als im Norden. Die Technik ist hier gewöhnlich die, daß über der Mulde, in die der Tote gebettet ist, ein satteldachförmiger Aufbau aus Ziegeln errichtet wird. Ziegel von 0,38 bis 0,39 × 0,43 bis 0,44 × 0,09 m Größe sind mit der Langseite auf die Ränder der Mulde aufgesetzt und stoßen oben etwa über der Mitte der Mulde aneinander. Bisweilen sind um den oberen Rand der Mulde als Widerlager für die Ziegel Bruchsteine von Kopfgröße herumgelegt (vgl. Abb. 64). Dabei sind vielfach Steine von antikem Mauerwerk, zum Teil von beträchtlicher Größe, verwendet.

Manche Gräber bestehen auch hier nur aus einfachen Gruben, die von Bruchsteinen umstellt sind, und dann, wie die Ziegelgräber, mit Erde zugeschüttet wurden. Bei einigen

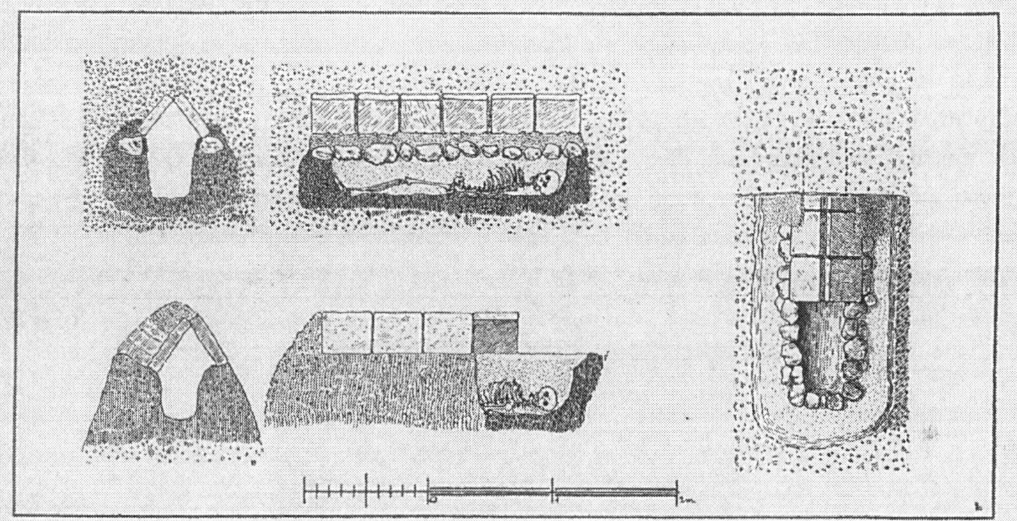

Abb. 64. Ansichten und Schnitte eines muslimischen Grabes in D 6, gez. Dr. Langenegger.

ist, wie im Norden, der Tote ohne irgend eine Bezeichnung der Grabstätte im Schutt verscharrt. Dagegen fehlen hier völlig die Gräber mit flacher Ziegeldeckung. Der Unterschied der beiden Friedhöfe wird weniger ein zeitlicher als ein sozialer sein; es werden Leute der ärmeren Klasse sein, die hier an der Hügelschräge ihre letzte Ruhe gefunden haben. Irgendwelche Beigaben sind auch hier den Toten nicht mitgegeben worden.

Die Zeit, in der diese Friedhöfe angelegt worden sind, ist schwer zu bestimmen. Sie werden aber wohl neuerer Zeit angehören, als vielleicht einmal eine kleine Fellachensiedlung in der Nähe der Quelle bestand, deren Bewohner später nach dem heutigen Eriha übergesiedelt oder ausgestorben sind.

Abweichend von diesen beiden Gräbergruppen sind Einzelbestattungen, von denen eine auf dem Quellhügel, andere im Süden zutage kamen. In den byzantinischen Vorratsbehälter auf dem Quellhügel (vgl. Tafel IV) in H 5 zwischen den jüdischen Häusern III und V ist von Osten her ein Grab hineingelegt, das rings von Bruchsteinen umstellt und mit flachen Steinplatten zugedeckt war, von denen noch vier erhalten waren. Bei der ganz zerstörten

Leiche lagen ein glatter eiserner Ring und ein Ring aus Bronze mit einer ovalen, an beiden Seiten in der Mitte etwas eingezogenen Platte. Darnach handelt es sich hier wohl um die Leiche einer Frau.

Auf der nördlichen Kuppe des Südhügels in J 4 kamen gleich unter der Oberfläche entsprechende Bestattungen zutage. Die Gruben waren mit Bruchsteinen umstellt und zum Teil flach mit Platten zugedeckt, die man den Fußböden der in der Nähe liegenden byzantinischen Häuser entnommen hatte. In einem Grabe fanden sich als Beigaben ein glatter Bronzering und ein schlecht versilbertes, an der einen Seite offenes Bronzearmband mit drei aufgesetzten runden Scheiben, das mit Armbändern, wie sie noch heute die Beduinenfrauen tragen, völlig übereinstimmt. Auch diese Gräber werden aus nicht viel anderer Zeit stammen wie die bisher beschriebenen.

Ein Kindergrab im Südschnitt (vgl. oben S. 43 Abb. 21 und Abb. 65), das gleich unter der Oberfläche zutage kam, war von Osten nach Westen orientiert, der Kopf des Kindes lag auf der Seite und war nach Süden gewandt. Als einzige Beigabe befand sich dabei der mittlere Teil einer arabischen, blaugrün glasierten Lampe von der Art der Rakkalampen. Für die Herstellung des Grabes selbst waren wieder byzantinische, bearbeitete Steinplatten, die zum Teil noch ihren Verputz trugen, verwandt; zwei waren der Länge nach an die Langseiten und eine größere und eine kleinere, diese über dem Kopfende, darüber gelegt. Diese Bestattung ist wohl die einzige, die für älter arabisch angesehen werden darf. Dafür sprechen auch die Funde arabischer Vasenscherben, die nur in dieser Gegend reichlicher gemacht worden sind.

Abb. 65. Arabisches Kindergrab im Südschnitt.

III. Die Funde.

(Von Carl Watzinger)

A. Vorisraelitische Periode (Schicht 1, 2, 3).

I. Keramik.

Kanaanitische Tongefäße.

A. Große Vorratsgefäße

aus grobem, brüchigem, stark mit Kieseln versetztem Ton. Folgende Typen kommen vor (Blatt 20):

1. Henkelloser Pithos, sog. hole-mouth. Höhe 0,57 m, Durchmesser der Öffnung oben 0,21 m. Grober roter Ton mit groben Kieselbeimengungen, außen schwarz verbrannt. Die Lippe verstärkt sich innen zu einem plastischen Ring. — Vgl. die bei Flinders Petrie, Tell el Hesy Tafel 5 unten 48—50 abgebildeten Randfragmente und den oberen Teil eines solchen Gefäßes: Bliss-Macalister, Excavations in Palestine Taf. 23, 3.

2. Amphora mit zwei plastisch aufgesetzten Bändern mit Fingereindrücken um den Körper. Höhe 0,77 m und 0,44 m. — Vgl. die Amphora entsprechender Form, aber ohne die Bänder, bei Bliss-Macalister, Excavations Taf. 23, 1 und die Amphoren: Sellin, Tell Ta'annek S. 79 Fig. 109; Macalister, Excavation of Gezer II S. 137 Fig. 307.

3. Amphora mit zwei Handgriffen mit umgeklappten Rändern etwas unterhalb der breitesten Ausdehnung des Körpers. Enge Mündung, niedriger Hals. Zwei Formen: a) breit und bauchig, mit breitem Fuß, sich wenig nach unten verjüngend. Höhe 0,47 und 0,45 m. b) schlank, nach unten sich verjüngend. Höhe 0,40 m.

4. Drei 0,8—1 cm dicke Fragmente von einem dickwandigen Vorratsgefäß, das mit 2 cm breiten Streifen von in flachem Relief eingedrückten Tieren verziert war. Auf

Abb. 66. Relieffragmente A, 4. 2/3 nat. Gr.

den erhaltenen Stücken waren abwechselnd Löwen und Steinböcke aus einem gemeinsamen Stempel mit einem erhabenen Rand oben und unten in den weichen Ton eingepreßt. Nach dem Fehlen jeder deutlichen Trennung zwischen den einzelnen Gruppen ist offenbar ein rotierender Stempel benutzt (Abb. 66).

B. Gefäße ohne Dekoration.

1. Napf mit breitem Bauchfuß und etwas nach außen gebogener Lippe. Höhe 0,11 m ohne Henkel (Blatt 21). Die gleiche Form tritt auf a) mit einer Schnuröse etwas oberhalb der stärksten Ausladung des Bauches (Abb. 67) und b) mit einem unförmlichen, plumpen seitlichen Ausguß, Höhe 0,17 (Blatt 21). Ein Fragment c (Abb. 68) scheint mit einem plastisch aufgesetzten Tierkopf mit großen, geschwungenen Hörnern, dessen Schnauze weggebrochen ist, verziert gewesen zu sein.

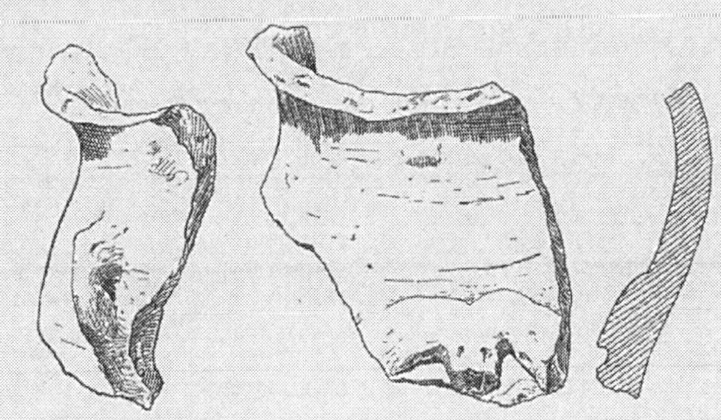

Abb. 67. B, 1 a. 1/2 nat. Gr. Abb. 68. B, 1 c. 1/2 nat. Gr.

2. Kännchen mit Ohrhenkel; Körper mehr oval (a) oder kugelig (b) (Blatt 20). In dem Exemplar 2b fanden sich die unten S. 121 beschriebenen Perlen und das Amulett. — Vgl. die ähnliche Form: Bliss-Macalister, Excavations Taf. 24, 17.

3. Kännchen bauchiger Form mit eingezogenem, spitzem Fuß. Höhe 0,105 m, brüchiger, roter Ton. Henkel und Mündung abgebrochen (Blatt 21). Vgl. Nr. E, 3 auf Blatt 21.

4. Amphoriskos mit zwei Schnurösen auf der Schulter und Bauchfuß. Form oval (a) oder fast kugelig (b) (Blatt 20). — Vgl. das bei Schumacher, Tell el-Mutesellim S. 79 Abb. 106 wiedergegebene Exemplar ähnlicher Form.

5. Miniaturamphora mit zwei kleinen Ohrhenkeln, breiter Mündung und Bauchfuß (Blatt 20). — Vgl. die ganz entsprechende große Amphora aus Gezer: Macalister, Excavation of Gezer II S. 132 Fig. 302.

6. Birnförmiger Amphoriskos mit zwei Schnurösen am Ansatz des Halses (Blatt 20) a) mit trichterförmiger Mündung, b) mit zylindrischer Mündung. — Ein Miniaturamphoriskos gleicher Art hat eine Höhe von nur 0,02 m. — Vgl. Bliss-Macalister, Excavations Taf. 24, 18.

7. Tiefe Schale, ein Fragment (a) · (Abb. 69) zeigt nach dem Rande zu zwei lange Schnurösen nebeneinander, ein anderes (b) (Abb. 70) dickwandigeres, hat einen senkrechten Ösenhenkel.

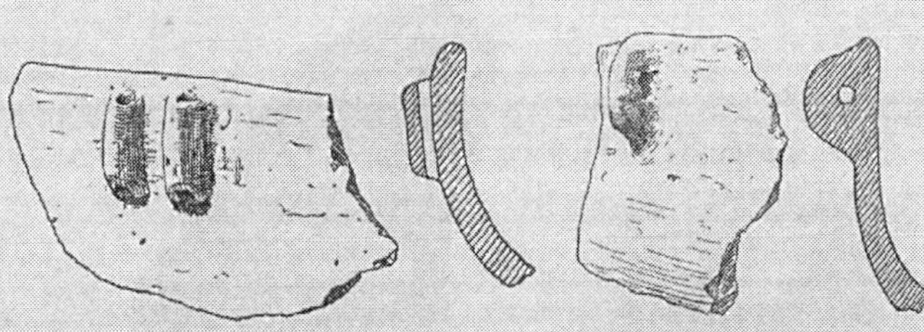

Abb. 69. B, 7 a. 1/2 nat. Gr. Abb. 70. B, 7 b. 1/3 nat. Gr.

8. Fragment eines bauchigen Gefäßes; am Rand eine wagerechte Wulst, die von mindestens zwei Schnurösen durchbohrt war (Abb. 71).

9. Kugeliger Napf, Randfragment. An der Seite eine breite Ausgußöffnung, darüber umlaufend ein plastisches flaches Band mit Fingereindrücken (Abb. 72).

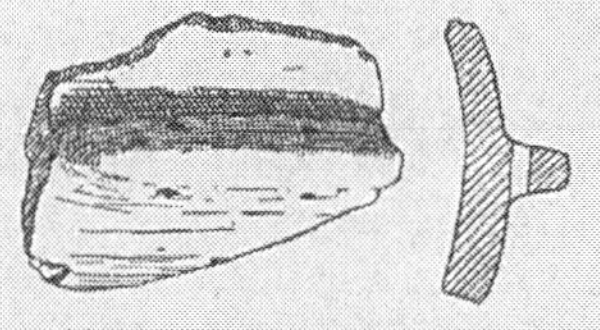
Abb. 71. B, 8. $^1/_3$ nat. Gr.

10. Napffragment, mit nach innen umgebogener Lippe und stumpfem, nach oben sich aufbiegendem Handgriff (Abb. 73).

11. Fragment der Wandung eines größeren Gefäßes mit einer dicken, eckigen Schnuröse (Abb. 75).

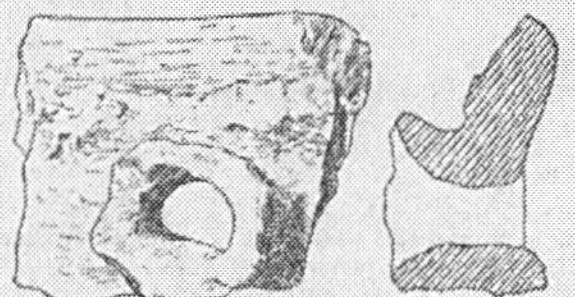
Abb. 72. B, 9. $^1/_3$ nat. Gr.

12. Fragment der Wandung eines großen Gefäßes mit Handgriff in Form eines Tierkopfes, wohl eines Stieres, von dem der untere Teil und die Hörner weggebrochen sind (Abb. 77).

13. Mündungsfragmente großer Amphoren mit abgesetztem Hals; auf der Schulter sitzen eine Reihe von geraden Stützen (3 oder 4?), die durch einen flachen Steg mit dem Rand der Mündung verbunden sind (Abb. 76).

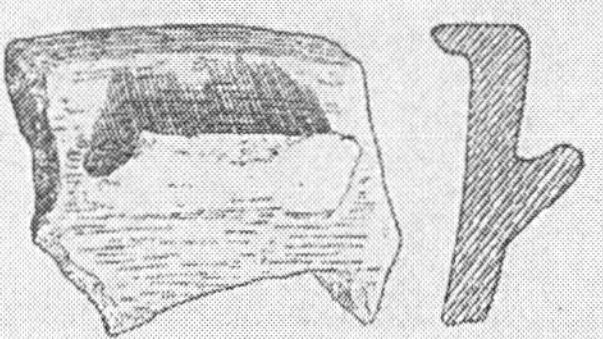
Abb. 73. B, 10. $^1/_3$ nat. Gr.

14. Kugeliges, henkelloses Gefäß, Höhe 0,11 m, mit schmalem niedrigen Hals, der durch einen Lehmpfropfen verschlossen war (Abb. 74). — Gefunden in einer Höhlung an der Innenseite der kanaanitischen Stadtmauer im großen West-Ost-Schnitt. Der innere Hohlraum enthielt Ocker von gelbgrüner Farbe in Pulverform (nach Bestimmung von Herrn Professor Rathgen).

Abb. 74. B, 14.

Abb. 75. B, 11. $^1/_3$ nat. Gr.

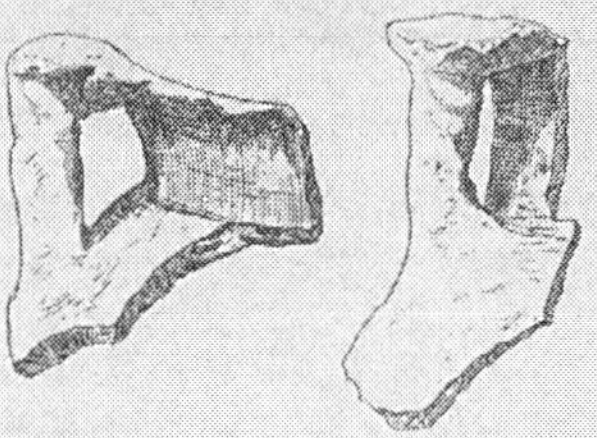
Abb. 76. B, 13. $^1/_3$ nat. Gr.

Abb. 77. B, 12. $^1/_3$ nat. Gr.

C. Gefäße mit eingeritzter Dekoration.

1. Großes bauchiges Gefäß der Form Nr. A, 3 mit breitem Fuß, zwei unter der größten Schwellung des Bauches sitzenden Handgriffen mit umgeklappten Rändern und einem Halshenkel: Form der griechischen Hydria. Um den unteren Teil des Bauches läuft eine eingravierte Verzierung in Nachahmung von sieben unregelmäßig umgelegten Schnüren, um die Schulter eine Reihe von schrägen, tiefen Einkerbungen. Unter dem Halsansatz vorn zwei plastisch aufgesetzte Tonwarzen. Höhe 0,49 m. (Blatt 21).

2. Kugeliger Napf, Randfragment; die Lippe etwas verdickt, oben tief eingeritztes Grätenmuster (Abb. 78).

Abb. 78. C, 2. $^1/_2$ nat. Gr.

Abb. 79. C, 3. $^1/_3$ nat. Gr.

3. Randfragment eines dickwandigen Napfes(?); oben grätenartig angeordnete unregelmäßige Kerben (Abb. 79).

D. Gefäße mit mattem Farbüberzug und Mattmalerei.

Abb. 80. D, 1. ⅓ nat. Gr.

1. Große Amphora wie Nr. A, 2; Randfragment mit einem plastischen, kräftigen Strickornament auf der Schulter, weißer Überzug in Spuren erhalten (Abb. 80). — Vgl. das ganz erhaltene Gefäß aus Tell el Hesy: Bliss, a mound of many cities Taf. III Nr. 92.

2. Henkelloser Pithos, sog. hole-mouth wie Nr. A, 1, mit weißem Überzug, darauf aufgemalt von der Mündung zum Fuße verlaufende orangegelbe Streifen. Um die Lippe außen ein plastisches, flaches Band mit Fingereindrücken. — Vgl. die Fragmente bei Sellin, Tell Ta'annek Taf. I l, n.

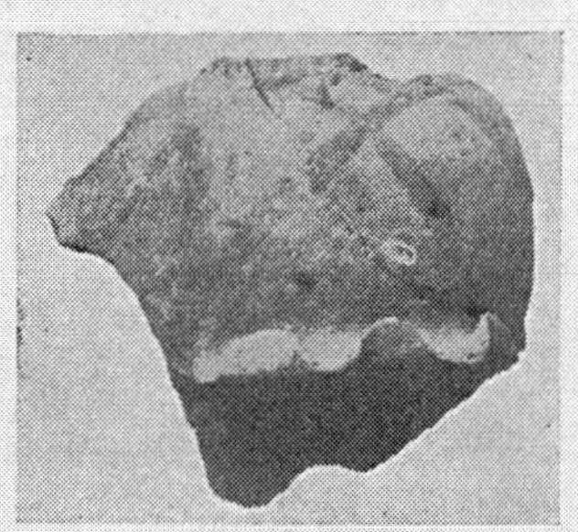

Abb. 81. D, 3.

3. Fragment einer halslosen Amphora mit seitlichen Handgriffen. Auf der Schulter sich kreuzende rotbraune Streifen, auf der Lippe eine Reihe von flachen Einkerbungen (Abb. 81). Das Fragment einer anderen zeigt weißen Überzug und über und unter dem Henkel sich kreuzende, schräge rote Streifen (Abb. 82).

4. Napf kugliger Form mit seitlicher Ausgußöffnung. Von der oberen runden halslosen Mündung laufen rotbraune Streifen abwärts. Andere Fragmente zeigen abwechselnd schräge und senkrechte parallele Streifen; auch die matte Farbe wechselt zwischen gelbrot und braunrot (Blatt 21). — Vgl. solche Näpfe aus Gezer: Macalister, Excavation of Gezer II S. 152 f. Fig. 315 und 316, 3 (dort zur ‚first semitic period' gerechnet).

Abb. 82. D, 3.

5. Birnförmiger Amphoriskos wie Nr. B, 6; mit zwei Schnurösen am Ansatz des Halses; Höhe 0,085 m. Der Körper ist mit einem Netz schräger, sich kreuzender Streifen in mattgrünbrauner Farbe verziert (Blatt 21 und Abb. 83). — Vgl. die gleichen Amphoriskoi aus Gezer: Macalister, Excavation of Gezer I S. 108 fig. 37 (Grotte 19 I); III Taf. XXVIII 4 (Grotte 27 I).

6. Kännchen mit Bauchfuß von schlanker Form mit einfachem Henkel. Der Körper ist wie bei D, 5 mit einem Netz schräger, sich kreuzender Linien in braungrüner Farbe verziert.

Abb. 83. D, 5.

E. Gefäße mit braunem oder rotem Überzug und Politur der Oberfläche.

1. Schlanke Kanne mit langem, eingezogenem Bauchfuß, flachem, steil abfallendem Bandhenkel und zwei seitlichen Wülsten (Rudimente von Armen?). Höhe 0,25 m. Hellbrauner, polierter Überzug (Blatt 21).

2. Kleine, bauchige Kanne, die sich stark nach unten verjüngt und in ein stumpfes Ende ausläuft. Höhe 0,08 m. Auf der Brust vorn zwei kleine plastische Tonwarzen, an den Seiten zwei Wülste wie Armstümpfe. Roter, polierter Überzug (Blatt 21).

3. Schlanke Kanne, Höhe 0,14 m. Der Körper verjüngt sich nach unten und läuft in einen stumpfen Bauchfuß aus; roter polierter Überzug (Blatt 21).

4. Kleine Kanne mit kurzem Hals, enger Mündung und spitzem Bauchfuß; roter, polierter Überzug.

a) bauchig-eiförmig, Höhe 0,08—0,10 m (Blatt 21, Abb. 84).

b) kreiselförmig mit eingezogenem Bauchfuß. Höhe 0,08 m. Henkel und Mündung weggebrochen (Blatt 22).

c) kegelförmig mit kurzer Schulter. Höhe 0,065 m (Blatt 21 und 22).

Abb. 84. E, 4 a.

5. Kleine, bauchige Kanne mit eingezogenem Bauchfuß, kurzem Hals und nach außen umgebogener Lippe. Höhe 0,105 m. Roter Überzug mit Spuren von Politur (Blatt 22).

6. Kleine schlanke Kanne mit geradem Bauchfuß. Höhe 0,13 m. Henkel und Mündung weggebrochen. Brauner, polierter Überzug (Abb. 85).

Abb. 85. E, 6.

7. Bauchige Kanne mit breitem Bauchfuß. Hals und Schulter gehen ineinander über; der Henkel setzt unterhalb der Mündung an. Höhe 0,13 m. Roter, polierter Überzug. (Blatt 22).

8. Kugeliges Gefäß mit langem, zylindrischem Bauchfuß. Von dem Henkel sind nur die Ansätze erhalten, die eher zu einem Bügelhenkel als zu zwei Halshenkeln zu ergänzen sind. Höhe 0,175 m. Dunkelrote Politur (Blatt 21).

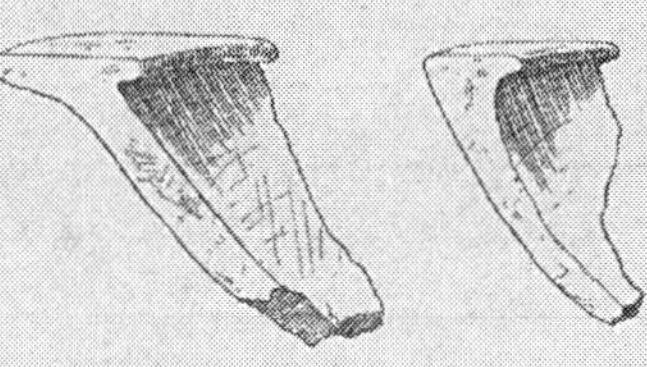

Abb. 86. E, 10. ⅓ nat. Gr.

Von Gefäßen gleicher Form ist häufig nur der langgezogene zylindrische Fuß gefunden.

9. Amphoriskos mit Bauchfuß und zwei Schnurösen auf der Schulter, Form ähnlich Nr. B, 4 a, aber mit allmählichem Übergang vom Hals zur Schulter. Roter, polierter Überzug.

10. Tiefe dickwandige Schale (Abb. 86). Oberfläche der Lippe und Innenseite dunkelrot gefärbt und poliert. Der Rand zeigt zwei verschiedene Typen. Sehr häufige Form, stets nur Randstücke gefunden. — Vgl. die Profile: Petrie, Tell el Hesy Tafel VI oben und das Fragment S. 50 unten; Schumacher, Tell el-Mutesellim S. 79 Fig. 107.

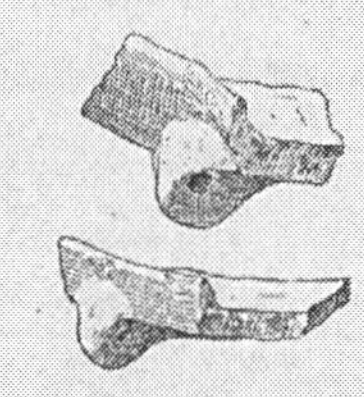

Abb. 87. E, 11. ⅓ nat. Gr.

11. Flache Schale mit einfach aufgebogenem Rand und einer dicken Schnuröse zum Aufhängen. Mit rotem, poliertem Überzug innen und außen (Abb. 87).

12. Kugeliger Napf mit großer seitlicher Ausgußöffnung, um die sich oben eine Wulst mit Einkerbungen legt; um den Rand ebenfalls eine Reihe von Kerben. Spuren roten, polierten Überzugs (Abb. 88).

13. Napf der Form Nr. B, 1. Innen ganz rot, außen nur am oberen Rand rot poliert. Randfragment.

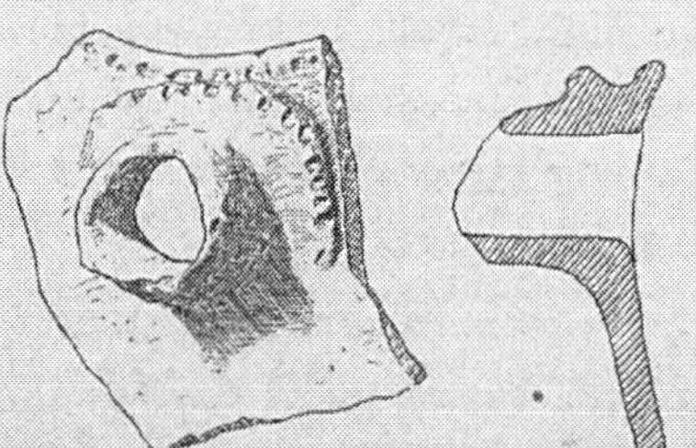

Abb. 88. E, 12. ⅓ nat. Gr.

14. Fragment vom Boden eines großen Gefäßes mit dem Anfang des Standringes und der aufsteigenden Wandung; vorn umlaufende Fingereindrücke. Dunkelroter polierter Überzug (Abb. 89).

Abb. 89. E, 14. ⅓ nat. Gr.

Abb. 90. E, 15.

15. Fragment eines größeren Gefäßes, ähnlich Nr. C, 2 und 3 aus grobem Ton mit rotem Überzug und kräftig eingeritztem Grätenmuster (Abb. 90).

F. Gefäße mit Mattmalerei und Politur.

1. Tiefe Schalen aus hellem, gelblichem bis rotem Ton mit einer Schnuröse am oberen Rand. Der Rand ist stets außen und innen mit einem Farbstreifen umzogen. Die Dekoration besteht in hängenden, mit den oberen Spitzen verschwimmenden Dreiecken in mehreren Reihen, oder in Zickzackstreifen, die halb mit Farbe gefüllt sind, halb aus parallelen Linien sich zusammensetzen. Mit der mattgemalten Dekoration zusammen wird das ganze Gefäß poliert. Nur wenige Fragmente gefunden (Blatt 22).

2. Tiefe Schale mit abgesetztem breitem Rand, Fragmente; die Dekoration, Querstreifen und Zickzack ist aus dem roten Überzug ausgespart, das ganze Gefäß dann poliert (Blatt 21).

3. Bauchige Gefäße mit einem (oder zwei?) kleinen Henkeln an dem Übergang vom Hals zum Körper. Fragmente. Das eine zeigt einen schokoladebraunen, polierten Überzug, aus dem ein heller Streifen des Tongrundes auf der Schulter und unter dem Henkel ausgespart ist; das andere zeigt aus dem roten, polierten Überzug an derselben Stelle einen hellen Streifen ausgespart, der mit einem tief eingeritzten Grätenmuster verziert ist (Blatt 21).

4. Fragment eines größeren Gefäßes mit rotem Überzug und Politur; darauf ist ein geritztes Zickzackband ausgespart, das mit parallelen Ritzlinien ausgefüllt ist (Blatt 21).

Als Flinders Petrie im Jahre 1891 in der Veröffentlichung seiner Funde aus Tell el Hesy den ersten Versuch einer Gruppierung der Vasengattungen Palästinas unternahm, stand ihm für die vorisraelitische Zeit nur ein recht geringfügiges Material zu Gebote. Auch die Ergebnisse der Ausgrabungen von Bliss und Macalister von 1898—1900 haben das Bild dieser Periode nicht wesentlich vervollständigt, da aus den ältesten Schichten nur vereinzelte ganz erhaltene Gefäße zutage kamen. Immerhin bestätigten sie den Schluß, zu dem bereits Petrie auf Grund seiner spärlichen Funde gelangt war, daß dieser ältesten, von ihm als amoritisch bezeichneten Gattung ein selbständiger Platz in der Geschichte der Keramik gebührt[1]. Wertvolle Aufschlüsse ergaben erst die reichen Vasenfunde dieser Zeit aus Gezer, die Macalister, Excavation of Gezer II S. 132 ff. zusammenfassend besprochen hat. Im Verein mit diesen gestatten die Funde aus Jericho, jetzt die historische Stellung dieser ältesten Gattung genauer zu formulieren, das bisher gewonnene Bild durch Einzelzüge zu bereichern und zu verdeutlichen.

Ihren feinsten und vorgeschrittensten Erzeugnissen nach steht die oben zusammengefaßte Vasengruppe auf der Stufe der Keramik, die für die frühe Bronzezeit, das Ende

1) Vgl. auch Vincent, Canaan d'après l'exploration récente S. 305 ff.

des III. und die erste Hälfte des II. Jahrtausends, im Gebiet des ägäischen Meeres bezeichnend ist. Die Dekoration mit matter Farbe auf einem hellen Untergrund und die Politur der rot oder braun überzogenen Oberfläche haben in der vorgriechischen Keramik von Melos und Thera ihre nächsten Analogien; die eigentümliche Art, die auf hellem Tongrund aufgemalten mattfarbigen Ornamente zu polieren und ihnen damit einen firnißähnlichen Glanz zu verleihen, findet sich auf dem griechischen Festland, in Thessalien und Böotien, wieder. Damit ist zugleich der äußerste Grad der Entwicklung, den die kanaanitische Keramik überhaupt erreicht hat, bezeichnet. Denn alle übrigen Erscheinungen ihrer Formen und ihrer Technik verbinden sie noch aufs engste mit der Steinzeit.

Sämtliche Gefäße sind ohne Benutzung der Töpferscheibe, nur mit der Hand hergestellt. Während man bei den kleineren Gefäßen die Oberfläche mit der Hand, vielleicht auch mit einem Stein, geebnet hat, bediente man sich zu demselben Zwecke bei vielen der großen Gefäße einer Bürste, mit der man in verschiedener Richtung auf der Außenseite des Gefäßes hinfuhr und so eine Art Muster hervorbrachte (vgl. Abb. 91 und die Fragmente Flinders Petrie, Tell el Hesy Taf. V 1—5; Sellin, Tell Ta'annek S. 41 Fig. 39). Wo ein heller Überzug vorkommt, pflegt er stets erst nach dem Kämmen und nach dem Brande aufgetragen zu werden, sodaß er abgewaschen werden kann. Auch eine orangegelbe Farbe, die (u. a. bei D, 2) in breiten Streifen auf den weißen Überzug dick aufgesetzt wird und wohl aus Ocker hergestellt ist, zeigt die gleiche Erscheinung und unterscheidet sich dadurch deutlich von den dünn aufgetragenen und beständigen Mattfarben, die zu bunter Ornamentierung auf Tongrund verwendet werden. Die Politur der rot oder schwarz gebrannten Gefäße ist oft so vorzüglich, daß die Oberfläche spiegelnden Glanz besitzt, und die Gefäße wie glasiert erscheinen, sodaß sie den besten Erzeugnissen prähistorisch ägyptischer oder altkyprischer Fabriken in keiner Weise nachstehen.

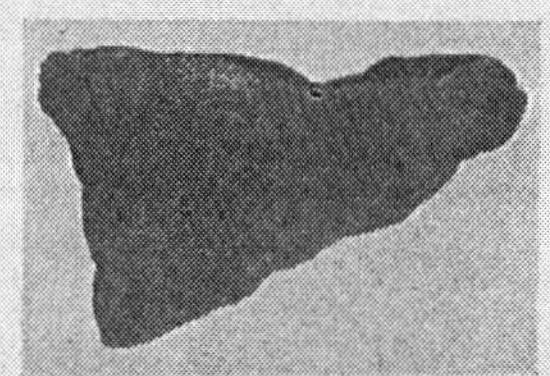

Abb. 91. Wandfragment eines großen Gefäßes.

Von Henkelformen erscheint bereits neben der typisch steinzeitlichen Schnuröse der ausgebildete Bandhenkel. Auffallend ist die Vervielfachung der Schnurösen bei Nr. B, 6a und 7, wobei entweder zwei Ösen neben einander gesetzt werden oder eine Wulst zwei oder mehr senkrechte Durchbohrungen erhält. Diese Erscheinung tritt ganz vereinzelt in der I. Schicht Trojas auf (vgl. H. Schmidt, Troja und Ilion S. 249 Fig. 112, 113) und ist auch sonst innerhalb der vorgriechischen Kultur des ägäischen Meeres verbreitet[1]. Sie hat die Steinzeit überdauert und findet sich noch in der älteren Bronzezeit, um dann zu verschwinden. Auch in der neolithischen Keramik Mittel- und Nordeuropas kehren dieselben Erscheinungen, zum Teil in bestimmten Gegenden, wie in Mittel- und Südfrankreich besonders beliebt und ausgebildet, wieder und dauern auch dort bis in die Bronzezeit[2]. Da auch den prähistorischen, vordynastischen Gefäßen Ägyptens die gleiche Vervielfachung der Durchbohrungen für Schnüre nicht fremd ist (vgl. Krüge aus Abusir el Meleq in Berlin), so dürfen wir darin wohl eine Bildung sehen, die allen Kulturanfängen innerhalb der antiken Welt gemeinsam ist.

---

1) Vgl. z. B. Dümmler, Athen. Mittlgn. 1886 Beil. 1 A 4; Tsuntas, Ephemeris archaiologike 1898 Taf. 9 fig. 9, 22; 1899 Taf. 8 fig. 5, 7, 8; *Αἱ προϊστορικαὶ Ἀκροπόλεις Διμηνίου καὶ Σέσκλου* Taf. 24 Nr. 4 und S. 263 fig. 171, 174, 176.

2) Vgl. die sorgfältigen Zusammenstellungen von Guébhard, Congrès préhistorique de France 4. session, Chambéry 1908 S. 737 ff.; Congrès des sociétés savantes de Provence II. session, Arles 1909 S. 5 ff. und Nachtrag, wo auch das Material aus dem Süden zum Vergleich herangezogen ist.

Eigentümlich palästinensisch sind die Handgriffe an den Seitenwänden größerer Gefäße, die nach oben umgeklappt und durch Fingereindrücke gegliedert sind (vgl. Abb. 92). Bei den großen Gefäßen kann ihr ursprünglicher Zweck nur der gewesen sein, eine Hilfe, weniger beim Emporheben, als beim Tragen auf dem Kopf zu gewähren. Sie werden dann auch bei kleineren Gefäßen, wo sie weder zum Anfassen, noch zum Halten dienen können, als Dekoration angebracht. Schon Petrie hat diese „ledge handles“ mit den gewellten Henkeln vordynastischer ägyptischer Tongefäße in Zusammenhang gebracht (vgl. auch Bliss-Macalister, Excavations S. 80), und eine äußerliche Verwandtschaft zwischen beiden ist gewiß vorhanden. Aber auch nicht mehr. Denn die ägyptische Form des wagerecht angeklebten gekräuselten Tonbandes findet sich so nie in Palästina und umgekehrt die palästinensische Form nie in Ägypten. Gegen einen Zusammenhang spricht aber vor allem, daß sich in Palästina die ganze Entwicklung dieser Henkel vom einmal oder mehrfach eingedrückten Rand zum umgebogenen und umgeklappten nachweisen läßt. Es wird sich also um eine in beiden Ländern spontan entstandene Henkelform handeln. Auch der erhebliche Zeitunterschied zwischen dem Auftreten beider verbietet, eine engere Verbindung anzunehmen; die vordynastischen Gefäße in Ägypten mit diesem Schmuck gehen nicht unter das IV. Jahrtausend herunter und so hoch hinauf wird man schwerlich die Anfänge der vorisraelitischen Keramik datieren wollen.

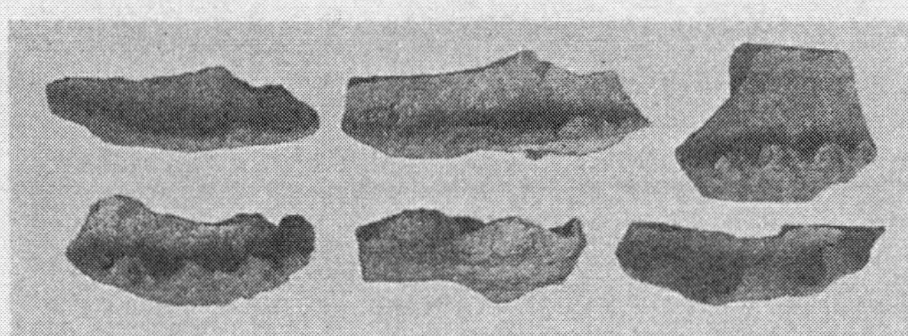

Abb. 92. Kanaanitische Gefäßhenkel.

Zu den ältesten und primitivsten Ornamentmotiven gehört die hier sehr beliebte Weise, das Gefäß mit plastischen Tonbändern zu umziehen, die durch Fingereindrücke gegliedert werden. Solcher Schmuck ist im Norden schon in der neolithischen Zeit weit verbreitet und hat sich als typische Dekoration der großen Vorratsgefäße, der Pithoi, im Gebiet des ägäischen Meeres bis in historische Zeit gehalten.

Das noch recht spärliche Material von Gefäßen und Scherben mit geritzter Ornamentik gestattet wieder Vergleiche nach dem Süden und dem Norden hin. Die Grätenmuster wie C, 2. 3; E, 16; F, 3 und die Zickzackbänder wie F, 4 gehören zum Ornamentschatz der vorgriechischen Kultur des ägäischen Meeres, besonders in Troja I, Kypros und Kreta[1] und sind ein wichtiges Bindeglied zwischen dieser und der vorisraelitischen Kultur, da in Ägypten eine gleiche Ornamentik in der ältesten Zeit fehlt und erst später, wahrscheinlich unter fremdem, ägäischem Einfluß, ausgebildet wird. Ganz vereinzelt im südlichen Gebiet ist einstweilen das Auftreten der Schnurornamentik bei der Hydria Nr. C, 1, deren Körper mit mehreren Reihen von Schnurabdrücken verziert ist. So häufig diese Dekoration am Ende der Steinzeit im Norden ist, wo sie zur Ausscheidung einer eigenen Vasengruppe und Kultur die Grundlage abgegeben hat[2], so völlig fremd ist sie dem Gebiet des ägäischen Meeres. Nur in die Bronzezeit der II. Stadt Trojas reicht die Nachwirkung dieser nordischen Kultur

1) Vgl. z. B. H. Schmidt, Troja und Ilion S. 251; Dümmler, Athen. Mittlgn. 1886 S. 209 Beil. 1 u. 2; Journal of hellenic studies 1903 Taf. 4.

2) Vgl. zusammenfassend Schliz, Der schnurkeramische Kulturkreis: Zeitschrift für Ethnologie 1906 S. 312; dazu Schumacher, Altertümer unserer heidnischen Vorzeit V S. 391 und Anm. 7.

hinein (vgl. H. Schmidt, Troja und Ilion S. 273 ff.), und aus Ägypten könnte man die in Farbe nachgeahmte Umschnürung prähistorischer Tongefäße vergleichen. Wenn wir also auch weitere Bereicherung unseres Materials abwarten müssen, so bleibt das Auftreten dieser Dekoration in noch ganz primitiver Form und in einem von ihrem nördlichen Verbreitungsgebiet weit entfernten Orte immerhin bemerkenswert.

Die Neigung zu therio- und anthropomorpher Ausgestaltung der Gefäßformen, wie sie sich in den Tierkopfhenkeln (B, 1. 12) und den aufgesetzten Brustwarzen und Armwülsten (C, 1; E, 1. 2) äußert, teilt die vorisraelitische Keramik mit der vordynastischen Ägyptens (vgl. z. B. Capart, Débuts de l'art en Égypte Abb. 91 ff.) und mit der vorgriechischen im Gebiet des ägäischen Meeres, so in Kypros, Troja und Kreta[1], während die nordeuropäische neolithische Keramik der gleichen Epoche eine solche Anknüpfung an Naturformen kaum kennt und ähnliche Bildungen nur innerhalb der Bandkeramik oder von ihr beeinflußter Vasengruppen bei sich aufnimmt.

Spärlich und sehr einfach sind die Elemente der mit einer beständigen Mattfarbe aufgemalten Ornamentik. Den wesentlichen Bestandteil bilden Streifen, die gerade von oben nach unten oder in schrägem Verlauf das Gefäß umziehen, sich kreuzende Linien, die oft wie ein Netz um die Vase gelegt sind, oder Zickzackbänder, bei denen die einzelnen Glieder abwechselnd als breite Farbfläche angelegt und in mehrere parallele Linien aufgelöst erscheinen. Bisweilen werden sie aus dem hellen Grunde ausgespart und die übrige Fläche mit roter Farbe überzogen, sodaß der ausgesparte Grund als Ornament wirkt. Diese rein lineare Ornamentik steht etwa auf der Stilstufe der Dekoration der Vasen in der älteren Kykladenkultur, wo ebenfalls ganz einfache geradlinige Ornamente mit roter Mattfarbe auf hellen Grund aufgemalt werden[2]; an einzelnen Orten, wie in Ägina, dauert diese Art der Dekoration bis in die Zeit der jüngeren Kykladenkultur, also bis gegen die Mitte des II. Jahrtausends (vgl. Stais, Ephemeris archaiologike 1895 Taf. 10 links). Weiß aufgemalte Ornamente wie in der vordynastischen Zeit in Ägypten kennt die vorisraelitische Keramik nicht. Ebensowenig lassen sich in den Formen der Vasen Beziehungen zu Ägypten feststellen. Sie sind durchaus selbständig entwickelt, und wenn man Verbindungslinien ziehen will, so kommt man wieder in das Gebiet der ägäischen Kultur, wo die großen Vorratsgefäße der jüngeren Kykladenkultur z. B. in Thera (Hiller von Gärtringen, Thera III S. 43 Fig. 32 c, d) genau die vorisraelitischen Typen, wenn auch in eleganterer Wiederholung, zeigen. Die Form der Hydria ferner gehört zu den Vasenformen, die ausschließlich im ägäischen Gebiet auftreten; das Exemplar aus Jericho steht sogar in seiner aus der Amphora entwickelten Form den späteren griechischen Hydrien näher als die troischen und mykenischen Vorstufen (vgl. über diese Fölzer, Die Hydria S. 26 ff.). Auch die großen kretischen Pithoi sind nicht nur in ihrer Form, sondern auch in der Vervielfachung der Henkel (vgl. Macalister, Excavation of Gezer II S. 133/4) den kanaanitischen nächstverwandt.

Die kleinen kugeligen oder schlauchförmigen Amphoriskoi (B, 6; D, 5), die als Vorstufe der Pilgerflasche bezeichnet werden können, sind von Macalister, Excavation of Gezer II S. 142 (q) in die „first semitic period" in Gezer eingeordnet, während nach den Funden in

1) Vgl. z. B. Cesnola, Cypern Taf. 15; H. Schmidt, Troja und Ilion S. 255 f. u. 272 f. Beil. 40; Mosso, Monumenti antichi 19 (1908) S. 174.

2) Vgl. z. B. Mosso, Monumenti antichi 19 (1908) Taf. II, aus Kreta; Tsuntas, Ephemeris archaiologike 1899 Taf. VIII, von den Kykladen. Zur Datierung vgl. Reisinger, Kretische Vasenmalerei S. 35 f.

Jericho an ihrer Gleichzeitigkeit mit den übrigen sicher kanaanitischen Vasen kein Zweifel bestehen kann[1]. Es ist daher auch ausgeschlossen, sie etwa von kyprischen Vorbildern abzuleiten, wie es bei einer jüngeren Ansetzung möglich wäre. In der kyprischen Sammlung des Britischen Museums befinden sich nämlich kleine Amphoriskoi ganz ähnlicher Form, die auf hellem Tongrund oder auf weißer Engobe mit sich kreuzenden parallelen Linien und mit Strichen gefüllten Dreiecken in rötlicher oder lilabrauner Farbe bemalt sind[2]. Da die kyprischen Väschen nach ihrer Technik in die erste Hälfte des II. Jahrtausends gehören werden, liegt eher die umgekehrte Möglichkeit einer Abhängigkeit von den kanaanitischen Vasen vor. Doch ist auch eine solche wahrscheinlich abzulehnen, da sich die Form des Amphoriskos mit Schnurösen jetzt bis in die vordynastische ägyptische Keramik zurückverfolgen läßt. In einem, wie mir Möller mitteilt, spätprähistorischen Grabe in Abusir el-meleq (vgl. M. D. O.-G. 34 S. 9 Abb. 7) ist ein kugeliger Amphoriskos mit rotbrauner Streifenbemalung und Schnurösen auf der Schulter gefunden, der sicher ägyptischen Ursprungs ist und also ein mehr als 1000 Jahre früheres Auftreten dieser Form in Ägypten beweist. Aber da seine Form mit den kanaanitischen Amphoriskoi nicht genau übereinstimmt, so ist auch eine Abhängigkeit von Ägypten bei diesen unwahrscheinlich.

Ohne Analogien in Palästina stehen bis jetzt die Fragmente von Pithoi mit Verzierung durch Tierfriese in Relief (A, 4). Diese Dekoration ist aus dem Gebiet des ägäischen Meeres und besonders aus Kreta wohlbekannt und dort in ihrer ganzen Entwicklung vom geometrischen zum orientalisierenden Stil zu verfolgen[3]. Was aber von ähnlichen Tierfriesen dort vorkommt, zeigt stilistisch ein ganz abweichendes Gepräge und ist um fast ein Jahrtausend jünger (vgl. z. B. den von einem Hund verfolgten Steinbock a. a. O. Taf. 14 Abb. 12). Eher lassen sich die Tiere auf hethitischen Reliefs vergleichen, besonders in der Form des Löwenkopfes und in der breiten, plumpen Bildung der Beine (vgl. z. B. Perrot, Exploration archéologique de Galatie Taf. 32), die wieder auf mesopotamische Kunst als ihre Vorbilder zurückweisen. Es wird sich also hierbei um eine noch nicht ausreichend bekannte altorientalische Verzierungsweise handeln, mit der das Aufkommen gleichartiger Dekoration auf griechischem Boden gewiß in einem Zusammenhang steht, ohne daß sich bisher aber sichere Verbindungslinien ziehen lassen.

Die Charakteristik der hier als Einheit zusammengefaßten, älteren vorisraelitischen Keramik und die angeführten Vergleiche lehren, daß in dieser Gattung sich Erscheinungen der Steinzeit mit den Fortschritten der frühen Bronzezeit verbinden, daß sie mithin einen längeren Zeitraum umfaßt. Innerhalb dieser Einheit noch weitere Gliederung vorzunehmen und damit einzelne Stufen der Entwicklung aufzuweisen, ist noch nicht möglich. Wichtig aber ist die Beobachtung, daß in den Häusern unter der Ansiedlung, die zur großen Ziegelbefestigung gehört, und über deren Sockel im Norden diese Festung hinweggebaut ist, (vgl. oben S. 34) sich genau die gleiche Keramik gefunden hat wie in der von uns als kanaanitisch bezeichneten Schicht. Der Neubau der großen Festungsmauer und die damit ver-

1) Eine ganze Reihe von ihnen ist im Südschnitt in einem kanaanitischen Hause zusammen mit Vorratsgefäßen wie A, 1—3 und den kleinen Vasen wie B, 2—4, D, 6 gefunden worden (s. o. S. 44).

2) Die Schnurösen sitzen hier auf der Schulter wie bei den (ebenfalls kyprischen?) Amphoriskoi aus einem kanaanitischen Grabe unterhalb des Tempelplatzes in Jerusalem: Revue biblique 1912 pl. XVI 4—6.

3) Vgl. zuletzt Savignoni, American Journal of archaeology V (1901) 404 ff., der eine zusammenfassende Behandlung in Aussicht gestellt hat.

bundene Einschränkung der befestigten Stadt auf die Hügelkuppe bedeutet also keine Unterbrechung oder Veränderung in der Kultur der Bewohner. Mithin gestattet die Keramik nicht, irgend einen Schluß auf einen Bevölkerungswechsel zu ziehen, der mit der Umwandlung des Stadtbildes in Verbindung stehen könnte. Andererseits ist bei der Tiefgrabung in F 5 (vgl. oben S. 18), die sich freilich auf einen sehr engen Raum beschränkte, keine Spur einer andersartigen älteren Keramik gefunden. Die vorisraelitische Keramik bildet also nicht nur eine Einheit, sondern muß einstweilen auch als die älteste in Jericho nachweisbare Vasengattung angesehen werden. In der Zeit der Eroberung und Zerstörung der Festung Jericho steht diese Gattung noch in voller Blüte und zeigt ihren Charakter noch unverändert. Von jener jüngeren Entwicklung, wie sie Macalister in Gezer gefunden und als ‚first semitic period' bezeichnet hat (Excavation I S. 136 ff.), die dort vor allem durch den Beginn der Anwendung der Töpferscheibe und das Auftreten einer „cream ware" genannten Gruppe feiner Gefäße mit weißer Engobe und bisweilen roter Ornamentik bezeichnet wird, fehlt in Jericho bisher jede Spur. Macalister läßt diese Periode mit dem Ende der XII. ägyptischen Dynastie, also um 1800 vor Chr. abschließen. Demgegenüber ist aus Gezer von der in Jericho häufigen, von uns als „spätkanaanitisch" bezeichneten Vasengruppe nur ein einziges Fragment von Macalister (a. a. O. III Taf. CXLIV 13) veröffentlicht und der ‚first semitic period' zugeteilt. Diese Gattung gehört aber, wie im folgenden ausgeführt wird, in Jericho bereits in die Zeit unmittelbar nach der Zerstörung der Ziegelfestung (vgl. S. 110).

Die Funde aus Jericho allein ergeben bei dem völligen Fehlen fremden Importes, abgesehen von dem, was die oben ausgeführten Vergleiche lehren, keinerlei Anhalt für eine absolute Datierung der älteren vorisraelitischen Vasengattung. Macalister, der sie einer vorkanaanitischen Troglodytenbevölkerung zuschreibt, läßt sie in Gezer nur bis in die Zeit um 2000 dauern. Seine Datierung beruht auf dem Fund von Skarabäen der XII. Dynastie und der Hyksoszeit zusammen mit Vasen der ‚second semitic period', die darnach von ihm auf die Zeit zwischen 1800 und 1400 bestimmt wird[1]. Gegen eine so hohe Datierung dieser Periode sprechen aber die ihr zugeschriebenen kretischen Scherbenfunde, die nach den Fragmenten a. a. O. III Taf. CLI in der Hauptmasse der Zeit zwischen 1400 und 1200 angehören werden. Man wird also den Beginn der second semitic period in Gezer nicht über die Zeit um 1600 hinaufrücken dürfen, was ja auch die Skarabäen des mittleren Reiches nicht verbieten. Dann kommt man mit der first semitic period in die Zeit zwischen 2000 und 1600. Zu einem noch anderen Ergebnis für die Dauer der älteren „kanaanitischen" Keramik führen die Beobachtungen Sellins in Ta'annek. Dort sind in einem kleinen Gebäuderest mit unterirdischen Räumen im Norden des Stadthügels, der nach dem Inhalt der daselbst gefundenen Tontafeln als zugehörig zur Burg Ischtarwaschurs bezeichnet wird, ausschließlich vorisraelitische Vasenscherben gefunden worden. Wenn wir Sellins Vermutung, daß die Zerstörung dieser Burg mit der Plünderung Ta'anneks auf dem Eroberungszuge Thutmosis III. zusammenhängt, als richtig voraussetzen, so ergibt sich, daß die vorisraelitische Gattung in Ta'annek bis in die Wende des XVI. und XV. Jahrh. im Gebrauch gewesen ist (vgl. Sellin, Tell Ta'annek S. 37 ff., 102 und besonders Nachlese S. 31). Die Funde aus der Westburg von Ta'annek, die der unmittelbar folgenden Schicht angehört, entsprechen in ihrer Zusammensetzung der „third

1) Vgl. Macalister, Excavation of Gezer I S. 128 Nr. 23 und 27 und S. 141; III Taf. XXXV, gefunden in der unterirdischen Grotte 28 II.

semitic period" in Gezer, die Macalister zwischen 1400 und 1000 datiert, wobei freilich Formen nicht fehlen, die auf die second semitic period in Gezer zurückweisen (vgl. besonders Sellin a. a. O. S. 49 und 51). Der Charakter der in Gezer (vgl. Macalister a. a. O. III Taf. CLXV—CLXVIII) und Ta'annek in dieser Schicht gefundenen bemalten Scherben entspricht dem nachmykenischen geometrischen Stil in Kypros, also der Epoche zwischen 1200 und 800, und dementsprechend ist auch mit dem Ende der third semitic period bis in den Anfang des I. Jahrtausends herabzugehen.

Aus diesem Vergleich ergibt sich jedenfalls soviel, daß die Kulturentwicklung im Süden Palästinas, der fremden Einflüssen zugänglicher war, rapider gewesen ist als an den Orten, die weiter nach Norden liegen und weiter von den kulturell vorgeschrittenen Ländern wie Ägypten, Kypros und dem Philisterland entfernt waren. Die an einem Orte gewonnene absolute Chronologie der Schichtenfolge ist also nicht ohne weiteres auf die anderen zu übertragen, wenn auch die Entwicklung selber sich überall in der gleichen Weise vollzogen hat. Wir dürfen demnach für Jericho, das von den genannten Kulturzentren noch weiter entfernt ist als alle bisher erforschten Städte Palästinas, die Vermutung aussprechen, daß hier die ältere kanaanitische Kultur über das Ende des III. Jahrtausends hinaus sich gehalten und bis in die erste Hälfte des II. Jahrtausends geblüht hat. Unter die Zeit um 1500 für das Ende dieser Blüte herabzugehen, verbietet aber die im folgenden zu besprechende Vasengattung, die ein Nachleben der kanaanitischen Elemente in der Folgezeit beweist, und die man zwar nicht zeitlich, aber ihrem Charakter nach, in Parallele setzen muß zu der first semitic period in Gezer und den spärlichen Funden einer Übergangszeit zwischen der Ischtarwaschur-Burg und der Westburg in Ta'annek.

Spätkanaanitische Tongefäße

mit gestochener und gekämmter Dekoration (Blatt 22).

1. Kleine Amphora mit Schnurösenhenkel und Bauchfuß, auf der Schulter gekämmte Wellenbänder und eingestochene Punktreihen. Etwas angebrannt. Höhe 0,105 m (Blatt 22). — Zahlreiche Fragmente gleicher Amphoren (Abb. 93). Vgl. die undekorierten Exemplare derselben Form bei Schumacher, Tell el-Mutesellim S. 173 Abb. 256 k.

2. Amphora mit Schnurösenhenkel, schlankere Form, mit Bauchfuß. Auf der Schulter gekämmte Wellenbänder und eingestochene Punktreihen; um den Körper bisweilen mehrere

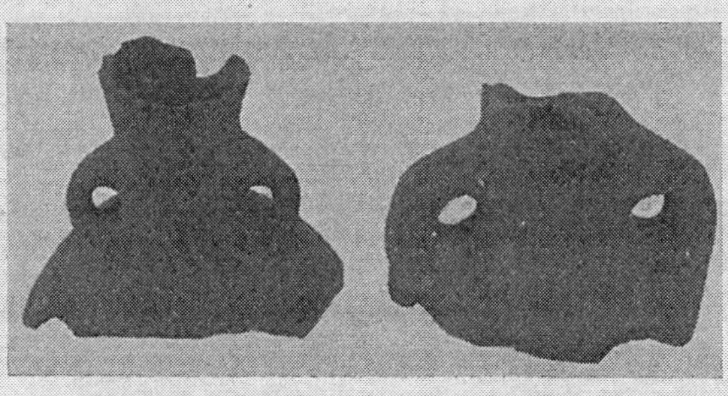
Abb. 93. Nr. 1.

Abb. 94. Nr. 3.

Ringe. Zwei ganze Exemplare erhalten: Höhe 0,22 u. 0,18 m (Blatt 22). — Zu ähnlichen Gefäßen gehörten wohl die Fragmente: Sellin, Tell Ta'annek Taf. I p, q.

3. Große Amphora, Weiterbildung der altkanaanitischen Form Nr. A, 3. Auf der Schulter gleich unterhalb des Halses schräge Punktreihen, Ringe und Wellenlinien (Abb. 94 und 96), an den Seiten Handgriffe mit ganz flach umgeklappten Rändern (Abb. 98); an

Abb. 95. Nr. 3.

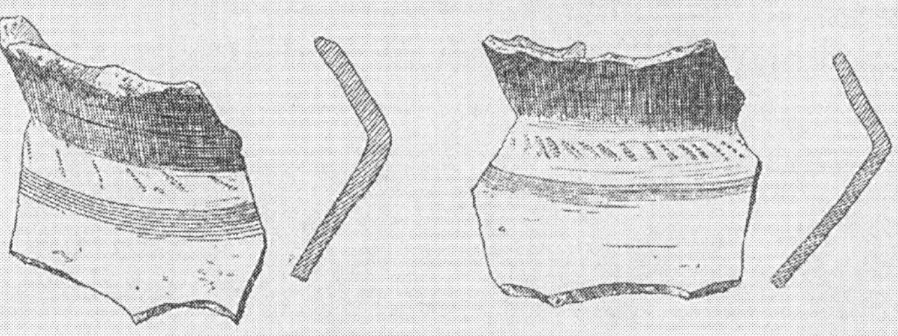

Abb. 96. Nr. 3. ⅓ nat. Gr.

dem Übergang von der Schulter zur Mündung sitzen bisweilen ganz verkümmerte Schnurösen (vgl. Abb. 95). Auf der Schulter findet sich häufig statt der Kammverzierung ein plastisches Band mit Fingereindrücken (Abb. 97). — Zur Form der Henkel vgl. Tell el Hesy Taf. V Abb. 47, wozu Petrie S. 42 bemerkt "the only form which survived into Jewish times".

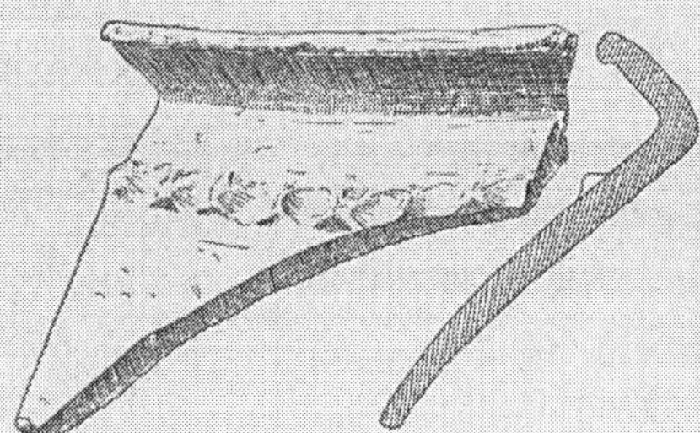

Abb. 97. Nr. 3. ⅓ nat. Gr.

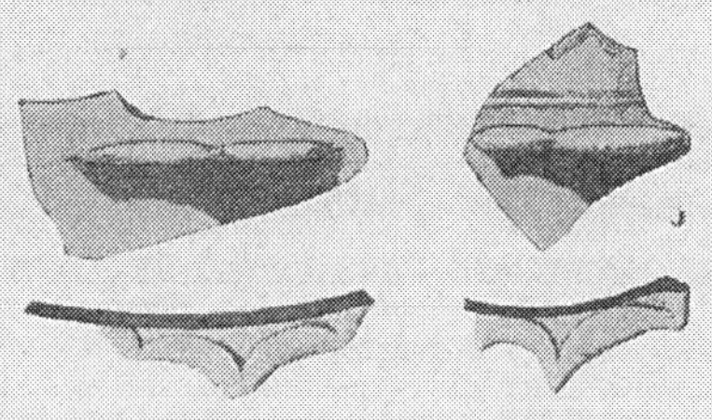

Abb. 98. Amphorenhenkel Nr. 3.

4. Amphora mit steilem seitlichem Ausguß, der durch eine Schnuröse mit dem Hals verbunden ist. Neben der Schnuröse der Anfang einer mit dem Kamm gestochenen Punktreihe. Nur die Schnauze erhalten (Abb. 99). Zu ergänzen nach Schumacher, Tell el-Mutesellim S. 173 Abb. 156, c. Form, abgesehen von der Schnauze, wie Nr. 1 und 2.

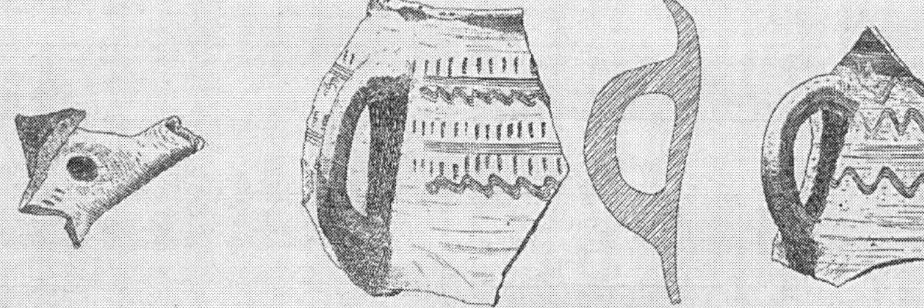

Abb. 99. Nr. 4. ⅓ nat. Gr. Abb. 100. Nr. 5. ⅓ nat. Gr.

5. Becher oder Tassen mit einem Henkel (Abb. 100 und 101). Form den Näpfen Nr. 6 sehr ähnlich, aber kleiner. Die Henkel bald gerundet, bald mit scharfem Knick oben. Reiche Verzierung um den oberen Teil des Gefäßes: z. B. mit den 5 Kamm-

zinken eingestochene vertikale Lochreihen als Band nebeneinander; Ringe, Wellenlinien, Lochreihen; Ringe, Lochreihe, Wellenlinien. Nach den Amphoren 1—3 die häufigste Form. — Vgl. die ähnlichen Becher ohne Dekoration bei Schumacher, Tell el-Mutesellim S. 173 Abb. 256 i.

6. Näpfe mit ganz verkümmerten Henkeln, mit umgeklapptem Rande oben. Zwei eingeritzte Ringe ringsum, dazwischen von Henkel zu Henkel dreifache Wellenlinie; bisweilen sitzt die Wellenlinie auch oben am Rand (Abb. 102).

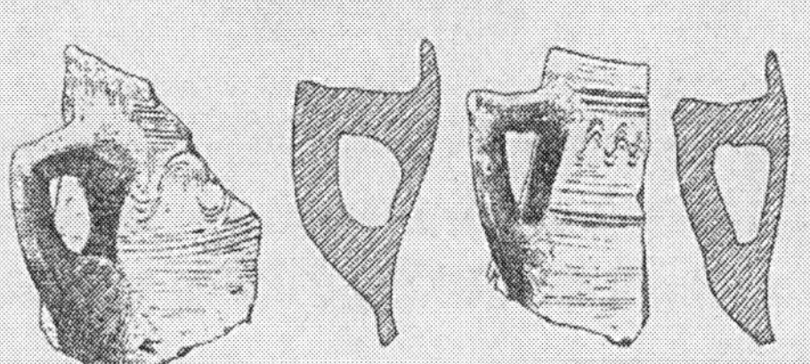

Abb. 101. Nr. 5. 1/3 nat. Gr.

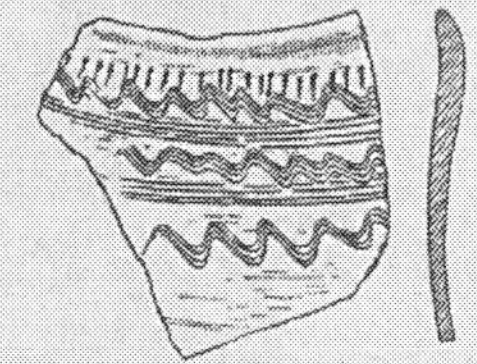

Abb. 102. Nr. 6. 1/3 nat. Gr.

Abb. 103. Nr. 7.

7. Fragment von Schulter und Hals eines bauchigen Gefäßes mit Wellenliniendekoration, darüber links auf der Schulter ein Schriftzeichen (?) in Form eines ▤ (Abb. 103). — Vgl. ein mit einfacher Wellenlinie verziertes Fragment aus Gezer bei Macalister, Excavation III Taf. CXLIV 13 (first semitic period).

Der Ton dieser Vasen ist rosarot oder hellbraun bis grau mit weißen Beimengungen, die bei sorgfältigen Stücken recht fein, bei größeren Gefäßen oft gröber sind, und ist härter und gleichmäßiger gebrannt als bei den älteren kanaanitischen Gefäßen. Sämtliche Gefäße sind ohne Benutzung der Drehscheibe mit der Hand gefertigt. Als selbständige Gruppe ist diese Vasengattung bisher von palästinensischen Ausgrabungsstätten kaum bekannt. Ihre Zeit ist in Jericho relativ durch das Verhältnis zu der vorhergehenden und der folgenden Epoche genau bestimmt und läßt sich auch aus den Formen der Vasen und der Art der Dekoration sicher erschließen. Die ganz erhaltenen Gefäße, Blatt 22 Nr. 1, 2 a, 2 b, sind unter dem Niveau der israelitischen Häuser der Nordstadt gefunden; eine Menge Scherben kamen aus dem kleinen Hause zutage, das sich in dem Raume zwischen Vor- und Innenmauer vor dem Nordwestturm eingenistet hatte und unmittelbar auf den Schutt der Befestigung gebaut war (vgl. oben S. 46). Das eine Gefäß Nr. 2 a enthielt die älteren Kupfergeräte, die offenbar von den neuen Bewohnern der zerstörten Stadt aus dem Schutt gesammelt worden waren (vgl. unten S. 117 ff.). Die Besiedlung muß also sehr bald nach der Zerstörung der Stadt erfolgt sein.

Die Formen der Vasen sind zum Teil noch die vorisraelitischen der älteren Epoche vor der Zerstörung. Die Amphoren mit den Henkeln mit umgeklappten Rändern entsprechen noch genau den älteren; aber die Form der Henkel ist deutlich steifer geworden, die umgelegten Lappen legen sich jetzt fest auf die Oberfläche des Henkels auf, der Henkel steht flach und gerade vom Körper der Vase ab. Auch die Schnurösen sind ganz verkümmert, oder es sind ausgebildete Ohrhenkel an ihre Stelle getreten. Das Gefäß mit seitlichem Ausguß wird aus den älteren Gefäßen wie Nr. D, 4 (Blatt 21) entwickelt sein; auch die Becherformen (Nr. 5) sind der älteren Keramik nicht fremd, wie Funde aus Gezer (Macalister,

a. a. O. II S. 135 fig. 305, 4) beweisen, die wohl nur zufällig in Jericho fehlen. Die Gattung ist also eine Weiterentwicklung der älteren vorisraelitischen und gehört der Zeit nach der Zerstörung Jerichos an. Dieses Verhältnis wird durch den Vasenfund in einem Felsengrab auf Tell el-Mutesellim (Schumacher a. a. O. S. 171 Abb. 255 ff.) bestätigt. Die Kammer d dieses Grabes enthielt eine gestörte ältere, vorisraelitische Beisetzung; aus den beiden anderen Kammern b und c werden Vasen der israelitischen Gattung (Abb. 256 d, e, f, Abb. 257 l, h) zusammen mit Gefäßen mit Ausguß (b, c), kleinen Amphoren mit Schnurösen (k) und Bechern (i) veröffentlicht, die den oben beschriebenen gleichen, aber keine eingeritzte Verzierung besitzen. Entweder handelt es sich hier um zwei, auch zeitlich zu scheidende Beisetzungen, eine aus der Epoche der hier behandelten Gattung und eine aus israelitischer Zeit oder, wenn der Fund einheitlich ist (worüber der Bericht sich nicht äußert), kommen beide Gattungen in frühisraelitischer Zeit nebeneinander vor. Dann müßte man annehmen, daß die in Tell el-Mutesellim gefundenen Gefäße jünger sind als die aus Jericho, wofür auch das Fehlen jeglicher geritzter Dekoration bei jenen als Bestätigung angeführt werden könnte. Der Fund lehrt jedenfalls auch, daß diese Gattung in die Zeit zwischen der älteren vorisraelitischen und der älteren israelitischen Kultur gehört. Da nun sonst mit den neuen israelitischen Siedlern auch die phönikisch-kyprischen Vasenformen und die gemalten Verzierungen auftreten, so wird der Schluß gezogen werden dürfen, daß die ersten Ansiedler auf der Stätte der zerstörten Stadt Angehörige des früheren, vorisraelitischen Stammes gewesen sind.

Das unvermittelte Auftreten einer ganz neuen Dekoration, der gestochenen und gekämmten Verzierung, erklärt sich vielleicht am ehesten so, daß eine ältere, absterbende Gattung noch einmal gegenüber neuen Industrien konkurrenzfähig gemacht werden sollte. Eingestochene und eingeritzte Verzierung der Gefäße kannte auch die ältere vorisraelitische Gattung; aber die eingestochenen Punkte zu Gehängen zu vereinigen, statt der geradlinigen Ritzornamente Wellenlinien mit einem Kamm zu ziehen und diese Elemente in regelmäßiger Abwechslung zum ausschließlichen Schmuck der Gefäße zu verwenden, das ist das Neue.

Ein Vergleich mit dem Auftreten der gleichen Verzierungsweise in der VI. Stadt Trojas (vgl. H. Schmidt, Troja und Ilion S. 294 ff.) drängt sich auf; die Anwendung des Kammes zur Herstellung paralleler Wellenlinien und die Gruppierung des Ornamentes in mehreren Zonen übereinander ist Troja und Jericho gemeinsam. Doch verbindet sich damit in Troja VI die vollendetste Scheibentechnik, während andererseits die gestochene Verzierungsweise wie in Jericho fehlt. Zeitlich gehört das Auftreten derselben Erfindung an beiden weitgetrennten Orten nahe zusammen, da Troja VI etwa zwischen 1400 und 1200 datiert werden darf. Der gleichen absoluten Ansetzung für die Jericho-Gattung würde die oben erschlossene relative Datierung nicht widersprechen. Irgend ein wirklicher Zusammenhang zwischen Troja VI und Jericho wird schwerlich bestehen; an beiden Orten, wo neue Vasen aus der Fremde, in Troja aus Kreta, in Palästina aus Kreta, Kypros und Phönizien eingeführt werden, hat die Vervollkommnung der einheimischen Industrie zur gleichen Erfindung geführt. Die weitere Verbreitung und die volle Bedeutung der Jericho-Gattung wird sich erst bestimmen lassen, wenn auch von anderen Ausgrabungsplätzen Palästinas reichlichere Funde der spätkanaanitischen Epoche vorliegen. Die Möglichkeit, daß auf die Ornamentik irgend eine fremde Vasengattung des Ostjordanlandes, etwa der Moabiter, an die mich Sellin erinnert, eingewirkt hat, ist nicht ausgeschlossen, aber auch vorläufig noch nicht zu beweisen. Wie in der byzantinischen Epoche Jerichos die alte Technik der Verzierung mit gekämmten Wellenlinien wieder auftaucht, zeigen die weiter unten besprochenen Vasen dieser Spätzeit.

II. Geräte aus Feuerstein.

Die Feuersteinartefakte aus Syrien und Palästina sind von Blanckenhorn, Zeitschrift für Ethnologie 1905 S. 447 zum ersten Male gesammelt und wissenschaftlich behandelt worden. Dann hat neuerdings Macalister, Excavation of Gezer II S. 121 ff. (dazu III Taf. CXXXVIII/IX) das aus Gezer stammende Material ausführlich besprochen und eine chronologische Gruppierung der einzelnen Typen versucht. Wie die Feuersteingeräte aus den dort behandelten Ausgrabungsstätten, so gehören auch die von Jericho sämtlich der jüngeren neolithischen und der Bronze- und Eisenzeit an. Exemplare, die in noch frühere Epochen hinaufgingen, sind auch in Jericho nicht zutage gekommen, doch läßt sich die Entwicklung von der Steinzeit zu den für die kanaanitische Zeit auch sonst typischen Geräten hier deutlich verfolgen, da an einer Stelle, im West-Ost-Schnitt in F 5 (vgl. S. 18), eine Tiefgrabung unter die sonst aufgedeckte vorisraelitische Schicht in größere Tiefe führte. Aus der größten erreichten Tiefe, aber noch nicht vom gewachsenen Boden, stammen die unter a) zusammengestellten Stücke, während die unter b) vereinigten in der Höhe der Mauer mit den großen Orthostaten gefunden wurden. Die dritte Gruppe c) entspricht dann erst der auch sonst beobachteten kanaanitischen Epoche und enthält alle Stücke, die in der dieser Zeit angehörigen Schicht auf dem ganzen Hügel gefunden worden sind.

a) Älteste Gruppe

aus der größten im West-Ost-Schnitt erreichten Tiefe (Blatt 23 und 24).

1—11. Messer, mit scharfer Schneide an einer Seite, die andere als Rücken unbearbeitet gelassen oder roh zugeschlagen; im Durchschnitt dreieckig; die Langseite des Dreieckes wird von der hinteren glatten Fläche gebildet. Die Messer zeigen zum großen Teil starke Benutzungsspuren. Bei zwei Stücken, Nr. 10 und 11 ist unten am Ende der Schneide ein Stück der Länge nach herausgesprengt, sodaß das untere Ende schmäler wurde; vielleicht sollte es in einen Holzgriff eingespannt werden. Nr. 11 ist außerdem so stark abgenutzt, daß die Schneide nach innen gebogen ist.

12—32. Schaber, dachförmig zugeschlagen, mit Schneide nach beiden Seiten, oben abgerundet endend; eine ovale Spitze war aber ursprünglich vorhanden und ist nur abgenutzt; im Durchschnitt ein flaches Dreieck mit scharfem Grat auf der Oberseite zwischen beiden Schneiden; an Stelle des Grates auch eine schmale Fläche, die nach der Spitze zusammenläuft, sodaß im Schnitt die Form eines flachen Trapezes mit sehr schmalem Rücken entsteht. Zwei Exemplare, Nr. 31 und 32, zeigen eine Verschmälerung des unteren Endes durch Absprengen der seitlichen Ränder wie die einschneidigen Messer Nr. 10 und 11. Auch diese Geräte zeigen deutliche Spuren starken Gebrauchs.

33—39. Pfriemen. Kleine pfeilspitzenähnliche, sorgfältig zugeschlagene Stücke, oben in eine vierseitige Spitze endend; mit sehr starken Benutzungsspuren. — Nr. 34 ist mit zwei spitzen Enden versehen, von denen das untere abgebrochen ist. Nr. 35, von etwas größerer Form, hat einen langen, dreiseitigen Stiel, der schnell in eine vierseitige Spitze ausläuft. Bei Nr. 36 und 37 scheint dieselbe Gestalt vorauszusetzen zu sein, doch ist nur das untere Ende vorhanden; die Spitze ist abgebrochen. Nr. 38 ist ein ganz dünner, dreiseitiger (im Durchschnitt fast gleichseitiger) Pfriemen, der am oberen Ende Benutzungsspuren zeigt. Nr. 39 ist an seinem spitzen Ende stark bestoßen, darf aber seiner prismatischen Form wegen wohl auch als Pfriemen bezeichnet werden.

40. 41. Lanzenspitzen (?) mit Widerhaken. Kurze, breite, zweischneidige, im Durchschnitt dreieckige Spitzen, deren eine Schneide unten im Bogen ausgesprengt ist, sodaß ein noch jetzt scharfer und spitzer Widerhaken entsteht. Die eine Schneide von Nr. 41 ist dazu noch etwas gezähnt. An Sägen zu denken, verbietet die Herrichtung des Widerhakens; die Deutung als Angelhaken oder als Pfeilspitzen ist durch die Größe ausgeschlossen.

42. Axt mit Schlagnarbe oben und breiter, stark bestoßener Schneide; die Seitenränder und der ovale Rücken sind flüchtig zugeschlagen.

43. Schaber breiter Form, die linke obere Ecke weggebrochen. Das Gerät ist an den Seiten zu scharfen Kanten zugehauen und die ovale untere Schneide jederseits etwas eingezogen. Vgl. die Schaber aus Tell el Hesy: Bliss, A mound of many cities S. 124 Abb. 248, 250 und bei Bliss-Macalister, Excavations Taf. 71, 2. 5. 8. 9, die dort als "early type" bezeichnet werden.

44. 45. Absplitter von flacher Form, die eine Seite ist scharfkantig, die andere bildet einen breiten Rücken wie die Messer unter Nr. 1 ff. Das obere Ende ist bei Nr. 44 oval und bildet bei Nr. 45 eine scharfe Spitze.

Die folgenden, Nr. 46 und 47, sind in Schichten von unsicherer Zugehörigkeit gefunden und hier nur ihrer Form wegen der Gruppe a angeschlossen. Sie stimmen mit den Messern Nr. 1 ff. ganz überein.

b) Jüngere Gruppe,

aus der Umgebung der Mauer mit den Orthostaten (Blatt 24 und 25).

48. 49. Messer mit einer Schneide, die bei Nr. 48 stark abgenutzt ist, entsprechend den Messern Nr. 1 ff. Es dürfte sich hier wohl um Exemplare handeln, die entweder schon in alter Zeit durch eine Störung der Schichten oder während der Ausgrabung in diese jüngere Schicht geraten sind. Da eine Entscheidung hierüber nicht mehr möglich ist, so sind sie der Gruppe b zugerechnet. Unwahrscheinlich ist jedenfalls, daß es sich um Exemplare handelt, die die ältere Epoche überdauert haben.

50—53. Messer flacher Form mit einer Schneide; der obere Teil des Messers verbreitert sich blattartig, der untere läuft in eine oft scharfe Spitze aus und war wohl in einen Holzgriff eingelassen. Diese Messer sind kaum gebraucht und ihre Schneide noch heute so haarscharf, daß sie zum Schneiden verwendet werden könnten.

54. Messer mit geschwungener Schneide (ähnlich den Messern der jüngeren Bronzezeit in Nordeuropa) mit Spuren starker Benutzung. Die Form der Schneide und des Rückens ist durch die geschwungene Außenseite des Knollens veranlaßt, von dem das Messer abgeschlagen ist.

55—59. Messer mit einer Schneide, die gegen das untere Ende nach innen im Bogen eingezogen ist, bald sehr fein und flach, bald gröber. Bei Nr. 55 und 58 ist die ursprünglich scharfe Schneide stark bestoßen, bei den drei andern noch fast ungebraucht und haarscharf.

60—76. Dolchmesser oder Lanzenspitzen mit zwei Schneiden und scharfer Spitze. Die Spitze ist meistens abgebrochen. Von langer und schmaler Form, unterscheiden sie sich deutlich von den breiteren, oben mit ovaler Spitze endigenden Schabern der Gruppe a Nr. 12 ff. Auf dem Rücken ein scharfer Grat oder eine schmale Fase. Die Mehrzahl ist noch ganz scharf ohne Gebrauchsspuren.

77—79. Dolchmesser in Form einer Lanzenspitze mit Zapfen unten zum Einlassen in einen Holzgriff; der Zapfen ist sehr sorgfältig bearbeitet. Die Spitze ist bei allen abgebrochen. — Nr. 65 kann nach dem geraden Verlauf seines Mittelgrates zu einem gleichen Dolch gehört haben.

80. 81. Harpunen (?). Messerähnliche kleine Geräte, die oben in eine Spitze enden, mit einem Widerhaken an der einen Seite, unten rund zugeschlagen ohne scharfe Spitze. Der Widerhaken ist durch Herausschlagen des einen Randes hergestellt. An dem spitzen Ende dieser Harpunen wird die Schnur befestigt gewesen sein. Durch ihre Form unterscheiden sich diese Geräte deutlich von den Spitzen mit Widerhaken Nr. 40 und 41 der vorigen Gruppe.

82. 83. Absplitterungen verschiedener Form ohne Benutzungsspuren, sodaß es fraglich ist, ob man sie als Geräte bezeichnen darf.

84—87. Zweischneidige, ganz flache Messer mit breiter Fase an Stelle des Grates oder der schmalen Fase der vorigen Messer. Der obere Teil ist bei allen abgebrochen, war aber ursprünglich wohl breit und nicht spitz. — Die Zugehörigkeit dieser vier Exemplare zu Gruppe b muß bezweifelt werden, da gleiche Messer das Hauptgerät der folgenden Epoche sind, und die drei ersten Stücke so starke Gebrauchsspuren zeigen, wie sie bei den anderen Messern von Gruppe b fehlen. Freilich ist die Möglichkeit nicht zu leugnen, daß die Form sich bereits aus Nr. 60ff. in dieser Epoche entwickelt hat.

88. 89. Dolchmesser mit zwei Schneiden wie Nr. 60 ff. Beide Exemplare entstammen unsicheren Funden und sind nur ihrer Form wegen hier angereiht. Das untere Ende von Nr. 89 hat noch die Schlagnarbe erhalten wie Nr. 67; bei beiden ist aber das obere, spitze Ende abgebrochen. Im Gegensatz zu den Stücken Nr. 60 ff. sind die Schneiden stark abgenutzt, ein Unterschied, der sich vielleicht aus dem anderen Fundort erklärt.

c) Kanaanitische Gruppe (Blatt 25 und 26).

90—117. Zweischneidige Messer, oberes Ende bei allen bis auf zwei abgebrochen, nach den erhaltenen nicht spitz, sondern abgerundet. Flache Form; an dem unteren zugeschlagenen, gewöhnlich etwas dickeren und schwach gekrümmten Ende ist meist die Schlagnarbe unverkennbar. Diese Messer sind die unmittelbare Fortsetzung der Messer der vorigen Gruppe Nr. 60ff., unterscheiden sich aber von ihnen durch das Fehlen einer scharfen Spitze. Sie gehören zum stehenden Inventar der kanaanitischen Häuser, in denen sie oft in großer Zahl gefunden wurden, und sind von allen früheren Ausgrabungsplätzen wohlbekannt.

118—120. Kleine Messer von dreieckigem Durchschnitt, sehr schmal und hochkantig mit scharfem Grat; die Spitzen sind abgebrochen. Pfriemen? Nr. 118 stammt aus sicher kanaanitischer Schicht im Südschnitt.

121. (122). Kleines Dolchmesser mit Zapfen unten zum Einlassen in einen Holzgriff. Im Durchschnitt dreiseitig, mit scharfem Grat; oben und unten gebrochen. Von Nr. 122, das ähnliche Form hat, aber sehr viel breiter ist, mit ganz roh und flüchtig

zugeschlagenem Zapfen, ist der Fundort unbekannt. Vgl. die sehr viel größeren Messer der vorigen Gruppe Nr. 77 ff.

123. Kleines einschneidiges Messer, das sich oben blattförmig erweitert und nach dem Rücken zu verdickt. Das untere dünne Ende ist abgebrochen. Die Form erinnert an die großen Messer der Gruppe b Nr. 50 ff. Die Zugehörigkeit ist nicht sicher, da der Fundort unbekannt ist.

124. Sichelstein, etwas gekrümmtes Gerät, das flach zugeschlagen ist mit Grat und Fase und auf der einen Seite feine Zähne aufweist, während es auf der anderen ganz roh zugehauen ist. Diese Sichelsteine wurden in den Spalt einer hölzernen Sichel eingeklemmt; durch die Benutzung erhalten sie einen fettigen Glanz an der Schneide und den Zähnen, der auch bei diesem Exemplare zu beobachten ist. Diese Sichelform ist ägyptisch und dort bis in das II. Jahrtausend hinein gebraucht worden. Die Sichelsteine gehören wie die flachen Messer zum ständigen Inventar der ‚kanaanitischen' Schichten an anderen Orten (vgl. Blanckenhorn a. a. O. S. 460 ff.; Macalister, Excavation of Gezer II S. 32 f.)

Bei den folgenden Stücken fehlt jeder äußere Anhalt, sie einer bestimmten Kulturepoche zuzuweisen, da über den Fundort nichts bekannt ist. Sie sind an den Schluß dieser jüngsten Gruppe gestellt, weil die älteren Schichten sonst bei der Grabung nicht berührt wurden, sodaß von vornherein die Wahrscheinlichkeit ihrer Zugehörigkeit zu dieser Gruppe die größere ist.

125. Spitze von ziemlich kurzer, breiter Form mit raschem Abfall nach den seitlichen Schneiden, die stark abgenutzt sind. Das obere Ende ist vierseitig sehr sorgfältig zugeschlagen wie bei einem Pfriemen (vgl. Nr. 35); die Spitze selber und das untere Ende des Gerätes sind weggebrochen.

126. Schaber von flacher Form mit Fase statt des Mittelgrates. Die Spitze ist mit allmählichem Abfall nach den Schneiden zu sorgfältig oval zugeschlagen. Das untere Ende fehlt. Ohne Spuren von Benutzung. Vgl. die Schaber aus der ältesten Schicht Nr. 12 ff.

127. Beil von ovaler Form und flach linsenförmigem Querschnitt, auf allen Seiten mit feinen Schlägen bearbeitet. Die Schneide unten ist sorgfältig abgerundet.

128. Meißel von länglicher Form, fast walzenförmig, mit abgerundeten Enden, auf allen Seiten fein zugeschlagen.

Die Formen von Nr. 127 und 128 sind altertümlich und bisher von palästinensischen Ausgrabungsstätten nicht bekannt; nur ein ebenfalls allseitig zugeschlagener Meißel aus Gezer ist von Macalister, Excavation of Gezer III Taf. CXXXIX, 1 veröffentlicht, der nach II S. 127 aus ältester Schicht stammt.

d) Große Feuersteingeräte.

Sie sind nicht wie die bisherigen aus einem Feuersteinknollen geschlagen, sondern von flachen Feuersteinplatten abgespalten. Die eine flache Seite zeigt regelmäßig die weißgelbe Verwitterungsschicht auf der Oberfläche der Platte erhalten (Blatt 27).

129—132. Keile mit einem spitzen Ende, das andere mehr oval zugeschlagen; die Seitenflächen sind sorgfältig schräg behauen. 129: Länge 0,145 m, Breite 0,045 m; 130: Länge 0,15 m, Breite 0,045 m; 131: Länge 0,115 m, Breite 0,055 m; 132: Länge 0,19 m,

Breite 0,09 m. Nr. 129 und 131 stammen aus der vorisraelitischen Schicht des Quellhügels. Eine nach der Beschreibung Quarterly Statement 1903 S. 195 f. (vgl. Excavation of Gezer III Taf. CXXXVIII 30) ganz entsprechende Axt hat Macalister in der ‚tiefsten Schicht' von Gezer gefunden. Vgl. auch Tell el Hesy Taf. X Nr. 23 (von Petrie als ‚amorite' bezeichnet).

133. 134. Keile von kleinerer Form, Nr. 133 ganz flach und mit ovalem erhaltenem Ende, die Ränder flüchtig gerade zugeschlagen; bei Nr. 134 ist die Spitze (?) oben und die rechte Seite halb weggebrochen, die linke Seite sorgfältig schräg behauen.

135—140. Schaber mit bogenförmiger Schneide, die schräg zugeschlagen ist. Bei 135, 138 und 140 ist die eine Seite eingezogen, um das Anfassen und Festhalten des Gerätes beim Gebrauch zu erleichtern. Nr. 140 ist nur halb, Nr. 136 nur etwa zu zwei Drittel erhalten. Auffallend ist die bei Nr. 137 in die Verwitterungsschicht eingeritzte Zeichnung, offenbar ein Hexagramm. Von diesen Schabern sind Nr. 136 und 137 in der kanaanitischen Schicht des Südschnittes gefunden worden. Bei den anderen liegt die Möglichkeit vor, daß sie aus jüngeren Schichten stammen. Diese Geräte sind wohl zum Abschaben der Häute beim Herrichten von Fellen benutzt worden.

Schaber, wie die hier beschriebenen, sind in großer Menge in Gezer gefunden und besitzen auch dort häufig eingeritzte Zeichnungen, vgl. die Exemplare Macalister, Excavation of Gezer III Taf. CXXXIX 21. 22, wo eine Doppelaxt und ein vierbeiniges Tier eingeritzt sind, und 16 mit einem Aleph, das aus der jüngeren israelitischen Schicht stammt und II S. 275 Fig. 422 mit phönikischen (?) Buchstaben aus der älterisraelitischen Schicht. Vgl. auch den Schaber Bliss-Macalister, Excavations Taf. 71 Nr. 16.

141. Schaber, oben und an der rechten Seite gebrochen. Rechts ist die Schlagnarbe deutlich. Dieses Exemplar, unbekannten Fundortes, ist von einem Feuersteinknollen abgeschlagen und gehört vielleicht noch zu der ältesten Gruppe a wie Nr. 43.

III. Geräte aus Kupfer[1].

1. Flachcelt, Länge 0,155 m. a) die Schneide unten stark ausgeschwungen, das Schaftende dreieckig zulaufend. b) die Schneide nur ganz wenig ausgeschwungen, das Schaftende abgerundet (Abb. 104).

2. Spitznackiges Beil, Länge 0,06 m, von linsenförmigem Querschnitt und etwas ausgeschweifter Schneide (Abb. 105).

3. Spitznackiges Beil, Länge 0,085 m. Schneide weniger ausgeschweift, sonst wie das vorige (Abb. 105).

4. Spitznackiges Beil, Länge 0,08 m, sich nach oben etwas verjüngend, mit etwas ausgebogenen Seitenrändern und kaum ausgeschweifter Schneide (Abb. 105).

---

1) Von den besprochenen Kupfergeräten konnte eines der Beile (Nr. 9) von Herrn Prof. Rathgen und Herrn Dr. Büttner im Laboratorium der Kgl. Museen in Berlin einer chemischen Untersuchung unterzogen werden, die übereinstimmend zu folgendem Ergebnis geführt hat:

Kupfer	96,37
Arsen	2,18
Blei	0,54
Eisen	0,66
	99,75

Zinn und Antimon sind nicht vorhanden; es handelt sich also sicher um ein Kupfergerät. Bei der äußeren Übereinstimmung der übrigen Geräte mit dem untersuchten Flachcelt und ihrer Herkunft aus derselben kanaanitischen Schicht wird auch für sie eine entsprechende Zusammensetzung anzunehmen sein.

5. Dünnackiges Beil, Länge 0,125 m, mit starker Schwellung der Seitenränder, schwacher Verjüngung nach oben und ganz unmerklicher Schweifung der Schneide. Bahnende abgerundet (Abb. 104).

6. Spitznackiges Beil, Länge 0,13 m, sich nach oben stark verjüngend, ohne Schweifung der fast geradlinigen Schneide (Abb. 105).

7. Spitznackiges Beil, Länge 0,125 m, mit starker Verjüngung nach oben und ausgeschweifter Schneide (Abb. 105).

8. Spitznackiges Beil, Länge 0,155 m, sich wenig nach oben verjüngend mit gerundetem Bahnende, aber ohne Ausschweifung der Schneide (Abb. 104).

9. Spitznackiges Beil, Länge 0,145 m, sich stark nach der Schneide zu einziehend, die kräftig ausgeschwungen ist, während das abgerundete Bahnende sich stark verbreitert (Abb. 104).

Abb. 104. Kupfergeräte aus kanaanitischer Zeit.
Nr. 5, 1 b, 8, 9 und 12.

10. Breitnackiger Meißel, Länge 0,125 m. Bahnende bestoßen, mit Verjüngung nach der graden Schneide zu (Abb. 105).

11. Dünnackiger Meißel, Länge 0,14 m, mit abgerundetem Bahnende und gebogener Schneide (Abb. 105).

12. Pfriemen(?), Länge 0,22 m, von quadratischem Durchschnitt mit scharfer Spitze, Schwellung in der Mitte und Verjüngung nach dem Bahnende (Abb. 104).

13. Pfriemen(?), Länge 0,12 m, von quadratischem Durchschnitt mit scharfer Spitze und knopfartiger Verdickung des Bahnendes.

14. Mehrere Pfriemen(?), wie der vorige, aber mit geradem Abschluß des Bahnendes.

15. Nadel, Länge 0,135 m, oben eine Öse, dann schmaler Hals und als Abschluß halbkugeliger Knopf.

16. Axt, Länge 0,11 m. Die Axtfläche ist mit zwei Öffnungen versehen, um das Gewicht zu verringern; der hintere Teil ist als Tülle gebildet, durch die der Griff hindurchgesteckt werden kann (Abb. 105).

Die eigenartige Form dieser Axt ist durch syrische Funde gleicher Art als syrisch gesichert; doch sind die mir bekannten Äxte sämtlich aus Bronze hergestellt, so vier Äxte aus Beirut in der Sammlung Greenwell (Archaeologia LVIII S. 13f.; Montelius, Archiv für Anthropologie 26 (1900) S. 911/12 Fig. 349), zwei aus Sidon im Britischen Museum (Greenwell collection Inv. 842/3) und zwei aus Esch-Schajara (Quarterly Statement 1889 S. 77). Sie unterscheiden sich von der Axt aus Jericho durch die elegantere, mehr dreieckige Form und die starke Zuspitzung der Schneide. Noch mehr stilisiert ist die Form und die Schneide flach in die Länge gezogen bei einer Bronzeaxt aus Kadesch am Orontes im Louvre (Anthropologie 12 [1901] S. 168 Fig. 4) und zwei gleichen im Britischen Museum (Inv. 844/5), die zwar in Ägypten erworben, doch sicher syrischen Ursprungs sind. Die Axt aus Jericho bildet also dem Typus nach das älteste Exemplar der Reihe[1].

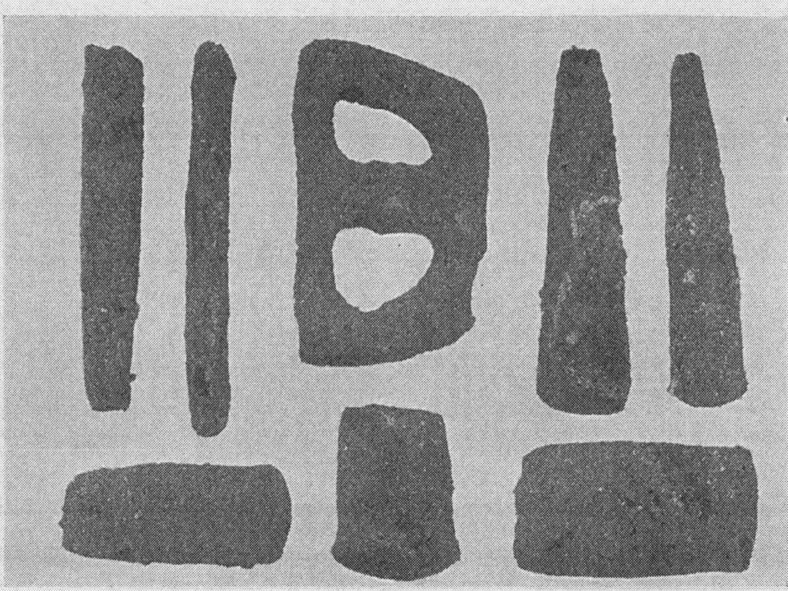

Abb. 105. Kupfergeräte aus kanaanitischer Zeit.
Nr. 10, 11, 16, 6, 7, 4, 2, 3.

Die ägyptischen Äxte des Mittleren und des Neuen Reiches, die aus Darstellungen und erhaltenen Originalen wohlbekannt sind (vgl. z. B. Wilkinson, Manners and customs I S. 215), unterscheiden sich von den syrischen sehr wesentlich; sie besitzen nie die Tülle, sondern sind stets flach und mit Löchern versehen zur Befestigung am Holzstiel. Auch ist ihre Gestalt stets mehr langgezogen, oft fast bootförmig. Nicht aus Ägypten, wohl aber aus Syrien werden die Äxte stammen, die, von Fürsten oder Priestern als Abzeichen der Würde auf der Schulter getragen, auf mykenischen Gemmen dargestellt sind (vgl. Tsuntas, Ephemeris archaiologike 1889 Taf. 10, 26; Furtwängler, Die antiken Gemmen Taf. II 47), und von denen ein Exemplar im Kuppelgrab von Vaphio gefunden wurde (Ephemeris 1889 Taf. 8, 1). Dieses steht in seiner Form der Axt aus Jericho am allernächsten und erlaubt wohl den Schluß, auch zeitlich eine Verbindung zwischen beiden Fundorten herzustellen. Die

1) Vgl. zur Geschichte dieser Axtform auch M. Müller, Mittlgn. d. Vorderasiatischen Gesellschaft 1898 S. 27; 1904 S. 45 Anm. 1, dessen Ausführungen ich mich aber nicht anschließen kann.

Datierung des Kuppelgrabes von Vaphio in die Zeit Thutmosis III., die durch den Vergleich mit kretischen Funden feststeht (vgl. zuletzt Karo, Athen. Mittlgn. 1910 S. 181), ergibt damit zugleich einen Anhalt für die Zeit des Kupferfundes aus Jericho und die ganze Kulturepoche, der er entstammt, und bestätigt, was oben über die Zeit der kanaanitischen Keramik ausgeführt wurde. Noch auf den phönikischen ägyptisierenden Gemmen tritt dieses Beil in der Hand des Gott-Königs auf, der den Feind damit bekämpft (vgl. Furtwängler, Die antiken Gemmen I Taf. XV 4. 9. 10; LXI 11. 12; III S. 109), und zu einem goldenen Schmuckstück umgewandelt, zusammen mit Doppeläxten, begegnet die gleiche Form in einem Goldfund von Aïdin (Bulletin de corr. hell. 1879 Taf. 4. 5).

Die Geräte Nr. 1b bis 16 sind zusammen in dem Gefäße Nr. 2a der spätkanaanitischen Gattung im Nordwesten vor der Vormauer gefunden worden, in dem sie als wertvolle Funde, die beim Durchwühlen der Ruinenstätte gemacht wurden, gesammelt waren. Flachcelte aus Kupfer wie Nr. 1 sind auch sonst aus sicher kanaanitischen Schichten des Hügels zutage gekommen.

17. Flachcelt, Länge 0,165 m (Abb. 106). Typus der Absatzaxt mit schmälerem Schaftstück, dessen oberes Ende etwas nach innen eingeschwungen ist, und breiter, im Bogen ausgeschwungener Klinge.

Dieser seltene Typus der Absatzaxt, der einen ersten Versuch darstellt, einem Vorschieben des Schaftes auf die Schneide vorzubeugen, war bisher nur in wenigen Exemplaren aus dem westlichen Gebiet des vorgeschichtlichen Europas bekannt. Das Material haben Orsi, Bullettino di paletnologia Italiana 26 (1900) S. 167f. und Montelius, Archiv für Anthropologie 26 (1900) S. 910, 963 und 993 gesammelt. Darnach erstreckt sich das Verbreitungsgebiet von Süditalien (Museum von Lecce: abg. Montelius a. a. O. Fig. 473, 474), Sizilien (Depotfund von Modica in Syrakus: Orsi a. a. O. Taf. XII Abb. 14; ein Exemplar aus Licodia Euboea: Orsi a. a. O. S. 162 Fig. 2), Mittelitalien (ein Exemplar vom Monte Rovello: Montelius, Civilisation primitive en Italie ser. B Taf. 121 Nr. 26) und Sardinien (Montelius, Ricordi della Sardegna Taf. II Fig. 9; Spano, Scoperte archeologiche fatte in Sardegna in tutto l'anno 1873 Tav. Fig. 8; Crespi, Il Museo di antichità di Cagliari Tav. II Fig. 11) bis nach Spanien (Cartailhac, Les âges préhistoriques Fig. 329; Siret, L'Espagne préhistorique Fig. 291; Montelius a. a. O. S. 993 Fig. 541) und Irland (zwei Exemplare aus Süd-Irland im Britischen Museum vgl. John Evans, L'âge du bronze de la Grande Bretagne Fig. 108; horae ferales pl. IV Fig. 15). Wichtig wegen der weiter östlichen Herkunft sind die Axt aus Kertsch bei Greenwell, Archaeologia LVIII S. 12 und das von Chantre, Mission en Cappadocie 1893/4 S. 79 Fig. 59 veröffentlichte Exemplar aus Kara-Öjük im südöstlichen Kleinasien (vgl. Montelius a. a. O. S. 910 Fig. 346). Weitere Funde von Beilen aus Bronze hat Winckler in Boghazköi und Umgegend gemacht (vgl. M. D. O-G 35 S. 7ff. Abb. 1), die eine jüngere Fortentwickelung desselben Typus zeigen, bei dem entsprechend wie bei den Exemplaren aus Kertsch, Spanien und Irland das obere Ende der Schneide am Schaftstück in zwei Zapfen ausgezogen ist. Das häufige Auftreten dieses Typus im Hethitergebiet lehrt wohl, daß die Heimat der Absatzaxt nicht im Westen, sondern im Osten zu suchen ist. Die typologisch einfachsten

Abb. 106. Absatzaxt aus Kupfer Nr. 17.

Exemplare sind hier die Äxte aus Jericho und Öjük. Am fortgeschrittensten ist der Typus in einer Axt aus der Gegend von Frankenthal im Museum zu Wiesbaden (Altertümer unserer heidnischen Vorzeit I Heft 1 Taf. 3, 15), bei der die beiden Zapfen am Absatz zu eingerollten Voluten umstilisiert sind.

IV. Gegenstände aus Stein, Bein und anderen Materialien.

Abb. 107. Idol Nr. IV, 1.

1. Idol aus weißem, porösem Kalkstein (Abb. 107). Eine flache Kalksteinplatte ist nach den Seitenflächen zu abgerundet und oben eine Einziehung, die den Hals bildet, ausgemeißelt. Durch zwei tiefe Bohrlöcher sind die Augen, durch zwei senkrechte Ritzlinien die Nase und durch eine senkrechte und zwei Querlinien der linke Arm angedeutet.

Gefunden in der kanaanitischen Ansiedlung hinter der Stadtmauer im Norden.

2. Keulenköpfe in zwei verschiedenen Typen: a) gedrückt kugel- oder apfelförmig (Abb. 108, 109), b) birnförmig (Abb. 110). Jene sind aus dunkelrotem, dichtem Kalkstein, diese aus weißem, marmorartigem Kalkstein gefertigt; beide sind an der Außenseite sorgfältig poliert. Nach den Fundumständen stammen sie alle aus der kanaanitischen Schicht. Beide Typen finden sich bereits in der vorhistorischen Epoche Ägyptens; die birnförmigen, technisch vollkommneren Keulenköpfe werden Nachahmungen ägyptischer Vorbilder, wenn nicht geradezu ägyptisch sein. Für ägyptische Herkunft spricht die vortreffliche Ausführung der Durchbohrung, die gleichmäßig von einer Seite aus durchgeht. Im Inneren sind die feinen Bohrringe deutlich zu sehen. Die runden sind sicher an Ort und Stelle gefertigt, da ein Exemplar (Abb. 108) erst den Beginn der Durchbohrung zeigt und unvollendet gelassen ist; das andere (Abb. 109) ist von beiden Seiten aus durchbohrt, die beiden Bohrlöcher treffen aber im Innern nicht genau zusammen, sondern sitzen schief zueinander.

Abb. 108. Unfertiger Keulenkopf. ⅓ nat. Gr.

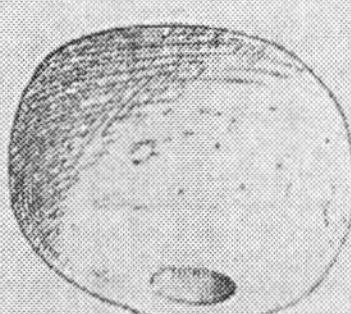

Abb. 109. Runder Keulenkopf. ⅓ nat. Gr.

3. Reibschalen aus hartem Kalkstein. Sie bestehen in kegelförmigen, durch Reiben vergrößerten Vertiefungen in einem unregelmäßig zugehauenen, an der Oberseite gleichmäßig bearbeiteten Stein. In den Häusern pflegen diese Steine in den Boden eingelassen zu sein und haben wohl zur Bereitung eines feineren Mehles aus geschrotenem Korn oder anderen Früchten gedient. Sie fanden sich bisweilen noch in situ in kanaanitischen Häusern, meist aber verbaut in den Hauswänden jüngerer Zeit.

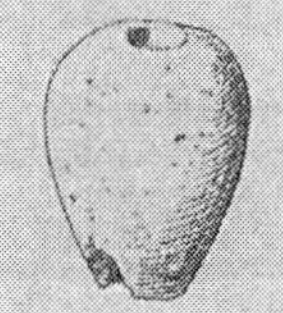

Abb. 110. Birnförmiger Keulenkopf. ⅓ nat. Gr.

4. Handmühlen aus rotem mürbem Sandstein, brotförmig; die Reibfläche ist stark ausgerieben. Zwei Exemplare dieser Art wurden bei der Tiefgrabung im West-Ost-Schnitt in der zweiten Schicht unter der kanaanitischen gefunden (vgl. oben S. 19).

5. Fragment einer kleinen Büchse aus Knochen; mit Gruppen eingeritzter Streifen und eingebohrter, zum Teil durch die Wandung gebohrter Punkte verziert; im oberen glatten Rand ein größeres rundes Loch. Unten gebrochen (Abb. 111).

Abb. 111. Fragment einer Büchse Nr. IV, 5.

6. Amulett aus Knochen, löwenartiges Tier in ziemlich derber Arbeit und flach. In der Mitte des Körpers Durchbohrung zum Anhängen. Länge 0,03 m.

7. Bestandteile einer Halskette (Abb. 112), gefunden in einer kleinen Kanne (Nr. B, 2 b: Blatt 20) in dem Zimmer eines Hauses im Südschnitt. Das Mittelstück der Kette bildet ein in der Mitte durchbohrtes Amulett aus dichtem weißem Kalkstein von 0,027 m Länge, das ein vierbeiniges Tier darstellt. Die Augen sind durch kleine Einbohrungen angedeutet; die Hinterbeine sind nur durch eine eingetiefte Linie getrennt, die Vorderbeine ganz abgerieben. Die übrigen Glieder der Kette bestehen aus Schnecken, von denen folgende von Herrn Professor Rathgen und von Herrn Professor Thiele vom Museum für Naturkunde in Berlin bestimmt werden konnten: eine von einer Nerita-Art, eine von einer Conus-Art, 16 Ancillaria eburnea, 6 von einer Engina-Art, eine von einer Trivia-Art; ferner aus zwei ovalen Perlen aus schwarzbraunem Lydit, einer großen runden aus Karneol, 175 kleinen, die aus weißem dichtem Kalkstein bestanden oder aus Konchylienschalen zurechtgeschnitten waren, einer aus grünlichem, einer aus rotem und einer aus bräunlichem dichtem Kalkstein, dazu 50 ovalen und 24 kleinen runden Perlen aus grüner, zum Teil an der Oberfläche zersetzter oder stark abgeriebener Fayence. Die Fayenceperlen werden Import aus Ägypten sein.

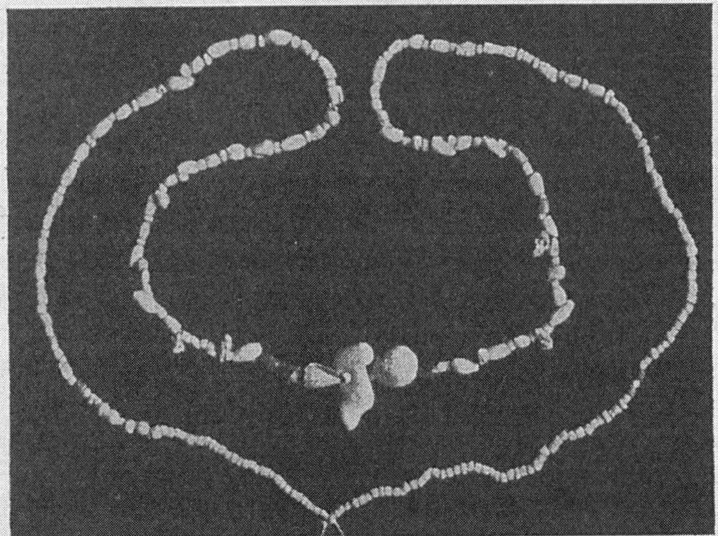

Abb. 112. Halskette Nr. IV, 7. ½ nat. Gr.

B. Die israelitische und jüdische Periode (Schicht 4, 5, 6).

I. Keramik.

Israelitische Tongefäße.

A. Vasen mit weißer Engobe.

1. Henkellose Amphora mit Fuß (Blatt 22 und Abb. 113—116). Höhe 0,14 m, mehrere Fragmente vom Fuße und vom Rand gleicher Gefäße wurden in den israelitischen

Abb. 113. A, 1. ⅓ nat. Gr.

Abb. 114. A, 1. ⅓ nat. Gr.

Häusern im Norden gefunden; andere in der israelitischen Schicht auf dem Quellhügel und bei der Freilegung des an die Stadtmauer im Südosten anstoßenden byzantinischen Gebäudes über der Treppe. Die Höhe der Lippe und des Fußes variiert sehr stark; zwischen Schulter und Hals und zwischen Fuß und Bauch vermittelt häufig ein plastischer Ring.

2. Kanne, Fragment (Abb. 117). Höhe 0,065 m. Der Henkel ist zweigeteilt, Schulter und Bauch scharf abgesetzt; zwischen Hals und Schulter sitzt ein plastischer Ring; wohl von breiter, gedrückter Form.

Abb. 115. A, 1. ⅓ nat. Gr.

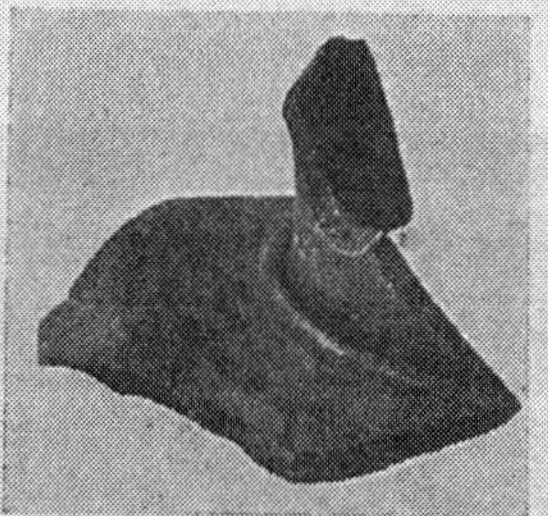

Abb. 116. A, 1.

3. Kanne, ohne Fuß, unten spitz zulaufend; die Mündung fehlt. Höhe 0,105 m. Zwischen Hals und Schulter plastischer Ring (Blatt 22).

4. Kanne sehr schlanker Form (Blatt 22); statt des Fußes unten kleiner, flacher Knopf; Henkel zweigeteilt. Höhe 0,35 m; graubrauner Ton mit weißen Beimengungen. Zwischen Hals und Schulter plastischer Ring.

5. Kleine Kanne breiter Form ohne Fuß, Höhe 0,135 m. — Zur Form vgl. Nr. D, 1 auf Blatt 29.

6. Henkel einer Kanne, zweigeteilt, oben plastischer Knopf. Ursprüngliche Form wohl wie bei Nr. 4.

7. Fragmente von Schalen mit Ringfuß ohne Henkel; die Lippe ist stark entwickelt

Abb. 117. A, 2. ⅓ nat. Gr.

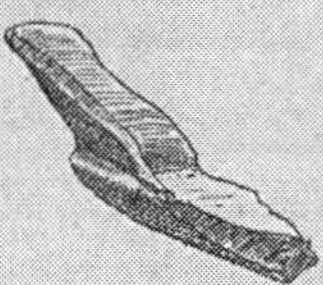

Abb. 118. Schalenfragmente A, 7. ⅓ nat. Gr.

und setzt sich mit einem scharfen Knick vom Körper ab. (Abb. 118). — Vgl. die Schalen aus dem Kinderfriedhof in Ta'annek: Sellin, a. a. O. S. 35 Fig. 32; aber dort ohne weiße Engobe.

8. Schale aus hellgelbem, feingeschlemmtem Ton mit schwarzen Beimengungen. Höhe 0,077 m; Durchmesser 0,105 m. Lippe nach außen vom bauchigen Körper scharf abgesetzt (Blatt 22). — Grabfund, zusammen mit Nr. C, 8.

9. Randstück eines Napfes von halbkugeliger Form mit breiter Lippe und darunter umlaufendem scharfem Grat. Höhe 0,09 m.

10. Fragmente vom Rand und Fuß einer großen, dickwandigen Schüssel; auf der oben vorspringenden Lippe plastisches Grätenornament; um den Körper (mindestens) zwei plastische Streifen mit eingepreßtem Blattzweig (Abb. 119).

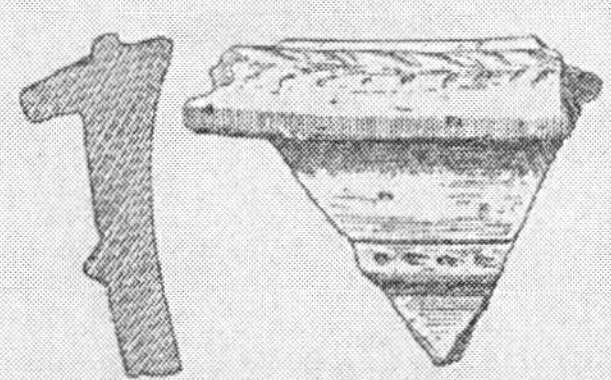

Abb. 119. A, 10. ⅓ nat. Gr.

Abb. 120. A, 12. ⅓ nat. Gr.

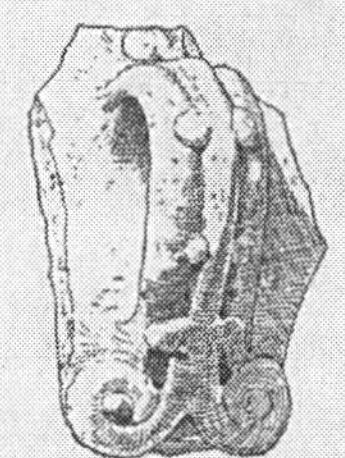

Abb. 121. A, 14. ⅓ nat. Gr.

11. Randstück eines großen Gefäßes mit weißem Überzug, erhaltene Höhe 0,055 m, oben auf der Lippe Stichmuster, ebenso auf einem plastischen Wulst darunter.

12. Fuß eines großen Gefäßes; rosagrauer Ton mit weißem poliertem Überzug. Ring oben und unten (Abb. 120).

13. Unterer Teil einer Amphora auf drei Bandhenkeln als Füßen; dicke weiße Engobe; nur die Hälfte der Füße erhalten; unterer Durchmesser 0,075 m (Abb. 122).

14. Henkel einer großen Amphora mit plastischem Mittelgrat, der nach unten in zwei sich nach außen einrollende Voluten ausläuft; rechts und links von dem Grat je drei plastische Tonbuckel, ein viertes Paar oben über dem Henkelansatz auf der Gefäßwandung; dicker, weißgelber Überzug (Abb. 121).

Abb. 122. A, 13. ⅓ nat. Gr.

B. Vasen mit weißer Engobe und Mattmalerei.

1. Fragmente von Amphoren der Form Nr. C, 2 und 3 (Blatt 28); auf dem weißen Grund lilabraune Streifen und orangerote Wellenlinien von oben nach unten (Abb. 123). Zwei ent-

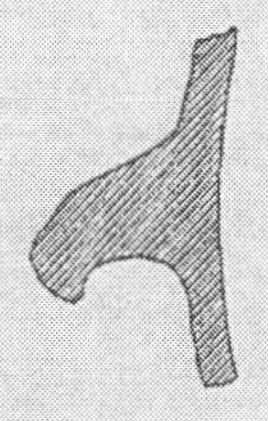

Abb. 123. Fragmente von Amphoren B, 1. ⅓ nat. Gr.

sprechende Fragmente mit den Ansätzen der Henkel. — Zur Form vgl. auch die ganz erhaltenen Gefäße aus Tell Zakarija: Bliß-Macalister, Excavations Taf. 43, 1. 4 und ein Fragment aus Tell Taʿannek: Sellin, a. a. O. Fig. 88 (dazu S. 68).

2. Eiförmige Kanne, grünlichgelber Ton mit weißer Engobe. Höhe 0,195 m; auf dem oberen Teil des Körpers violettbraune Ringe, Dreiecke, Wellenbänder und mit Tupfen gefüllte Bögen. Ebensolche Ringe um den Hals (Blatt 22). — Grabfund zusammen mit zwei Amphoren wie Nr. C, 2. Vgl. auch oben S. 63.

3. Fragment einer Schüssel mit seitlichem Ausguß wie Nr. C, 16; um die Schulter über dem Ausguß auf weißem geglättetem Grund violettrote und braune Streifen (Abb. 126). — Vgl. die kyprische Ausgußschale: Macalister, Excavation of Gezer III Taf. CLXVI 9.

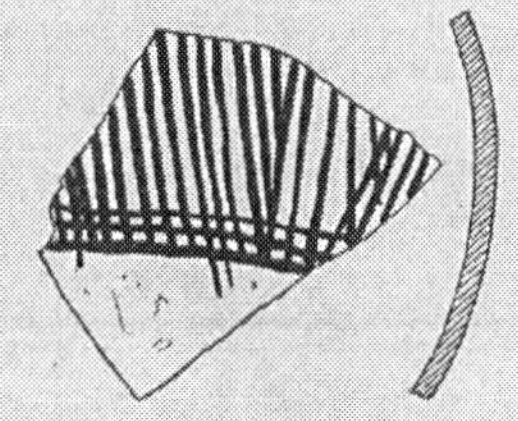

Abb. 124. B, 4. ⅓ nat. Gr.

Abb. 125. B, 5.

Abb. 126. B, 3. ⅓ nat. Gr.

4. Fragment einer halbkugeligen Schale(?), mit rotbraunen Querstreifen und drei sie unten kreuzenden Längsstreifen auf weißem Überzug (Abb. 124).

5. Halbkuglige Schale mit weißem Überzug, Randfragment mit doppeltem Leiterornament und je drei Querstrichen dazwischen in lilaroter Farbe: Nachahmung kyprischer Schalen mit weißem Überzug (Abb. 125).

C. Vasen ohne Dekoration.

1. Kleine Amphora mit Bauchhenkeln, Höhe 0,22 m, roter Ton mit vielen weißen Beimengungen, Überzug von gelbem Tonschlamm (Blatt 28); ohne Fuß, Bauch unten abgeplattet. — Grabfund zusammen mit Nr. C, 20 und D, 3: vgl. oben S. 64 Abb. 36.

2. Amphora mit Bauchhenkeln, Körper eiförmig. Höhe 0,45 m, graugelber Ton mit weißem Überzug (Blatt 28). Mündung und ein Henkel weggebrochen, an mehreren Stellen künstlich eingebohrte Löcher; enthielt Kinderknochen. — Grabfund zusammen mit Nr. D, 1 (vgl. S. 65).

3. Amphora mit Bauchhenkeln, Körper eiförmig, Mündung weggebrochen, roter Ton mit weißen Beimengungen, Fuß abgeschnitten. Höhe 0,40 m (Blatt 28); enthielt eine Kindesleiche. — Grabfund zusammen mit Nr. C, 4 und D, 3.

4. Großes Vorratsgefäß ohne Henkel von schlanker, eiförmiger Gestalt mit scharf profilierter Lippe; erhaltene Höhe 0,66 m (Blatt 28). — Grabfund, zusammen mit Nr. C, 3 und D, 3. — Vgl. die gleichen, ganz erhaltenen Behälter aus Gezer: Macalister, Excavation II S. 159 fig. 320; III Taf. LXI 21; aus dem Kinderfriedhof in Taʿannek, Sellin, a. a. O. fig. 29 und 32; aus Tell el-Mutesellim, Schumacher, a. a. O. S. 46 Abb. 43.

5. Krug ohne Henkel, Höhe 0,23 m, grünlicher, schlechtgebrannter Ton, weißer Überzug; bauchige Form, Mündung rund profiliert (Blatt 28). — Grabfund (vgl. S. 70 Nr. 4).

6. Unterer Teil einer Amphora auf drei Bandfüßen, der dritte Fuß abgebrochen. Höhe 0,09 m, fester hellbrauner Ton, schwarze Beimengungen (Abb. 127). — Vgl. die gleiche Form Nr. A, 13 und ein ganz erhaltenes Exemplar aus Gezer: Macalister, Excavation II S. 197 fig. 351; III Taf. XLIII 3.

Abb. 127. C, 6. ⅓ nat. Gr.

7. Henkel einer großen Amphora mit Bauchhenkeln; von oben legen sich auf den Henkel zwei plastische, sich nach innen einrollende Voluten auf; darunter die Spur einer weiteren abgesprungenen runden Verzierung (Abb. 128).

8. Eiförmige Kanne mit Bauchfuß, Höhe 0,31 m, Lippe scharf profiliert, fester rotgebrannter Ton mit weißen und schwarzen Beimengungen, außen Politurstriche von oben nach unten (Blatt 28). — Grabfund zusammen mit Nr. C, 19. Vgl. die Kanne: Sellin, Tell Ta'annek Taf. III, 1.

9. Eiförmige Kanne mit Bauchfuß. Höhe 0,31 m. Mündung und Henkel weggebrochen (Blatt 28). — Grabfund zusammen mit Nr. D, 11 und 13 und einem Napf wie E, 1.

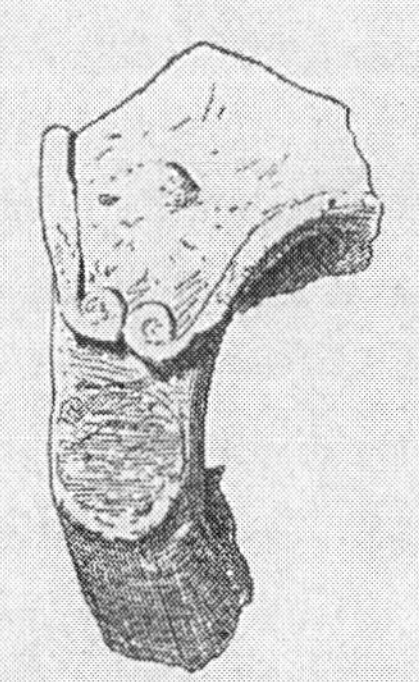

Abb. 128. C, 7. ⅓ nat. Gr.

10. Kanne mit spitzem Fuß, Mündung zusammengedrückt. Höhe 0,25—0,285 m, hellbrauner Ton mit gelblichweißem Überzug oder heller, gelblichweißer Ton (Blatt 28). — Vgl. Nr. A, 3. Diese Kannen sind außerordentlich häufig und besonders gern als Beigaben zu Bestattungen verwendet: vgl. oben S. 70f. In den Häusern der jüdischen Schicht (5) auf dem Quellhügel ist kein einziges Exemplar dieser Form mehr gefunden worden.

11. Kanne mit vorn zusammengedrückter, breiter Mündung und Standring, gelblicher Ton. Höhe 0,185 m (Blatt 28). — Grabfund, zusammen mit Nr. C, 15 und einem kleinen Bronzering (vgl. S. 64 Abb. 37).

12. Kanne, Fragment vom oberen Teil, mit Halsring und geteiltem Henkel, hellbrauner Ton, außen etwas geglättet. Höhe 0,09 m. Schulter vom Bauche abgesetzt (Abb. 129).

Abb. 129. C, 12. ⅓ nat. Gr.

13. Kanne mit seitlichem Ausguß, „Teekanne". Höhe 0,075 m, Länge 0,18 m, hellbrauner Ton, schwache dunkelbraune Politur in Strichen (Blatt 29). — Grabfund, zusammen mit Nr. C, 10; D, 5, 6 und 7; E, 1 (vgl. S. 71 Abb. 43).

14. Kleine Kanne, Höhe 0,12 m, mit seitlichem Ausguß auf der Schulter, der zum größten Teil weggebrochen ist. Bauchige Form mit Bauchfuß, von der Schulter abgesetztem kurzem Hals und profilierter Lippe (Blatt 29). — Vgl. die Kannen mit Traghenkel aus Gezer: Macalister, Excavation I S. 326 Fig. 168.

15. Kleine Kanne mit kreiselförmigem Körper, Höhe 0,105 m. Gelblicher Ton; abfallende Schultern; Henkel geteilt mit kleinem Knopf oben (Blatt 29).

16. Zweihenklige Schüssel mit seitlichem Ausguß; grober, graubrauner Ton mit weißen Beimengungen. Höhe 0,18 m, Durchmesser der Mündung 0,195 m (Blatt 29). — Vgl. Nr. B, 3. Eine ähnliche, nur oben noch durch ein Sieb geschlossene Ausgußschüssel geometrischen Stils ist auf der Insel Thera gefunden (vgl. Pfuhl, Athen. Mittlgn. 1903 S. 111 Beil. IX Nr. 8).

17. Napf mit rund profilierter Lippe. Höhe 0,103 m. Bauch und Schulter mit scharfem Knick absetzend (Blatt 29).

18. Napf mit Ringfuß; hellbrauner Ton mit schwarzen Beimengungen. Höhe 0,115 m. Außenseite geglättet (Blatt 29). — Zusammen gefunden mit Nr. D, 2 in der Tiefe vor der israelitischen Stadtmauer im östlichen Nordgraben.

19. Schale, roter Ton, außen geglättet. Höhe 0,065 m (Blatt 29). Form wie Nr. A, 8. — Grabfund, zusammen mit Nr. C, 8.

20. Schale, Höhe 0,07 m, Durchmesser 0,125 m, grober, gelbroter Ton mit kleinen weißen und schwarzen Einsprengungen. Ringfuß; Hals scharf vom Körper abgesetzt, vorspringende Lippe. — Grabfund, zusammen mit Nr. C, 1 und D, 3; vgl. die Schalen Nr. A, 7.

21. Napf, rotbrauner brüchiger Ton. Höhe 0,08—0,125 m, mit Bauchfuß, oben einfache Einziehung, mit oder ohne gelblichen Überzug (Blatt 29). — Grabfund, zusammen mit Nr. E, 2 und 5, einer Amphora wie C, 2 und einer Kanne wie C, 10 (vgl. S. 70 Nr. 5).

22. Kleiner Napf, mit starker Ausladung des Bauches und Ringfuß; hellbrauner Ton (Blatt 29).

23. Pilgerflasche, bauchige Form mit Schnurösen auf der Schulter. Höhe 0,18 m, roter Ton, grobe weiße Beimengungen (Blatt 29). — Vgl. ein Exemplar in der vorder-

Abb. 130. C, 24. ⅓ nat. Gr.

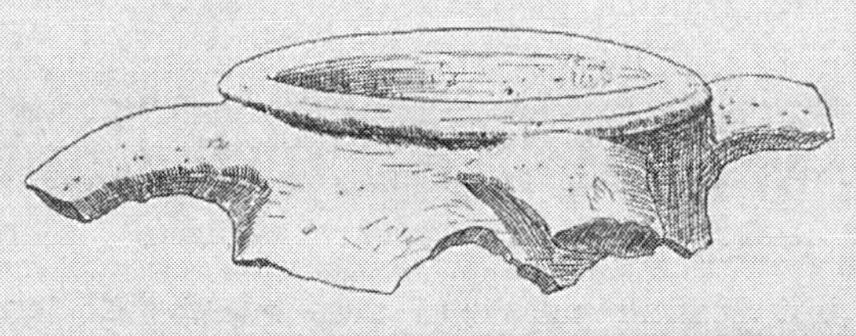

Abb. 131. C, 25. ⅓ nat. Gr.

asiatischen Abteilung der Kgl. Museen zu Berlin aus der Nähe von Gezer, das in einem Grabe zusammen mit einer spätmykenischen Bügelkanne gefunden ist.

24. Faßähnliches, doppelhenkliges Gefäß aus feinem braunem Ton. Fragment des oberen Teiles mit Mündung und schnurösenförmigen Henkeln (Abb. 130).

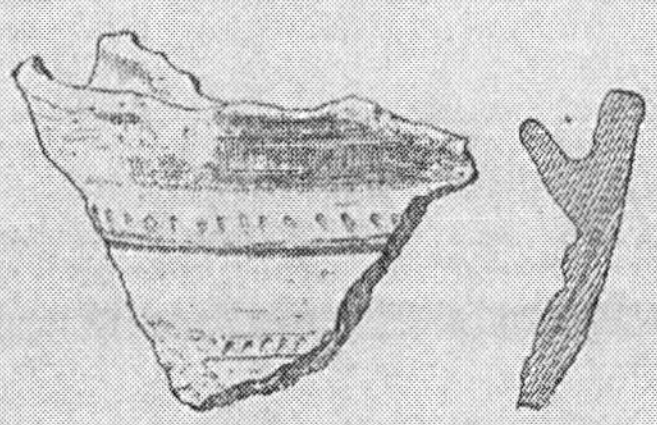

Abb. 132. C, 26. ⅓ nat. Gr.

25. Amphora; Fragment der Mündung mit vier unterhalb des Lippenrandes ansetzenden Henkeln (Abb. 131).

26. Fragment von einem großen Gefäß mit zwei plastischen Ringen mit Einkerbungen und einer doppelten Lippe oben; die Rinne dazwischen diente zur Aufnahme des Einsatzes eines Deckels (?) (Abb. 132).

27. Runder Kochtopf mit geraden Wänden; gelblichgrüner Ton mit Quarzstückchen darin; gelber geschlämmter Überzug, oben aufgelegtes plastisches Band mit schrägen Einkerbungen. Höhe ca. 0,15 m, Durchmesser ca. 0,30 m. — Ein Exemplar dieser häufigen Gefäße stammt aus dem israelitischen Hause A im Norden, wo es in der Nordostecke auf einer Erhöhung aus Lehmziegeln lag (vgl. oben S. 62).

D. Vasen mit schwarzem, poliertem Überzug.

1. Kleine, bauchige Kanne ohne Fuß, mit wulstiger Lippe und einfachem Henkel, Höhe 0,125 m, grauer, grober Ton (Blatt 29). — Grabfund zusammen mit Nr. C, 2 (vgl. S. 65).

2. Kleine Kanne mit Standring, Höhe 0,10 m, grauer, fein geschlämmter Ton. Bauch und Schulter gehen ohne Absatz ineinander über (Blatt 29). — Gefunden zusammen mit dem Napf Nr. C, 18 in der Tiefe vor der israelitischen Stadtmauer.

3. Kleine Kanne mit Standring, Höhe 0,06 m. Form eleganter wie bei der vorigen; Hals und Schulter scharf abgesetzt; Mündung kelchförmig (Blatt 30). Zur Form vgl. Nr. E, 6. — Grabfund zusammen mit Nr. C, 1 und C, 20.

4. Kleine Kanne mit geteiltem Henkel, grauer Ton, sehr verbrannt (Blatt 30). — Zusammen gefunden mit Nr. C, 3 und 4 in einem Kindergrab unter dem Fußboden des Hauses A im Norden, vgl. oben S. 63. Eine andere war Grabbeigabe auf der Westseite des Quellhügels: vgl. oben S. 70 Nr. 1.

5. Kleine Kanne, grauschwarzer Ton, unten spitz zulaufend mit kleinem Knopf. Ring unter der Lippe. Höhe 0,153 m (Blatt 30). — Grabfund zusammen mit Nr. C, 13; D, 6 und 7; E, 1 und einer Kanne wie C, 10 (vgl. S. 71 Abb. 43).

6. Kleine schlanke Kanne, graubrauner Ton. Höhe 0,16 m, unten kleiner Knopf; Henkel geteilt (Blatt 29). — Grabfund zusammen mit Nr. C, 13; D, 5 und 7; E, 1 und einer Kanne wie C, 10.

7. Bauchige kleine Kanne, Henkel und Mündung abgebrochen, unten in einen Knopf endigend, Höhe 0,10 m. Henkel geteilt; grauer Ton. — Grabfund zusammen mit Nr. C, 13; D, 5 und 6; E, 1 und einer Kanne wie C, 10.

8. Kanne mit Ringfuß, Höhe 0,16 m. Henkel und Mündung abgebrochen, grauer Ton, grauer Überzug. Form der vorigen entsprechend, nur größer (Blatt 29).

9. Kleine Kanne mit breitem Ringfuß und unterhalb der Lippe ansetzendem geteiltem Henkel. Höhe ca. 0,13 m, grauer Ton mit Spuren schwarzer Politur. — Grabfund, zusammen mit einem Napf wie E, 1 und einer Kanne wie C, 10 (vgl. S. 70 Nr. 6).

10. Kleine Kanne, Höhe ca. 0,11 m, mit an der Lippe ansetzendem Henkel und kleinem Knopf unten; grauer Ton, grauschwarzer, schlecht polierter Überzug (Blatt 30). — Grabfund zusammen mit Nr. E, 4 und einem Napf wie C, 18.

11. Schlanke Kanne mit spitzem Fuß und einfach profilierter runder Mündung. Höhe ca. 0,15 m, grauer Ton, mit Spuren dunkelgrauer Politur. Zur Form vgl. Nr. A, 3. — Grabfund, zusammen mit Nr. C, 9; D, 13 und Napf wie E, 1.

12. Kleine Kanne schlanker Form. Höhe 0,09 m, mit Spuren schwarzer Politur (Blatt 30).

13. Napf mit Ringfuß, Höhe 0,095 m, dunkelgrauer, polierter Überzug, einfach profilierte Lippe, scharfer Knick zwischen Bauch und Schulter (Blatt 30). — Grabfund zusammen mit Nr. C, 9; D, 11 und Napf wie E, 1.

E. Vasen mit rotem oder braunem poliertem Überzug.

1. Napf, gelbbrauner Ton, schöner braunroter Überzug mit feiner Politur. Höhe 0,07—0,10 m, mit Ringfuß; Schulter mit scharfer Kante an den Körper ansetzend, Lippe

profiliert (Blatt 30 und Abb. 133). — Solche Näpfe sind eine der beliebtesten Grabbeigaben wie die Kannen Nr. C, 10.

Abb. 133. E, 1.

2. Kleine Kanne, Höhe 0,10 m, unten kleiner Knopf, brauner polierter Überzug. Form wie Nr. E, 4. — Grabfund zusammen mit einer Amphora wie C, 2, einer Kanne wie C, 10, Nr. C, 21 und E, 5.

3. Kleine Kanne, Höhe 0,085 m. Henkel geteilt, bräunlicher heller Ton, roter polierter Überzug, unten kleiner Knopf (Blatt 30).

4. Kleine Kanne mit Knopf unten, Höhe 0,075 m, schöner hellrotbrauner Überzug mit guter Politur. Lippe weggebrochen; schön geschwungener Schulterhenkel, elegante Form (Blatt 30). — Grabfund zusammen mit Nr. D, 10 und einem Napf wie C, 18.

5. Kleine Kanne, zerbrochen. Höhe 0,08 m. Form wie Nr. E, 4, aber Henkel geteilt, brüchiger roter Ton, hellbrauner Überzug. — Grabfund, zusammen mit Nr. C, 21; E, 2 und einer Kanne wie C, 10 (vgl. oben S. 70 Nr. 5).

6. Kleine Kanne derselben Form wie E, 4. Höhe 0,085 m, hellbrauner, polierter Überzug; darauf von der Schulter zum Fuß dunkelrote Streifen, fast ganz verloschen (Blatt 30). Die Farbe sitzt unten, wohin sie herabfloß, am dicksten (vgl. die rekonstruierte Abb. E, 6 Blatt 30 rechts). — Von einer ähnlichen Kanne stammt wohl das Fragment Macalister, Excavation of Gezer III Taf. CLIV 29.

7. Schlanke Kanne, hellbrauner Ton, hellbraune Politur. Höhe 0,17 m. Bauch unten etwas abgeplattet, profilierte Lippe, an der der Henkel ansetzt. Zur Form vgl. Nr. D, 10.

8. Eiförmige Kanne mit Knopf unten, Höhe 0,165 m, hellbrauner Ton, schwache Spuren braunroter Politur. Henkel geteilt (Blatt 30). — Vgl. die Kannen aus dem Kinderfriedhof von Ta'annek: Sellin a. a. O. Taf. IV b; dazu S. 35.

9. Kanne mit spitzem Fuß, Mündung zusammengedrückt. Form wie Nr. C, 10, brauner Ton, Spuren polierten hellbraunen Überzuges.

F. Vasen ohne Überzug mit Mattmalerei.

1. Randfragmente einer Amphora, Randhöhe 0,06 m; lilarote und lilabraune Ornamente: Streifen, Wellenlinien, Dreiecke, gefüllt oder mit Tupfen im Inneren, wechseln metopenartig miteinander ab (Abb. 134).

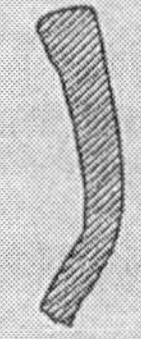

Abb. 134. Randfragmente F, 1. ⅓ nat. Gr.

2. Oberer Teil einer Amphora; Höhe 0,12 m, hellbrauner Ton; lilarote und lilabraune Ornamente: Dreiecke und schräge Wellenlinien zwischen Streifen auf dem Hals, hängende

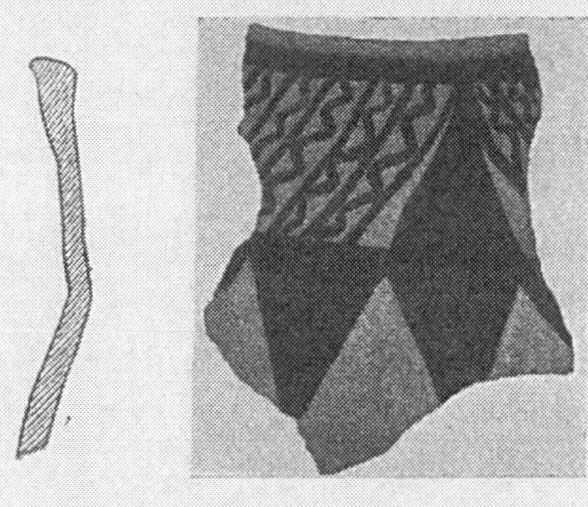

Abb. 135. F, 2. 1/3 nat. Gr.

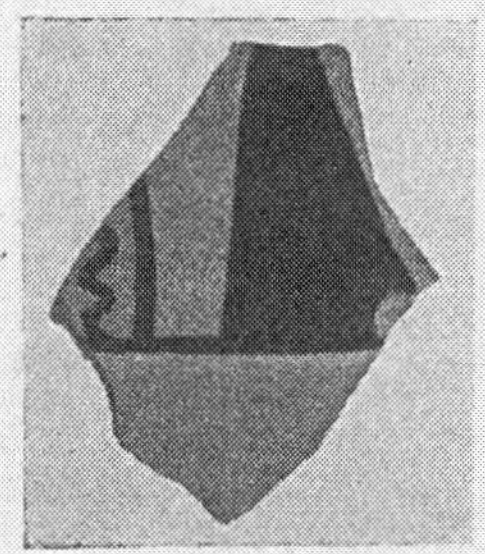

Abb. 136. F, 3. 1/3 nat. Gr.

langgezogene Dreiecke auf der Schulter (Abb. 135). — Vgl. das Fragment bei Sellin, Tell Taʿannek, Nachlese S. 13 Fig. 12 rechts oben.

3. Fragment von der Wandung eines großen Gefäßes; Höhe 0,105 m, roter Ton, lila und rotes Ornament: langgezogene Dreiecke und Wellenlinien zwischen Streifen (Abb. 136).

Abb. 137. F, 4. 1/3 nat. Gr.

Abb. 138. 1/3 nat. Gr.

Abb. 139. F, 8.

4. Randfragment eines Napfes(?), oben auf dem Rand Wellenlinie, auf der Schulter hängende Dreiecke in lila und rot (Abb. 137).

5. Fragment einer Amphora mit Schulterhenkeln, roter Ton, auf der Schulter in rot und violettbraun parallele Streifen und Wellenlinien dazwischen (Abb. 140).

Abb. 140. F, 5.

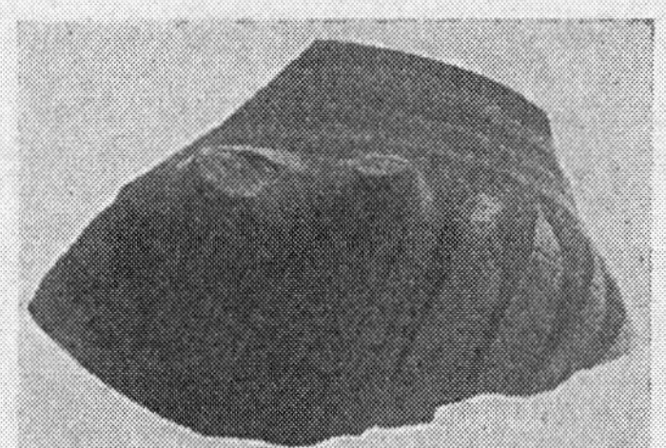

Abb. 141. F, 7.

6. Schulterfragment eines großen Gefäßes mit lilabraunem Gittermuster und roten Doppeldreiecken mit lilabrauner Umrahmung dazwischen (Abb. 138).

7. Schale tiefer Form, mit umgebogenem, hohem Rand und Seitenhenkel; um den Rand Streifen, auf der Schulter hängende Dreiecke in violettschwarz und braunrot (Abb. 141).

8. Randfragment einer Schale mit mattroten Streifen und Wellenlinien auf der Innenseite; außen weißer Überzug (Abb. 139), vgl. oben Nr. B, 4. Diese Schale bildet ein Übergangsglied zwischen dieser und der Gruppe B.

G. Fremder Import.

1. Fragment der Mündung eines Kännchens; grauer Ton mit schwarzem Überzug und strahlenförmig eingravierten Punkten um die Schulter, die mit weißer Farbe gefüllt waren (Abb. 142). Das Fragment ist im West-Ost-Schnitt in einer Abfallgrube gefunden worden zusammen mit Scherben von Kochtöpfen mit plastischem Randstreif und von henkellosen Amphoren mit weißer Engobe (vgl. oben S. 66 Abb. 39).

Ganz erhaltene Kännchen dieser Form und Technik sind vielfach in Ägypten gefunden und treten dort in der Zeit von der XII. bis zur XVIII. Dynastie auf (vgl. Fimmen, Zeit und Dauer der kretisch-mykenischen Kultur S. 49ff.). In Kypros erscheinen sie in dem Gräberfeld von Enkomi (Murray, Excavations of Cyprus S. 6 Fig. 9 Nr. 1303|4, vgl. S. 54), aber leider nicht im Zusammenhang mit datierbaren Grabfunden. Doch gehören die Gräber der Nekropole in der Hauptsache der Zeit zwischen 1400 und 1000 an. Andere aus Gräbern in Kalopsida stammen aus der Zeit vor dem Auftreten der mykenischen Vasen, also vor 1800 (vgl. Myres-Richter, Catalogue of the Cyprus Museum S. 37f.; Taf. II Nr. 283; Myres, Journ. Hell. Stud. 1897 S. 145f., wo weiteres Material gesammelt ist). Im letzten Drittel des II. Jahrtausends scheint demnach diese Gattung in Kypros außer Gebrauch gekommen zu sein.

Abb. 142. G,1. ⅓ nat. Gr.

Von den bekannten Ausgrabungsstätten in Palästina sind Kännchen dieser Art bisher nur aus Gezer veröffentlicht: Macalister, Excavation of Gezer II S. 156f.; III Taf. XXII 12(?); XXIII 16(?); CXLIX 12. 27; CLIII 8. 9. 10 (second semitic pottery). Eine kleine Kanne bei Sellin, Tell Ta'annek S. 52 Fig. 57 (aus dem Gräberfeld vor der Westburg) könnte eine einheimische, älterisraelitische Nachahmung sein, da sie zwar die gleiche Form und eingeritzte Verzierung zeigt, aber eine gelbbraune Politur besitzt. Die Heimat dieser schwarzen Kännchen dürfte nach der Verbreitung eher in Ägypten, als in Kypros zu suchen sein.

2. Fragmente vom Rande und Henkel halbkugeliger Schalen mit weißem Überzug und lilabraunem Gitterornament am oberen Rand. Aus Kypros importiert (vgl. Blatt 21 unten). Diese Schalen gehören zu den ständigen Funden auf allen Ausgrabungsstätten Palästinas; ihre Zeit bestimmt sich durch datierte Grabfunde aus Enkomi auf Cypern (vgl. Murray, Excavations of Cyprus S. 34f., S. 40, S. 72) in die zweite Hälfte des II. Jahrtausends v. Chr., während andere Funde wie auf Thera unter der Bimssandschicht und auf Kypros selbst eine Datierung in den Anfang des II. Jahrtausends sichern (vgl. Furtwängler-Löschcke, Mykenische Vasen Taf. XII 80; Myres-Richter, Catalogue of the Cyprus Museum S. 18). Die halbkugeligen Schalen gehören also dem vollen Verlaufe des II. Jahrtausends an und sind für genauere Datierungen von Schichten innerhalb dieser Zeit nicht zu verwerten.

Die Ausscheidung der ersten unter A und B (Blatt 22) vereinigten Vasen als einer besonderen Gruppe beruht auf der Eigenart ihrer Technik und Dekoration. Die Gefäße sind sämtlich auf der Scheibe sehr kunstvoll gefertigt und mit einem dicken, fast glasurartigen weißgelben Überzug versehen. Die Formen lassen deutlich den Einfluß von Metallvorbildern erkennen; bezeichnend ist dafür der schmale schlanke Fuß und der Halsring der henkellosen Amphoren Nr. 1, die drei Bandhenkel als Füße bei Nr. 13 und die scharfe Gliederung des Körpers der Schalen Nr. 7 und 8. Die Vorbilder lassen sich auch in Metall noch nachweisen. In den Händen der Keftiu im Grabe des Rech-me-re bei Theben erscheinen silberne Gefäße, deren Form der der Amphoren Nr. A, 1 sehr ähnlich ist, nur besitzen sie eine reichere Verzierung an plastischem, eingelegtem und aufgesetztem Ornament. Die Gefäße gehören zu denen, die im kretisch-mykenischen Kunstkreise bisher in Metall nicht nachgewiesen sind, dagegen in der Zeit des Neuen Reiches auch sonst auf ägyptischen Denkmälern häufig auftreten[1]. Sie unterscheiden sich in ihrer Form von den in Jericho gefundenen Vasen durch die größere Weite des Halses und besitzen öfter einen sehr hohen steilen Fuß. Es wird sich aber auch bei ihnen ursprünglich um kretische Metallgefäße handeln; denn die Alabastervase aus Mykenae klingt in ihrem Profil und in ihrer Henkelform an diese Gefäße an und ist gewiß eine Übertragung eines Metallvorbildes in Stein. Dazu ist die Dekoration mit Rosetten oder Spiralen rein mykenischer Art[2]. Die kretische Metallindustrie scheint sich dann in spätmykenischer Zeit noch im Osten weiter fortgesetzt zu haben, und auf die Vorbilder einer solchen, vorläufig nicht näher zu lokalisierenden, aber wohl syrischen Fabrik werden die Vasen aus Jericho zurückgreifen.

Noch näher als diese kretisch-syrischen Prunkgefäße stehen den Jericho-Vasen Bronzegefäße gleicher Form, die der geometrischen Epoche Italiens, dem IX. und VIII. Jahrhundert vor Chr. angehören. Bei ihnen wird die Form meist entweder durch seitliche Handgriffe oder durch Traghenkel bereichert. Die Beispiele sind jetzt bei **Montelius**, Civilisation primitive en Italie bequem zu überblicken, vgl. ser. B Taf. 76 Nr. 32 (Bologna, fondo Benacci); Taf. 318 Nr. 25 (Falerii), beide mit Handgriffen; Taf. 255 Nr. 13, 256 Nr. 6 (Bisenzio); 282 Nr. 19, 283 Nr. 15 (Corneto); 314 Nr. 4, 317 Nr. 5 (Falerii): alle mit Traghenkeln; Taf. 279 Nr. 5 (Corneto) ohne Henkel, aber mit Deckel. Auch im geometrischen Stile Griechenlands treten hier und da, wenn auch selten, von gleichen Metallvorbildern abgeleitete Formen in Ton auf, deren Beispiele **Böhlau**, Aus ionischen und italischen Nekropolen S. 145f. gesammelt hat. Er hat auch bereits gesehen, daß bei der von ihm Kugelgefäß genannten Form eine Entlehnung aus syrischem Industriekreis vorliegt. Die Gefäße mit fast kugeligem Körper wie im Alyattesgrab bei Sardes (H. v. **Olfers**, Abhandlungen der Berliner Akademie 1859 Taf. V) und die mit einer etwas abgesetzten Schulter und nach dem Fuße zu sich verjüngendem Körper wie in Samos (**Böhlau** a. a. O. Taf. VI 5) und auch sonst wird man nicht voneinander trennen können; es werden nur Umbildungen der Metallform sein, deren Typus durch die Tongefäße aus Jericho repräsentiert wird. Aus Syrien selbst ist die Form bisher in Metall nicht bekannt; auch Beispiele der Tongefäße von anderen Ausgrabungsstätten sind selten; in einer Nekropole nördlich von Jericho bei dem Dorfe Kafr-Malek (vgl. D. G. **Lyon**, American Journal of archeology 1908 S. 66) sind zahlreiche Vasen ganz gleicher Art gefunden

1) Eine ganze Reihe von ihnen hat H. **Schäfer** in Sethes Untersuchungen zur Geschichte und Altertumskunde Ägyptens Bd. IV veröffentlicht, so S. 15 Abb. 30, S. 16 Abb. 31, und S. 26 Abb. 49—52 (aus dem Grabe des Rech-me-re), S. 28ff. (aus der Zeit Thutmosis III. und IV.); dazu M. **Müller**, Mittlgn. d. V-A. Ges. 1904 Taf. II links.

2) Vgl. **Jolles**, Archäol. Jahrbuch 1908 S. 215; v. **Lichtenberg**, Mittlgn. d. V-A. Ges. 1911 S. 33f. Abb. 2 und 3, S. 42f.

worden und dem Vernehmen nach jetzt in Amerika. Aus Tell el-Mutesellim veröffentlicht Schumacher S. 102 Taf. 31 i eine Vase mit roten Querbändern, aus Gezer Macalister, Excavation of Gezer, drei Exemplare: I S. 133 und 135, 2 ζ = III Taf. XXXVII 2; II S. 161 g = III Taf. CLII 17; I S. 98 = III Taf. XXVI 7, die er alle der second semitic period zuteilt, von denen aber das letzte mit einer spätmykenischen Vase (Taf. XXVI 17) der Zeit nach 1400 zusammen gefunden ist. Von Tell Zakarîya stammen zwei Vasen ähnlicher Form, die mit dunkelroten Streifen auf braungrauem Grund verziert sind (Bliß-Macalister, Excavations Taf. 52, 1. 2) und wegen der Profilierung der Mündung und der Form des Fußes als späte Ausläufer angesehen werden müssen. Immerhin ist das Vorkommen so weit im Süden Palästinas auf altem Philistergebiet nicht ohne Bedeutung. Zu dieser einen, aus ihren Nachwirkungen erschlossenen Gefäßform aus einer syrischen Fabrik der spät- und nachmykenischen Zeit lassen sich noch weitere fügen.

Die Bildung des Fußes mit drei Standhenkeln unten wie bei Nr. A, 17 ist nicht auf Palästina beschränkt, wo ganze Exemplare aus Tell el-Mutesellim (Schumacher S. 86 Abb. 123) und Gezer (Macalister, Excavation II S. 197) veröffentlicht sind, sondern ist eine dem älteren geometrischen Stil im Gebiet des ägäischen Meeres eigentümliche Form. Der sogenannte Schwarzdipylon-Stil in Attika weist Amphoren mit drei Fußhenkeln auf (vgl. Sam Wide, Arch. Jahrbuch 1899 S. 198 Fig. 63); der untere Teil einer gleichen Amphora geometrischen Stils aus unbekannter Fabrik ist auf der Insel Thera gefunden (vgl. Pfuhl, Athen. Mittlgn. 1903 S. 215 Fig. 58), und auch im kyprischen geometrischen Stile fehlt sie nicht (vgl. Cesnola-Stern, Cypern Taf. 14, 4 aus Idalion; Perrot-Chipiez, Histoire de l'art III S. 730 Fig. 508). Sam Wide hat bereits für die griechischen Amphoren Metallvorbilder vermutet, und die Form der bandförmigen Standhenkel, die schwerlich eine Erfindung der Töpferkunst sind, spricht entschieden dafür. Daß die Heimat der Metallform im Gebiete der ägäischen Kultur zu suchen ist, legen die primitiven Vorstufen solcher Standhenkel aus der zweiten Stadt Trojas nahe (vgl. H. Schmidt, Troia und Ilion S. 280 Beil. 38 Nr. 1).

Das Auftreten dieser Amphorenform im griechischen geometrischen Stil gestattet eine Datierung in das IX. bis VIII. Jahrhundert und ist damit auch entscheidend für die Feststellung der Epoche, der die hier zusammengefaßte israelitische Vasengruppe angehört.

Die henkellose Schale Nr. 8 mit schrägem, abgesetztem Rand und kräftig gerundetem Körper läßt sich ebenfalls außerhalb Palästinas nachweisen. In Metall erscheint sie in Italien in der (geometrischen) Villanova-Periode; in der Tomba di Franchetta in Vetulonia ist eine Bronzeschale mit etwas höherem Fuß (Montelius, Civilisation primitive ser. B Taf. 197 Nr. 9) und mit gravierter und Buckelverzierung gefunden, deren Form genau der palästinensischen entspricht, nur ist noch auf den Rand ein gerader Henkel mit durchbrochener Scheibe aufgesetzt. Für eine östliche Heimat sprechen die ionischen Schalen des VII. und VI. Jahrhunderts, die die gleiche Form aufnehmen und mit zwei geraden Seitenhenkeln versehen (vgl. z. B. Böhlau, Aus ionischen und italischen Nekropolen Taf. VIII 21 und 24; Dragendorff, Thera II S. 217 ff.; Pfuhl, Athen. Mittlgn. 1903 Beil. 39 Nr. 4; Prinz, Funde aus Naukratis S. 81 ff.). Diese Schalen sind von Dragendorff und Prinz eingehend besprochen worden; ihre Heimat ist im südwestlichen Kleinasien, in Milet und Knidos, zu suchen; von da wandert die Form dann nach den Inseln und dem griechischen Mutterland. Wir haben sie also als unmittelbare Nachahmung einer östlichen Metallform anzusprechen.

Für diese östliche Metallindustrie wird noch eine vierte Form aus italischen Funden erschlossen werden dürfen, die der Pilgerflasche. Feldflaschen aus getriebener Bronze mit kleinen Schulterösen für Traghenkel kommen häufig in Gräbern der geometrischen Epoche Italiens vor, so in Volterra: Montelius, Civilisation primitive ser. B Taf. 170 Nr. 5; in Corneto: ebda. Taf. 281 Nr. 12; 282 Nr. 13; 289 Nr. 6; unbekannten Fundorts: Taf. 377 Nr. 3. Sie fehlt in Ton auch nicht in der älteren palästinensischen Keramik aus Jericho; aber das einzige, hier gefundene Exemplar ist aus rotem Ton ohne weißen Überzug hergestellt (Nr. C, 23 auf Blatt 29). Da die Pilgerflasche zu dem mykenischen Formenschatze gehört und in der späteren Zeit für die kyprische und die jüdische Keramik geradezu typisch ist, während sie in dieser Zeit in Griechenland selten ist, so dürfte das Auftreten dieser Form in Italien wieder aus östlichem Einfluß zu erklären sein.

Wir können also mit großer Wahrscheinlichkeit vier Gefäßformen aus einer östlichen Fabrik von Metallgeschirr nachweisen, deren Wirkungen sich in der Epoche des geometrischen Stiles äußern und sich bis nach Griechenland und Italien hin erstrecken. Sie lassen sich aber vielleicht noch etwas weiter verfolgen. Unter den getriebenen Bronzegefäßen, die in der jüngeren Bronzezeit in Nord- und Mitteleuropa als Import unbekannter südlicher Herkunft auftreten, finden sich auffallend verwandte Formen. Der Bronzewagen von Peccatel (abg. z. B. Altertümer unserer heidnischen Vorzeit V Taf. 39 Nr. 641; Beltz, Vorgeschichtliche Altertümer von Mecklenburg-Schwerin Taf. 34) stimmt in seiner Form genau mit einigen der von den Keftiu getragenen Amphoren überein und stellt sich damit als ein Zwischenglied zwischen diese und die Amphoren aus Jericho. Auch der Kesselwagen aus dem Grabhügel Trushöj bei Skallerup auf Seeland (abg. Altertümer unserer heidnischen Vorzeit V S. 210) hat mit seinen vier Henkeln und dem bauchigen Körper Analogien innerhalb der jüdischen Keramik (vgl. z. B. Nr. A, 2 und E, 2). Doch diese Zusammenhänge weiter zu verfolgen, dürfte der Rahmen dieser Publikation verbieten; es würde sich aber gewiß lohnen, diese „Vorläufer altitalischer Metallgefäße der Hallstadtzeit" (Reinecke, Altertümer unserer heidnischen Vorzeit V S. 213) zu sammeln und auf ihre Herkunft genauer zu untersuchen. Das Material für die ältere Stufe einer nachmykenischen, östlichen Metallindustrie aus dem Ende des II. und dem Anfang des I. Jahrtausends vor Chr. dürfte dann noch weitere Bereicherung erfahren.

Von Formen der Gattung mit weißer Engobe, die ebenfalls von Metallvorbildern abhängig sein werden, sind noch zu nennen die Kanne 2 wegen des plastischen Ringes zwischen Hals und Schulter und der scharfen Profilierung, die nach unten spitz zulaufenden Kannen Nr. 3 und 4 wegen des gleichen plastischen Ringes, die scharf profilierten Schalen Nr. 7, deren Profile wieder an archaïsch griechische Schalen erinnern, und der Amphorenhenkel Nr. 14 wegen der Nachahmung der Nieten und der Form der Voluten. Doch lassen sich wirklich erhaltene oder durch ihre Nachwirkung sonst erweisbare Metallvorbilder hier noch nicht aufzeigen.

Die gleiche Abhängigkeit von Metallvorbildern zeigt sich auch bei den einfachen, zierten Gebrauchsgefäßen unter C. Zum Teil finden sich hier dieselben Formen wie bei A wieder, so die Amphora auf drei Bandfüßen 6, der plastisch und mit einer Attasche verzierte Amphorenhenkel 7, die Kannen mit spitzem Fuß, aber ohne plastischen Ring 10, die Kanne mit scharfer Trennung von Schulter und Bauch 12 und die scharf profilierten Schalen 17ff. Von Formen, die auch im geometrischen Stil Griechenlands vorkommen, ist noch die Ausgußschüssel 16 (vgl. B, 3) bemerkenswert, bei der wohl auch ein beiden Landschaften gemeinsames Metallvorbild angenommen werden darf. Beide Vasengruppen sind also von Metallgefäßen in ihrer Bildung beeinflußt, wobei die Vasen mit weißer Engobe den Metallcharakter noch stärker gewahrt haben. Ob die Vasen ohne Verzierung unmittelbar die Metallgefäße nachgeahmt oder die Formen erst mittelbar der Gattung mit weißer Engobe entlehnt haben, ist einstweilen nicht zu entscheiden. Jedenfalls fehlt unter den einfachen Gebrauchsgefäßen die Form der henkellosen Amphora vollständig. Aus dem Vergleich beider Gattungen ergibt sich so viel mit Sicherheit, daß die Vasen mit weißer Engobe in Jericho Import von auswärts sein müssen, da die unverzierten Gebrauchsgefäße natürlich an Ort und Stelle gefertigt sind.

Die Vasen mit weißer Engobe besitzen bisweilen auch matt gemalte Ornamente in lilabrauner und roter Farbe; doch sind nur ganz spärliche Fragmente von Gefäßen mit dieser Verzierung gefunden. Diese Vasen stehen zum Teil deutlich unter kyprischem Einfluß; die beiden Schalenfragmente B, 4 und 5 sind Nachahmungen der kyprischen halbkugeligen Schalen, von denen selbst auch in Jericho Fragmente gefunden sind (vgl. G, 2). Auch die eiförmige Kanne 2 möchte man der lila Mattfarbe wegen unter kyprischem Einfluß entstanden denken; doch ist weder die Form noch die eigenartige Dekoration bisher aus der kyprischen Keramik der Bronzezeit bekannt. Dagegen gehören die Scherben unter B, 1 zu eiförmigen Amphoren der charakteristisch syrischen Form, wie sie von den Rutenu auf den Bildern im Grabe des Rech-me-re getragen werden, und dann im Neuen Reich auch in Ägypten weit verbreitet und auch dort angefertigt worden sind. Die Form ist also als syrisch bereits seit etwa der Mitte des II. Jahrtausends zu belegen. Wie lange diese Form, die sich von der späteren, jüdischen Amphora deutlich unterscheidet, bestanden hat, lehren italische und sizilische Grabfunde aus dem Ende des VIII. Jahrhunderts. In einer Tomba a fossa an der via Praenestina bei Gabii ist eine Amphora dieser Form aus gelblichweißem Ton mit Spuren von roter Bemalung gefunden (vgl. Bullettino communale 1903 S. 352ff. Taf. XI 2; Monumenti antichi 15 [1905] S. 396 Fig. 141b), und in der Nekropole von Gela erscheinen unter lauter Gräbern mit griechischen Beigaben die gleichen Amphoren zur Bestattung von Kindern verwendet (vgl. Orsi, Monumenti antichi 17 [1907] S. 194 Fig. 150, Grab 453; S. 168 Fig. 124, Grab 356), hier in einer Umgebung von Gräbern spätgeometrischen Stiles. Die Amphoren haben denselben kurzen Hals und die Eiform, wie sie für die Exemplare aus Jericho vorauszusetzen sind. Die charakteristische syrische Amphora hat also bis in das Ende des VIII. Jahrhunderts gelebt.

Die Dekoration: rote Wellenlinien zwischen lilaroten Streifen, ist in der israelitischen Periode außerordentlich beliebt. In Jericho kehrt sie wieder bei den Gefäßen ohne Überzug mit Mattmalerei (F), die etwas abweichende Farben, lilarot und lilabraun, verwenden. In Kypros kommt sie in der zweiten Hälfte des II. Jahrtausends vereinzelt vor (vgl. z. B. Myres-Richter, Catalogue of the Cyprus Museum Taf. III 368), dagegen ist sie typisch für die bunt bemalten Vasen aus Tell el Hesy, Tell es-Safi und Tell Zakarîya, von denen Scherben auch in Gezer, Tell el-Mutesellim und Ta'annek gefunden sind. Die Dekoration wird bei diesen Vasen einmal auf die fein mit hellerem Tonschlamm überzogene und geglättete Oberfläche eines grünlichen, gelblichen oder hellbraunen Tones mit brauner bis dunkelroter Firnisfarbe, also in kretisch-mykenischer Technik, aufgemalt, oder das aus rötlichem Ton gefertigte Gefäß erhält eine dicke weiße Engobe, und auf diese wird mit einer hellroten matten Farbe gemalt und diese mit der ganzen Oberfläche nachher poliert. Da auf beiden Vasengruppen die Ornamente genau in derselben Verteilung begegnen, so kann nur die eine Gattung Nachahmung der anderen sein, und dann sind zweifellos die Vasen mit mykenischer Firnistechnik die Originale, die anderen, die durch Politur den Glanz des Firnisses zu erreichen suchen, die Nachahmungen. Dafür spricht auch, daß unter den Vasen mit Politur viele ohne Töpferscheibe hergestellt, also primitiver sind, als die Gefäße in mykenischer Technik, die stets die feinste Scheibentechnik zeigen. Dabei liegt freilich die Möglichkeit vor, daß die Kenntnis der Firnisfarbe allmählich verloren gegangen und diese dann durch die polierte Mattfarbe ersetzt worden ist. Die mit Firnisfarbe bemalten Gefäße schließen sich nun auch in den Formen und in der sonstigen Dekoration an die spätmykenischen Vasen mit linear werdender Ornamentik an und führen diese Gattung weiter, wobei die Ornamente noch stärker stilisiert und neue geometrische Muster aufgenommen werden. Wegen dieses Anschlusses an die mykenische Vasenmalerei der Zeit um 1300 und der Hauptfundorte der Gattung halte ich die Vermutung von Thiersch für sehr wahrscheinlich, daß wir in dieser Gattung die Keramik der Philister zu erkennen haben (vgl. Thiersch, Archäol. Anzeiger 1908 S. 378 ff.; Fimmen, Zeit und Dauer der kretisch-mykenischen Kultur S. 80 ff.). Ob diese Bezeichnung auch für die Vasen mit weißer Engobe und roter Mattmalerei gilt, muß dahingestellt bleiben, da in dieser Technik dann auch rein syrische Formen wie die Amphora mit Bauchhenkeln bemalt werden. Dagegen spricht, daß eine Vorstufe der Gattung mit weißer Engobe in Gezer bereits in der first semitic period auftritt, die von Macalister, Excavation II S. 137 als 'cream ware' bezeichnet wird, und von der Beispiele, zum Teil mit roter Mattmalerei, a. a. O. III Taf. CXLI zusammengestellt sind (vgl. oben S. 106 f.). Die Anfänge der Gattung fallen also in eine ältere Zeit als das Auftreten der Philister in Palästina. Den Einfluß dieser ganzen Gruppe auf die israelitische Keramik aber bezeugen wieder Scherben aus Jericho: die Dekoration der Vasen mit Mattmalerei ohne Überzug und ohne Politur (F) ist nur aus der Abhängigkeit von jenen zu erklären. Von dieser israelitischen Gattung sind aber ebenso wie von der Gattung mit weißer Engobe und Mattmalerei in Jericho nur spärliche Proben gefunden, und dabei kein Fragment mit figürlicher Dekoration, die an anderen Grabungsstätten gar nicht selten ist. Wir werden daraus wohl den Schluß ziehen dürfen, daß die Entwicklung dieser Gattungen einem Verkümmern entspricht, und daß die reichere, figürliche Dekoration einer älteren Stufe angehört. Dann wäre uns die israelitische Keramik in Jericho in ihrer großen Masse erst aus einem jüngeren Stadium ihrer Entwickelung bekannt. Dasselbe gilt auch von der Gattung mit weißer Engobe, die uns im wesentlichen erst in einer Stufe begegnet, in der sie bereits auf jede gemalte Dekoration verzichtet hat, dafür aber wie die israelitische (C) unter den Einfluß einer Metallindustrie geraten ist. Dieser Schluß würde auch die Tatsache erklären, daß in Jericho eine Reihe gerade der altertümlichsten, syrischen oder frühisraelitischen (früher gewöhnlich phönikisch genannten) Vasenformen völlig fehlen, was nicht auf Zufall beruhen kann, wie die bauchigen Kannen mit einem Schulterhenkel (Petrie, Tell el Hesy Taf. VII 123), die kyprischen Kannen mit Ringfuß (Petrie a. a. O. Taf. VII 115), die Lampen mit kaum zusammengedrückter Mündung wie Macalister, Excavation of Gezer II S. 165, um nur ein paar Hauptformen zu nennen. Die Besiedlung des Hügels muß zur Zeit der Anfänge der „Philister"-Gattung und der israelitischen Keramik noch wenig intensiv gewesen sein. Wollen wir dies Ergebnis der Vasenfunde in absoluten Zahlen ausdrücken, so können wir sagen, daß erst um die Wende des II. und I. Jahrtausends wieder eine dichtere Bewohnung auf der Höhe der alten Stadt eingetreten ist.

Jüdische Tongefäße[1].

A. Vasen ohne gemalte Dekoration.

1. Pithos zylindrischer Form mit geraden Wänden und kräftigem Rand oben, unten eine runde Öffnung von 0,035 m Durchmesser, die wohl durch einen Pfropfen verschließbar war. Die Schnauze ist abgebrochen; sehr dickwandig, roh. Höhe 0,41 m. Durchmesser der oberen Öffnung 0,22 m (Blatt 31).

2. Pithosförmige Amphora mit vier Halshenkeln, oben Riefelung; um die Schulter eingeritztes Zickzackband mit plastischen Knöpfen, Höhe 0,52 m, Durchmesser der Mündung 0,35 m. Die Oberseite der Henkel ist mit tiefen Rillen verziert (Blatt 31), vgl. Nr. E, 2.

3. Pithosförmige Amphora mit Ringfuß und vier Henkeln auf der Schulter, grober grauroter Ton, außen ein gelblichweißer Tonschlammüberzug. Höhe 0,49 m (Blatt 31). — Eine ganz gleiche Amphora abg. bei Sellin, Tell Taʿannek S. 74 Fig. 101, deren Hals mit aufgemaltem schwarzem Schachbrettmuster verziert war (vgl. dazu die Dekoration der Gruppe F).

4. Bauchige Amphora mit Bauchhenkeln und abgesetzter Schulter, gelbbrauner grober Ton. Höhe 0,63 m; auf dem einen Henkel stets ein Zeichen: zwei Kerben in verschiedener Stellung zueinander oder Fingereindrücke (Blatt 31). Ganz erhaltene Amphoren dieser Art sind nur in dem Vorratsraum des Hauses VI auf dem Quellhügel gefunden worden (vgl. S. 77), sonst sehr häufig die Henkel und Fragmente der Mündung. — Kyprische Form, vgl. Myres, Journ. Hell. Stud. 1897 S. 159f. Fig. 12 und 13.

5. Bauchige Amphora mit Bauchhenkeln, Höhe 0,37 m, Mündung weggebrochen (Abb. 143). Die Form ist aus den israelitischen Amphoren wie Nr. C, 2 und 3 in die Breite entwickelt und steht ihnen noch näher als die Amphoren Nr. 3 und 4.

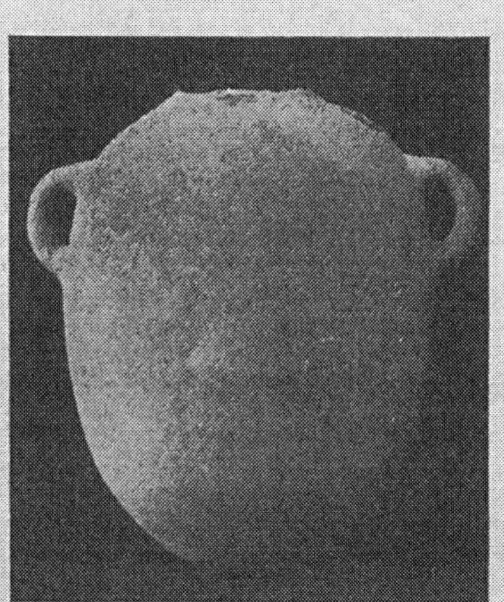

Abb. 143. A, 5.

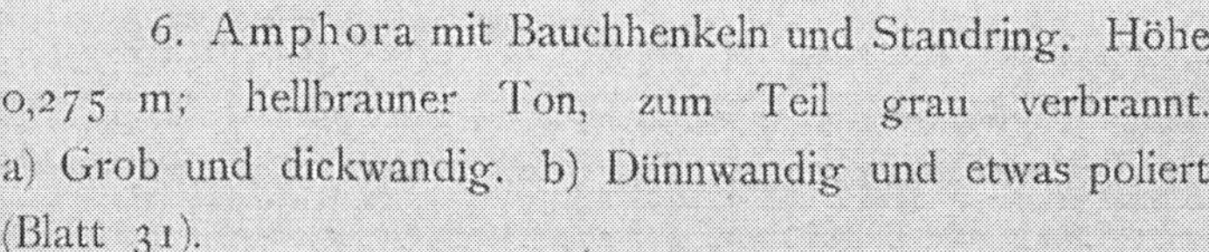

6. Amphora mit Bauchhenkeln und Standring. Höhe 0,275 m; hellbrauner Ton, zum Teil grau verbrannt. a) Grob und dickwandig. b) Dünnwandig und etwas poliert (Blatt 31).

7. Amphora mit Schulterhenkeln und Standring, am Henkelansatz um den Hals einfacher (a) oder doppelter (b) plastischer Ring; brauner Ton, schwarze Beimengungen. Höhe 0,24 m. Bei b sind auch Hals und Schulter durch einen plastischen Ring verbunden (Blatt 31).

---

1) Der Versuch einer eingehenderen Besprechung dieser aufs engste mit Kypros verbundenen Keramik mußte aufgegeben werden, da er eine wissenschaftliche Bearbeitung der kyprischen Keramik voraussetzte, die uns leider noch immer fehlt.

8. Amphora, Form ähnlich Nr. 7, aber mit einer seitlichen Schale auf der Schulter, die durch ein kleines Loch mit dem Inneren des Gefäßes verbunden ist. Die Schale diente als Trichter zum Eingießen einer Flüssigkeit, in der sich größere feste Bestandteile befanden, die zurückbleiben sollten. Nur zahlreiche Fragmente des oberen Teiles, kein ganzes Exemplar gefunden (Abb. 144). — Vgl. Macalister, Excavation of Gezer II S. 185f.

9. Fuß einer Amphora mit drei Bandfüßen; in der Wandung des Fußes ein rechteckiger Schlitz; grober, brauner Ton (Abb. 145). — Vgl. die israelitischen Gefäße Nr. A, 13 und C, 6 (Abb. 122 und 127).

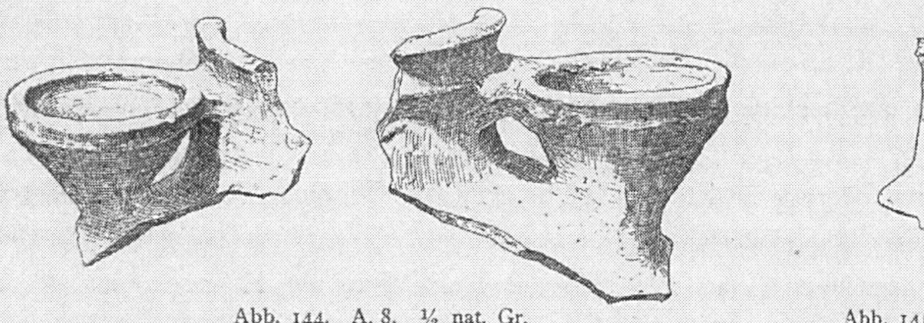

Abb. 144. A, 8. ½ nat. Gr. Abb. 145. A, 9. ⅓ nat. Gr.

10. Kochtöpfe aus rotbraunem Ton, meist stark verbrannt und geschwärzt, mit Halshenkeln (Blatt 32). a) Bauchige, breite Form mit einfacher Profilierung des Randes. Höhe 0,11—0,26 m. b) Bauchige Form; Schulter und Bauch von einander abgesetzt, Höhe 0,19 m. c) Schlauchförmig mit stark abfallenden Schultern und besonderem geradem Hals. Höhe 0,185 m.

11. Amphoriskos mit Schnurösen, die Mündung weggebrochen. Oberkörper und Bauch durch eine scharfe Kante getrennt (Blatt 32). a) Höhe 0,08 m, mit dicken Schnurösen und geradlinigem Profil des Bauches. Unten schwarz verbrannt. b) Höhe 0,09 m, mit kleinen abstehenden Schnurösen und ausgebogenem Profil des Bauches.

12. Napf mit einer Schnuröse auf der Schulter. Höhe 0,11 m; grober, roter Ton (Blatt 32).

13. Pilgerflasche, längliche, bauchige Form mit Halsring. Höhe 0,20 m; grauer Ton, gelblicher Überzug; oberer Teil der Mündung fehlt; wohl ohne Schale an der Mündung, da über dem Ansatz der Henkel ein Halsring (Blatt 32).

14. Kanne mit niedrigem, an die Mitte des Halses ansetzendem Henkel, Halsring und breiter Mündung (Blatt 32). a) Höhe 0,29 m; mit kugeligem Körper, Ringfuß und nach außen gebogener Mündung ohne Profilierung. Zur Form vgl. die Amphora 7a. b) Höhe 0,197 m; mit nach unten sich etwas verjüngendem Körper, sehr hohem, breitem Hals, kräftig profilierter Lippe und Ringfuß. c) Höhe 0,16 m; grauroter Ton mit gelblichweißem Überzug, fast kugelige Form mit Bauchfuß, niedrigem Hals und steiler, profilierter Lippe.

15. Kanne wie die vorige, aber mit enger Mündung. a) Höhe 0,24 m; bauchig mit stark abfallender Schulter und Ringfuß. Lippe weggebrochen (Blatt 32). b) Höhe 0,22 m; bauchig mit starker Ausladung unten, etwas abgesetzter Schulter und Ringfuß (Blatt 32). c) Höhe 0,195 m; mit gelblichem Überzug, scharf vom Körper abgesetzter Schulter und tiefen Drehringen um den Körper. Die Lippe ist fein profiliert; unten Ringfuß (Blatt 33). d) Höhe 0,16 m; grauroter Ton mit gelblichem Überzug. Kugelige Form mit Bauchfuß und kräftig profilierter Mündung.

16. Kanne mit unterhalb der Mündung sitzendem Henkel, ohne Halsring (Blatt 33). a) Höhe 0,24 m; roter Ton, mit wulstiger Lippe, ovalem Körper und Ringfuß. b) Höhe 0,15 m, grauroter Ton mit gelblichweißem Überzug. Körper gedrückt kugelig mit schmalem Standring und eingravierten Ringen um die Schulter; Hals und Schulter von einander abgesetzt; die Mündung, die über dem Henkel sich einzieht, weggebrochen. c) Höhe 0,22 m, roter Ton mit gelblichem Überzug; Hals von der Schulter und diese vom Bauch scharf abgesetzt; gravierte Ringe um die Schulter; scharf profilierte Mündung. Körper mit stärkster Ausladung unten; schmaler Fußring. — Vgl. Sellin, Tell Ta'annek S. 63 fig. 77; Schumacher, Tell el-Mutesellim S. 153 Abb. 224.

17. Bauchige Kanne mit Halshenkel; hellbrauner Ton, gelbbrauner Überzug. Höhe 0,30 m. Hals und Schulter sind durch einen feinen plastischen Ring von einander getrennt (Blatt 33).

18. Kanne mit eiförmigem Körper. Höhe 0,17 m, hellbrauner Ton; breiter, nicht profilierter Hals und breiter Bauchfuß (Blatt 34).

19. Kanne bauchiger Form mit Halshenkel und Ringfuß. Höhe 0,26 m, rotbrauner Ton; Hals und Schulter nicht von einander abgesetzt (Blatt 33).

20. Kanne mit Halshenkel, vom Hals abgesetzter Schulter und kleeblattähnlicher, breiter Mündung. a) Höhe 0,25 m, braunroter Ton, bauchig mit abfallenden Schultern und profilierter Mündung; Standring (Blatt 33). b) Höhe 0,205 m, hellbrauner Ton, bauchig mit Standring und gleichmäßig gewölbtem Profil; Mündung zum Teil weggebrochen (Blatt 33). c) Höhe 0,165 m, eiförmiger Körper, der sich nach unten etwas verjüngt. Mündung zum Teil weggebrochen (Blatt 33). d) Höhe 0,195 m, gelblicher Überzug; mit profilierter Mündung und Standring (Blatt 34). e) Höhe 0,19 m, gelblicher Überzug; mit Standring und nach unten stärker ausgebogenem Körper, abfallender Schulter und ausgebildeter, profilierter Kleeblattmündung (Blatt 34). f) Höhe 0,205 m, rötlicher Ton, schlank eiförmig mit eingezogenem Bauchfuß (Blatt 34).

21. Schlanke Kanne mit Kleeblattmündung. Höhe 0,26 m, mit langem Hals, dreifach profilierter Lippe, kugeligem Bauch und Standring. Hals und Schulter gehen allmählich ineinander über (Blatt 34).

22. Kanne; Hals und Schulter gehen allmählich ineinander über. Höhe 0,175 m, gelblichbrauner Ton; Henkel und halbe Mündung weggebrochen (Blatt 34).

23. Kanne mit engem Hals. Höhe 0,13—0,17 m, bauchige Form mit Standring. Henkel und Mündung weggebrochen (Blatt 34). a) Mit bauchigem, birnförmigem Körper. b) Mit schlankerem, mehr ovalem Körper und starker Ausladung des Bauches in der Mitte. — Kannen wie 23 halten sich bis in die spätjüdische Periode.

24. Kanne breiter, gedrückter Form. Höhe 0,135 m, brauner Ton, weißgelber Überzug. Schulter und Bauch mit scharfer Kante abgesetzt; mit steilem Profil der Wandung und breitem Bauchfuß (Blatt 34).

25. Kanne kugeliger Form ohne Fuß aus braunem, grobem Ton, wie die Kochtöpfe Nr. 10 mit breiter Mündung (Blatt 34). a) Höhe 0,19 m. Form gedrückt kugelig; Hals von der Schulter scharf abgesetzt. b) Höhe 0,17—0,19 m, mehr schlauchförmig; Hals und Schulter allmählich ineinander übergehend. c) Höhe 0,12 m. Der Henkel setzt gleich unterhalb der glatten Mündung an, Hals und Schulter sind mit eingravierten, unregelmäßig angeordneten Kreisen bedeckt.

26. Kanne mit Kleeblattmündung ohne Fuß (Blatt 34). a) Kugelige Form mit breitem Hals, Höhe 0,175 m. b) Schlanke Form mit ovalem Körper, Höhe 0,19 m, hellbrauner Ton mit graugelbem Überzug.

27. Kleine ovale Kanne mit profilierter Lippe und abgesetztem Hals, ohne Fuß und ohne Kleeblattmündung. Höhe 0,18 m, grauer Ton.

Abb. 146. A, 29 b.

28. Kleine Kanne ovaler Form mit Bauchfuß und einfacher Mündung. a) Höhe 0,12 m, grober, brauner Ton mit schmalem, etwas eingezogenem Bauchfuß. Henkel und Mündung halb weggebrochen. b) Höhe 0,08 m, grauer Ton. Form mehr birnförmig (Blatt 34).

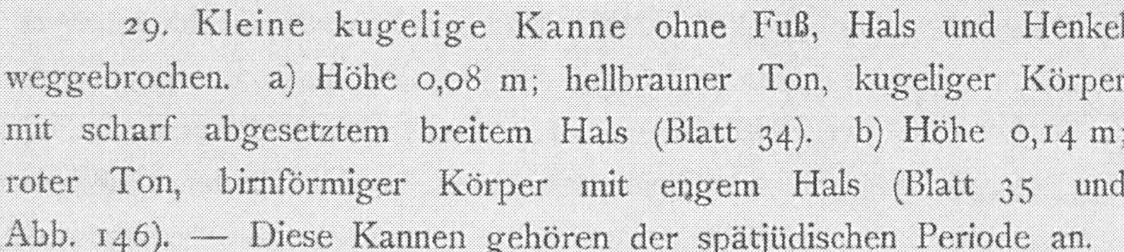

29. Kleine kugelige Kanne ohne Fuß, Hals und Henkel weggebrochen. a) Höhe 0,08 m; hellbrauner Ton, kugeliger Körper mit scharf abgesetztem breitem Hals (Blatt 34). b) Höhe 0,14 m; roter Ton, birnförmiger Körper mit engem Hals (Blatt 35 und Abb. 146). — Diese Kannen gehören der spätjüdischen Periode an.

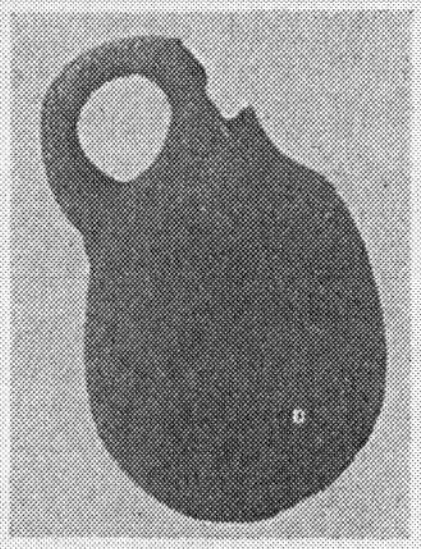

Abb. 147. A, 30 b.

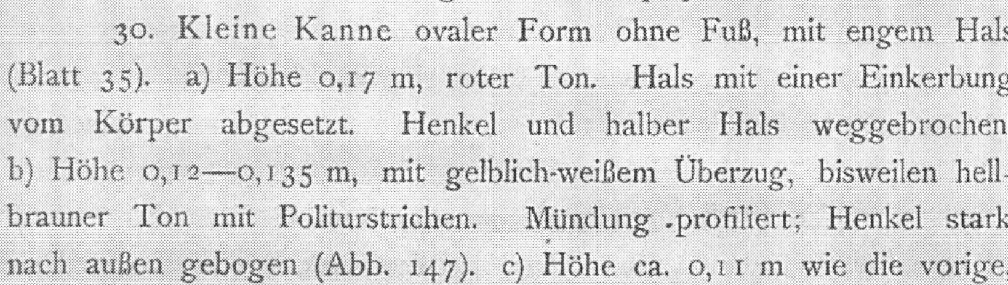

30. Kleine Kanne ovaler Form ohne Fuß, mit engem Hals (Blatt 35). a) Höhe 0,17 m, roter Ton. Hals mit einer Einkerbung vom Körper abgesetzt. Henkel und halber Hals weggebrochen. b) Höhe 0,12—0,135 m, mit gelblich-weißem Überzug, bisweilen hellbrauner Ton mit Politurstrichen. Mündung profiliert; Henkel stark nach außen gebogen (Abb. 147). c) Höhe ca. 0,11 m wie die vorige, mit dickem, abstehendem Henkel; Hals und Henkel stets weggebrochen. d) Höhe 0,14 m, schlanker als die vorigen, schlauchförmig. Hals mit einer Einkerbung von der Schulter abgesetzt, Mündung einfach profiliert. — Diese Kännchen halten sich bis in die spätjüdische Periode.

31. Kleine ovale Kanne ohne Fuß, Mündung etwas zusammengedrückt. Höhe 0,12—0,14 m. Ton hellbraun oder rot, mit oder ohne hellen Überzug. — Sehr häufige Form (Blatt 35).

32. Kännchen mit zusammengedrückter Mündung und länglichem Hals. Höhe 0,125 m, mit gelblichem Überzug. Henkel abgebrochen (Blatt 35).

33. Kännchen von kugeliger Form, mit Kleeblattmündung. Höhe 0,10 m, hellbrauner Ton.

34. Kleine birnförmige Kanne, grauer oder roter Ton, Höhe 0,08—0,10 m. Die kleinere mit Nr. 44 und Nr. 23a und dem Fragmente eines Alabastrons als Grabbeigabe gefunden in C 6. Die Form hat sich also noch bis in spätjüdische Zeit gehalten. — Vgl. zur Form Nr. B, 10 und C, 4.

35. Kleine Kanne mit spitzem Fuß. Höhe 0,105 m, gelblicher Überzug. Form genau wie die schwarzen polierten Kännchen Nr. C, 1.

36. Kleine kugelige Kanne mit Halsring. Höhe 0,125 m, grober Ton (Blatt 35). Nachahmung der kyprischen Kännchen mit Halsring.

37. Kleine Kanne mit Sieb über der Mündung. Höhe 0,12 m, rotbrauner Ton. Form sonst wie Nr. A, 31 (Blatt 35).

38. Kleine birnförmige Kanne. Höhe 0,08 m; wie Nr. 34, der Boden als Sieb durchlöchert, hellbrauner Ton.

Abb. 148. A. 39.

39. Napf mit einem Henkel, der Boden als Sieb durchlöchert. Höhe 0,04 m, grober Ton. Henkel abgebrochen (Abb. 148).

40. Sieb mit einem wagerechten Henkel. Durchmesser 0,105 m, hellgelblicher Ton (Blatt 35).

41. Schale mit breitem Rand und einem seitlichen Henkel. Durchmesser 0,13 m, Höhe 0,07 m, hellbrauner Ton (Blatt 35).

42. Henkeltasse. Höhe 0,07 m, grober, verbrannter Ton (Blatt 35).

43. Becher. Höhe 0,12 m, grober Ton mit bräunlichem Überzug; sehr dickwandig, mit breiten Drehringen (Blatt 35).

44. Alabastron. Höhe 0,14 m, unten gebrochen, roter Ton. Nachahmung der bauchigen Alabastra aus Alabaster ohne Henkel. Mit einem solchen als Grabbeigabe in C 6 in spätjüdischer Schicht gefunden, vgl. oben Nr. 34.

45. Alabastron aus rotem Ton. Höhe 0,09 und 0,145 m, nur der untere Teil erhalten; das untere Ende ist vom Körper eichelförmig abgesetzt. — Die beiden Alabastra Nr. 44 und 45 gehören der spätjüdischen Periode an.

46. Deckel eines Kohlenbeckens oder Räuchergefäßes(?). Durchmesser 0,19 m, hellbrauner Ton; in der Mitte große Öffnung, kleinere Löcher ringsum (Blatt 35).

47. Schale auf hohem Fuß (Blatt 35 und 36). a) Höhe 0,265 m, grober Ton mit gelbgrauem Überzug. b) Höhe 0,21 m, dunkelroter Ton. c) Höhe 0,18 m, roter, grober Ton. d) Höhe 0,16 m, grober, brauner Ton; verbrannt.

48. Flacher Teller aus rotbraunem, grobem Ton; auf der Rückseite ist das mittlere Rund mit Tiefstichornament verziert (Blatt 36). a) Durchmesser 0,315 m, mit zwei Handgriffen. b) Durchmesser 0,31 m, ohne Handgriffe.

49. Flacher Teller aus grobem, hellbraunem Ton. Durchmesser 0,25 m; die ganze Rückseite ist bis dicht an den Rand mit Tiefstichornament verziert; sehr dickwandig und roh; ohne Handgriffe (Blatt 36).

50. Flacher Teller mit steilem Rand. Durchmesser 0,16 m, Höhe 0,035 m; hellbrauner Ton mit Glättung, stark bestoßen (Blatt 36).

51. Tiefe henkellose Schüssel. Höhe 0,17 m, Durchmesser 0,28 m; brauner Ton mit gelblichem Überzug; mit breitem profiliertem Rand und schmalem Standring (Blatt 37).

52. Tiefe henkellose Schüssel. Höhe 0,06 m, Durchmesser 0,155 m; gelblich-grauer Ton, sehr dickwandig, mit ausgeschwungenem Rand, plastischem Ring oben und Bauchfuß (Blatt 36).

53. Tiefer Napf mit Bauchfuß. Höhe 0,14 m, Durchmesser 0,20 m; hellbrauner Ton mit gelblichem Überzug; mit abgesetztem steilem, etwas eingezogenem Hals (Blatt 36).

54. Schalen, in grosser Menge gefunden (Blatt 36 und 37). a) Höhe 0,10 m, Durchmesser 0,23 m; brauner Ton, mit hohem, steilem Rand und Standring. b) Höhe 0,06 m, Durchmesser 0,16 m; mehr schüsselförmig mit stark eingezogenem Bauchfuß. c) Höhe 0,07 m, Durchmesser 0,167 m mit hohem, schrägem Rand und Bauchfuß. d) Höhe 0,06 m, Durchmesser 0,155 m; mit etwas eingezogenem, hohem Rand, ohne Fuß.

55. Tiefe Schale. Höhe 0,07 m, Durchmesser 0,215 m; hellbrauner Ton mit weißgelbem Überzug, an der Seite ein plastischer, anliegender Henkel mit zwei Ringen an den Enden. — Vgl. die gleiche Schale: Macalister, Excavation of Gezer III Taf. XCI 8.

56. Kleine Schale, grober, schlechtgebrannter Ton. Höhe 0,05 m, Durchmesser 0,16—0,17 m, mit stark eingezogenem Bauchfuß (Blatt 37). — Sehr häufige Form.

Abb. 149. A, 57. ⅓ nat. Gr.

57. Fragmente eines Ringgefäßes: Ring, innen hohl, mit Spuren aufsitzender Gefäße; zwei solcher kleiner Gefäße mit der Bruchstelle unten und einem Loch als Verbindung mit dem Ring (Abb. 149). — Vgl. die Fragmente gleicher Ringgefäße aus Gezer: Macalister, Excavation II S. 201 f., 237 ff. III Taf. CLXXII 15; CLXXV 9; CLXXVI 1 und 3; aus Tell el-Mutesellim: Schumacher a. a. O. S. 137 Abb. 204a.

Abb. 150. A, 58. ⅓ nat. Gr.

58. Randfragment einer Wanne oder eines Kastens. Höhe 0,09 m, Länge 0,175 m, mit kräftigem Profil und einem Wulst mit Kerbenverzierung oben. Ton außen rot, innen schwarz gebrannt (Abb. 150).

59. Lampe in Form einer Schale; die Schnauze durch Zusammendrücken mit zwei Fingern hergestellt; in vielen Exemplaren gefunden (Blatt 37). — Diese Form kommt bereits in der israelitischen Schicht vor. Ältere Typen fehlen aber in Jericho.

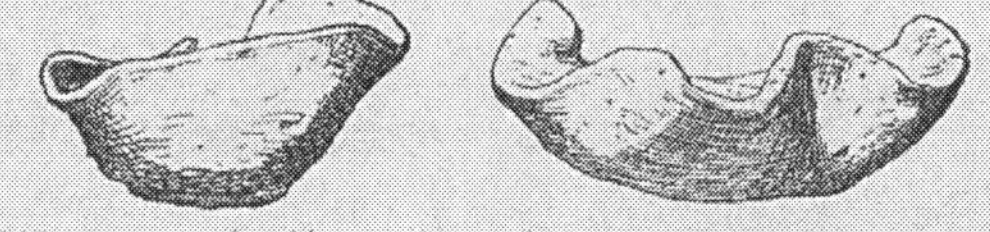

Abb. 151. A, 60. ⅓ nat. Gr. Abb. 152. A, 61. ⅓ nat. Gr.

60. Kleine Lampe aus hellgelbem Ton, höher als die vorige, mit Standring und so zusammengedrückter Schnauze, daß sich die Ränder berühren (Abb. 151). — Wohl spätjüdisch.

61. Lampe flacher Form, fragmentiert; mit ursprünglich wahrscheinlich sieben Schnauzen, von denen drei erhalten sind (Abb. 152). — Vgl. ein gleiches Exemplar auf hohem Fuß: Sellin, Tell Ta'annek, Nachlese S. 22 Fig. 31 und die ganz übereinstimmenden aus Tell es-Sâfi: Bliss-Macalister, Excavations Taf. 66, 7; und Gezer: Macalister, Excavation III Taf. CLXXV 1.

62. Lampe aus rotem Ton mit stark nach außen umgebogenem Rand auf hohem, massivem Standring (Blatt 37). — Vgl. zwei gleiche Exemplare bei Bliss-Macalister, Excavations Taf. 66, 4. 5.

63. Lampenförmige Schale mit seitlicher Schnauze, darin ein Becher, dessen Rand zwei Henkel mit dem Rande der Schale verbinden. Höhe 0,085 m, Breite 0,22 m; rötlicher Ton (Blatt 37). — Vgl. entsprechende Gefäße aus Kypros: Myres-Richter, Catalogue of the Cyprus Museum Nr. 963/4 (Taf. IV), wo als weitere Beispiele: Ashmolean Museum Nr. 429 a. b; 436/7 (Journ. Hell. Stud. XVII [1897] S. 159 Fig. 12); Dipylon-Stil (Athen) im Britischen Museum; Tell el Hesy: Bliss, a mound of many cities S. 87 Fig. 174; Möringen: Munro, lake-dwellings p. 29 fig. 6,15 (Bronze) genannt sind. Der Grabfund von Larnaka Turabi wird von Myres, Journ. Hell. Stud. 1897 S. 160 ins VI. Jahrh. vor Chr. datiert.

B. Vasen mit roter oder brauner Politur.

1. Amphora mit Bauchhenkeln wie A, 6. Höhe 0,245 m; rotbrauner Ton, braune senkrechte Politurstriche, um Hals und Bauch je ein weißer und zwei violettbraune Streifen (Abb. 153).

Abb. 153. B, 1. $^1/_4$ nat. Gr. Nach Aquarell und nach Photographie.

2. Bauchige Amphora mit zwei Bauchhenkeln und Ausguß. Höhe 0,23 m; rote Politur, unten am Bauch drei schwarze und rote Streifen (Blatt 37).

3. Amphoriskos mit Schnurösen, hellbraune Politur. Höhe 0,075 m (Blatt 37). Vgl. dieselbe Form Nr. A, 11 auf Blatt 32.

4. Amphoriskos mit Schnurösen, größer als der vorige, hellbraune Politur; nur die obere Hälfte erhalten mit lila Streifen um den Hals (und den Bauch?), erhaltene Höhe 0,05 m. — Vgl. die ganz erhaltenen Gefäße von Tell Zakarîya: Bliss-Macalister, Excavations Taf. 43, 2. 3. 5.

5. Kännchen kyprischer Form mit Halsring und Bauchfuß; grober brauner Ton. Höhe 0,09 m, dunkelbrauner polierter Überzug, um den Bauch ein weißer und zwei rote Streifen (Blatt 37 nach Aquarell).

6. Kännchen, kugelige Form mit Halsring, hellbrauner Ton. Höhe 0,12 m, senkrechte Politurstriche auf rotbraunem Überzug (Blatt 37). Nachahmung der kyprischen Kännchen, aber ohne Bauchfuß, vgl. oben Nr. A, 36 auf Blatt 35.

7. Kännchen mit Bauchfuß. Höhe 0,07 m (oben gebrochen), dunkelroter, polierter Überzug; um den Bauch ein weißer und zwei violette Streifen, vgl. Nr. 6. Nachahmung kyprischer Kännchen.

8. Kanne mit hochgeschwungenem Henkel. Höhe 0,17 m, gelbbrauner Ton, roter polierter Überzug (Blatt 37).

9. Kleine, kugelige Kanne ohne Fuß. Höhe 0,07—0,08 m, rötlicher Ton mit hellrotem oder braunem poliertem Überzug (Blatt 37). Vgl. Nr. C, 3 auf Blatt 38.

10. Kleine, kugelige Kanne mit spitzem Bauchfuß. Höhe 0,06—0,10 m, roter Ton, roter oder hellbrauner polierter Überzug. Der Henkel setzt in der Mitte des Halses an. a) Mit engem Hals und verdicktem Rand der Mündung (Blatt 37). b) Mit breiterem Hals, ohne Profilierung der Mündung. Henkel fast Schnuröse.

11. Kleine kugelige Kanne mit Knopf unten, sonst wie Nr. 10b und C, 1 auf Blatt 38. Höhe 0,10 m; roter polierter Überzug.

12. Fragment eines Napfes. Höhe 0,05 m, mit scharf profilierter Lippe; grober grauer Ton, roter, schön polierter Überzug; um den Körper Streifen von weißer und lilabrauner Farbe (Abb. 154).

Abb. 154. B, 12. ½ nat. Gr.

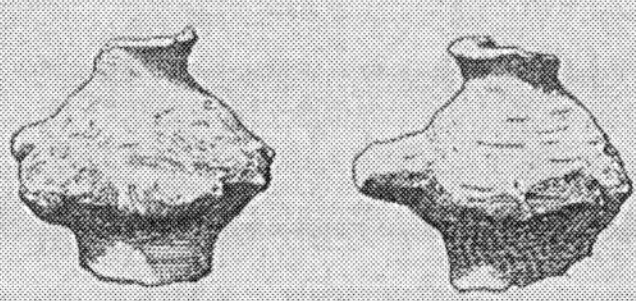

Abb. 155. B, 13. ⅓ nat. Gr.

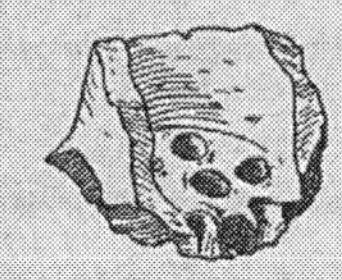

Abb. 156. B, 14. ½ nat. Gr.

13. Mündung eines Gefäßes, unter der Lippe nach vier Seiten zwei schmale und zwei breite Schwellungen. Höhe 0,055 m; grober hellbrauner Ton, roter polierter Überzug (Abb. 155).

14. Mündung eines Gefäßes mit einem Sieb innen an der Verbindungsstelle von Hals und Schulter; gelbroter Ton, roter polierter Überzug (Abb. 156).

C. Vasen mit schwarzem, poliertem Überzug.

1. Kleine Kanne. Höhe 0,08 m; grauer Ton, schlechte schwarze Politur, mit knopfförmigem Fuß oder schmalem Standring (Blatt 38).

2. Kleine kugelige Kanne ohne Fuß, mit zusammengedrückter Mündung. Höhe 0,08 m; grauer Ton mit schwarzer Politur. Henkel abgebrochen (Abb. 157).

Abb. 157. C, 2. ¼ nat. Gr.

3. Kleine kugelige Kanne. Höhe 0,06—0,08 m; etwas gedrückte Form, Ton grau, schwarzer Überzug, schlechte Politur (Blatt 38). Vgl. die ähnliche Form Nr. B, 9 auf Blatt 37.

4. Kleine birnförmige Kanne mit spitzem Bauchfuß, hellbrauner Ton. Höhe ca. 0,10 m; schwarze Politur, sonst wie Nr. B, 10a auf Blatt 37.

5. Kleine Kanne mit Halsring. Höhe 0,105 m, grauer Ton, schwarze Politur. Mündung oben gebrochen (Blatt 38). Nachahmung kyprischer Kännchen; vgl. Nr. B, 6 auf Blatt 37.

6. Kleine Kanne länglicher Form. Höhe 0,07 m; ohne Fuß, roter Ton mit schwarzer Politur. Mündung und Henkel abgebrochen. Zur Form vgl. Nr. A, 30d auf Blatt 35.

7. Amphoriskos mit Schnurösen. Höhe 0,075 m; mit schwarzer Politur, sonst wie Nr. B, 3 und A, 11 auf Blatt 37 und 32.

D. Vasen mit rotem Farbüberzug (Blatt 38).

1. Kanne, sehr schlanke Form. Höhe 0,255 m; roter Überzug, mit Ring um den Hals und weißen Streifen um Hals und Bauch.

2. Kanne. Schulter scharf abgesetzt, nur der obere Teil ist erhalten; hellbrauner Ton, roter Überzug; zur Form vgl. Nr. E, 7 auf Blatt 39.

3. Bauchige Kanne, halbkugelige Form. Höhe 0,13 m; hellbrauner Ton, dunkelroter Überzug. Vgl. Nr. A, 25a auf Blatt 34.

4. Kännchen. Höhe 0,10 m; grober, rotgefärbter Ton; oben gebrochen, weiße Streifen um den Bauch.

5. Kännchen, bauchige Form. Höhe 0,125 m. Oberfläche rot gefärbt mit ein paar senkrechten Politurstrichen. Vgl. dieselbe Form Nr. A, 30b auf Blatt 35.

6. Kanne mit Sieb als Ausguß, breiter Schnauze oben und Halsring. Höhe 0,145 m; roter Überzug, weiße Streifen um Mündung und Bauch. — Vgl. die kyprische Kanne gleicher Form bei Pottier, Vases du Louvre I Taf. VII, A 97.

7. Kohlenbecken auf drei Füßen. Höhe 0,125 m; fester Ton, dunkelroter Überzug; oberer Teil des Körpers und Hals mit Löchern versehen.

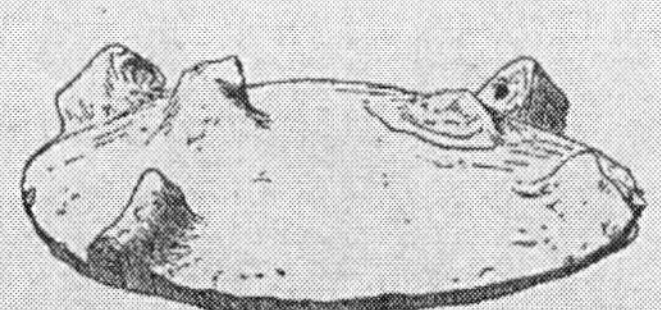

Abb. 158. D, 8. ⅓ nat. Gr.

8. Deckel einer Schüssel, mit vier Schnurösen und einem (abgebrochenen) Griff in der Mitte. Durchmesser 0,15 m; grober Ton mit rotem Überzug (Abb. 158).

9. Kesselförmiger Napf. Höhe 0,065 m; brauner Ton, roter Überzug, um den Körper weiße Streifen oder ohne weitere Verzierung.

10. Tiefe Schale, brauner, grober Ton, außen rot gefärbt mit Spuren von Politur. Durchmesser 0,17 m, Höhe 0,06 m.

11. Tiefe Schale, roter Ton mit rotem Überzug; zwei weiße Streifen um den Körper.

12. Schale, innen ganz und außen am oberen Rand rot angestrichen; innen Politurstriche in konzentrischen Ringen. — Entsprechende Schalen bei Bliss-Macalister, Excavations Taf. 55.

E. Vasen ohne Überzug mit Mattmalerei.

1. Amphora mit Bauchhenkeln, um Schulter und Hals Streifen von matter Farbe (Blatt 38 und 39). a) Höhe 0,27 m; bauchig-eiförmig, mit Doppelstreifen von roter Farbe um Hals und Bauch; Mündung weggebrochen. b) Höhe 0,21 m; spitz-eiförmig mit Knopf unten, heller Überzug, vierfache rote Ringe um Bauch und Hals. c) Höhe 0,23 m; bauchig, mit je drei roten und violetten Ringen um Bauch und Hals.

2. Kleine Amphora mit vier Halshenkeln. Höhe 0,13 m; in der Form wie Nr. A, 2 und 3, rötlicher Ton mit gelblichweißer, etwas geglätteter Oberfläche. Von der Schulter nach dem Bauch ziehen sich lilabraune Dreiecke herab (Blatt 39, nach Aquarell).

3. Bauchige Amphora mit zwei Henkeln und Ausguß. Höhe 0,24 m; rötlicher Ton, unter den Henkeln und der Schnauze drei rote Streifen. Mündung weggebrochen (Blatt 39). Vgl. dieselbe Form Nr. B, 2 auf Blatt 37.

4. Pilgerflasche mit kleiner Schale vor der Mündung und zwei Henkeln, rotbrauner Ton mit hellem Überzug (Blatt 39). a) Höhe 0,155 m; auf beiden Seiten lilarote konzentrische Ringe. b) Höhe 0,22 m; auf beiden Seiten rote und violettschwarze konzentrische Ringe. — Vgl. die entsprechenden, aber unverzierten Flaschen aus Gezer, Macalister, Excavation I S. 326 Fig. 168.

5. Bauchige Kanne. Höhe 0,26 m; grauroter Ton mit scharf vom Hals abgesetzter Mündung und wulstigem Standring. Um den oberen Teil des Bauches drei rote und violettschwarze Streifen.

6. Bauchige Kanne mit kurzem Hals, etwas unterhalb der Lippe ansetzendem Henkel und Standring (Blatt 39). a) Höhe 0,215 m; roter Ton, um den Bauch zwei violettschwarze und ein roter Streifen. b) Höhe 0,23 m; grauroter Ton, um den Bauch zwei rote und ein lila Streifen.

7. Bauchige Kanne. Höhe 0,17 m; mit kurzem Körper, hohem, breitem Hals und Standring. Um den Körper zwei rote und zwei lilabraune Streifen (Blatt 39).

8. Kugelige Kanne mit Kleeblattmündung. Höhe 0,14 m; gelblichweißer Überzug; zwei rote Streifen um den Bauch (Blatt 39).

9. Eiförmige Kanne, einem kleinen Faß ähnlich, mit Henkel und Mündung auf der Mitte. Höhe 0,24 m, Breite 0,16 m, Länge 0,24 m; vorn unter dem Hals zwei mit den Spitzen sich berührende violette Dreiecke; an beiden halbkugeligen Enden zweimal je drei konzentrische rotviolette Ringe (Blatt 39). — Vgl. das Exemplar Macalister, Excavation of Gezer III Taf. XC 6.

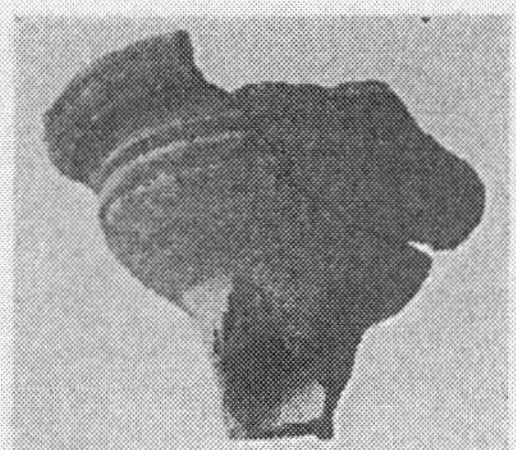

Abb. 159. E, 10 a.

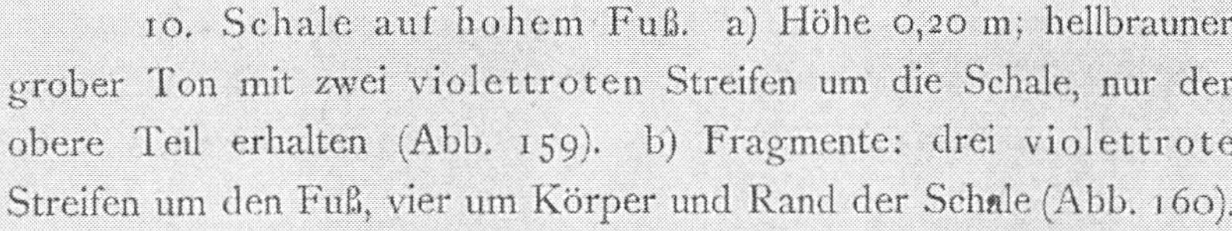

10. Schale auf hohem Fuß. a) Höhe 0,20 m; hellbrauner grober Ton mit zwei violettroten Streifen um die Schale, nur der obere Teil erhalten (Abb. 159). b) Fragmente: drei violettrote Streifen um den Fuß, vier um Körper und Rand der Schale (Abb. 160).

Mit Mattmalerei auf dunklem Grund.

11. Amphora mit Bauchhenkeln. Höhe 0,20 m; dunkelgrauer Überzug, violettrote Streien und Zickzackmuster auf der Schulter, nur mittlerer Teil erhalten (Blatt 39).

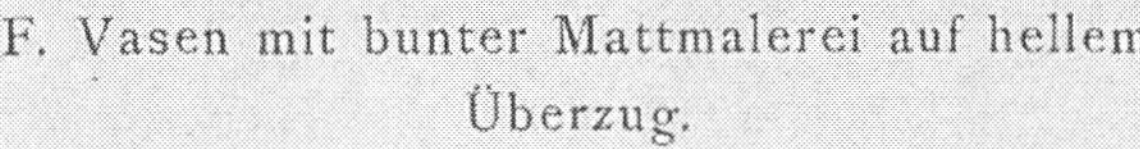

F. Vasen mit bunter Mattmalerei auf hellem Überzug.

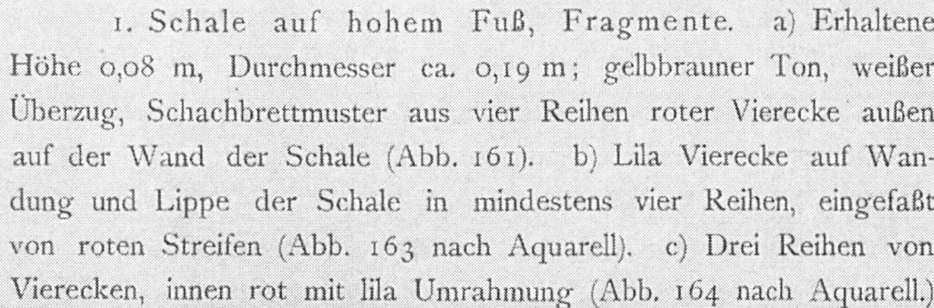

1. Schale auf hohem Fuß, Fragmente. a) Erhaltene Höhe 0,08 m, Durchmesser ca. 0,19 m; gelbbrauner Ton, weißer Überzug, Schachbrettmuster aus vier Reihen roter Vierecke außen auf der Wand der Schale (Abb. 161). b) Lila Vierecke auf Wandung und Lippe der Schale in mindestens vier Reihen, eingefaßt von roten Streifen (Abb. 163 nach Aquarell). c) Drei Reihen von Vierecken, innen rot mit lila Umrahmung (Abb. 164 nach Aquarell.)

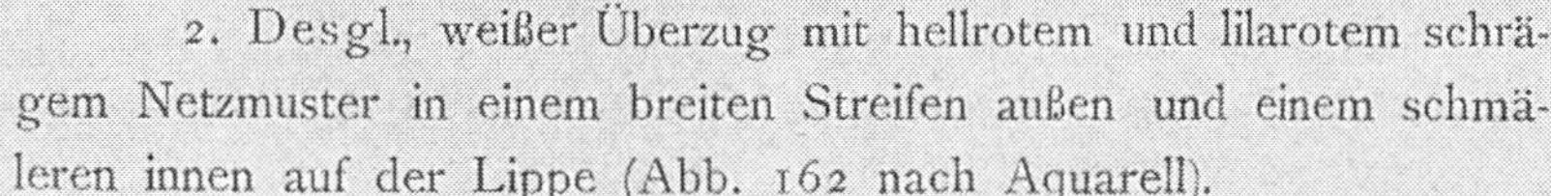

2. Desgl., weißer Überzug mit hellrotem und lilarotem schrägem Netzmuster in einem breiten Streifen außen und einem schmäleren innen auf der Lippe (Abb. 162 nach Aquarell).

Abb. 160. E, 10 b. ¼ nat. Gr.

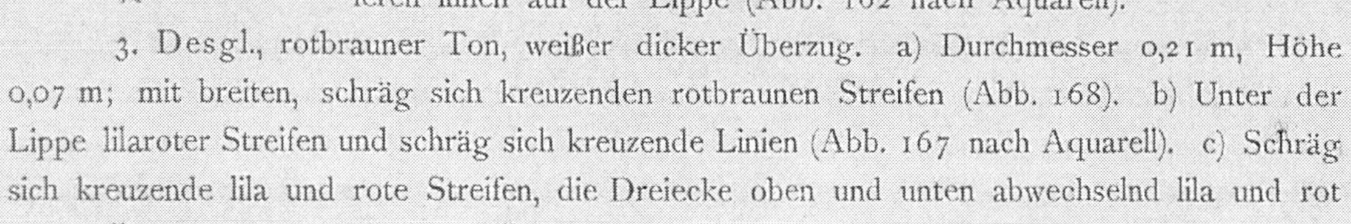

3. Desgl., rotbrauner Ton, weißer dicker Überzug. a) Durchmesser 0,21 m, Höhe 0,07 m; mit breiten, schräg sich kreuzenden rotbraunen Streifen (Abb. 168). b) Unter der Lippe lilaroter Streifen und schräg sich kreuzende Linien (Abb. 167 nach Aquarell). c) Schräg sich kreuzende lila und rote Streifen, die Dreiecke oben und unten abwechselnd lila und rot ausgefüllt (Abb. 166 nach Aquarell).

Abb. 161. F, 1 a.

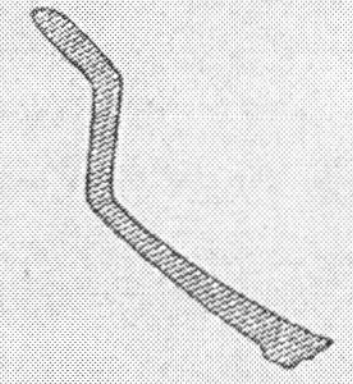

Abb. 162. F, 2. ⅓ nat. Gr.

Abb. 163. F, 1 b. ⅓ nat. Gr.

Abb. 164. F, 1 c. ⅓ nat. Gr.

Abb. 165. F, 4. ½ nat. Gr.

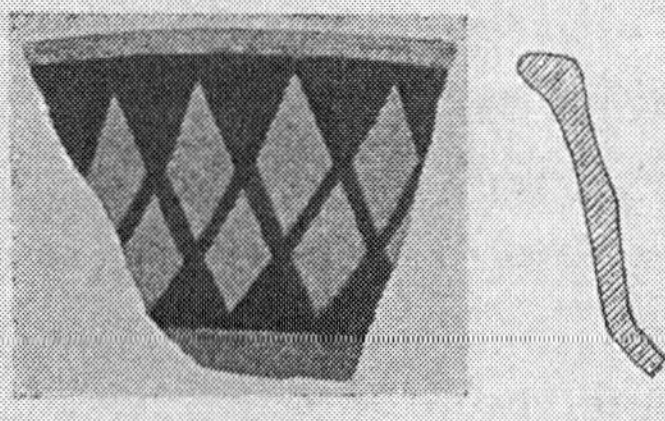

Abb. 166. F, 3 c. ⅓ nat. Gr.

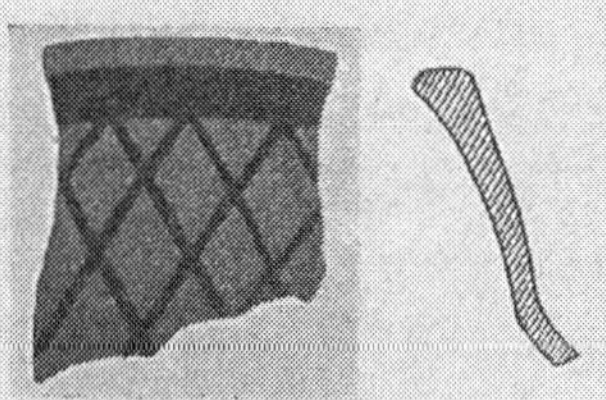

Abb. 167. F, 3 b. ⅓ nat. Gr.

Abb. 168. F, 3 a.

4. Desgl., rotbrauner Ton, weißer Überzug, lilarote Strichgruppen: ineinandergeschobene Dreiecke (Abb. 165 nach Aquarell).

G. Kyprische Vasen.

1. Amphoriskos. Höhe 0,08 m; nur der obere Teil erhalten, stark verrieben und abgewaschen. Rotgelber Ton, um den Hals Spuren eines lilaroten Streifens (Abb. 170).

2. Kleine Kanne mit Halsring, aus rotem Ton mit Politur. Höhe 0,06 m. Um den Körper vier schwarze, mattgemalte Streifen (Blatt 30).

3. Kleine Kanne von kugeliger Form. Höhe 0,065 m; hellbrauner Ton mit Politur. Um den Körper fünf schwarze Streifen, auf der Schulter drei konzentrische Ringmuster (Blatt 30).

4. Fläschchen mit (abgebrochenem) Ösenhenkel, roter Ton mit Politur, um den Körper vier schwarze Streifen (Blatt 30). — Ein gleiches abg. Sellin, Tell Ta'annek S. 73 Fig. 97.

Die kyprischen kleinen roten Vasen wie G, 1—4 kommen bereits in der vorigen, israelitischen Epoche vor: Nr. G, 2 ist in der israelitischen Schicht im Norden gefunden; die übrigen stammen aus den jüdischen Häusern des Quellhügels. Dieses Vorkommen in beiden Perioden stimmt zu ihrer aus sonstigen Funden gewonnenen Datierung: in Kypros in

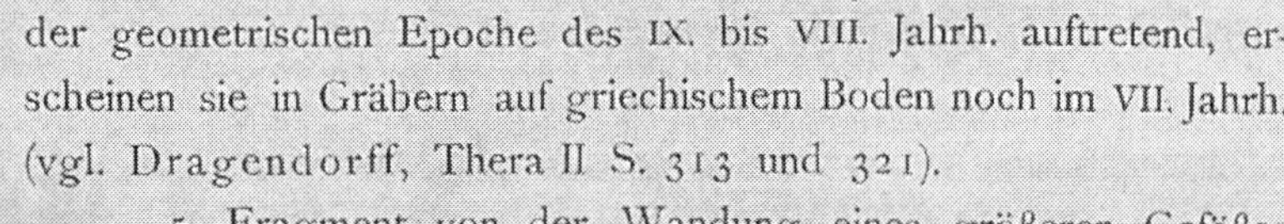

der geometrischen Epoche des IX. bis VIII. Jahrh. auftretend, erscheinen sie in Gräbern auf griechischem Boden noch im VII. Jahrh. (vgl. Dragendorff, Thera II S. 313 und 321).

Abb. 169. G, 5. ½ nat. Gr.

5. Fragment von der Wandung eines größeren Gefäßes aus rötlichgelbem Ton mit feiner Politur der Oberfläche, darauf lilarote und braune Streifen und breite lilarote Wellenlinie (Abb. 169).

6. Kleiner Stierkopf, innen hohl, feiner fester gelbroter Ton mit rotpoliertem Überzug, auch innen rotgefärbt. Größte Länge 0,05 m (Abb. 171). Wohl Ausguß einer Prochus wie die von Herrmann, Das Gräberfeld von Marion auf Cypern S. 48 veröffentlichten älteren Kannen aus dem VIII. Jahrh. vor Chr. Vgl. auch Pottier, Vases du Louvre I pl. 9 Nr. A 181; Myres-Richter, Catalogue of Cyprus Museum Taf. IV Nr. 1221; S. 78 Nr. 1201 bis 1208.

Abb. 170. G, 1. ⅓ nat. Gr.

Abb. 171. G, 6. ⅓ nat. Gr.

H. Vasen mit eingepreßter Verzierung.

Die Dekoration der sorgfältig auf der Scheibe gefertigten Vasen aus gelblichem bis rötlichem, gleichmäßig geschlämmtem festem Ton, besteht in eingepreßten Dreiecken und Ringen, die in zwei und mehr Streifen den oberen Teil der Gefäße umziehen, sodaß eine Art Kerbschnittverzierung entsteht. Es sind nur Fragmente gefunden, die sich auf folgende Formen verteilen lassen:

H, 1 a. H, 1 a. ⅓ nat. Gr. H, 1 a.

H, 1 b. ⅓ nat. Gr. H, 1 b. H, 1 b. ⅓ nat. Gr.

H, 1 d. ⅓ nat. Gr. H, 1 d. H, 2. ⅓ nat. Gr.

H, 2. H, 3. H, 3.

Abb. 172. Fragmente von Gefäßen mit eingepreßter Verzierung.

1. Kesselähnliche Gefäße; weitaus die Mehrzahl der erhaltenen Fragmente gehört hierher (vgl. Abb. 172, 1 a—d): a) mit stark eingezogenem oberem Teil und breiter, nach außen umgebogener Lippe. b—d) mit einem sich mehr oder weniger scharf von der Schulter absetzenden Halse und schmaler Lippe, deren Oberseite bisweilen mit eingepreßten Dreiecken verziert ist.

2. Näpfe mit wagerechten Handgriffen oben und einfacher wulstiger Lippe (Abb. 172) oder mit kleinen senkrechten Ösenhenkeln. Ein Fragment zeigt oben drei vertiefte Linien und eine Reihe eingestochener Kreise (Abb. 173).

3. Amphoren mit Bauchhenkeln und Streifen von eingepreßten Kreisen und Dreiecken, die miteinander abwechseln (Abb. 172).

4. Becher(?), mit abgesetztem, etwas eingezogenem Hals, oben mit Dreiecken und Kreisen verziert (Abb. 174).

Diese Gattung wurde nur in der spätjüdischen Schicht im Norden des Stadthügels gefunden und beschränkt sich also auf die spätjüdische Epoche. Fragmente gleicher Art sind bisher nur aus Gezer bekannt geworden: Macalister, Excavation II S. 221 f.; III Taf. CLXXIX 29; CLXXXII 6 ('Hellenistic period').

Abb. 173. H, 2.

Abb. 174. H, 4.

J. Attische und Hellenistische Vasen.

1. Fuß eines attischen Kännchens aus dem V. bis IV. Jahrh. vor Chr., schwarzer Firnis, in der Mitte der Unterseite eingeritztes A.

2. Fragment vom Boden einer kleinen, attischen Vase mit gutem, schwarzem Firnis; wohl noch aus dem V. Jahrh.

3. Fuß einer attischen Schale, IV. Jahrh., schlechter, metallisch schillernder Firnis.

4. Fragment eines attischen Tellers aus dem IV. bis III. Jahrh.; schlechter braunschwarzer Firnis. Im inneren Rund eingepreßte Tropfenmuster und Palmette (Abb. 175).

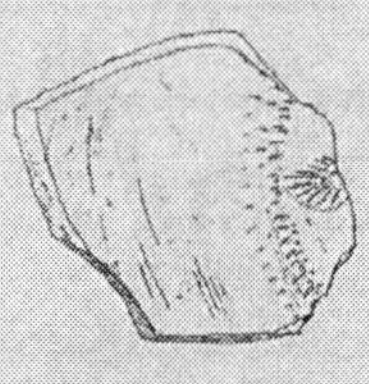

Abb. 175. J, 4.

5. Henkelfragment einer Kanne, harter, grauer Ton; strickförmig gedreht, wohl von einer hellenistischen Kanne.

6. Amphoriskos aus grauem oder gelblichem Ton, Höhe 0,11 und 0,085 m, grauer, verbrannter Überzug (Blatt 40).

7. Fragment vom Fuß und Boden einer hellenistischen Festkanne, roter Ton mit gelbem Überzug und Rest brauner Firnismalerei. — Vgl. über diese Kannen: Zahn, Priene S. 399 ff., Arch. Jahrbuch 1908 S. 68 ff.

8. Fragment einer halbkugeligen Sigillata-Schale mit einfachem, rotem, mattglänzendem Überzug; von dem Fuß ausgehende einfache Zweige in flachem Relief (Abb. 176).

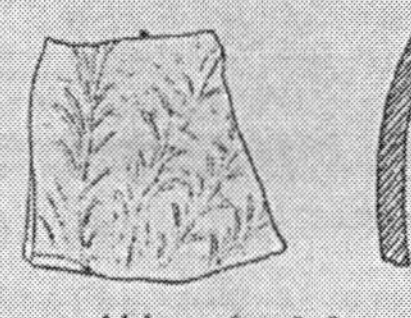

Abb. 176. J, 8.

9. Lampe, Länge 0,07 m. Schlechter rotbrauner Firnis, langgezogene schmale Schnauze; strahlenförmige Riefelung um die Öffnung; an der Seite eine plastische Spirale aufgelegt. Ohne Griff. Hellenistisch (Blatt 40). — Sehr häufige Form auf allen Ausgrabungsstätten Palästinas.

Diese wenig zahlreichen Fragmente attischen und hellenistischen Importes sind nur im Norden zwischen der kanaanitischen und israelitischen Stadtmauer unmittelbar unter der Oberfläche gefunden worden und ergeben damit einen Anhalt für das Ende der Besiedlung in dieser Gegend.

K. Rhodische Amphorenhenkel.

1. Stempel mit Rosenknospe in der Mitte, darum die Buchstaben ἐπὶ Ἀ]ρατο[φάνεος] Ἀγριαν[ίου; etwa zur Hälfte erhalten.

2. Mit dreizeiliger Inschrift im Rechteck: ἐπὶ Ἀγε | στράτου | Ἀγριανίου.

3. Mit zweizeiliger Inschrift in eingepreßtem Rechteck, links weggebrochen: ἐπὶ]Ἀρχίλα | Πα]νάμου.

4. Mit einer Inschriftzeile im Rechteck: Παυσανία.

5. Mit dreizeiliger, nur in der Mitte etwas verwischter Inschrift: ἐπὶ Ἀρισ | τομάχου | Ὑακινθίου.

6. Mit dreizeiliger Inschrift: Συμμά | χου | Καρνείου.

Die rhodischen Amphorenstempel sind bis auf Nr. 5, der auf der Höhe des Quellhügels gefunden wurde, sämtlich gleich unter der Oberfläche im Norden zutage gekommen, über dem Niveau, in dem sich noch Hausreste der spätjüdischen Zeit befanden.

II. Gegenstände aus Terrakotta und Fayence.

1. Jugendlicher männlicher Kopf aus rotbraunem Ton. Höhe 0,047 m. Hals gebrochen. Das in einzelnen dicken Strähnen vom Hinterkopf ausgehende Haar hängt in einem Bogen in die Stirn und deckt auch breit die Ohren. Hinten schneidet es gerade ab (Blatt 40). — Die Frisur dieses Kopfes ist ägyptisch und findet sich ganz entsprechend bei syrischen und phönikischen Denkmälern, die ägyptische Vorbilder nachahmen. Ein Terrakottakopf aus Tell Judeidey bei Bliss-Macalister, Excavations in Palestine Taf. 68 Nr. 6 scheint ganz entsprechend zu sein. Der Typus mit der niedrigen Stirn, dem vertieft liegenden Mund, der eckigen Bildung des Gesichtes, den vortretenden, aber flachen Augen entspricht der Stilstufe archaïsch-griechischer Köpfe aus dem Anfang des VI. Jahrh. vor Chr. Stilistisch besonders ähnlich ist ein arkadisches Marmorköpfchen aus Lepreos (vgl. Kuruniotis, Athen. Mittlgn. 1908 S. 165 Taf. VI), bei dem nur die ägyptische Frisur noch durch zwei Zöpfe neben den Ohren bereichert ist. — Von diesen Köpfen ist ein Exemplar in dem jüdischen Hause an der israelitischen Stadtmauer in L 2, andere in der spätjüdischen Schicht im Norden gefunden worden. Wie in Kypros, kann auch in Phönizien und Palästina der archaïsche Stil sich länger gehalten haben, sodaß einer Datierung bis herab in den Verlauf des VI. und des V. Jahrh. vor Chr. nichts im Wege steht.

2. Kopf eines assyrischen Dämons (des Südwestwindes?) aus festem, gelbem, wenig gebranntem Ton. Höhe 0,075 m. Ein Kahlkopf mit stark vortretenden, übertriebenen Stirn- und Brauenknochen, faltigem, knochigem Gesicht, Stumpfnase und breitem Maul, das von einem kurzgeschnittenen Bart eingerahmt wird. Seiner Technik nach frei modelliert, nicht aus einer Form hergestellt (Blatt 40). Aus der spätjüdischen Schicht im Norden. — Der Typus dieses Kopfes entspricht genau den Kalkstein- und Terrakottaköpfen eines assyrischen Dämons, die sich im Britischen Museum befinden und aus Layards Ausgrabungen in Niniveh stammen, vgl. British Museum, Guide to the Babylonian and Assyrian Antiquities[2] S. 119 (Wall-case 40 Nr. 1052); dazu Gressmann, Altorientalische Texte u. Bilder II S. 97. Der Kopf ist die Stilisierung eines Löwenkopfes mit Annäherung an das menschliche Gesicht und dürfte etwa dem VIII. oder VII. Jahrh. vor Chr. angehören. Das in Jericho gefundene Exemplar ist vielleicht

noch jünger, da es sich noch stärker menschlichen Zügen annähert. Dafür spricht auch ein ähnlicher schwarz, blau und rot bemalter Terrakottakopf aus einem Grabe bei Amathus auf Kypros, das schwarzfigurige Vasen des VI. Jahrh. vor Chr. enthielt (vgl. Murray, Excavations in Cyprus S. 112 Fig. 164, 14, dazu S. 113). Bei diesem ist der Anschluß an das menschliche Gesicht noch weiter geführt.

3. Fayencefigur einer nackten Göttin aus heller, grünlichgelber Fayence, Länge 0,10 m; Kopf und Füße weggebrochen; der Kopf war besonders gearbeitet und eingesetzt. Die gesenkten Hände liegen an den Knien; zwischen den Beinen steht ein korbförmiges Kapitell auf Untersatz; auf ihm sitzen drei Affen, der mittlere in Vorder-, die beiden anderen in Seitenansicht. Der Rücken ist ganz flach und nur angedeutet. Gefunden in dem jüdischen Hause in L 2 an der Böschungsmauer im Süden (Blatt 40). — Ägyptisch; vgl. die Fayencefigur ganz entsprechender Art aus dem Fayûm in der ägyptischen Abteilung der Kgl. Museen zu Berlin: Cesnola-Stern, Cypern S. 414, dazu Hörnes, Mitteilungen der prähistorischen Kommission I 4 (1897) S. 194. Die Statuette aus dem Fayûm unterscheidet sich von der aus Jericho darin, daß zwei Affen auf den Armen der Frau und zwei auf ihren Füßen hocken.

4. Pferd aus rotbraunem Ton, vollständig erhalten bis auf das fehlende linke Hinterbein und die abgebrochenen Ohren. Höhe 0,12 m; Länge 0,13 m. Die Schnauze ist nach innen ausgehöhlt (Blatt 40).

5. Kopf eines Pferdes mit Zaumzeug, Länge 0,10 m, grauroter Ton, innen hohl mit Öffnung in der Schnauze (Blatt 40).

Nr. 4 und 5 sind mit anderen Pferdeköpfen in den jüdischen Häusern auf dem Quellhügel gefunden.

6. Pferde oder Maulesel, nur in Fragmenten erhalten. a) Fragment vom Rücken mit zwei runden Tragkörben (Abb. 178). b) Mittelkörper, Kopf, Hinter- und Vorderbeine (halb) weggebrochen (Abb. 179). Dazu zahlreiche andere Bruchstücke. Ton innen schwarzgrau, außen rotbraun. Aus spätjüdischer Schicht im Norden.

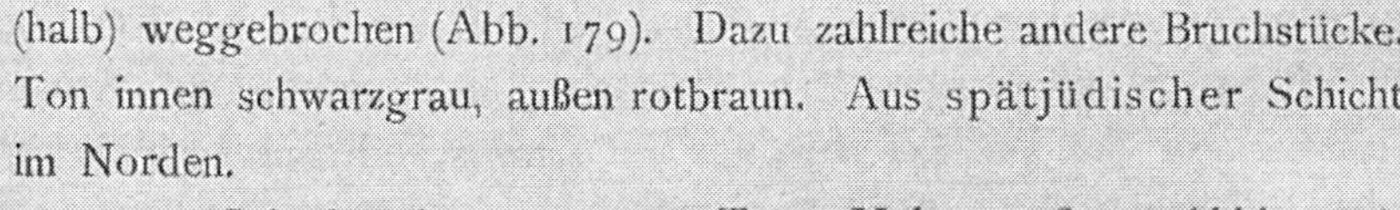

Abb. 177. II, 7. ½ nat. Gr.

7. Stierkopf aus rotem Ton, Höhe 0,082 m (Abb. 177). Die Hörner und Ohren sind bis auf einen Stumpf des linken Ohres weggebrochen. — Spätjüdisch; erinnert im Stil an archaisch-griechische und kyprische Stierköpfe; also wohl Nachahmung kyprischer Vorbilder.

8. Kuh (?) von plumper Arbeit als Gefäß mit Öffnung oben auf dem Rücken. Höhe 0,12 m; Länge 0,13 m. Ton und Technik wie bei den Pferden; rechtes Hinterbein, Ohren und Hörner abgebrochen. Oben abgebrochener Henkel zum Tragen (Abb. 182). Aus jüdischer Schicht im West-Ost-Schnitt. — Vgl. die Kuh aus Gezer: Macalister, Excavation III Taf. CXXVI 23. Nachahmung kyprischer Vorbilder.

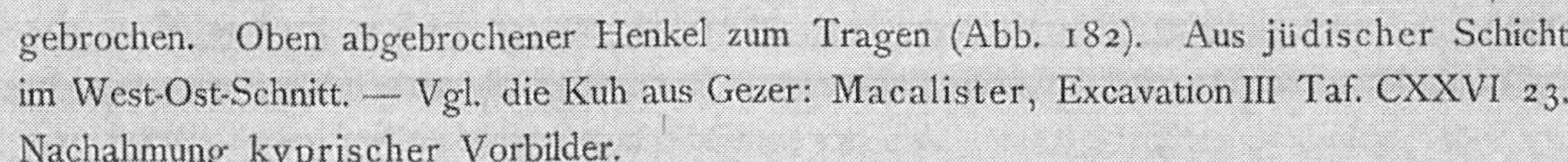

9. Vorderteil eines Ebers, Kopf weggebrochen. Borstenkamm auf dem Rücken angedeutet; in der Mitte des Körpers ein Loch, zum Aufhängen (?). Grober Ton mit Spuren roter Farbe (Abb. 180). Aus jüdischer Schicht auf dem Quellhügel.

10. Vorderteil eines Tieres aus rötlichem Ton mit gelbem Überzug, hohl aus der Form gedrückt. Erhalten ist nur ein zylindrischer Bauch mit Ansätzen der Beine und des Halses (Abb. 181). Aus israelitischer (?) Schicht im Norden.

11. Vogel aus schwarzem, außen rotbraunem Ton, sitzend, mit anliegenden Flügeln. Schwanz halb weggebrochen, von den Füßen nur Ansätze erhalten. Höhe 0,07 m. (Abb. 183). Zahlreiche Fragmente entsprechender Vögel. Aus spätjüdischer Schicht im Norden.

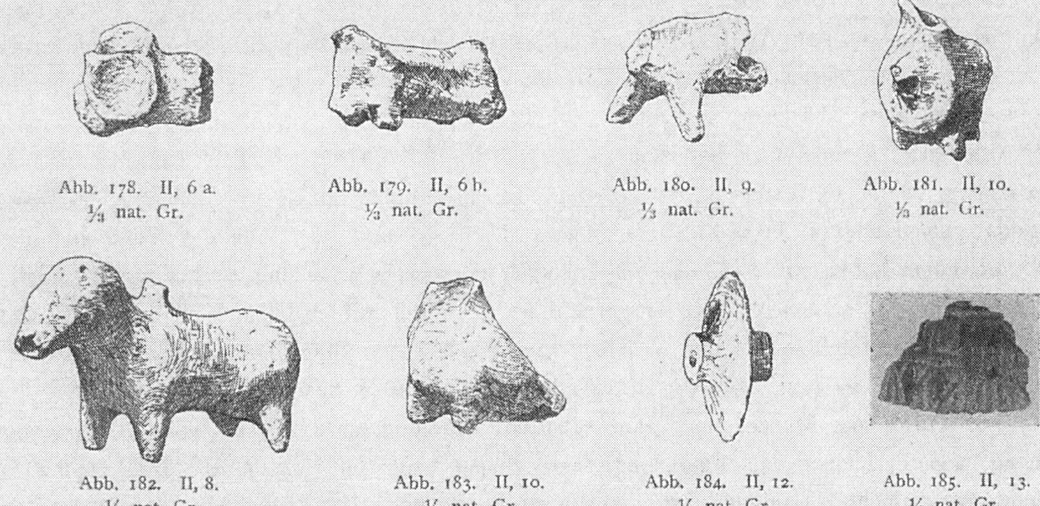

Abb. 178. II, 6 a. ⅓ nat. Gr. — Abb. 179. II, 6 b. ⅓ nat. Gr. — Abb. 180. II, 9. ⅓ nat. Gr. — Abb. 181. II, 10. ⅓ nat. Gr.

Abb. 182. II, 8. ⅓ nat. Gr. — Abb. 183. II, 10. ⅓ nat. Gr. — Abb. 184. II, 12. ⅓ nat. Gr. — Abb. 185. II, 13. ½ nat. Gr.

12. Rad in Form einer flachen Scheibe mit durchbohrter Nabe. Breite 0,075 m, von einem Terrakottawägelchen? (Abb. 184).

13. Fragment eines Gefäßes aus grün und weißer Fayence mit kleiner Schnuröse. Rest der Dekoration mit Lotosblüten erhalten (Abb. 185). — Ägyptisch.

III. Geräte aus Bronze und Eisen.

1. Dolch aus Bronze, Spitze abgebrochen, Länge 0,115 m. Die Seiten der Schneide sind nach der dünnen Griffzunge zu etwas eingeschwungen.

2. Messer(?) aus Bronze, Länge 0,09 m, nach der (abgebrochenen) Spitze zu sich verjüngend; das breitere untere Ende ist nach innen umgebogen.

Nr. 1 und 2 wurden aufeinander gebacken in 2 m Tiefe im mittleren Nordgraben bei der Freilegung der israelitischen Stadtmauer gefunden, gehören also in israelitische Zeit.

3. Flaches, schmales Messer aus Bronze, unten schräg abgeflacht und etwas verbreitert, wohl zum Einstecken in einen Handgriff. Länge 0,09 m; Breite unten 0,017 m (Blatt 40). Aus israelitischer Schicht im Norden.

4. Bronzehenkel als Attasche, wohl von einem großen Kessel stammend. Länge 0,165 m, mit zwei kleinen Ringen; nach den beiden anliegenden Enden zu sich blattförmig verbreiternd. — Vgl. das entsprechende Exemplar: Macalister, Excavation of Gezer III Tafel XCV 8.

5. Fibel aus Bronze, Nadel weggebrochen. Der Bügel bildet nach oben keinen Bogen, sondern verläuft mit einem scharfen Knick und ist nach beiden Enden zu verstärkt. Die eine dieser Schwellungen ist mit schwach eingekerbten Ringen verziert (Blatt 40). Diese eigentümlich östliche Fibelform ist auch aus Gezer (vgl. Macalister, Excavation II S. 81f. III Tafel CXXXIV und Tafel LV 9) und Tell Zakarîya (Bliss-Macalister, Excavations Tafel 80, 6) bekannt; die Nadel ist vielfach für sich gearbeitet und in das Ende des Bügels

eingezapft; bei einem in Gezer gefundenen Exemplar ist nur die Nadel aus Bronze, der Bügel aber aus Eisen gefertigt[1]. Im Anschluß an gleiche Fibeln aus Nimrud und Sendschirli hat v. Luschan diesen Typus besprochen (Zeitschrift für Ethnologie 1893 S. (387) und ihn in das VIII. Jahrhundert vor Chr. datiert. Daß er wohl noch bis in das VI. Jahrhundert herabgehen kann, darf man aus dem Vorkommen seines ostgriechischen halbkreisförmigen Gegenstückes bis in diese Zeit schließen, das ganz in derselben Weise verziert wird. Dieser ostgriechische Typus ist in ganz Kleinasien verbreitet (vgl. besonders Körte, Gordion S. 76 ff., 101 ff., 138 Abb. 124), kommt auch in Gezer (a. a. O. Tafel CXXXIV) und Tell Zakariya (Bliss-Macalister, a. a. O. Tafel 80, 7) vor und ist als Import in Thera, Olympia, Megara, Dodona gefunden (vgl. Dragendorff, Thera II S. 299 und 303). In der Fibel mit geknicktem Bügel haben wir wohl eine eigentümlich vorderasiatische Umgestaltung des ostgriechischen Typus zu erkennen. Eine jüngere Abart der Fibel mit im Winkel gebogenem Bügel ist die kyprische Fibel des VI. und V. Jahrh. vor Chr., bei der über dem Knick ein plastischer Knopf angebracht ist (vgl. Murray, Excavations in Cyprus S. 68).

6. Ringe aus Bronze, einer ganz erhalten: Durchmesser 0,095 m, wohl als Armring dienend; andere, kleinere, als Fingerringe, von denen einer im Norden als Grabbeigabe in israelitischer Schicht zusammen mit den Vasen C, 11 und C, 15 gefunden ist (vgl. oben S. 64 Abb. 37).

7. Eisernes Messer, etwas gekrümmt, mit Schneide an der konkaven Seite; Länge 0,11 m. Die Spitze ist gerundet; das obere Ende als breite kurze Griffzunge mit zwei seitlichen Zapfen ausgestattet.

8. Gerät aus Eisen von 0,25—0,30 m ursprünglicher Länge, das nach oben spitz zuläuft, unten wohl in einem Griff aus anderem Material eingesetzt war. Wurde in einem der jüdischen Häuser auf dem Quellhügel gefunden. — Vgl. das Eisenmesser aus Tell Ta'annek: Sellin, Nachlese S. 23 Fig. 33 B.

Eisengeräte sind in Jericho nur in den jüdischen Schichten gefunden worden.

IV. Gefäße und Geräte aus Stein und anderem Material.

1. Runder Napf aus grünsteinartigem Gestein, durch Querwände in vier Abteilungen eingeteilt; Durchmesser 0,10 m; Höhe 0,045 m. Oben und unten Band mit Eindrücken. Auf das ursprüngliche Vorhandensein eines übergreifenden Deckels weist hin ein Zapfenloch rechts mit zwei vertieften Bahnen an der Außenseite und ein wagerechtes Loch gegenüber für einen Stift, der wohl den Deckel festhalten sollte (Blatt 40). Gefunden im jüdischen Hause an der Südseite vor der Stadtmauer in L 2.

2. Kleine Schale aus Alabaster, mit Ringfuß und breitem Rand oben, in dem vier runde Eintiefungen, wohl zur Aufnahme eines Schmuckes bunter Steinscheiben, sich befinden. Eine fünfte Vertiefung in der Mitte des Schalenrundes. Höhe 0,025 m; Durchmesser 0,065 m.

---

1) Das eine Exemplar aus Gezer (III Tafel LV 9) gehört als Beigabe zu dem 'Philister'-Grabe Nr. 3. Die zuerst von Myres ausgesprochene Datierung und Bezeichnung dieser Gräber als Philister-Gräber aus dem Ende des II. Jahrtausends Quarterly Statement 1907 S. 240), der sich Macalister Excavation I S. 297 und Thiersch, Archäol. Anzeiger 1909 S. 381, wenn auch mit Vorbehalt, anschließen, scheint mir nicht nur auf Grund dieses Fundes unmöglich. Auch die phönikische Gemme (a. a. O. I S. 293 Fig. 154, 14), die Silberschalen, die mir saïtisch zu sein scheinen, und die kyprische Pilgerflasche aus Grab 5 (a. a. O. I S. 296 Fig. 157, 1), der entsprechende Exemplare noch in der 'fourth semitic period' in Gezer vorkommen (vgl. z. B. (a. a. O. III Tafel CLXX, 1), sprechen für eine Datierung in das VIII. Jahrh. vor Chr.

Diese Schale diente wohl zum Schminkereiben. Gefunden in der jüdischen Schicht auf dem Quellhügel. — Vgl. die übereinstimmenden Alabasterschalen aus Gezer: Macalister, Excavation II S. 272f.; III Tafel CCXIII 1—8, LXXVI 19.

3. Alabastra einfacher Form aus weißem Alabaster, als Grabbeigabe in spätjüdischer Schicht im Norden verwandt; an den Seiten längliche Knöpfe als Handgriffe. Höhe 0,185 m und 0,24 m (Abb. 186). Ein anderes ohne Handgriffe und von bauchiger Form, Höhe 0,115 m.

Abb. 186. IV, 3.

4. Fragment eines Napfes aus Alabaster. Höhe 0,05 m, schlauchförmig mit umgebogenem Rand und kleiner Schnuröse an der Seite des Bauches.

5. Große flache Schale aus Basalt, mit drei geraden, kurzen, am Rand sich ansetzenden breiten Füßen. Gefunden in der israelitischen Schicht auf dem Quellhügel. — Vgl. die gleichen Schalen aus Tell el-Mutesellim: Schumacher, S. 65 Abb. 83 aus Dolerit, aus Gezer: Macalister, Excavation II S. 37 Fig. 229 c; S. 39 Fig. 231 und aus der Nekropole von Enkomi auf Kypros: Murray, Excavations in Cyprus S. 25 Fig. 46; S. 39 Fig. 67 Nr. 865 aus Stein; S. 35 Fig. 63 Nr. 1045 aus Fayence. Diese Schalen sind wohl ein vornehmerer Ersatz für die primitiven, in einen Stein gehöhlten Reibschalen.

6. Reibschalen aus hartem Kalkstein entsprechend den bereits in vorisraelitischer Zeit gebräuchlichen (Blatt 40). Bei einigen ist die konische Vertiefung in dem roh zugehauenen Steine noch ganz flach, bei anderen schon fast zylindrisch, oder der Boden ist bereits durchgerieben. Auch diese Reibschalen fanden sich entweder noch an Ort und Stelle im Küchenraum des Hauses oder in jüngeren Steinmauern verbaut. Da in keinem der Häuser der jüdischen Periode ein Exemplar gefunden wurde, so ist wohl ihre Verwendung in Jericho damals abgekommen gewesen. Ob ein Stein, der eine rechteckige, flache Vertiefung aufweist, ebenfalls als Reibstein zu erklären ist, mag dahingestellt bleiben. Auffallend ist auch ein größerer Stein von dreieckiger Form, dessen eine Ecke weggebrochen ist, und der mindestens sechs fast gleich große kegelförmige Vertiefungen enthält. Diese kleinen Schalen mögen zum Reiben und Mahlen von feineren Früchten oder auch von Gewürzen gedient haben. Zu diesen und den vorigen Reibschalen gehören die Reibsteine Nr. 10 und 11.

7. Handmühlen, Kornquetscher aus einem breiten, brotförmigen, auf der Oberfläche gleichmäßig gerauhten roten Sandstein: zwei Exemplare gehörten zum Inventar eines jüdischen Hauses auf dem Quellhügel. Einige zeigen eine muldenförmige Vertiefung auf der Oberseite, die durch häufiges Benutzen entstanden ist. Ein einziger zeigt die zweckmäßige und aus ägyptischen Darstellungen gleicher Handmühlen bekannte Erhöhung des Randes am einen Ende, die einem Herabgleiten des geschrotenen Kornes vorbeugen soll (vgl. Blatt 40). Den Gebrauch dieser Handmühlen, die noch heute im Orient genau wie im Altertum gehandhabt werden, illustrieren neben den altägyptischen Bildern (vgl. Erman, Ägypten I S. 268) die Aufnahmen bei Schumacher, Tell el-Mutesellim S. 64 und Bliss-Macalister, Excavations S. 143. Die zugehörigen Reibsteine zu den abgebildeten Mühlen wurden nicht gefunden.

8. Kleiner Napf aus Kalkstein mit geraden Wänden und vier Füßen. Höhe 0,045 m; Länge 0,095 m (Abb. 187).

Abb. 187. IV, 8. 1/3 nat. Gr.

9. Schleifstein, Höhe 0,035 m; rundes Kalksteinstück mit dreieckig vertiefter Rinne oben (Blatt 41), ein anderer, mehr länglicher Form aus Basalt mit Rinne oben, Länge 0,06 m, Höhe 0,05 m.

Abb. 188. IV, 10 a; IV, 11 a; IV, 10 b.

10. Reibstein aus lavaartigem Gestein; Höhe 0,05 m, Länge 0,08 m, längliche Form mit Grat oben zum Anfassen (a auf Abb. 188); ein anderer, mit Einziehung oben, etwas höher: Höhe 0,055 m; Länge 0,06 m (b auf Abb. 188).

11. Reibsteine, zu den Reibschalen Nr. 5 und 6 gehörig (Blatt 41). a) kegelförmig, aus Basalt (Abb. 188) und aus weißem dichtem Kalkstein, Höhe 0,065 m; b) höher, oben abgerundet und nach unten sich etwas verbreiternd aus Basalt; c) breit und nach oben sich wenig verjüngend.

12. Wetzstein aus Schiefer; vierseitig, Länge 0,06 m; Durchmesser 0,015×0,02 m, ganz schwarz gebrannt, lag in der jüdischen Kanne Nr. A, 25 b.

13. Reibstein aus rotem Kalkstein, Länge 0,11 m, Breite 0,09 m, Durchmesser 0,045 m; flachgedrückte Kugel von der Form eines runden Keulenkopfes.

14. Kleine, eiförmige, zugeschliffene Kiesel, die wohl zum Spielen benutzt wurden (Blatt 41).

15. Kleine, runde, mehr oder weniger flache Kiesel, mit einem runden Loch in der Mitte, drei aus Kalkstein, der eine zeigt erst den Anfang der Durchbohrung; ein vierter, besonders fein geglätteter, aus weißem, marmorartigem Kalkstein (Blatt 41).

16. Ring aus Basalttuff, Durchmesser 0,043 m. Die breite Durchbohrung in der Mitte und die Größe machen es unwahrscheinlich, in diesem Ring einen Wirtel zu erkennen. Es handelt sich wohl um einen Gegenstand von sonstiger praktischer Verwendung, etwa als Beschwerer (Blatt 41).

17. Tonkugeln mit Durchbohrung in der Mitte, aus an der Luft getrocknetem Ton; an der Stelle des Loches auf beiden Seiten etwas zusammengedrückt. Diese sehr häufig und in großer Menge in den Häusern jüdischer Zeit gefundenen Kugeln können weder Netzgewichte, noch Zettelstrecker zum Weben sein, da sie im Wasser vergehen würden und auch zu groß für Webegewichte sind. Es handelt sich wahrscheinlich um Ballen frischen Tones, die zur bequemen Beförderung und Aufbewahrung auf Holzstäbe gesteckt sind, um im Hause den Ton zur Herstellung von Gefäßen zur Hand zu haben. Dafür sprechen auch die Funde von Kugeln aus rotem Ocker, der zum Färben der Tongefäße gebraucht wurde, in denselben Häusern. — Ebenso erklärt Zahn, Thera III S. 42 von ihm in einem prähistorischen Hause gefundene walzenförmige, durchbohrte Tonklumpen.

18. Gewichte aus Ton, meist plump kegelförmig und mehr oder weniger fest gebrannt, oben eine Durchbohrung zum Durchziehen eines Fadens zum Aufhängen. Ein anderes in Form einer Pyramide, oben gebrochen, Höhe 0,15 m, Breite 0,08 m (Blatt 41).

19. Spielsteine, aus Gefäßscherben hergestellt, die rund zurecht geschlagen sind; meist mit einem Loch in der Mitte (Blatt 41).

20. Spinnwirtel aus Ton, Bein und Stein (Blatt 41).

a) doppelkegelförmig, aus Ton. Die Durchbohrung sitzt oft nicht genau in der Mitte des Kegels, sondern etwas neben die Spitze verschoben. Ohne Dekoration.

b) kegelförmig, aus Knochen; die eine Seite ganz flach; zwei Exemplare zeigen feine Glättung der Oberfläche.

c) scheibenförmig, aus Knochen. Auf der flachen Scheibe sitzt auf der einen Seite ein breiter, die mittlere Durchbohrung einfassender Ring. Diese ungewöhnliche Form ist nur in einem Exemplar gefunden.

d) kegelförmig aus Ton (zwei Exemplare) und aus weichem Kalkstein (ein Exemplar). Die Unterseite ist glatt; die Oberseite des Wirtels aus Kalkstein trägt als Ornament zwei leicht eingeritzte konzentrische Ringe und tief eingegrabene Zickzacklinien. — Vgl. zur Dekoration den tönernen Wirtel aus Troia: Dörpfeld, Troia und Ilion I Beilage 47 Nr. s (4793).

Abb. 189. IV, 21.

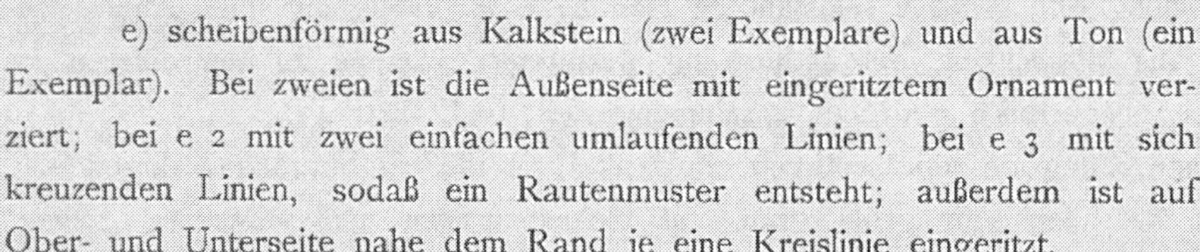

e) scheibenförmig aus Kalkstein (zwei Exemplare) und aus Ton (ein Exemplar). Bei zweien ist die Außenseite mit eingeritztem Ornament verziert; bei e 2 mit zwei einfachen umlaufenden Linien; bei e 3 mit sich kreuzenden Linien, sodaß ein Rautenmuster entsteht; außerdem ist auf Ober- und Unterseite nahe dem Rand je eine Kreislinie eingeritzt.

Abb. 190. IV, 22.

Die beschriebenen Wirtel stammen, soweit nachweisbar, aus israelitischen und jüdischen Schichten, ohne daß sicher zu entscheiden wäre, welcher Periode sie im einzelnen angehört haben. In sicher kanaanitischen Schichten sind Spinnwirtel von uns nicht gefunden worden, doch ist nicht ausgeschlossen, daß das eine oder andere Exemplar in vorisraelitische Zeit hinaufgeht. Wenn man sich der so reich ornamentierten Wirtel aus Troia erinnert, so wird man sich des Mangels an Schmuck hier besonders bewußt. Vielleicht erklärt er sich zum Teil gerade aus der späteren Entstehungszeit. Die Knopfform des Exemplares c findet sich wieder bei einem der geometrischen Periode angehörenden Spinnwirtel aus Thera (Pfuhl, Athen. Mittlgn. 1903 S. 221 Abb. 60); die Scheibenform von e haben viele bronzezeitliche Wirtel aus Seskio und Dimini: Tsuntas a. a. O. S. 343 und Taf. 44.

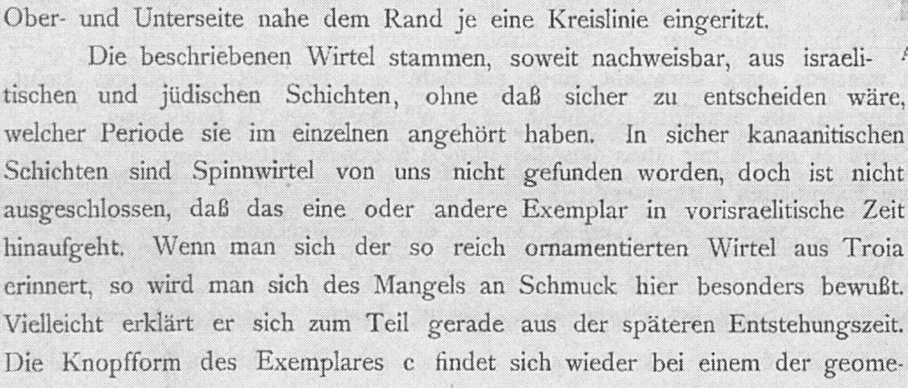

20. Gelenkknochen, innen ausgehöhlt, wohl um als Büchse für Nadeln zu dienen. — Vgl. solche Nadelbüchsen aus Ta'annek: Sellin, Tell Ta'annek, Nachlese S. 22 Fig. 30 und Gezer: Macalister, Excavation II S. 87.

Abb. 191. IV, 24.

21. Kleiner Astragal aus Knochen, wohl zum Spielen dienend (Abb. 189).

22. Krone eines Hirschgeweihes, das untere Ende weggebrochen; innen schwarz verkohlt, außen in der ursprünglichen Farbe; hat vielleicht als Griff eines eisernen Gerätes gedient (Abb. 190). Aus einem jüdischen Hause auf dem Quellhügel.

Abb. 192. IV, 25.

23. Griffel aus Knochen, ganz einfach glatt poliert, oben gebrochen; erhaltene Länge 0,12 m.

24. Glätter oder Pfriem, erhaltene Länge 0,21 m, aus einem Knochenstück flach zugeschnitten mit scharfer Spitze vorn (Abb. 191). Aus der jüdischen Schicht auf dem Quellhügel.

25. Rehstange, die Spitze abgebrochen; diente wohl als Pfriem (Abb. 192).

26. Kugeln aus rotbraunem Ocker, wie er zum Färben der Tongefäße benutzt ist. Durchmesser 0,02 m. — Häufig in den jüdischen Häusern auf dem Quellhügel gefunden.

27. Bruchstück eines Stirnziegels aus Kalkstein mit einer Akanthuspalmette in Relief auf einem (weggebrochenen) Kelch. Höhe 0,09 m; Breite 0,12 m. Späthellenistisch. Im Norden des Hügels unmittelbar unter der Oberfläche gefunden.

V. Die israelitischen und jüdischen gestempelten Amphorenhenkel.

(Von Ernst Sellin)

Da die bei der Ausgrabung gefundenen gestempelten Amphorenhenkel eben wegen dieser ihrer Stempelung eine gewisse selbständige Handhabe zur Datierung ihres Alters darbieten und damit die Möglichkeit, die anderweitig gezogenen Schlüsse zu kontrollieren, so seien dieselben hier, übersichtlich geordnet, zusammengestellt (vgl. Blatt 42).

1. Die älteste Kategorie repräsentieren elf Henkel, in die ein Skarabäus eingedrückt ist. Der Ton ist bei allen sehr grob, grau, mit kleinen weißen und schwarzen Steinen durchsetzt. Der Längendurchmesser der Skarabäen wechselt zwischen 2, $1\frac{1}{2}$ und $1\frac{1}{4}$ cm. Die Bilder sind meistens stark verwischt, doch auf acht von ihnen (a—d)[1] einiges kenntlich. Fundort aller war die israelitische Schicht am Nordabhang wie im Quellhügel. Herr Prof. Dr. Schäfer macht mir über dieselben gütigst folgende Mitteilungen:

a. In zwei Exemplaren vorhanden.

Titel und Name des „Schreibers des Weziers, Senbef, des auferstehenden“:

b. Drei Exemplare.

Im Mittelfeld der Falke des Horus . Hinter diesem Schriftzeichen, die etwa zu lesen sein könnten. Die Bedeutung verstehe ich nicht. In den Segmenten oben und unten sieht man umgelegte Kronen von Unterägypten , entartet und schon zum bloßen Ornament geworden, ein Prozeß, der sich in der Zeit, aus der das Siegel stammt, noch weiter fortgesetzt hat.

c. Ein Exemplar.

In der Mitte, fast zum Ornament geworden, ein Sistrum . Rechts und links je ein nach außen blickender Falke .

d. Ein Exemplar.

Schreitende Antilope. Über ihr ein Zweig.

d[1]. Ein Exemplar.

Schreitender Löwe auf einem . Vor ihm eine Schlange, hinter ihm das Schriftzeichen .

Die Siegel a—d waren alle, wie die Abdrücke zeigen, in Metall gefaßte Skarabäen. Derartige Fassungen sehen in Ägypten so aus, wie es die Abb. „zu b“ zeigt. Der in einen Metallkasten gefaßte Skarabäus ist drehbar in einen Metallbügel eingespannt. Prof. Dr. L. Borchardt macht darauf aufmerksam, daß in den Abdrücken an den beiden Schmalseiten noch die Angelspuren zu erkennen sind.

---

1) Die Abbildungen stellen die Abdrücke, nicht die Siegel dar.

Die Sitte, Siegel in die Krüge selbst einzudrücken, ist aus Ägypten nicht bekannt. Die Krüge sind also nicht aus Ägypten importiert. Alle fünf Skarabäen stammen aus derselben Zeit, die wir auf die Jahrhunderte vom mittleren Reich (um 1900 vor Chr.) bis zum Beginn der 18. Dynastie (um 1550 vor Chr.) bestimmen können[1]. Sie sind also spätestens um 1550 v. Chr. gefertigt. Denn unzweifelhaft sind alles echte ägyptische Arbeiten der Zeit, keines eine fremde oder spätere Nachahmung. Wenn diese ein und derselben Gruppe angehörigen Skarabäenabdrücke alle derselben Fundschicht entstammen, scheint mir dies an sich wenig dafür zu sprechen, daß sie in späterer Zeit wieder verwendet seien, was man bei einem einzelnen Stück wohl annehmen könnte."

Die Skarabäen an sich gehören also spätestens ins sechzehnte Jahrhundert hinein. Nun aber ist bereits mehrfach bei den palästinensischen Ausgrabungen konstatiert, daß die alten Skarabäen noch Jahrhunderte später als unverstandene Amulette getragen sind, daß wir also, wenn wir solche finden, eigentlich immer nur einen terminus a quo besitzen. Außerdem aber sind solche mit Skarabäen gestempelte Henkel auch sonst schon bei den Ausgrabungen gefunden, und in genauer Übereinstimmung mit denen von Jericho nie in derselben Schicht, wie die handgemachte kanaanitische Keramik. Bliss fand einen solchen Henkel, dessen Stempel er für imitiert hält, in der altjüdischen Schicht im Tell es-Safi[2], Macalister eine große Anzahl in Gezer in der second und third semitic period, also sowohl in der zweiten Hälfte des II. Jahrtausends wie dem Beginne des letzten vorchristlichen[3]. Wir werden danach annehmen müssen, daß es Sitte in Palästina gewesen ist, die alten Skarabäen ähnlich wie die bildlichen Darstellungen von Tieren und dgl. als Fabrikmarken oder Apotropaia auch noch zu einer Zeit zu benutzen, da man ihre ursprüngliche Bedeutung längst nicht mehr verstand. Und speziell für Jericho werden wir diese Zeit auf den Zeitraum vom XIII. bis IX. Jahrhundert fixieren können. Die Stelle der Anfertigung der Amphoren scheint aber wegen der Gleichartigkeit des Tones trotz der Verschiedenheit der Skarabäen dieselbe zu sein. (Weiteres siehe in Abschnitt IV 2.)

2. Vielleicht noch derselben Periode wie die Henkel von 1, also der israelitischen, vielleicht bereits der jüdischen, gehören zwei Exemplare an, deren brauner Ton ein wenig fester und reiner, aber mit weißen Beimengungen und kleinen Steinchen ebenfalls noch stark vermischt ist. Sie tragen einen gelben Überzug. Beide wurden im Quellhügel gefunden. Der eine Stempel (e), ungefähr $1\frac{1}{2}$ cm hoch und breit, hat annähernd quadratische Form und trägt ein Tier mit zwei langen Hörnern, über dem sich ein kaum zu deutendes Emblem (Sonnenscheibe mit einem Flügel nach rechts und einem nach unten?) befindet. Der andere (f), roh oval gestaltet, mit einem Längendurchmesser von $2\frac{1}{4}$ cm, trägt in der Mitte wohl entweder einen wunderlich stilisierten Menschen — der Kopf säße zwischen den Schultern — oder ein unklar gezeichnetes Tier, umgeben von zwei Vierfüßlern mit je einem langen Horn. Die Stilisierung der tierischen Figuren erinnert zweifellos stark an die zweier Basaltsiegel, die Macalister in Gezer fand und der fourth semitic period zuzählt[4].

3. Ein wenig jünger, nach den Fundstellen auf dem Quellhügel sicher der jüdischen

1) Belege z. B. bei Percy E. Newberry, Scarabs. London 1906.

2) Vgl. Bliss-Macalister, Excavations in Palestine S. 122, Taf. 56 Nr. 31, S. 152.

3) Vgl. Macalister, Excavation of Gezer II S. 176, 194, 209, 329, III Taf. CCII a, b, CCIII a, b, CCIV a, b. (Zu Datierung dieser Perioden vgl. auch oben S. 107 ff.).

4) Excavation of Gezer II S. 296 Nr. 33, 34: Fig. 438 b, c., auch Sellin, Tell Ta'annek S. 80.

Periode zuzuzählen sind drei breite Amphorenhenkel von dunkelbraunem Ton mit starken weißen Beimengungen, die einen großen ornamentalen viereckigen Stempel von 3 cm Breite, 3 cm Höhe tragen (g). Deutbar ist die Darstellung, obwohl sie auf dem einen Henkel vollständig klar und unverwischt ist, zur Zeit kaum. (Sind einige der Zeichen aramäische Zahlenzeichen?)

4. Ebenfalls sicher dieser jüdischen Periode gehört der einzige Königsstempel an, der in Jericho bei der Freilegung der großen Böschungsmauer im Nordosten, etwa im Niveau des oberen Sockels gefunden wurde (h). Tatsächlich liefen die Häuser dieser Periode ja hie und da schon wieder über das Fundament jener hinweg. Der Ton dieses Henkels ist der allen diesen Krughandgriffen aus den königlichen Töpfereien[1] eigentümliche graue, von außen rotbraun gebrannte, mit groben weißen Beimengungen, die besonders auch an der Oberfläche stark hervortreten, da der Ton eigenartig porös ist. Von dem Sonnenkäfer, der hier mit zwei, nicht vier Flügeln dargestellt ist, ist die linke Seite fast ganz verwischt, desgleichen aber auch von der althebräischen Legende, von der nur in der oberen rechten Hälfte klar das מ und in der unteren das שו zu erkennen ist; letztere beide sind, wie oft bei diesen Stempeln, in Ligatur geschrieben. Es handelt sich danach sicher um einen der Sochoh-Stempel, die ja die jüngste Kategorie der Königsstempel repräsentieren und dem VII. Jahrhundert, wahrscheinlich der zweiten Hälfte desselben, zugezählt werden[2].

5. Wir treten in die spätjüdische Periode ein mit dem Stempel eines Henkels aus feinem grauen, außen rotgebrannten Ton, der auf dem Quellhügel, sehr bald unter der Oberfläche gefunden wurde. Derselbe trägt sechs Buchstaben, die, wie zuerst Lidzbarski erkannt hat[3], in Spiegelschrift geschriebene aramäische Charaktere sind. לזהע–זר, d. i. dem Azarjah (i). Lidzbarski schließt daraus, daß die Buchstaben der ersten Zeile dieselbe Form haben wie in den Papyri von Elephantine, ז einen älteren, ר einen jüngeren Typus, etwa auf das V. Jahrhundert als Entstehungszeit, was zu unserer Schichtendatierung durchaus stimmt.

6. Demselben Jahrhundert, aber offenbar einer ganz anderen Produktionsstätte, verdankt ein Krughenkel seine Entstehung, der, wie Nr. 4, bei der Verfolgung der Böschungsmauer weiter östlich gefunden wurde. Er ist aus feinem lichtbraunen Ton mit ganz feinen weißen Beimengungen hart gebrannt und trägt in einem ovalen Eindruck die drei aramäischen Buchstaben מצה (k). Das צ hat noch den schrägen Beistrich, repräsentiert also einen älteren Typus als Elephantine, dürfte uns mithin auch in das V. Jahrhundert führen. Was die Deutung anbetrifft, so dachte ich zunächst an das aramäische Verb „saugen, schlürfen", doch hat wohl mit Recht Lidzbarski auf den ebenfalls in Benjamin gelegenen Ort המצה Jos. 18, 26 aufmerksam gemacht. Die Deutung auf den Ort der Herstellung hat jedenfalls die Analogie der Königsstempel für sich.

7. Weiter ist hier zu nennen eine ganze Kategorie von Stempeln, die weit überwiegend in der spätjüdischen Ansiedlung am Nordabhang — nur zwei im westlichen Suchgraben und ein Exemplar über dem Häusergewirre der alten kanaanitischen Stadt (E 6), dagegen kein

---

1) Vgl. 1. Chronica 4, 23.

2) Vgl. Bliss-Macalister, Excavations in Palestine S. 116; Macalister, The craftmens guild of the tribe of Judah, P. E. F. 1905 S. 243ff. 328ff., besonders S. 252; 1909 S. 291 und Sellin, Die in Palästina ausgegrabenen altisraelitischen Krugstempel, Neue Kirchl. Zeitschrift XVII S. 753—763; H. V[incent], Jérusalem sous terre. Les récentes fouilles d'Ophel Taf. XIII.

3) Ephemeris für semitische Epigraphik III 2 S. 45.

einziges auf dem Quellhügel oder in der südlichen Hälfte — gefunden wurden. Meistens ist der Ton ein ähnlicher wie der von Nr. 5, aber nicht immer ganz der gleiche. Er ist von außen fast immer intensiv rot gebrannt, doch die Stärke der weißgelben Beimengungen wechselt. Es waren im ganzen zehn, die den Stempel יה (l^{1-8}) und drei, die יהו (m, m^1) trugen. Unter jenen konnte man noch wieder drei Familien unterscheiden, die feinste, bei der der Stempel eine ovale (Längendurchmesser $2\frac{1}{2}$ cm), die mittlere, bei der er eine kreisrunde (Durchmesser 2 cm) Form hatte, und endlich die rohste, bei der ganz oberflächlich, in Größe von $2\frac{3}{4}$ cm Durchmesser, die beiden Buchstaben aufgedrückt waren. Der Stempel l^1 ist unten am Henkelansatz, alle andern oben auf dem Rücken des Henkels eingedrückt. So verschiedene Nüancen die Buchstaben jener drei Familien auch darbieten, — ein weiterer Beweis dafür, daß wir mehrere verschiedene Fabriken anzunehmen haben —, so gehören sie doch alle derselben Periode an. Und daß wir als solche das V. bezw. IV. Jahrhundert anzusehen haben, haben sofort in voller Übereinstimmung ich selbst, Lidzbarski und Vincent[1] angenommen, jener noch darauf hinweisend, daß das Jod archaïsch sei, aber, wie wir aus der Inschrift von Araq el-Emir wüßten, sich bei den Juden lange erhalten habe. Und ebenso stimmen wir alle darin überein, daß es sich hier nur um den jüdischen Gottesnamen handeln kann, der uns ja auch in Elephantine immer in der Form יהו begegnet, nicht aber um Abkürzung eines Personennamens. Diese Annahme scheitert vollends an der Beobachtung, daß die Stempel von mehreren Töpfern herrühren, deren aller Namen unmöglich gerade mit dem Jahve-Namen begonnen haben können. Welche Bedeutung aber diese Einstempelung des Gottesnamens gehabt haben mag, werden wir erst in Abschnitt IV erörtern. Erwähnt sei hier noch, daß, während bezeichnenderweise bei den sonstigen palästinensischen Ausgrabungen noch nie ein derartiger Stempel gefunden wurde, ich ein Exemplar mit יה bei einem Antiquitätenhändler in Jerusalem sah, der es von einem Fellachen in Silwan bezogen haben wollte.

8. Als letzte Kategorie zusammenfassen können wir alle die Henkel, deren Ton in der Hauptsache derselbe wie der von Nr. 5 und 7 ist, die aber keine Legende, sondern in einem kleinen kreisrunden Eindruck eine bildliche Darstellung tragen. Und zwar ist hier zu nennen: ein Henkel vom Nordosthügel mit einem Löwenstempel (n), einer vom Quellhügel mit zwei Steinböcken um einen Palmbaum (o), einem sehr bekannten Motive[2], einer mit einer kleinen Rosette, ein anderer mit einem Stern, ein dritter mit einem rechteckigen ornamentalen Stempel. Sie alle gehören sicher der spätjüdischen Periode an[3].

1) Vgl. M. d. D. O.-G. 1908 Nr. 39 S. 39 1909, Nr. 41 S. 26, wo ich meinen Fehlschluß von 1907 bezüglich des ersten in E 6 gefundenen Exemplars korrigiert habe, Ephemeris III 2 S. 45, Revue biblique 1910 Nr. 3 S. 412.

2) Vgl. Tell Ta'annek S. 78, 77 usw.

3) Analoga zu diesen findet man bei Bliss-Macalister, Excavations Tafel 56 Nr. 33—43. Auch sie zählen sie der letzten jüdischen Periode, aber der vorseleukidischen Zeit zu.

C. Die byzantinische Periode.

I. Tongefäße.

A. Gefäße ohne buntgemalte Dekoration.

1. Amphora. Höhe 0,36 m, aus klingend hart gebranntem, rotbraunem Ton mit Schulterhenkeln und geriefeltem Körper (Blatt 43). — Vgl. die Amphora aus Grab 206 in Gezer: Macalister, Excavation I S. 380 (in dem Grabe Kupfermünze des Justinian).

2. Amphora. Höhe 0,485 m, nach Form und Technik wie die vorige. Lilagrauer Farbüberzug, darauf mit weißer Farbe gemalte Wellenlinien von oben nach unten, und schräge, sich kreuzende weiße Streifen, die eine Art Netz als Umschnürung des Bauches bilden (Blatt 43).

3. Amphora. Höhe 0,46 m, Form und Technik wie die vorige. Auf der Schulter Gruppen weißer senkrechter Streifen; auf dem Bauch Wellenlinien in Streifen von oben nach unten, die sich am unteren Teil des Bauches zu einer Volute einrollen (Abb. 193). Die Mündung war bei der Auffindung durch einen kegelförmigen Tonpfropfen geschlossen: Durchmesser 0,11 m, Höhe 0,06 m.

4. Schlauchförmige Amphora mit Schulterhenkeln. Höhe 0,32 m, Ton und Technik wie die vorige, Schulter und unterer Teil des Bauches geriefelt; auf der Mitte des Körpers umlaufende gekämmte Wellenlinien zwischen zwei gekämmten Streifen (Abb. 194). — Von einer solchen Amphora stammt wohl das Fragment: Sellin, Tell Taʿannek Tafel II a. Eine ganze Amphora abg. Pottier, Vases du Louvre I Tafel 4 Nr. 2.

5. Schlauchförmige Amphora, Höhe 0,30 m. Wie die vorige; das mittlere Ornamentband ist schmäler, da die Riefelung um Schulter und Bauch sich weiter ausdehnt (Blatt 43).

Abb. 193. A, 3.

Abb. 194. A, 4.

6. Schlauchförmige Amphora, Höhe 0,35 m. Wie die vorigen, aber ohne Riefelung. Um den unteren Teil des Bauches gekämmte hängende Bogenreihe zwischen zwei gekämmten Streifen; auf dem obersten Teil der Schulter aufrechte gekämmte Bogenreihe.

7. Schlauchförmige Amphora mit Schulterhenkeln, Höhe 0,36 m; gelbbrauner, heller, hartgebrannter Ton; ohne Verzierung (Blatt 43).

8. Amphora mit Halshenkeln, Höhe 0,20 m. Ton und Technik wie bei der vorigen; mit Riefelung des Halses. — Vgl. dieselbe Form Nr. B, 3 auf Blatt 44.

9. Zweihenkelige Schüssel mit Deckel, Höhe 0,16 m. Unterer Teil des Körpers mit breiten Drehringen; der Deckel ist nach dem Rand zu geriefelt und besitzt neben dem Ringgriff ein kleines Luftloch: „Suppenschüssel" (Blatt 43).

10. Amphora mit Schulterhenkeln ohne Hals, Höhe 0,185 m; die weite Mündung sitzt unmittelbar auf der Schulter; unterer Teil des Bauches geriefelt (Blatt 43).

11. Kochtopf, Höhe 0,23 m, rotbrauner Ton, meist stark eingerußt. Schulter oder der ganze Körper geriefelt (a). Andere mehr schlauchförmig und ohne Riefelung (b). (Blatt 43).

12. Großer Napf, Höhe 0,20 m, mit steiler Wandung, ohne Henkel; gelblichweißer Ton; oben eingeritztes einfaches Flechtband: „Blumentopf".

13. Großer Napf, Höhe ca. 0,25 m, wie der vorige, mit zwei senkrechten Seitenhenkeln, oben eingeritzte Wellenlinie.

14. Kanne, Höhe 0,175 m, harter, grünlichweißer Ton, mit breiten Drehringen um den Hals; plumpe Form (Blatt 43).

15. Kanne, Höhe 0,19—0,21 m, wie die vorige; mit breiten Drehringen um den Hals und Riefelung der Schulter.

16. Kanne, Höhe 0,195 m, mit seitlichem Ausguß; gelblichweißer Ton; zwei eingeritzte Ringe um die Schulter (Blatt 43).

17. Flasche mit zwei Henkeln, Höhe 0,26 m; gelblichweißer Ton mit grünlichem Überzug; Riefelungen um Schulter und Bauch; Ring um den Hals (Blatt 44).

18. Bauchige Flasche, Höhe 0,15 m, rotbrauner, fester Ton; auf der Schulter violettbrauner Überzug (Blatt 43).

19. Laterne, Höhe 0,22 m, in Form eines Bienenkorbes mit halbrunder Öffnung vorn zum Einstellen des Lämpchens, zwei Reihen Luftlöchern oben und Tragring; rotbrauner Ton (Blatt 44). — Vgl. S. Loeschcke, Bonner Jahrbücher 118 (1909) S. 382 f. und Anm. 78.

20. Schmaler, hoher, sich nach oben verjüngender Becher, Höhe 0,26 m, mit einem seitlichen Henkel, roter Ton (Blatt 44).

21. Kännchen aus rotem Ton mit geschwungenem Henkel, Höhe 0,09 m (Blatt 44).

22. Bauchiges Fläschchen aus rotbraunem Ton ohne Henkel, Höhe 0,125 m (Blatt 44).

23. Bauchiger Napf mit zwei Halshenkeln, Höhe 0,085 m.

Abb. 195. A, 25.

24. Kleine Schale mit Knopf im Innern auf der Mitte des Bodens. Durchmesser 0,15 m; Höhe 0,035 m; gelblicher Ton.

25. Napf, Höhe 0,04—0,05 m; Durchmesser 0,012—0,09 m; gelblicher Ton (Abb. 195).

Nr. 1—25 sind als Beigaben in dem byzantinischen Grabe an der Nordostseite der Stadtmauer gefunden und durch die mitgefundenen Münzen in das IV. bis V. Jahrh. nach Chr. datiert.

26. Kanne, Höhe 0,26 m; grünlichgelber Ton; oberer Teil weggebrochen. Auf der Schulter und um den oberen Teil des Körpers gekämmte Wellenlinien zwischen gekämmten Streifen. Vorn drei Ausgüsse, die beiden seitlichen blind, von denen gekräuselte Bänder herabhängen (Blatt 44).

27. Pilgerflasche, Höhe 0,25 m; grober, hartgebrannter, brauner Ton, die eine Seite flach, die andere stark gewölbt mit Drehringen. Unten vier (weggebrochene) Standfüße; oben zwei Ösenhenkel.

28. Pilgerflasche, Höhe 0,26 m, grünlichweißer Ton, mit Drehringen. Kugeliger Körper; schmaler Hals und zwei hohe Bandhenkel wie bei der Flasche A, 17, der eine abgebrochen.

29. Kanne, Höhe 0,19 m, hellgelber Ton. Um den oberen Teil des Körpers und die Mündung Drehringe. Boden nach innen gewölbt.

30. Flache Schale, Fragmente. Brüchiger, gleichmäßiger brauner Ton mit rotem Überzug, mit Einkerbungen an der unteren Seite des Randes und Drehringen außen (Abb. 197).

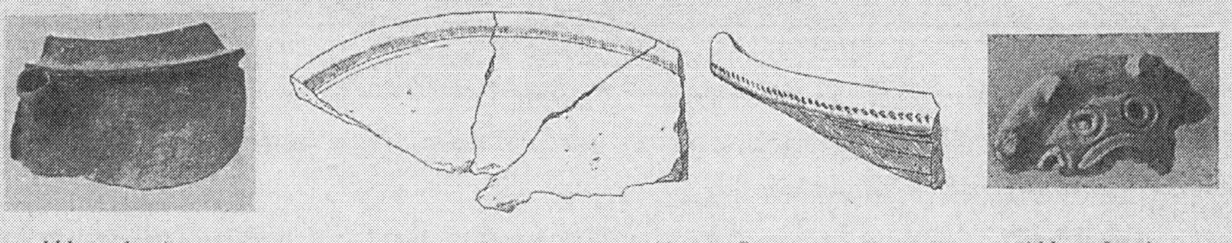

Abb. 196. A, 31. Abb. 197. A, 30. ⅓ nat. Gr. Abb. 198. A, 32.

31. Randfragment einer Schüssel mit seitlichem Ausguß; erhaltene Höhe 0,06 m, harter, dünner rotbrauner Ton, außen schwarz (Abb. 196).

32. Fragment einer Lampe(?) aus rotgebranntem Ton, größte Breite 0,09 m. Erhalten ein Stück des Randes, auf dem ringsum aufrechte Zapfen aufsitzen; in der Mitte eine runde Öffnung, zwischen der und dem Rande noch ein Ring mit kleineren Öffnungen angeordnet ist (Abb. 198).

33. Griff vom Deckel eines Gefäßes, Höhe 0,055 m, roter, harter Ton. Die vorstehenden Enden liefen nach beiden Seiten in Widderköpfe aus, von denen einer erhalten ist (Abb. 199).

Abb. 199. A, 33. ⅓ nat. Gr.

B. Vasen mit bunter Verzierung in Mattmalerei.

1. Bauchige Amphora mit Schulterhenkeln, Höhe 0,25 m, gelblicher Ton mit geschlämmtem Tonüberzug. Ornament braunrot: Wellenlinien auf Hals und Schulter, Voluten und aufrechte Wellenlinien abwechselnd auf dem oberen Teil des Bauches (Blatt 44).

2. Schlauchförmige Amphora mit Schulterhenkeln, Höhe 0,30 m. Rotgelber Ton mit dunkelroter Bemalung: Zickzackband um den Hals, gekreuzte Linien und aufrechte Zweige um den Körper (Blatt 44).

3. Amphora mit Halshenkeln, Höhe 0,27 m, gelblicher Ton mit roter Bemalung: Wellenlinien um Hals und Bauch, Spiralengewinde um die Schulter (Blatt 44).

4. Kanne, Höhe 0,18 m, gelblicher Ton mit orangeroter Bemalung: Zickzack mit Punkten und Wellenlinie um den Hals, konzentrische Halbkreisbögen mit Punkten um die Schulter, Sternmuster auf dem Bauch (Blatt 44).

5. Kanne, Höhe 0,21 m, gelblicher Ton mit Riefelung der Schulter und rotem Ornament: Wellenlinie um den Hals, zwei konzentrische Halbkreise mit Tupfen auf dem Bauch, im Halbkreis halber Stern (Blatt 44).

6. Deckel einer Schüssel, Durchmesser 0,15 m, Höhe 0,065 m; roter, harter Ton, darauf mehrere weiße Wellenlinien (Blatt 44).

Nr. 1—6 entstammen dem byzantinischen Grabe.

Abb. 200. B, 7. 1/3 nat. Gr.

7. Fragmente eines flachen Tellers wie die Terra sigillata-Teller. Höhe 0,02 m; harter, roter Ton, darauf in weißer und lila Farbe flüchtige Ornamente aufgemalt (Abb. 200).

8. Schalenboden aus rötlichem, festem Ton mit hellem Überzug, darauf mattrot aufgemalte fischblasenähnliche Ornamente (Abb. 201).

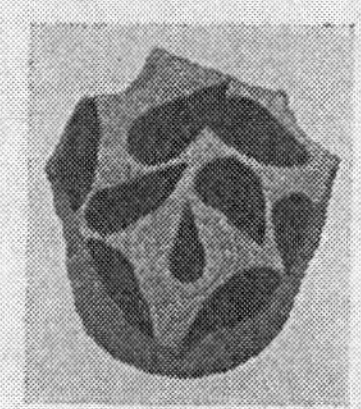

Abb. 201. B, 8. 1/3 nat. Gr.

9. Fragmente großer, dickwandiger, auf der Drehscheibe gefertigter Vorratsgefäße. Der Ton ist hellbraun und gleichmäßig und außen mit einem dicken weißen Überzug versehen, auf den in schwarzer, blauer, lila und roter Farbe die Ornamente gemalt werden. Dazu kommen bei einigen Fragmenten dicke und feinere plastische Tonbänder mit Einkerbungen. Die Ornamente bestehen in farbigen Streifen, Wellenlinien, Netzmustern, Rauten, Dreiecken, verschiedenen Liniengruppierungen und Tupfen (Blatt 45).

C. Gefäße aus Terra sigillata.

1. Fragmente flacher Teller mit schlechter roter Glasur und eingepreßten Ornamenten:
   a) in der Mitte ein Kreuz mit zwei langen und zwei kurzen Armen (Abb. 205),
   b) in einem Band um die Mitte wechseln viereckige Felder mit eingetieften Rauten und konzentrische Ringe miteinander ab (Abb. 202),
   c) in einem Band um die Mitte wechseln konzentrische Ringe und mit gezähntem Rand versehene Dreiecke oder Blätter (Abb. 202),
   d) im inneren Rund roher Kopf und Scheibe, schlecht und flüchtig ausgepreßt (Abb. 204). Der Kopf gehört vielleicht zu der ganzen Figur eines Christus (?) wie auf den Fragmenten aus Karthago: Delattre, Musée Lavigerie de Saint-Louis de Carthage III pl. XI, 1 und aus Syrakus: de Waal, Römische Quartalschrift 1904 S. 317 (vgl. Leclercq, Manuel d'archéologie chrétienne II S. 539 fig. 360). Auch die Scheibe links ist wohl ein Heiligenkopf gewesen.
   e) im inneren Rund sechsblättrige Rosetten (Abb. 202),

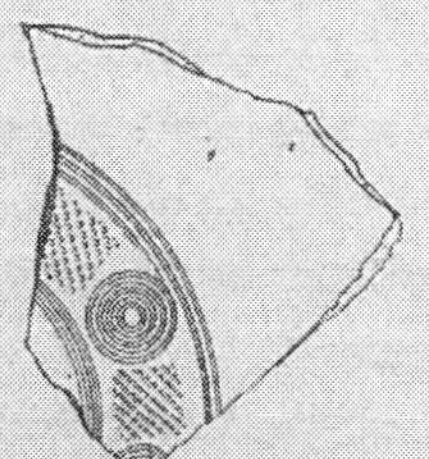

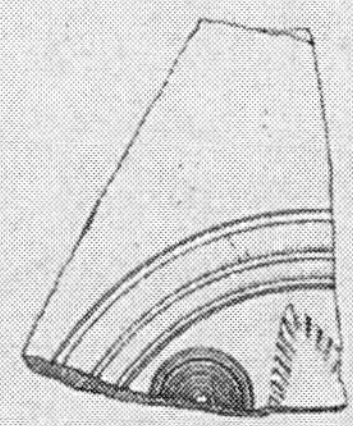

Abb. 202. C, 1 b, c, e. 1/3 nat. Gr.

Abb. 203. C, 1 f. 1/3 nat. Gr.

f) im inneren Rund eine breit eingedrückte Inschrift (Abb. 203).

2. Randstücke von Näpfen und Tellern, ohne weitere Verzierung (Abb. 206).

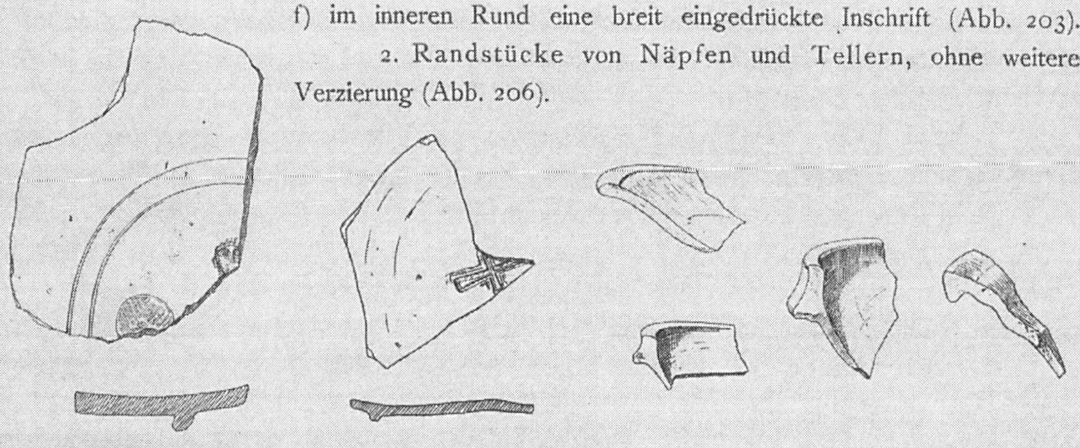

Abb. 204. C, 1 d. $^1/_3$ nat. Gr. Abb. 205. C, 1 a. $^1/_3$ nat. Gr. Abb. 206. C, 2. $^1/_3$ nat. Gr.

II. Lampen.

1. Eiförmige Lampe, Länge 0,011 m, Höhe 0,04 m, rötlicher Ton; die Schnauze schwarz verbrannt; mit einfacher plastischer Strichverzierung um die weite Öffnung; hinten Knopf (Blatt 45).

2. Eiförmige Lampe, Länge 0,09 m, Höhe 0,045 m; rotbrauner Ton. Um die Öffnung plastisches einfaches Flechtband und Striche. Hinten Knopf; auf dem Fußring ein Stern (Blatt 45).

3. Runde Lampe, Länge 0,09 m, Höhe 0,05 m, gelblicher Ton, ohne Verzierung. Kurze vortretende Schnauze; hinten kleiner Knopf (Blatt 45).

Nr. 1—3 entstammen dem byzantinischen Grabe.

4. Runde Lampe, Länge 0,085 m, gelblicher Ton, hinten Ringgriff, vorn abgesetzte runde Schnauze mit Stabornament, um den Ring mit der kleinen Öffnung in der Mitte eine Traubenranke (Blatt 45). — Römische Kaiserzeit, etwa II.—III. Jahrh. n. Chr.

5. Eiförmige Lampe, Länge 0,065 m, gelblicher Ton mit rotem Überzug, sehr abgerieben; Schnauze weggebrochen. Um die Öffnung Zweig, vorn Amphora in Relief (Blatt 45).

6. Eiförmige Lampe wie Nr. 5. Länge 0,09 m, hinten Zapfen zum Anfassen; hinter der Schnauze plastische Muschel.

7. Eiförmige Lampe wie Nr. 5. Länge 0,085 m, hinten Zapfen zum Anfassen; hinter der Schnauze plastischer Bogen und Kreis.

8. Eiförmige Lampe wie Nr. 5. Länge 0,08 m, vorn hinter der Schnauze drei Trauben.

III. Glasgefäße.

1. Schlauchförmige Flaschen aus grünem Glas. Höhe 0,18 m, Breite 0,125 m, Durchmesser 0,08 m. Eine dieser Flaschen enthielt Traubenkerne (Blatt 45).

2. Fläschchen, Höhe 0,075 m, aus grünlich braunem Glas mit breiter Mündung; darin Reste einer Schalenfrucht (Blatt 45).

3. Fläschchen, Höhe 0,075 m, aus gelblichem, hellem Glas mit aufgeschmolzenem lilabraunem Glasornament: Kreuze, Rosetten und Scheiben in ziemlich derber Ausführung. Mündung mehr oder weniger weit (Blatt 45).

4. Kleine Flasche auf drei angeschmolzenen Scheiben als Beinen, Höhe 0,085 m; um den Bauch plastische Knöpfe, um die Schulter aufgeschmolzenes Rautenmuster (Blatt 45).

5. Schlankes Fläschchen mit Ringfuß und Halsring aus grünlichem Glas, Höhe 0,095 m (Blatt 45).

6. Fläschchen wie Nr. 3, Höhe 0,05 m, aus grauem Glas mit vier Knopffüßchen; auf dem Körper mit kleinen aufgeschmolzenen Scheiben und Knöpfen verziert.

7. Fläschchen mit schlankem Hals aus hellgrünem Glas. Höhe 0,085 m; um die Schulter eine Reihe kleiner Schnurösen (Blatt 45).

Abb. 207. III, 8.

8. Schale in Form eines kleinen Korbes aus sehr dünnem grünlichem Glas; Höhe 0,10 m, mit drei Reihen von Schnurösen ringsum und wellenförmig geschwungenem Rand; unvollständig erhalten (Abb. 207).

9. Flasche aus blaugrünem Glas. Höhe 0,115 m, mit langem Hals und Halsring in Form eines gekräuselten Bandes. Zahlreiche Fragmente ähnlicher Glasgefäße sind auf dem Quellhügel gefunden (Blatt 45).

10. Glasrohr aus bläulichgrünem Glas. Länge 0,15 m, Durchmesser 0,18 m; nach oben und unten sich etwas verbreiternd und verdickend (Blatt 45).

11. Massives Gewicht aus blauem Glas von Walzenform. Länge 0,10 m, Durchmesser 0,058 m. Gewicht 700 g (Blatt 45).

12. Perlenkette aus 47 durchsichtigen blauen Glasperlen und einer Karneolperle.

13. Perlenkette aus 56 kleinen Glasperlen, 4 Karneolperlen, einer länglichen Perle aus Holz und einem kleinen Perlmutterplättchen mit Öse oben.

Nr. 1—13 entstammen dem byzantinischen Grabe.

Abb. 208. III, 14. ⅓ nat. Gr.

14. Halbkugelige Schale aus hellgelblichem Glas: Höhe 0,045 m, Durchmesser 0,11 m; innen um den oberen Rand schwarze Streifen, in der Mitte ein Stern aus einem breiten gleichschenkeligen Kreuz und dünnen pfeilähnlichen Strahlen aufgemalt (Abb. 208). Gefunden auf dem Quellhügel.

IV. Gegenstände aus Bronze
aus dem byzantinischen Grabe.

1. Schüssel, Durchmesser 0,12 m, Höhe 0,06 m; der Fuß mit Blei vergossen; mit weit überragendem, flachem Rand.

Abb. 209. IV, 2.

2. Weihrauchfaß, Durchmesser 0,09 m, Höhe 0,045 m; oben drei Ringe zum Anhängen, der eine weggebrochen; der Körper geriefelt (Abb. 209). — Vgl. die gleichen Rauchfässer bei Wulff, Altchristliche Bildwerke, Berlin 1909 Taf. XLVII Nr. 972—974; Wigand, Bonner Jahrbücher 122 (1912) S. 95.

3. Runde flache Wagschale aus ganz dünner Bronze. Durchmesser 0,07 m; mit vier Löchern zum Aufhängen. Drei Exemplare gefunden.

4. Kleiner Löffel an langem Stiel. Länge 0,18 m.

5. Einfacher Griffel mit einer Schwellung in der Mitte. Länge 0,15 m.

6. Bronzebeschläge eines Holzkästchens, zwei gleiche Exemplare, Länge 0,065 m. Am oberen Ende des einen noch ein Bronzenagel erhalten, der zugleich ein Scharnier festhält. Form länglich rechteckig und nach oben, dem Scharnier zu, sich verjüngend.

7. Zwei gleiche Scharniere vom Deckel eines Holzkästchens, an dem sie mit vier Nägeln befestigt waren; an den Nägeln noch Reste des Holzes. Das Scharnier ist dreigliedrig; das Bronzeplättchen rechteckig. Breite 0,025 m, Länge 0,022 m.

8. Verzierungsblech zum Aufheften auf Holz; am runden Ende ein Nagel zum Aufschlagen; Spitze des Bleches abgebrochen. Länge 0,04 m. Stammt wohl auch von dem Holzkästchen.

9. Kleine byzantinische Kupfermünzen aus dem IV. bis V. Jahrh. nach Chr., die, wahrscheinlich in einem Säckchen vereinigt, einem Toten mitgegeben waren. Bei der starken Oxydierung und Zerstörung des Gepräges war eine genauere Bestimmung nicht möglich.

V. Gegenstände aus Eisen.

1. Sichel, Länge 0,23 m, obere Breite 0,135 m; die Schneide biegt in rechtem Winkel um gegen den Griff, der wohl in Holz eingelassen war; der Rücken ist gebogen (Abb. 210).

2. Sägen und Sägeblätter verschiedener Form und Größe:

a) Länge 0,17 m; feine länglich-dreieckige Handsäge; das breitere Ende unvollständig.

b) Länge 0,16 m; grobe Handsäge; das hintere Ende, das wohl zum Teil in einen Holzgriff eingelassen war, erhalten; die Spitze fehlt.

c) Länge 0,31 m. Sägeblatt zum Einspannen, sehr schmal, mit feinen Zähnen; vorderes Ende weggebrochen; im hinteren oblonge Eintiefung zum Einpassen des Holzbügels.

d) Länge 0,14 m. Sägeblatt zum Einspannen; vorderes Ende fehlt; am hinteren Ende ist die rechteckige Eintiefung und der Nagel zum Befestigen des Blattes an dem Arm der Säge erhalten.

3. Dolch, Länge 0,13 m; länglich-dreieckige Form mit Griffzunge zum Einstecken in einen Holzgriff. Spitze weggebrochen.

4. Lanzenspitze, nur die runde Tülle erhalten. Länge 0,13 m; der ganze obere Teil weggebrochen.

5. Messer, Länge 0,13 m; gebogen mit dreieckiger Griffzunge zum Einstecken in einen Griff; einschneidig.

6. Beil, Länge 0,07 m; mit gerundeter Schneide; das breite Schaftende weggebrochen (Abb. 211).

7. Beil, Länge 0,07 m; mit Spitze vorn, Schaftloch und Verjüngung nach hinten; die beiden Enden sind weggebrochen (Abb. 212).

Abb. 210. V, 1.

Abb. 211. V, 6.

Abb. 212. V, 7.

8. Ring, Durchmesser 0,04 m; durchgebrochen.

9. Nägel mit rundem Kopf, Länge 0,13 m; mindestens sechs erhalten; stammen vielleicht von den Holzsärgen der Begrabenen.

10. Haken, ca. 0,06 m lang mit einem umgebogenen Ende.

Nr. 1—10 entstammen dem byzantinischen Grabe.

11. Lanzenspitze (oder Dolch?), länglich-dreieckige Form mit kurzer Griffangel. Länge 0,25 m.

VI. Gegenstände aus Stein, Bein und anderem Material.

1. Großer Napf, Durchmesser 0,15 m, Höhe 0,065 m; mit gerader Wandung und zwei Seitengriffen; aus Grünstein (Abb. 214).

2. Kleiner Napf, Durchmesser 0,075, Höhe 0,045 m; mit gerader Wandung und einem seitlichen Griff; aus Grünstein (Abb. 213).

3. Kleine Schale, Höhe 0,015 m, Breite 0,045 m; mit breitem Rand und halbkugeliger Vertiefung in der Mitte, wohl zum Schminkereiben; aus Basalt(?) (Abb. 215).

4. Schleifstein, Länge 0,05 m, Breite 0,02 m, Durchmesser 0,015 m; flache Platte aus Diorit(?) am oberen Ende eine angefangene, aber nicht durchgeführte Durchbohrung; das untere Ende gebrochen.

Abb. 213. VI, 2.

Abb. 214. VI, 1.

Abb. 215. VI, 3.

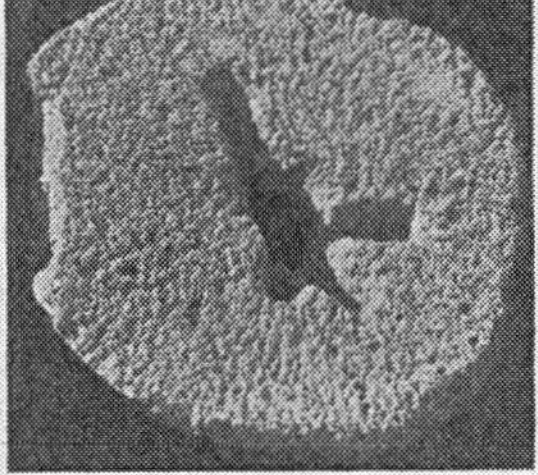

Abb. 216. VI, 8.

5. Einfacher Reibstein aus Basalttuff, Durchmesser 0,06 m, Höhe 0,06 m.

6. Vier Kugeln aus rotem Ocker, die wohl zur Herstellung der roten Farbe zum Bemalen der Tongefäße und zum Färben des Tones dienten.

7. Vier rechteckige Platten aus weißem, blaugeädertem Marmor; bei zweien war noch aus den Bruchstücken die ursprüngliche Größe zu bestimmen: a) 0,445×0,315 m; b) 0,33×0,215 m. Die erste Platte lag auf dem Boden des Grabes (vgl. oben S. 92).

Nr. 1—7 entstammen dem byzantinischen Grabe.

8. Oberer Stein einer Handmühle aus Tuff. Der Stein hat die Form eines flachen Kugelsegments mit einem breiten Schlitz in der Mitte zum Einlaufen des Kornes und an der

Seite einen Ausschnitt zum Ansetzen eines Holzkeils, mit dem man den Stein bewegte. Im Schutt auf der Oberfläche des Hügels gefunden und daher dieser Periode zugewiesen (Abb. 216).

9. Griffel aus Bein, oben mit einer kleinen Platte und einem Würfel abschließend. Spitze abgebrochen; erhaltene Länge 0,13 m.

10. Griffel aus Bein, oberer Teil im Durchschnitt viereckig, unterer rund; erhaltene Länge 0,095 m, oben und in der Mitte gebrochen.

11. Ornamentteile aus feinem Holz, wohl Verzierungen eines Holzkastens (vgl. oben Nr. IV, 6—8).

a) Stücke eines Perlstabes, halbrund. Länge 0,05 m, oben und unten Befestigungsloch, ursprünglich mindestens zwei Exemplare.

b) Perlstab, ebenfalls halbrund, größer als der vorige. Länge 0,06 m, mit Zapfenlöchern hinten, oben und unten; mindestens sechs, wohl durch kleine Zapfen miteinander verbundene Exemplare.

c) Kugeliger Knopf als Abschluß einer Verzierung, unten gebrochen. Höhe 0,04 m. Reste von zwei Exemplaren.

d) Kugeliger Knopf mit Plättchen oben und unten und zwei Zapfenlöchern, zwei Exemplare. Höhe 0,033 m; von den Füßen des Kastens.

e) Fragment eines flachen Brettchens mit eingeschnittener Dekoration, größte Länge 0,035 m.

f) Fragment eines Brettchens mit gerundet eingeschnittenem Ornament, das vielleicht eine Scheibe darstellte, Größe 0,035 × 0,033 m.

g) Fragment von einer runden Büchse oder einer Halbsäule mit Riefelungen, größte Höhe 0,042 m.

12. Kleine dreieckige Plättchen aus Perlmutter (11), aus rötlichem Sandstein (2), aus Gips (5), aus Marmor (1): Mosaik als Einlage eines Deckels?

Nr. 9—12 sind Beigaben aus dem byzantinischen Grabe.

13. Anhänger aus Ton. Rundes Plättchen mit einem kleinen Vogelkopf in der Mitte nach vorn, um dessen Hals ein plastischer Tonwulst als Ring zum Anhängen gelegt ist.

D. Die muslimischen Funde.

Abb. 217. D, 1. Schalen- und Kannenfragmente. 1/3 nat. Gr.

1. Fragmente von Gefäßen aus rotem, mehr oder weniger sorgfältig geschlämmtem Ton mit schwarzer und lilaroter Bemalung auf Tongrund oder gelblichweißem Überzug. Die Ornamente sind sämtlich geometrisch: Rauten, Schachbrett, Mäander, Zickzack, gekreuzte Linien, Netzmuster und aus diesen Elementen zusammengesetzte geometrische Figuren. Als Formen sind aus den Fragmenten Kannen mit Henkel und flache Schalen zu erschließen (Abb. 217 und 218). — Ein ganzes Gefäß dieser Gattung abg. Perrot-Chipiez, Histoire de l'art III S. 669 Fig. 478 (aus Jerusalem) und Scherben ebenda IV S. 456 ff. Abb. 244—248. Vgl. auch Sellin, Tell Ta'annek Taf. VI; Schumacher, Tell el-Mutesellim S. 183 Abb. 278; Macalister, Excavation of Gezer III Taf. CLXXXIX.

2. Oberer Teil und Ringhenkel vom Deckel eines Räucherbeckens (?) mit Kerbschnittdekoration auf der durchbrochenen Wandung; gelbroter fester Ton (Abb. 219).

Abb. 218. D, 1. Schalen und Kannenfragmente.

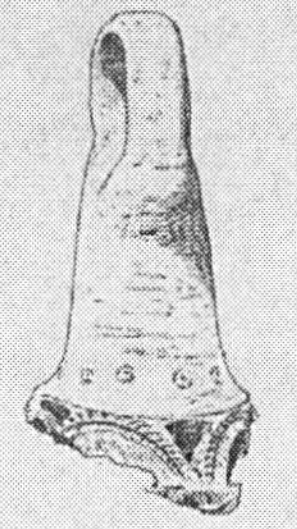

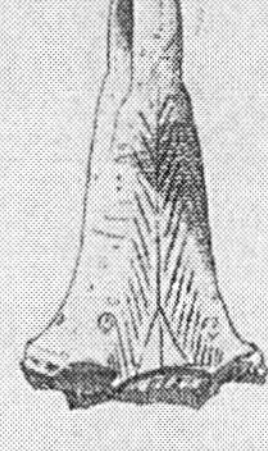

Abb. 219. D, 2. 1/3 nat. Gr.

3. Innerer Teil einer arabischen, blaugrün glasierten Lampe, ringsum gebrochen, den in Rakka gefundenen Exemplaren ganz entsprechend. Aus dem Kindesgrabe auf dem südlichen Hügel (vgl. oben S. 96).

4. Kupfermünzen omajjadischer Statthalter in Syrien, ohne nähere Angabe von Prägeort und Zeit; Ende des VII., Anfang des VIII. Jahrh. nach Chr. (nach Prof. Nützel).

IV. Zusammenfassung der Ergebnisse der Grabung.

(Von Ernst Sellin)

I. Die Geschichte Jerichos nach den literarischen Quellen[1].

Jericho liegt, wie ein Blick auf die Karte zeigt, an einem der bedeutungsvollsten Punkte Palästinas. Es trafen sich hier von jeher und treffen sich noch heute die Landstraßen, die von Norden her, speziell von Besan durch die Jordanniederung läuft, die vom Ostjordanlande her durch die Jordanfurt von Gilgal her kommt, die in südwestlicher Richtung nach Jerusalem führende und endlich die nordwestlich nach Ai, Bethel usw., also ins benjaminitische und weiter ephraimitische Bergland laufende Gebirgsstraße. In gewissem Sinne bedeutet diese Ortslage also den Schlüssel zu dem ganzen palästinensischen Berglande. Kein Wunder daher, daß sich gerade hier an dem Punkte, wo frisch eine Quelle sprudelt, eine nie ganz abreißende Geschichte abgespielt hat.

Das Erste, was uns durch literarische Quellen (Josua 2—7) von Jericho überliefert wird, ist so bekannt, daß man es nicht eingehend darzustellen braucht. Von Sittim, also noch vom Ostjordanlande aus, schickt der Heerführer der Söhne Israels zwei Spione aus, um besonders die erste kanaanitische Festung, die, von einem Stadtkönig beherrscht, das ganze Westjordanland verschließt, auszukundschaften. Sie finden dort Aufnahme und später, als sie von der kanaanäischen Polizei gesucht werden, auch Versteck bei der Hure Rachab. Dieselbe leitet die Verfolger irre und läßt die Spione nachts aus dem Fenster ihres an der Mauer gelegenen Hauses hinab, nachdem sie sie hat schwören lassen, daß sie mit den Ihrigen bei der künftigen Invasion Israels gerettet werden soll. Jene fliehen drei Tage auf das westliche Gebirge und kehren dann wohlbehalten zu Josua zurück.

Dieser überschreitet den Jordan, schlägt bei Gilgal am Ostrande des Gebietes von Jericho (4, 19) sein Lager auf, läßt dort Israel beschneiden, hat dort auch eine geheimnisvolle Theophanie (vgl. 5, 13 mit Richt. 2, 1) und geht dann zum Sturme gegen Jericho über. Nachdem das Volk durch sechs Tage hindurch unter Führung der Lade die Stadt je einmal umkreist hat, wiederholt es dasselbe am siebenten Tage siebenmal. Beim siebenten Male stoßen sieben Priester in die sieben Widderhornposaunen, geben damit dem Volke das Signal zum Kriegsgeschrei, und vor demselben stürzen die Mauern ein, sodaß das Volk in die Stadt hinaufsteigen kann. Was darinnen ist, wird gebannt und vernichtet, nur alles Silber, Gold, Erz und Eisen in den Schatz Jahwes gelegt, die Stadt selbst mit Feuer verbrannt, nur die Rachab mit den Ihrigen verschont. Josua spricht einen Fluch, den er das Volk schwören läßt:

1) Vgl. J. Böhmer, Jericho, im Archiv für Religionswissenschaft 1909, S. 322—334; Buhl, Geographie des alten Palästina S. 179f.

„Verflucht sei der Mann vor Jahwe,
Der diese Stadt Jericho wieder aufbaut.
Um den Preis seines Erstgeborenen soll er ihren Grund legen
Und um den Preis seines Jüngsten ihre Tore einsetzen."

Eine eingehendere Analyse des biblischen Berichtes gehört nicht hierher; daß derselbe nicht ganz einheitlich ist, ist offenkundig. Die Verse, die von der roten Schnur handeln, mit der die Rachab ihr Haus kenntlich machen soll (2, 17—21), sind offenbar erst hinter 2, 15 nachgetragen, auch 6, 22f. wird auf sie noch in keiner Weise Bezug genommen. Ebenso hat man schon lange erkannt, daß nicht nur in 6, 8. 9. 12. 13 das „fortwährende Posaunenblasen" eingetragen ist, womit der Verordnung bezüglich des siebenten Tages in 6, 7 u. 10 widersprochen und vorgegriffen wird, sondern, daß wahrscheinlich in 6, 11—16 überhaupt zwei Darstellungen kombiniert sind, nach welchen beiden die Stadt siebenmal umzogen und beim siebenten Male eingenommen sei, wobei aber in der einen die sieben Umzüge auf sieben Tage verteilt wären, in der andern aber an einem und demselben Tage stattgefunden hätten.

Dagegen ist bis jetzt wohl noch nicht beachtet, daß dieselben Zahlen wie in dem jetzt vorliegenden Texte bei der Prozession des Neujahrsfestes, des Laubhüttenfestes um den Altar eine Rolle spielen (b. Sukka IV, 5, nach Jubiläen 16, 31 an jedem der sieben Tage siebenmal). Gerade dies Fest wird nun durch die Lärmposaune signalisiert und als „der Tag des Lärmens" bezeichnet (Lev. 25, 9 vergl. 23, 24; Num. 29, 1; 31, 6, dazu Josua 6, 5. 20). Von Hause aus galt dasselbe jedenfalls dem neu auftauchenden Monde[1]. So mag es sich erklären, daß dieser Huldigungsumzug hinter Jahwe her gerade bei der „Mondstadt"[2] Jericho lokalisiert ist, deren Eroberung seinen siegreichen Einzug in Kanaan einleitete und damit die Eröffnung einer neuen Ära des Landes, der Jahweherrschaft in demselben bedeutete.

Wichtig für die Ermittelung des geschichtlichen Kernes ist nun, daß noch in anderer Richtung der Bericht von einstmals abweichenden Traditionen über die Eroberung Jerichos zeugt. Die schon erwähnte Vision Josuas (5, 13—15), in der er bei Jericho, d. i. in Gilgal den Anführer des Heeres Jahwes mit gezücktem Schwerte dastehen sieht, und die jetzt ganz abrupt abreißt, lief vermutlich einmal darauf hinaus, daß jener mit seinen Schaaren in die Erstürmung eingreifen werde (vgl. den Schlachtruf von Richt. 7, 20, auch 5, 20), wovon wir jetzt nichts mehr hören.

Aber weiter scheint die ganze Erzählung von den Kundschaftern ohne jeden inneren Zusammenhang mit der spezifischen Art, in der sich jetzt nach Kap. 6 die Eroberung vollzieht, zu stehen. Da die Gottheit die Stadt durch ein Wunder nimmt, sind jene vollständig überflüssig. Entweder haben wir also in der Erzählung den Rest einer andern Tradition zu sehen, die auf eine wesentlich andere Eroberung Jerichos, nämlich mit kanaanäischer Unterstützung (wie z. B. bei Bethel, Richt. 1, 22—26), hinauslief, oder es handelt sich hier um eine ursprünglich selbständige ätiologische Sage, die Antwort geben wollte auf die Frage: wie erklärt es sich, daß nur das „Haus Rachab", d. i. ein Stamm dieses Namens unter den kanaanäischen

1) Vgl. Volz, Das Neujahrsfest Jahwes S. 26ff., desgleichen die Posaunen in der Gideongeschichte (Richt. 7, 16ff.), in der man ebenfalls mit Recht Mondmotive gefunden hat, s. Winckler, Geschichte Israels II S. 139.

2) Diese Erklärung des Namens, die ja schon Hieronymus am häufigsten nennt, ist zweifellos richtiger als die daneben versuchte „Duftstadt". Sie dürfte aber auch zutreffender sein als die soeben von Heycl (Orientalistische Literaturzeitung 1912 Sp. 395ff.) vorgeschlagene Deutung „Lebensstätte", die angesichts der Schlußsilbe kaum statthaft ist und übrigens auch schlecht zu 2 Kön. 2, 14—22 paßt.

Bewohnern Jerichos gerettet ist? Definitiv zu entscheiden ist die Frage kaum, doch viel wahrscheinlicher das Letztere. Wir werden hernach sehen, wie sich die Genesis der Rachaberzählung auf diesem Wege aufs beste erklärt. Und darin, daß die israelitische Tradition, während sie bei andern Städten ruhig auch von Hinterhalten, Kriegslisten usw. zu berichten weiß (vgl. z. B. Jos. 8), hier so nachdrücklich und, wie gesagt, sogar in verschieden ausgeprägter Überlieferung die Eroberung ausschließlich der Gottheit zuschreibt, liegt doch ein starkes Argument dafür, daß jene im Volke tatsächlich in ganz anderer Weise als ein Wunder gegolten hat, als die Einnahme aller sonstigen kanaanitischen Festungen.

Kontrovers ist nun vor allem nach den literarischen Quellen die Frage, inwieweit der Fluch Josuas buchstäblich beobachtet sei. Nach einer flüchtigen Betrachtung von 1 Kön. 16, 34 könnte es scheinen, als habe die Stadt durch Jahrhunderte wüste und unbewohnt dagelegen und sei erst in der ersten Hälfte des neunten Jahrhunderts durch Chiel von Bethel wieder aufgebaut. Aber dasselbe hebräische Wort בָּנָה, welches hier gebraucht wird, bezieht sich auch sonst oft (vgl. 15, 17. 22 usw.) nur auf die Befestigung längst vorhandener Städte, und nur ein Ausdruck in 16, 34 legt zunächst den Gedanken an eine vollständig neue Stadtgründung näher, nämlich das יִסְּדָהּ, d. i. er legte den Grund zu ihr. Indes auch dieser muß natürlich nach Nachrichten, die wir in den dazwischen liegenden Jahrhunderten über die Stadt erhalten, interpretiert werden, und nach diesen ist schon während dieser mehrfach wieder ein Jericho vorausgesetzt.

In der ältesten Richterzeit wird erzählt, daß Eglon, König der Moabiter „die Palmenstadt" einnimmt und sich die Benjaminiten tributpflichtig macht (Richt. 3, 13). Daß unter dieser auch sonst erwähnten Stadt (1, 16) Jericho zu verstehen sei, ist zwar bisweilen bestritten, aber doch nicht nur nach 3, 13 das nächstliegende, sondern auch durch Deut. 34, 3, 2 Chron. 28, 15 positiv garantiert und durch Klima und Flora von Jericho wohl begründet. Ebenso ist 2 Sam. 10, 5 vorausgesetzt, daß in den Tagen Davids ein Ort dieses Namens existiert; der König gibt Anweisung, daß seine von den Ammonitern geschändeten Boten dort verweilen, bis ihnen der Bart wieder gewachsen ist. Erwähnt sei endlich auch, daß in den Verteilungslisten des Josuabuches, die uns jetzt allerdings meistens nur in späterer priesterlicher Redaktion vorliegen, die Ortschaft Jericho nach dem Vollzug der Eroberung des Landes ohne weiteres angenommen wird: 16, 1. 7; 18, 12. 21.

Noch nicht aber ist meines Wissens bis jetzt beobachtet, daß der Bericht von der Eroberung selbst darauf hinführt, daß der kanaanäischen Bevölkerung Jerichos kein voller Garaus gemacht ist. Nicht nur involviert Jos. 2, 13 schon, daß es sich um die Rettung einer ganzen Rachabsippe handelt, sondern 6, 23 wird sogar gesagt, daß sie eine ganze Menge von Geschlechtern, Unterstämmen, umfaßt: „Da führten die Jünglinge — Rachab, ihren Vater und ihre Mutter, ihre Brüder und alle die Ihrigen und *alle ihre Geschlechter* hinaus". Hier leuchtet deutlich hindurch, daß unter Rachab ein kanaanäischer Stamm zu verstehen ist, der bei der Katastrophe gerettet ist. Von diesem wird nun 6, 23 erzählt, daß er „außerhalb des israelitischen Lagers", d. i. außerhalb Gilgals, aber doch in nächster Nähe dieses Heiligtums angesiedelt wird. Und so haben wir dieser Erzählung zu entnehmen, daß, abgesehen von der radikaleren Zerstörung der Befestigung Jerichos, sich doch hier in der Hauptsache dasselbe zugetragen hat, wie bei den meisten andern Städten, daß ein Teil der kanaanäischen Bevölkerung verschont ist, der erst nach Jahrhunderten allmählich israelitisiert ist. Und eben die Erzählung von den Kundschaftern will begründen, wie es kommt, daß der Rachabstamm noch in der Zeit des Elohisten, also der ältesten Königszeit, „inmitten Israels“ und spöttisch als „Söhne der Hure“ bezeichnet, wohnt, vgl. 6, 25[1]; 9, 1 ff. erzählt ähnliches von den Gibeoniten. Auf einen zwar arg verwüsteten und Jahrhunderte lang offen und unbefestigt daliegenden, aber immerhin sogleich wieder bewohnten Ort Jericho, und zwar mit einem starken kanaanäischen Einschlag, haben wir also auch von diesem Berichte aus zu schließen.

Der israelitische Neugründer Jerichos ist Chiel. Darüber erzählt uns 1 Kön. 16, 34: „In seinen (näml. Ahabs) Tagen baute Chiel aus Bethel Jericho auf. Um den Preis seines Erstgeborenen Abiram legte er ihren Grund und um seinen Jüngsten Segub setzte er ihre Tore ein gemäß dem Worte Jahwes, das er durch Josua, den Sohn Nuns, geredet hatte“. Diese Notiz, die uns als eine auffallend abgerissene im Königsbuche entgegentritt, und ihr Verhältnis zu dem Josuafluche wird allerdings recht verschieden beurteilt. Entweder man hält sie für geschichtlich wertlos, für eine Gründungssage, aus der dann später der Fluch in die Josuaerzählung übergegangen sei. Oder man hält sie für historisch zuverlässig und nimmt an, daß auf Grund dessen, was sich hier zugetragen, später der Fluchspruch der elohistischen Erzählung gedichtet sei. Oder endlich, man nimmt an, daß ein solcher tatsächlich seit Alters her existiert und Chiel tatsächlich unter seinem Banne stehend gehandelt bezw. seine Wirkungen erlebt habe.

Wir halten das Letzte für das Wahrscheinlichste. Doch ehe wir das begründen, haben wir die Frage zu beantworten, was überhaupt Chiel nach 16, 34 getan habe. Daß es sich nach unsern sonstigen Nachrichten nur um eine neue Befestigung der Stadt handeln kann, sahen wir schon (zum Ausdruck vgl. noch Esra 4, 13, 21). Diese nun hat dem Chiel seinen ältesten und seinen jüngsten Sohn gekostet. Daß da die Rede von Unglücksfällen sei, die sich buchstäblich so zugetragen haben, ist durch die Verbindung des Todes des einen mit der Grundlegung, des andern mit dem Einsetzen der Tore ausgeschlossen. Es hat daher wohl zuerst Winckler (Geschichte Israels II S. 163) behauptet, es könne sich nur um ein zweifaches Bauopfer handeln. Und seitdem Spuren dieser Sitte mit hoher Wahrscheinlichkeit bei sonstigen palästinensischen Ausgrabungen zutage getreten sind, wird das jetzt so ziemlich allgemein angenommen. Aber sind solche noch für jene Zeit bezeugt? Und nimmt man den Fluch als eine reale Größe an, worüber sogleich, so ist mindestens ebenso möglich, daß es sich um einen durch irgend einen Unglücksfall veranlaßten Verlust der beiden Söhne während des Baues handelte (etwa durch das „kinderlos machende“ Wasser von 2 Kön. 2, 21; vgl. 1 Sam. 15,33), der eben unter dem Einflusse jenes im Volksmunde in jener eigenartigen Weise stilisiert wäre.

Haben wir nun einen Grund, die Geschichtlichkeit der ganzen Nachricht zu bezweifeln? Einen solchen könnte man vielleicht dem Umstande entnehmen wollen, daß doch sonst im Königsbuche ausnahmslos der Erbauer der Burgen der König sei (vgl. 9, 15; 15, 17. 22 usw.), nicht irgend ein beliebiger Baumeister. Es ist daher nicht zu verwundern, daß man stellenweise in dem Chiel einen Schreibfehler vermutet und den Namen etwa durch den des Königs Jehu hat ersetzen wollen[2]. Noch näher liegend wäre dann aber, in dem Chiel, für

1) Ob nicht von Hause aus *rachab* und *jerecho* identisch waren und nur allmählich und durch derben Volkswitz (vgl. etwa Jes. 57, 8; Ezech. 16, 24f.) differenziert sind? Jeremias, Das alte Testament im Lichte des Alten Orients S. 469, vermutet in jenem Namen einen Motivnamen aus dem Drachenmythus (vgl. *rahab*).

2) חיאל — היאל — יהוא, vgl. Niebuhr, Geschichte des ebräischen Zeitalters S. 333.

den die Septuaginta Ἀχιήλ liest, direkt das sinnverwandte Ἀχιάβ zu vermuten, wobei dann das „in seinen Tagen“ sich etwa aus der ursprünglichen Stellung des Verses in dem Berichte über einen judäischen König erklären müßte. Aber, da in allen diesen Fällen das „der Bethelite“ schlechthin unerklärbar bleibt, so tut man gut daran, auf solche uferlose Konjekturen zu verzichten und bei dem überlieferten Texte zu verbleiben.

Auch dieser findet nämlich die denkbar beste Erklärung, sobald wir bei dem Chiel nicht an einen Baumeister, sondern an einen Provinzgouverneur bezw. Stadthauptmann denken. Wie weit sich eigentlich die einstmals von Salomo eingerichtete Verwaltung durch „Vögte“ (1 Kön. 4, 7 ff.) nach der Reichstrennung im Nordreiche gehalten hat, darüber erfahren wir in den dürftigen Quellen leider nichts Ausdrückliches. Wir müssen uns mit gelegentlichen Anspielungen begnügen. Aber das wissen wir aus solchen wenigstens sicher, daß gerade unter der Regierung Ahabs wieder an der Spitze der Städte ein militärischer Stadtoberster stand, der gemeinsam mit den „Ältesten“ nicht nur die Stadt-, sondern auch die Bezirksverwaltung in Händen hatte (vgl. 2 Kön. 10, 1. 2. 5[1]); in der Residenz Samarien stand daneben noch ein Palastoberst. Ebenso folgt aus 1 Kön. 20, 14 ff., daß die Bezirksverwalter bezw. Landvögte immer eine kleine Truppe von „Knappen“ (die heutigen Chejals) zur Verfügung gehabt haben, die im Kriege zu besonderen Zwecken verwendet wurden. Sobald wir nun annehmen, daß Chiel für einen solchen Posten in Jericho von Ahab ernannt war, wird uns seine Erwähnung verständlich. Und eine Bestätigung erhält unser Schluß noch dadurch, daß er als Bethelite bezeichnet wird. Diese Stadt war die nächstgelegene größere benjaminitische, und entweder wurde von dem Bezirk dieser damals der Kreis von Jericho als ein selbständig verwalteter abgetrennt oder der Landvogt von Bethel erhielt den Auftrag, den Ostpunkt seines Bezirks zu befestigen.

Eine direkte Stütze erhält nun aber die Geschichtlichkeit der Notiz dadurch, daß wir uns für eine Befestigung Jerichos überhaupt keinen geeigneteren Zeitpunkt zu denken vermöchten als eben die Regierung König Ahabs. Aus der Inschrift des Königs Mescha von Moab wissen wir, daß Ahabs Vater Omri wie auch noch Ahab selbst Moab „lange bedrückt“ und den nördlichen Teil des Landes dem israelitischen Reiche wieder einverleibt haben. Wir wissen aber zugleich auch aus ihr, daß in der zweiten Hälfte der Regierung Ahabs (vgl. „die Hälfte der Tage seines Sohnes“) Mescha einen Aufstand gemacht hat, und daß es ihm gelungen ist, sich Ataroth, Nebo, Jahaz und Horonaim zurückzuerobern. Damit aber war nun unmittelbar die Ebene von Jericho und mit ihr der Schlüssel zum ganzen Reiche des Ahab bedroht, und in keinem Momente konnte es zwingender notwendig erscheinen als in diesem, den gefährdeten Eingang durch eine besonders starke Festung zu beschützen. Nach dem Königsbuche II 1, 1; 3, 4 f. muß es dann Ahab gelungen sein, Mescha nicht nur auf das Ostjordanland zu beschränken, sondern ihn sogar zur Zahlung eines jährlichen Tributs zu zwingen, über welche Verpflichtung er sich nach Ahabs Tod abermals hinwegsetzte.

Nehmen wir nun endlich noch hinzu, daß die Notiz I 16, 34 durchaus den Eindruck eines nüchternen, sachlichen Referates macht, daß man auch in den Namen nichts von sagenhaften oder mythologischen Motiven zu finden vermag[2], und daß endlich die zweifellos

---

1) Auch in V. 1 ist nach V. 5 zu lesen: אֶל שַׂר הָעִיר וְאֶל, vgl. auch 1 Kön. 22, 26.

2) Einen verfehlten Versuch in dieser Richtung s. bei Winckler, KAT³ S. 248 (Abiram gleich dem Mondheros(?) Abram und Segub = summus deus d. i. der Mondgott, doch vgl. 1 Chron. 2, 21 f). In erster Linie hätte sich dann

historische Nachricht von der Opferung des Erstgeborenen Meschas auf der Stadtmauer von Qir hareset (II 3, 25 ff.) uns zeigt, wie wenig ein Kindesleben in jener Zeit leidenschaftlicher nationaler Erregung wog, so daß nicht einmal in dem Falle, es handelte sich um ein Bauopfer, ein sagenhafter Zug vorzuliegen brauchte, so wird man allen Grund haben, die Stadtgründung durch Chiel in jeder Richtung für historisch zu halten[1].

Wie steht es dann aber mit der Beziehung dieses Ereignisses zu dem Josuafluche? Ist in diesem nur ein sagenhafter Reflex jenes zu sehen? Das könnte als das Nächstliegende erscheinen. Durch eine Prüfung des Alters beider Quellen läßt sich die Frage leider nicht entscheiden. Denn, wenn es auch wahrscheinlich ist, daß die Grundschrift des Elohisten noch aus der Zeit vor Ahab stammt, so könnte natürlich Jos. 6, 26 an sich sehr leicht erst in späterer Zeit eingeschoben sein.

Aber zwei Gründe dürften entscheidend für das umgekehrte Verhältnis sprechen a) Schon a priori hat der dichterisch fixierte Spruch die Anwartschaft auf das höhere Alter für sich. Wäre die Wurzel in 1 Kön. 16, 34 zu suchen, so würde man hier an Stelle des יְסַדָּהּ, auf das wir schon oben aufmerksam machten, etwas anderes erwarten, nämlich חוֹמָתָהּ „ihre Mauer". Der prosaische Berichterstatter scheint anderweitig stilistisch gebunden zu sein. Und vollends, der Spruch meint ja von Hause aus etwas ganz anderes, als 16, 34 aus ihm gefolgert wird. Der ursprüngliche Sinn ist der, daß der, der Jericho wieder aufbaut, überhaupt kinderlos werden soll, der Erstgeborene und der Jüngste werden nur spezifizierend herausgegriffen. Das folgt sicher aus dem „verflucht vor Jahwe". Der Berichterstatter im Königsbuche hingegen hat sich an den Buchstaben gehalten. Hält man es für möglich, daß der Spruch auf den doch hochverdienten Chiel als auf einen vor Jahwe Verfluchten gedichtet ist? b) Das Faktum, daß, während in Salomos und Rehabeams bezw. Jerobeams, und weiter Baesas bezw. Asas Tagen israelitische Burgen aller Orten entstanden, dieser Punkt aber, der wegen seiner eminent wichtigen Lage geradezu nach einer solchen schrie, unbefestigt liegen blieb, findet am besten seine Erklärung, wenn man annimmt, daß tatsächlich durch die Jahrhunderte die Sage von Mund zu Mund ging, daß ein befestigter Neubau der einst von der Gottheit selbst zerstörten Stadt durch den großen Heerführer der Vorzeit mit einem Fluche belegt sei, über den man sich lange nicht hinwegzusetzen wagte, dem aber Ahab trotzte[2]. Als einen Erweis seiner Irreligiosität hat offenbar der Berichterstatter von 16, 29–34 die Tat aufgefaßt, und nur dieser seiner Auslegung verdanken wir es, daß uns das Faktum überliefert ist. Eine ähnliche aus der Ära der Eroberung des Landes stammende Bindung tritt uns z. B. auch 2 Sam. 21, 1 ff. entgegen.

Daß nun die Stadt in Ahabs Tagen auch noch in anderer Beziehung eine besondere Bedeutung bekam, erfahren wir 2 Kön. 2, 5. 15. Sie war Sitz einer Prophetengenossenschaft. Der Prophet Elisa, der in der Politik seines Volkes eine so große Rolle spielen sollte, ging dort aus und ein. Er soll auch das Wasser der dortigen Quelle, welches besonders für Kinder lebensgefährlich war, zu einem gesunden gemacht haben, ist also als der Quellheilige dieses weithin berühmten und noch heute stellenweise für wunderwirkend gehaltenen Wassers gefeiert, vgl. 2, 19, 22.

---

doch in dem Namen des Vaters eine derartige Beziehung verraten müssen, zu diesem aber, der im AT nur hier vorkommt, dagegen auf aramäischem wie arabischem Boden bekannt ist, vgl. Baudissin, Adonis und Esmun S. 466 ff.

1) Daß der Vers in der Septuaginta Lucians fehlt, ist angesichts der sonstigen Bezeugung belanglos.

2) Parallelen zu solchen Flüchen über einem Gottesgericht verfallene Städte siehe bei Dillmann zu Josua 6, 26.

Über das Schicksal der Stadt nach dem Falle Samariens und der Umwandlung des Nordreichs in eine assyrische Provinz im Jahre 722 erfahren wir nichts Ausdrückliches. Doch ist es von vornherein wahrscheinlich, daß das während des Niederganges jenes erstarkte Juda nun auch auf diese Stadt wie z. B. auch auf Bethel Ansprüche erhoben hat. Ausdrücklich tritt uns dies neue Besitzverhältnis allerdings nur in einem späten chronistischen Berichte entgegen (2 Chron. 28, 12—15). Aber indirekt folgt es aus mehreren Argumenten. Der letzte König von Juda, Zedeqia, von den Babyloniern bedrängt, flieht gerade hierher (2 Kön. 25, 5; Jer. 39, 5; 52, 8). Wenn die Stadt nach dem Exil ohne weiteres zu der sonst so eng umgrenzten persischen Provinz Juda und nicht zu der von Samarien gezählt wird, so hat sie bestimmt auch schon vor dem Exil zu dem Königreiche Juda gehört. Das würde sogar ganz unmittelbar bestätigt, wenn Nehemia 7, wie E. Meyer sehr wahrscheinlich gemacht hat[1], eine vorexilische Liste zugrunde liegt, vgl. 7, 36.

Ob die Stadt im Anschluß an die Gefangennahme Zedeqias hieselbst von den Babyloniern niedergebrannt wurde, ist nicht gewiß, aber sehr wahrscheinlich. Jer. 44, 2 setzt voraus, daß damals auch alle Landstädte Judas (bis auf Mizpa) verwüstet wurden. Jedenfalls ist berichtet, daß auch von Jericho Gefangene nach Babylon deportiert und nach dem Edikte des Cyrus 537 von dort zurückgekehrt sind. Wir erfahren Esra 2, 34, Neh. 7, 36 sogar die Zahl dieser, 345, es ist eine ganz stattliche[2]. Allerdings muß beachtet werden, daß jene zu den alten Geschlechtern, also den Grundbesitzern nicht gehört haben, vielmehr ärmliche Leute waren, die jetzt gemeinsam Ackerlose bekamen. Am Mauerbau Nehemias haben sich die Einwohner Jerichos dann an hervorragender Stelle beteiligt, vgl. Neh. 3, 2.

Eine ebenso merkwürdige wie interessante Nachricht über Jerichos Schicksal unter der ausgehenden Perserherrschaft erhalten wir durch Solinus. Während wir im Alten Testamente nur einige Anspielungen auf eine neuerliche Katastrophe der jüdischen Gemeinde in der ausgehenden Perserzeit besitzen (Jesaja 24—27; Psalm 44; 74; 79) und aus der Chronik Eusebs[3] nur erfahren, daß Artaxerxes Ochus bei seinem Feldzuge gegen Ägypten (um 350) einen Teil der aufständischen Juden in die Gefangenschaft abgeführt und nach Hyrkanien an das Kaspische Meer verpflanzt habe, sagt jener[4]: „Judaeae caput fuit Hierusolyma, sed excisa est, successit Hierichus: et haec desivit, Artaxerxis bello subacta“. Man wird kaum wagen können, an eine Verwechslung zwischen Nebukadnezar und Artaxerxes, Mizpa und Jericho zu denken. Aber auch die geistvolle Kombination Reinachs[5], es handle sich um eine Zerstörung durch die Römer, indem unter Artaxerxes der Begründer der Sassanidendynastie Ardaschir (230 n. Chr.) zu verstehen sei, scheitert an dem nicht umzudeutenden Zeugnis des Hieronymus, dem die Kunde von einer solchen zweiten Zerstörung durch die Römer nicht hätte entgehen können, und der doch offenkundig nur von der des Jahres 70 n. Chr. spricht: „Sed et haec eo tempore quo Jerusalem obpugnabatur a Romanis propter perfidiam civium capta atque destructa est. Pro qua tertia aedificata est civitas quae usque hodie permanet et ostenduntur utriusque urbis vestigia usque in praesentem diem“[6]. Mit Recht hat daher

1) Vgl. Die Entstehung des Judentums S. 151.
2) Gibeon zählt nur 95, Bethel und Ai 123.
3) Ed. Schoene 113; vgl. Syncellus 486, 10; Orosius III, 7, 6.
4) Julii Solini collectanea rerum memorabilium ed. Mommsen 35, 4.
5) Vgl. La deuxième ruine de Jéricho, in den Semitic studies in memory of Alexander Kohut S. 457—62.
6) De Lagarde, Onomastica sacra 265.

Wellhausen[1] aus jener Notiz geschlossen, daß Jericho der Hauptherd des Aufstandes unter Artaxerxes Ochus war und deswegen auch in erster Linie von diesem entvölkert und zerstört wurde.

Trifft das zu, so haben wir hier abermals einen Schnitt in der Geschichte der Stadt anzunehmen, der freilich auch wie alle bisherigen schließlich wieder zugeheilt ist, aber doch zunächst neuerlich ein vollständiges Aufhören des Kulturlebens an dieser Stelle herbeigeführt haben muß. Ich möchte dafür noch ein besonderes, bisher wohl noch nicht beachtetes Indiz erbringen. Es ist schon oft aufgefallen, daß in der jüdischen Städteliste Nehemia 11, 25—36 trotz 3, 2 Jericho gar nicht erwähnt wird. Wir haben es hier nun, wie zuerst E. Meyer[2] erkannt hat, mit einer chronistischen Eintragung zu tun, die der judäischen Ansiedlung eine Ausdehnung gibt, wie sie das Reich Juda vor dem Exile besessen. Die Liste entstammt also wahrscheinlich dem Anfange des III. Jahrhunderts. Aus dieser Zeit würde aber das Schweigen über Jericho sich gerade erklären, wenn die Stadt damals überhaupt nicht existierte.

Daß der unverwüstliche Ort aber im II. Jahrhundert wieder vorhanden war, ersehen wir aus 1 Macc. 9, 50. Unter den Festungen, die der Syrer Bakchides im Lande anlegt, befindet sich auch eine solche bei Jericho. Es kann kaum zweifelhaft sein, daß dies dieselbe ist, die 16, 15 als die kleine Festung Dok bezeichnet wird, in der der trunkene Simon der Maccabäer mit seinen Söhnen ermordet wurde, die man mit Recht bei der eine halbe Stunde nordwestlich vom Tell es — Sultan gelegenen Quelle Ain duk sucht.

Bei Jericho fand im Jahre 67 v. Chr. die Schlacht zwischen den feindlichen Brüdern Hyrkan II. und Aristobul II. statt[3]. Pompejus schlug hier auf seinem Marsche nach Jerusalem sein Lager auf, und Gabinius machte die Stadt danach zur Bezirkshauptstadt[4]. Im Jahre 39 v. Chr. fand Herodes sie verlassen mit Ausnahme der Burg, in die sich seine Feinde geflüchtet hatten; er ließ die Häuser durch seine römischen Soldaten plündern. Im Jahre 34 nahm ihm Antonius die ganze Jericho-Oase und schenkte sie der Kleopatra, welcher Herodes sie um 200 Talente jährlich abpachtete. Nach dem Siege Octavians bei Actium 31 v. Chr. schenkte dieser dem Herodes, der ihn in Rhodus schmeichelnd umwarb, neben anderm das palästinensische Gebiet der Kleopatra zurück.

Und nun begann die glänzendste Periode Jerichos in seiner ganzen Geschichte, ein baulicher Aufschwung, wie ihn die Stadt noch nicht erlebt. In dem Gebirge, das die Ebene beherrscht, wurde die Burg Kypros aufgeführt. Die Stadt selbst erhielt königliche Paläste, Theater, Hippodrom, Wasserleitungen, Teiche und Gärten[5]. Hier hatte der König seine Begegnung mit Kleopatra und hier starb er in seinem Winterschloß.

Des Herodes' Sohn Archelaus (4 v. Chr. bis 6 n. Chr.) erweiterte noch die Palastanlagen und baute die Wasserleitung der Ebene aus[6]. Jesus kam mehrfach auf seinen Festreisen nach Jerusalem durch diese Stadt[7]. Ein Ende fand die herodianische Herrlichkeit im Jahre 70 n. Chr., als Jericho wie Kypros von Vespasian eingenommen und zerstört wurde[8].

1) Israelitische und jüdische Geschichte, S. 146.
2) A. a. O. S. 106ff.
3) Josephus, Antiquitates IV, 1, 2; Bellum Judaicum I, 6, 1.
4) Jos. Ant. XIV 5, 4; 6, 4.
5) Jos. Ant. XIV 4, 1; 15, 3, 11; XV 3, 3; 4, 2; XVI 5, 2; XVII 6, 3; 10, 16; Bell. Jud. I 6, 6; 15, 6; 17, 4; 21, 4; 22, 2; IV 8, 1, 2, 3; 9, 1; V 3, 3.
6) Jos. Ant. XVIII 13, 1.
7) Ev. Matth. 20, 29f.; Marc. 10, 46ff.; Luc. 18, 35.
8) Onomastica sacra 265.

Doch im Beginne des zweiten Jahrhunderts unter Hadrian erstand die Stadt zu neuem Leben; sie wurde nun bald die große Bischofsstadt, deren Vertreter in den Verzeichnissen der Kirchenversammlungen des IV.—VI. Jahrhunderts uns begegnen. Justinian erbaute hier ein Xenodochium für Pilger, auch eine Reihe von Klöstern entstand. Die Bemerkung des Pilgers von Bordeaux (334), daß die Stadt zerstört und nur das Haus der Hure Rachab über der Quelle zu sehen sei, bezieht sich nur auf die vorisraelitische und israelitische Stadt.

Im Jahre 614 wurde Jericho von den Persern zerstört. Am Ende dieses Jahrhunderts erzählt Arculf (2, 13), daß von den drei Städten Jericho, die schon nacheinander zerstört seien, nur noch das Haus der Rachab, nämlich Mauerwände ohne den oberen Teil, übrig sei. Im VIII.—X. Jahrhundert wird die Kirche von Jericho wieder erwähnt. Die Kreuzfahrer erbauten die Stadt aufs neue und legten dort ein Schloß und eine neue Kirche an. Im XIII. Jahrhundert fiel die Stadt in Saladins Hände, seitdem war sie ein klägliches muhammedanisches Dorf. Im XIV. wußte man nicht mehr, wo das Haus der Rachab gelegen, und im XV. zeigte man als solches einen kuppelförmigen Bau am südöstlichen Eingange des Ortes, östlich vom Hause des Zachäus[1]. Die letzte Niederbrennung erfuhr Jericho in der ersten Hälfte des XIX. Jahrhunderts durch Ibrahim Pascha. Doch auch aus ihr hat sich das Dorf zu neuem Leben erhoben und wächst jetzt mit jedem Jahre.

2. Das geschichtliche Ergebnis der Grabung.

Nunmehr haben wir die Frage aufzuwerfen: wie verhalten sich die im zweiten und dritten Abschnitt dieses Bandes geschilderten Einzelergebnisse der Grabung zu dem im vorigen Kapitel entworfenen Geschichtsbilde? Inwiefern ergänzen, inwieweit berichtigen, inwieweit bestätigen sie es? Daß sie im Ganzen und Großen nur eine sehr erwünschte Illustration zu demselben liefern werden, ist ja von vornherein selbstverständlich. Doch suchen wir uns nun das Ergebnis für die einzelnen geschichtlichen Perioden klar zu machen.

1. Während die Geschichte Jerichos auf Grund der literarischen Quellen erst mit der Invasion Israels beginnt[2], hat uns die Ausgrabung beträchtlich weiter zurückgeführt und eine weit zurückreichende Ergänzung geliefert. Sie hat uns gelehrt, daß die Besiedelung des Platzes von Jericho mindestens bis in den Anfang des dritten, wahrscheinlich sogar noch ins vierte Jahrtausend zurückreicht. Allerdings, da uns Inschriften oder ganz fest datierbare Objekte aus dieser umfangreichen Periode nicht beschieden waren, so können wir hier nur das allmähliche Werden der Kultur samt dem Wechsel verschiedener Bevölkerungsschichten konstatieren.

Das einzige geschichtliche Ergebnis, welches klar hervortritt, ist das, daß wir in der Geschichte dieses „vorgeschichtlichen" Jericho zwei Perioden zu unterscheiden haben, von denen wir die unterste Grenzlinie der einen in der Zerstörung der durch das Ziegelmassiv im Nordwesten indizierten Befestigung und die Anfangsgrenze der andern in der Erbauung der Doppelmauer, die wir fast vollständig blosgelegt haben, samt den dazu gehörigen Häusern festlegen können. Zwischen beiden scheint nur ein ganz kurzer Zeitraum gelegen

1) Vgl. Tobler, Topographie II S. 660ff.

2) Denn die Vermutung Hommels (Die altisraelitische Überlieferung S. 49), Jericho sei mit dem Grenzgebiet Ja'a in der ägyptischen Sinuche-Erzählung identisch, ist doch zu wenig positiv begründet, wiewohl die Schilderung im allgemeinen stimmt (vgl. Z. 80—109).

und ein Wechsel der Bevölkerung von einer Periode zur andern nicht stattgefunden zu haben (vgl. S. 18 u. 106 f.). Das also wissen wir jetzt mit Sicherheit, daß hier am Ende des dritten oder Anfang des zweiten Jahrtausends schon einmal eine radikale Zerstörung der Befestigung und eine Umgestaltung des ganzen Stadtbildes durch eine neue, die sich nach Norden hin nicht so weit ausdehnte wie die alte, stattgefunden haben muß. Aber diese Grenzlinien mit einem der uns sonst bekannten Daten aus der vorisraelitischen Geschichte Palästinas zu identifizieren, fehlt uns wohl jede Möglichkeit. Unwillkürlich wird zwar jeder zunächst an den Genesis 14 berichteten Verwüstungszug der vier Könige des Ostens in die Jordanniederung, der gerade in jene Zeit datiert ist, denken. Doch wird in diesem Jericho selbst nicht erwähnt.

Man könnte nun zunächst vermuten, daß noch in einer ganz anderen Richtung die Grabung unsere geschichtlichen Kenntnisse bezüglich dieser ersten Periode bereichert habe, wir meinen durch die mit ägyptischen Skarabäen gestempelten Krughenkel. Da unter diesen sich einige befinden, die Siegel ägyptischer Machthaber aus der Zeit des mittleren Reiches bis zu dem Anfang der XVIII. Dynastie zu sein scheinen, so könnte man in ihnen einen Erweis dafür zu sehen geneigt sein, daß in jener Ära ein solcher Statthalter, mit dessen Stempel gewisse Waren versehen wären, auch in Jericho residiert habe. Indes unsere obige Erörterung (vgl. S. 157) hat bereits ergeben, daß eine solche Schlußfolgerung nicht statthaft ist, daß, wie ja auch in Ägypten selbst, in jener Periode eine derartige Abstempelung der Krüge nicht Sitte gewesen ist, wir auf Grund der Fundstellen in Palästina vielmehr gezwungen sind, an eine Verwendung dieser alten Skarabäen als Fabrikmarken oder etwa auch als Apotropäen in späterer Zeit, speziell in Jericho in der israelitischen Periode, zu denken.

Nun bleibt allerdings eine Tatsache dabei auffallend, nämlich, daß bis jetzt immer gerade Stempel mit Skarabäen des mittleren Reiches, der XVII. und des Beginnes der XVIII. Dynastie, in Palästina gefunden sind, solche der späteren Zeit hingegen ganz zu fehlen scheinen[1]. Indes wird man daraus doch nur schließen dürfen, daß an der bezw. den Stätten, an denen diese Krüge fabriziert wurden — ob es sich um einen einheitlichen Herd handelt, wird erst künftige Untersuchung lehren müssen[2] — gerade Skarabäen jener älteren Art gesammelt waren. Dafür, daß es solche Sammler von Skarabäen und Amuletten der älteren Zeit in der israelitischen Periode wirklich gegeben hat, fand ja Bliß in Tell Zakariya einen trefflichen Beleg in der reichen Kollektion, die ihm in einem Kruge in die Hände fiel[3]. Und so werden wir aus jenem Faktum vorläufig sicher nur das eine historische — freilich auch schon anderweitig feststehende — Resultat ziehen können, daß an der oder den palästinensischen Stellen der Fabrikation jener Krüge einmal bis in den Anfang der XVIII. Dynastie das ägyptische Szepter geherrscht hat, wahrscheinlich auch noch das andere, daß gerade an jenen Plätzen diese ägyptische Herrschaft schon um 1500 ihr Ende gefunden hat, womit dann auch weiterer Import von Skarabäen aufhörte, während ein solcher an anderen Stellen des Landes, z. B. im Südwesten, weiter ging. Als ein Platz für die Herstellung der Krüge käme also z. B. Sichem in Betracht.

1) Diese Tatsache bliebe ebenso auffallend, wenn es sich um Imitationen handeln sollte, was Bliß (a. a. O. S. 122) in bezug auf das Exemplar von Tell es-Safi annimmt, was aber in bezug auf die Jericho-Exemplare von Prof. Schäfer für ausgeschlossen erklärt wird.

2) In bezug auf die Jericho-Exemplare dürfte die Frage bejaht werden können.

3) Vgl. P. E. F. 1899 S. 106 f.

2. Die stolze Burg mit der Doppelmauer ist gefallen, und es ist offenkundig, daß irgend ein Zusammenhang zwischen der Zerstörung dieser und dem Josua 2—7 berichteten Ereignis bestehen muß. Die Kultur jener Stadt, besonders die Keramik, ist die des ausgehenden dritten und der ersten Hälfte des zweiten Jahrtausends. Daß die starken Mauern, die noch jetzt stellenweise in einer Höhe von 8 m stehen, aus der Wüste kommenden Stämmen schier uneinnehmbar erscheinen mußten, ist selbstverständlich. Und doch ist die Stadt gefallen, und zwar, da auf den drei anderen Seiten die Fundamente der Befestigung intakt stehen, im Osten aber von Grund auf zerstört sind, vor einem von dieser Seite kommenden Feinde. Das Holzwerk der Befestigung ist auf allen Seiten durch Brand zerstört. Die Stadt ist dabei auch kräftig ausgeplündert worden, nur Tonsachen hat man stehen und liegen lassen. Nicht nur allen Schmuck und alle Waffen, auch die Kupfergeräte hat man genommen, und hätte nicht ein Sammler in der folgenden Periode — gewiß mühsam — aus allen Ecken und Winkeln der Ruine einzelnes zusammengesucht und uns in einem Kruge hinterlassen, so könnten wir kaum etwas über jene aussagen.

Wie sich im einzelnen die Eroberung vollzogen hat, dafür gibt uns die Grabung natürlich keine Handhabe[1]. Nur das Eine läßt sich sagen, daß der unverrückte Bestand der Mauerfundamente an den drei Seiten dem Gedanken an ein Erdbeben, der auf Grund von Josua 6 mehrfach vorgetragen ist[2], nicht gerade günstig ist.

Doch in einer sehr wichtigen und sonst recht unsicheren Frage kann die Grabung den Ausschlag geben, wir meinen in der nach der Zeit des Falles des kanaanäischen Jericho. Während bis jetzt die Forschung in bezug hierauf je nach der zeitlichen Ansetzung des israelitischen Exodus aus Ägypten zwischen dem fünfzehnten, vierzehnten und dreizehnten Jahrhundert hin und her schwankt, spricht das Resultat unserer Grabung ganz klar und deutlich für einen Fall um 1500. Auf Grund der Keramik allein, wie sie an einigen anderen Plätzen Palästinas datiert ist, könnte man sogar schon etwa an die Zeit um 1600 denken. Aber man muß im Auge behalten, daß die Entwickelung der Kultur in der den großen internationalen Verkehrswegen ferner liegenden Jordansenke zeitlich etwas hinter der des Westens zurückgeblieben sein kann und wird, indem alle aus dem Auslande importierte Ware hierhin spärlicher und später kam, und infolgedessen die einmal eingebürgerten Typen sich länger hielten (vgl. oben S. 107 f.). Und so fällt das Ergebnis der Grabung ganz entschieden zugunsten der bereits von mehreren Forschern vorgetragenen Annahme in die Wagschale, daß ein Zusammenhang zwischen dem Einfall der Chabiri der Tafeln von Tell el-Amarna, der gerade in die Zeit um 1500 fällt, und der Invasion der B'ne Jisrael besteht[3]. Dabei kann man entweder annehmen, daß einzelne Stämme dieser ein Bestandteil jener, etwa die Spitze, gewesen und daher schon mehrere Jahrzehnte vor der sogenannten Tell-Amarna-Zeit eingedrungen seien, oder auch, wie neuerdings[4] vorgetragen ist, daß die elohistischen

1) In Hinblick auf Josua 2, 15 sei erwähnt, daß unmittelbar an die Stadtmauer gebaute Häuser, von deren Oberstock aus jene bequem zu erreichen war, naturgemäß im Norden und Westen mehrere gefunden wurden.

2) So neuerdings besonders P. Haupt, Die Posaunen von Jericho, Wiener Zeitschr. f. d. Kunde des Morgenl. 1909 S. 355 f. Der biblische Schriftsteller wird sich das Wunder allerdings so vermittelt gedacht haben, wie uns auch sonst der Gedanke begegnet, daß vor dem Geschrei der Menschen (1 Sam. 4, 5; 1 Kön. 1, 45) wie vollends vor dem Nahen Gottes die Erde erbebt (Psalm 18, 8; Exod. 19, 18 usw.).

3) Vgl. die überaus besonnen abwägende Untersuchung Böhls, Kananaeer und Hebraeer S. 83—96. Kittel, Geschichte des Volkes Israel I S. 440 verlegt den Beginn des Einfalles mit Recht zwischen 1550 und 1500.

4) Vgl. Weinheimer, Die Einwanderung der Hebräer und der Israeliten in Kanaan, Zeitschr. d. d. morgenländ. Gesellschaft 1912 S. 365 ff.

Eroberungserzählungen des Josuabuches aus einer von Hause aus spezifisch „hebräischen“ und erst später von dem die Chabiri aufsaugenden Israel übernommenen Tradition über die Einwanderung von Osten her hervorgegangen ist. Aber das muß von jetzt an auf jeden Fall als feststehendes Resultat gelten: Das kanaanitische Jericho ist spätestens um 1500 zerstört.

3. Die Befestigung der Stadt ist als Ruine liegen geblieben und nie wieder zu neuem Leben erstanden, im Gegenteile teils durch den Zahn der Zeit zerfressen und durch die Regengüsse heruntergewaschen, teils, wie wir im nächsten Abschnitt hören werden, durch menschliche Kunst und Absicht zugedeckt. Jahrhunderte lang muß nun Jericho eine offen daliegende Ortschaft gewesen sein. Das ist der Punkt, in dem ganz überraschend Geschichte und Grabung zusammentreffen. Aber dies Zusammentreffen gilt noch von einem andern Punkte. Die geschichtlichen Quellen lehrten uns, daß in oder bei der Ruine sehr bald nach der Invasion Israels eine Neuansiedelung stattgefunden, daß aber diese trotz der Eroberung auch einen kräftigen kanaanitischen Einschlag gehabt haben müsse. Und nun ergab die Grabung das schlechterdings nicht gesuchte Resultat, daß besonders am Nordabhang der Ruine, dünn verstreut aber auch zwischen den Mauer- und Hausresten jener, sich etwa vom fünfzehnten bis zum zwölften Jahrhundert eine Ansiedelung ausgebreitet haben muß, die wir nicht besser denn als spätkanaanitische bezeichnen können (vgl. S. 45 u. 108ff.). Freilich war dieselbe eine eigenartig dürftige. Während bei den sonstigen palästinensischen Ausgrabungen — besonders in Lachis, Gezer, Megiddo, Taanach — gerade die diesen Jahrhunderten entstammenden Schichten besonders reiche sind und von einem lebhaften Import ausländischer Waren zeugen, — handelte es sich dort doch auch überall um Städte, die trotz der israelitischen Invasion unerobert in kanaanitischem Besitze weiter blühten (vgl. Richt. 1, 27, 29) —, so haben wir es hier offenbar seit dem fünfzehnten Jahrhundert mit einem Schnitt in der Kultur zu tun. Hier handelt es sich seitdem um ein offen daliegendes Städtchen, das nur kümmerlich sein Dasein fristete. Aber das gerade entspricht auch den literarischen Quellen.

4. Neue Häuser und Gehöfte erstehen in der israelitischen Aera, besonders auf dem Quellhügel. Die Reste der Keramik des elften und zehnten Jahrhunderts bedecken bereits wieder das ganze alte Stadtgebiet, und das ist ja gerade das Zeitalter, in dem unter Davids und Salomos kraftvoller Regierung im ganzen Lande der kulturelle Aufschwung neuerlich beginnt, in dem der Prozeß der Unterwerfung bezw. Aufsaugung der Kanaaniter vollendet ist. Doch als unbefestigter Ort bleibt auch jetzt zunächst Jericho noch liegen.

Aber ein ganz neues Leben kommt in die Ruinen mit den von allen Seiten auf die alten Mauerreste hinaufgeführten steinernen Treppen. Man füllt den Zwischenraum zwischen den beiden Mauern mit Steinen und Schutt aus, man will die ganze alte Stadtruine zu einem bewohnbaren und bequem ersteigbaren Plateau umwandeln[1].

In der ersten Hälfte des IX. Jahrhunderts ersteht das große einem Hilani ähnliche Gebäude auf dem Quellhügel, Burg und Serail zugleich. Die in diesem gefundenen Scherben lassen über die ungefähre Zeit des Baues keinen Zweifel. Und gleichzeitig mit ihm muß die große äußere Böschungsmauer gebaut sein. Jericho wird eine stark befestigte Stadt. Abermals begegnen sich die geschichtlichen Nachrichten und die Ausgrabungsergebnisse aufs

1) Eine solche Stadttreppe wird übrigens in den Tagen Sauls auch bei der Stadt Samuels erwähnt, vgl. 1 Sam. 9, 11. 14. (Richt. 5, 11?).

beste. Zu einer 5 bis 6 Jahrhunderte nach der einstmaligen Zerstörung an einer der kanaanitischen Mauern vorgenommenen Flickarbeit hat die Grabung auch nicht den leisesten Anhalt geboten. In der ganzen äußeren Befestigung ist vielmehr ein von Grund auf neues Werk — wie wir aus dem Königsbuche erfahren, des Landvogts Chiel, des Bevollmächtigten König Ahabs, — zu sehen. Es soll ein Bollwerk gegen die Moabiter geschaffen werden, und es hat als solches seine Dienste getan. Die Stadt ist zugleich ein religiöser Sammelpunkt geworden, Sitz einer Prophetengenossenschaft, die überall die national-religiöse Begeisterung schürte; der Prophet Elisa, der unter Ahabs Sohn selbst den Feldzug gegen den Moabiter Mescha mitgemacht hat, ist hier aus- und eingegangen.

5. Nun klafft eine Lücke in unserer Geschichtskenntnis, die durch das Grabungsergebnis in etwas ausgefüllt ist. Nach ein bis zwei Jahrhunderten muß über Jericho eine starke Verwüstung ergangen sein, der stolze Chiel-Bau ist vernichtet und die riesige Böschungsmauer geschleift. Von dieser Katastrophe erfahren wir in den literarischen Quellen nichts. Wir müssen daher die Frage offen lassen, ob sie von den Assyrern ausgegangen ist im Zusammenhange mit den Ereignissen des Jahres 722[1], ob von seiten Sanheribs (701), der sich rühmt, 46 Städte von Juda mit zahlreichen Orten ihrer Umgebung eingenommen zu haben, ob schon kurz vorher von seiten Judas selbst, das eben hierbei sich in den neuen Besitz gesetzt hätte, oder aber auch nach Analogie von Zephanja 2, 8—10; 2 Kön. 24, 2 von seiten des alten Gegners der Stadt, einer moabitischen Streifschar? Das zu entscheiden ist uns unmöglich, doch spätestens bis 700 v. Chr. werden wir diese Schleifung anzunehmen haben.

Aber es hat sich diesmal nur um eine radikale Vernichtung der Befestigungswerke gehandelt, keine Vernichtung oder Deportation der Bevölkerung. Die Stadt selbst hat sich ruhig weiter entwickelt. Über die Fundamente jener stolzen Bauwerke laufen bald die Grundmauern neuer Häuser. Und gerade im siebenten und mindestens auch noch im Anfange des sechsten Jahrhunderts hat sich in der nun abermals unbefestigt daliegenden Stadt reiches Leben entfaltet. Das lehrt uns besonders die eng gebaute jüdische Ansiedlung auf der östlichen Hälfte des Quellhügels, deren Spuren sich indes auch über das ganze sonstige Gebiet ausdehnen, die sicher ihre Hauptblüte in der ausgehenden jüdischen Königszeit erlebt hat.

Eine Feuersbrunst hat abermals einem Teil derselben ein Ende gemacht. Von wem sie ausgegangen ist, können wir wieder nur vermuten. Doch am wahrscheinlichsten ist es, daß sie in Zusammenhang zu bringen ist mit der Invasion der Babylonier (586), die gerade in den Gefilden Jerichos den flüchtigen König Zedeqia fingen und sicher auch aus dieser Stadt wie aus allen judäischen Landstädten den relativ besitzenden Teil der Bevölkerung ins Exil abführten. Der auffallend reiche Hausrat, der uns an vielen Stellen dieser Schicht in die Hände fiel, erklärt sich durch eine solche plötzliche Entvölkerung der Stadt aufs beste.

6. Daß vereinzelte Bewohner in und um Jericho zurückgeblieben sind, ist selbstverständlich. Aber daß jetzt wiederum ein Schnitt in der Entwicklung der Stadt stattgefunden hat, hat gerade die Ausgrabung ergeben. Denn plötzlich liegt der Schwerpunkt der Stadt wieder an einer ganz andern Stelle derselben, nämlich abermals wie zur spätkanaanitischen Zeit am Nordabhang. Das erklärt sich am besten aus einer Neuansiedelung, die tatsächlich im Gefolge des Cyrusediktes auch hier am Ende des VI. Jahrhunderts stattgefunden hat. Es ist ein eng gebautes Häusergewirre, welches wir in den folgenden Jahrhunderten konstatieren

1) In dieser Zeit hat der Prophet Jesaja auch für Moab eine derartige Katastrophe erwartet: 16, 13f.

können, in dem wir nun die als spätjüdisch bezeichnete Kultur antreffen; immer stärker dringt vor allem der griechische Faktor vor. Aber ihm gegenüber behauptet sich offenbar auch ein besonders bewußtes Judentum, von dem wir noch in den nächsten Kapiteln handeln werden.

Plötzlich ist es mit dem alten Jericho aus, von der charakteristischen seleukidischen Keramik und der eigentlichen hellenistischen Kultur treffen wir auf dem Hügel nichts mehr an, überhaupt sehr wenige Objekte, welche uns sicher unter das IV. Jahrhundert hinunterführten. Die literarischen Quellen lassen kaum einen Zweifel darüber, daß wir diesen Schlußpunkt um 350 unter Artaxerxes Ochus, der unter andern auch die Bewohner dieses Städtchens deportierte, zu suchen haben. Mögen in der Folgezeit auch vereinzelte Häuser auf dem Hügel gestanden haben, die Stadt Jericho war von ihm verschwunden.

7. Alles weitere können wir kurz zusammenfassen. Daß die Ausgrabung Ergebnisse aus der Maccabäerzeit nicht geliefert hat, erklärt sich daraus, daß die Burg dieser Zeit 2—3 Kilometer weiter nordwestlich zu suchen ist. Das herodianische Jericho aber lag, wie unsere Schürfung sicher bewiesen hat, vor allem an den beiden Ufern des Wadi Kelt und dehnte sich von da weithin in die Ebene aus. In ihr haben wir auch die römisch-byzantinische Bischofsstadt Jericho zu suchen.

Nur ein Punkt ist hier für uns noch beachtenswert. Durch die Jahrhunderte hindurch hatte sich die Tradition gehalten, daß das alte kanaanitische Jericho an der Quelle gelegen habe. Und je größer das Interesse für die Stätten der alten heiligen Geschichte und je eifriger das Wandern frommer Pilger zu solchen wurde, um so näher lag es, sich neben dem Hause des Zachäus auch nach demjenigen umzusehen, das nach der buchstäblich gedeuteten Bibel als einziges in der von Josua zerstörten Stadt stehen geblieben war. Wir hörten schon, im vierten Jahrhundert wurde dem Pilger von Bordeaux dieses über der Quelle gezeigt. Und auch noch im VII. Jahrhundert war es da, jetzt als Hospitium eingerichtet, das Zimmer, wo die Hure die Kundschafter unterbrachte, eine Kapelle, genannt zur heiligen Maria. Es ist danach kein Zweifel, daß gerade diese vermeintliche heilige Stätte den Anlaß dazu gegeben hat, daß die durch die Ebene weit hingestreckte byzantinische Stadt sich noch einmal wieder den Hügel hinaufgezogen hat.

Nun aber hat auch hier noch unsere Ausgrabung einen merkwürdigen Aufschluß gebracht. Unmittelbar über der Quelle liegt die gewaltige Ruine des alten Chiel-Baues, deren Fundamentsteine noch jetzt teilweise aus dem Hügel herausschauten. Sie muß in der byzantinischen Zeit noch offen dagelegen haben, der einzige Bau, der alle Stürme überstanden hatte und laut von vergangener Zeit redete. Positiv wurde das durch byzantinische Scherben bewiesen, die sich hier mit den israelitischen paarten. Es kann danach kaum ein Zweifel sein, daß wir mit dem Chiel-Bau zugleich das sagenhafte Haus der Rachab wiedergefunden haben. Und es bleibt ein merkwürdig friedlich ausgleichender Ausklang der wildbewegten blutigen Geschichte, die sich durch ca. 2000 Jahre auf dem kleinen Hügel an der Sultansquelle abgespielt hat: das Haus des israelitischen Stadtgründers, eines Mannes aus d e m Volke, das die Kanaaniter als seine Todfeinde betrachtet und aufgerieben, das deswegen zunächst diese Stätte als eine ewig verfluchte angesehen hat, wird für Jahrhunderte ein Ziel andächtiger Sehnsucht für fromme Pilger aus fernen Landen, aber nicht um seinetwillen, sondern wegen eines wunderbar geretteten Weibes aus jener verachteten Nation, das ja sogar in dem Stammbaume Jesu eine Stelle gefunden hat (Matth. 1, 5).

8. Doch auch dieser letzte Rest des alten kanaanäisch-israelitischen Jericho sank dahin, und der Hügel wurde mit dem ganzen Lande eine Beute des Islam. Ebensowenig wie aus der kurzen Zwischenperiode der Kreuzfahrerherrschaft, haben wir Spuren aus seiner Zeit auf dem Tell gefunden bis auf den muslimischen Friedhof im Norden und einzelne auch sonst hin und her verstreute Gräber. Dieselben sind aber kaum mit dem Fellachendorfe Eriḥa in Zusammenhang zu bringen, von dem der Tell es-Sultan zu weit entfernt liegt, der Friedhof dürfte vielmehr eine Begräbnisstätte gewesen sein für eine Ansiedlung, die entweder nördlich von ihm oder auch bei den 10 Minuten westlich von ihm gelegenen sogenannten Zuckermühlen anzunehmen ist. Handhaben zu einer genaueren Datierung hat er nicht geboten.

3. Das kulturgeschichtliche Ergebnis.

Die Einzelergebnisse sind in Abschnitt II und III erschöpfend gebucht und besprochen. Hier handelt es sich nur noch darum, das Gesamtergebnis für Kultur- und Religionsgeschichte in großen Zügen festzulegen unter besonderer Berücksichtigung des Eigenartigen, was die Grabung von Jericho im Unterschiede von anderen palästinensischen gelehrt hat.

1. Das Bild, welches sich von dem kanaanitischen Jericho ergeben hat, deckt sich in der Hauptsache durchaus mit dem an anderen Plätzen Palästinas gewonnenen. Die Stadt hatte einen Flächeninhalt von ca. 23 500 qm, war also beträchtlich kleiner als z. B. Megiddo oder Gezer. Die Befestigung ist aber eine besonders stattliche gewesen. Eine Begleitmauer der Stadtmauer, wie sie sich hier herausgestellt hat, hat man sonst in Palästina noch nicht gefunden, freilich ist sie möglicherweise an anderen Stellen den Augen der Ausgräber entgangen, weil sie nicht so gut erhalten war, wie gerade in Jericho, wo das eigenartige Schicksal der Stadt auch eine eigenartige Konservierung der Mauerreste veranlaßt hat. In der größeren Südhälfte war sie ja auch hier total verschwunden.

Eine besondere Erwartung, mit der man wegen der Erwähnung des „babylonischen Mantels" Jos. 7, 21 wohl an die Jerichograbung herangetreten war, daß man hier im Osten besondere Einwirkungen babylonischen Kulturlebens finden würde, hat sich nicht bewährt; lediglich die Scherben mit dem Tierfriese in Relief weisen vielleicht in diese Richtung (S. 106). Die kleinen Tontafeln, die uns bei der Probegrabung 1907 in die Hände fielen und zunächst als ausgeschossenes Material für Korrespondenz betrachtet wurden, können mit demselben Rechte für irgendwelchen anderen Zwecken dienende Tonpatzen gehalten werden; möglicherweise wurde auch irgendeine bestimmte Tonsorte gerade in dieser Form von ihrem Herkunftsorte befördert.

Die Kultur, die sich in der Keramik spiegelt, berührt sich in vielen Beziehungen mit der, die sich in der zweiten Hälfte des III. und der ersten des II. Jahrtausends im Gebiete des ägäischen Meeres findet. Indes von sicherem ausländischem Importe aus diesem hat sich nichts gefunden, und neben aller Verwandtschaft mit jener behauptet diese altkanaanitische Keramik doch auch ihre volle Selbständigkeit (vgl. die gekämmte Ware und die Handgriffe S. 103). Zu beachten ist, daß von der in allen sonstigen Ausgrabungsplätzen konstatierten jüngeren kanaanitischen Gruppe feiner Gefäße mit weißer Engobe und vielfach roter Ornamentik nichts gefunden ist.

An den im Westen und Norden Palästinas vorgenommenen Grabungen gemessen, sind auch die Beziehungen zu Ägypten geringe, indes ist sicher von dort aus schon in dieser Zeit ein Handelsverkehr über Jerusalem in die Jordanniederung gegangen. Dieser Einfluß macht sich zwar kaum in der Keramik, wohl aber in sonstigen Kleinfunden, z. B. in den Keulenköpfen und Fayenceperlen bemerkbar. In dem interessanten Kupferbeil ist wohl eher eine selbständige syrische Form zu sehen (vgl. S. 119).

2. Über die Kulturentwicklung des spätkanaanitischen Jericho im XV. bis XII. Jahrhundert haben wir beiläufig schon in Kapitel 2 gesprochen, dieselbe ist eine auffallend dürftige. Wir haben es zweifellos mit einer überhaupt nicht befestigten, sondern offen daliegenden, schwach bewohnten und bedeutungslosen Ortschaft zu tun. Während wir in den anderen palästinensischen Städten gerade in diesem Zeitraum einen besonders starken Import mykenischer, altkyprischer und abermals auch ägyptischer Waren beobachten können, finden wir hier von allem diesem so gut wie nichts. Auch von der mit mykenischem Firnis arbeitenden Gruppe der sogen. Philister-Keramik fehlte jede Spur. Erst in der folgenden Periode machen sich Nachwirkungen aller dieser Faktoren in Jericho bemerkbar (vgl. S. 135). Die Heimat der eigenartigen gestochenen bezw. gekämmten Keramik, die wir hier in dieser Periode beobachten, läßt sich noch nicht feststellen. Ganz außer acht darf man jedenfalls bei der Frage nach ihrer Herkunft auch das Moabiterland nicht lassen.

3. Einen besonders imponierenden Eindruck macht der Kulturaufschwung Jerichos in der israelitischen Ära im XI. bis IX. Jahrhundert. Zeugt davon bereits die systematische Bewohnbarmachung der alten Stadtruine, so vollends die Bauwerke des Chiel. Die Stadt gewinnt einen Flächeninhalt von ca. 40000 qm, und Stadtmauer wie Palastbau legen ein Zeugnis von einer Höhe der Bautechnik ab, die man bis jetzt in Ahabs Zeit kaum vermutet hatte, die aber sehr gut stimmt zu allem, was wir über den Kulturaufschwung in der Regierung dieses, wenn auch unglücklichen, so doch tatkräftigen Königs hören, der mit dem Königshause von Tyrus verschwägert war und einem Salmanassar II. die Stirne bot. Ob man hier speziell an Lehrmeister aus dem Aramäerlande zu denken hat, wie der dem Hilani eng verwandte Bautypus des Serail nahelegt, bleibt abzuwarten, bis uns mehr Material zur Geschichte des westasiatischen Baustiles in jener Ära zur Verfügung steht. Die Böschungsmauer hat jedenfalls ihre nächsten Analogien in der Festungsmauer auf geböschtem Unterbau in Sendschirli. Und es darf nicht vergessen werden, daß Ahabs Vater Omri nach 1 Kön. 20, 34 den Aramäern in seiner Hauptstadt Samarien einen Bezirk (wörtlich Straßen) einräumen mußte, und daß damit aramäischer Handel und Wandel eine Stätte mitten in Palästina gefunden hatte[1].

Ebenso macht sich der allgemeine Aufschwung in der Keramik bemerkbar. Nicht nur zeigt die einheimische eine ganz beträchtliche Vervielfältigung und Verfeinerung, sondern auch in der Fülle importierter Ware merkt man, wie Jericho nun in das Verkehrsgetriebe hineingezogen ist. Einen besonders breiten Raum nimmt die Gruppe mit dem weiß-gelben

1) Auch Ahabs Provinzeinteilung ist vielleicht auf aramäisches Vorbild zurückzuführen, da das für jene gebrauchte Wort מדינה aramäisch ist. Vgl. Smend, Alttestamentliche Religionsgeschichte S. 176. Vor allem aber ist gerade auf grund unseres Fundes in Jericho sehr wahrscheinlich geworden, daß das hebräische Wort für Akropolis und Palast אַרְמוֹן welches in der alten Literatur nie vorkommt, sondern zum ersten Male bei Amos (1, 4; 3, 10f.; 6, 8 usw.), und welches auch im Königsbuche zum ersten Male in der Ära Omris gebraucht wird (1 Kön. 16, 18), mit אֲרָם zusammenhängt (vgl. אַגְמוֹן von אֲגַם usw.) und zunächst einen Bau nach Aramäer-Art, im aramäischen Stile an Stelle des kanaanäisch-israelitischen *Millo* bedeutet hat. Bis jetzt leitet man es von einem Verb ארם *hoch sein* ab, das aber im Hebräischen gar nicht existiert.

Überzug ein, die nach Metallvorbildern gearbeitet ist, deren Heimat freilich noch nicht sichergestellt ist[1]. Daneben steht fest, daß die kyprischen Handelswege in dieser Periode Jericho erreicht haben, obschon auch in ihr dieser Handel naturgemäß nicht ganz so lebhaft war wie mit den westlichen Städten. Und ähnlich verhält es sich mit den Beziehungen zu Ägypten (vgl. S. 130—136).

4. Von noch lebhafteren Verkehrsbeziehungen gerade mit diesen beiden Ländern zeugt die jüdische Schicht, wie wir denn auch aus dem Buche des Propheten Ezechiel (vgl. 27, 17 usw.) wissen, daß gerade im VII. und dem Beginn des VI. Jahrhunderts der Handel der jüdischen Städte mit dem Auslande über die phönizischen Häfen ein außerordentlich lebendiger war. Obwohl Jericho in dieser Periode nur eine stattliche, offen daliegende Ortschaft ist, ist Hausinventar in Massen aufgesammelt. Ein relativer Wohlstand macht sich bemerkbar. Auch das Spielzeug der Terrakotten kommt in Aufnahme. Die nun geschaffene politische Angliederung an Jerusalem kommt wenigstens in dem einen Königsstempel zum Ausdruck.

5. Die spätjüdische Periode vom ausgehenden VI. bis zum IV. Jahrhundert steht unter dem Zeichen des immer stärker vordringenden griechischen Einflusses, der hier schließlich genau so mächtig wie in Westpalästina geworden ist. Der griechische Kaufmann und Krugwie Terrakottenfabrikant hat in dem Städtchen einen guten Absatz gefunden; dem griechischen Weine wurde vielleicht schon damals kräftig zugesprochen. Freilich die Reaktion gegen fremde Einflüsse hat auch nicht gefehlt, wie wir sogleich hören werden.

4. Das religionsgeschichtliche Ergebnis.

Daß die Grabung in religionsgeschichtlicher Beziehung nicht viel ergeben würde, war vorauszusehen, denn das eigentliche Stadtheiligtum, eins der berühmtesten des ganzen Landes, lag eine halbe Stunde östlich von Jericho entfernt. Es war der Steinkreis von Gilgal, dessen Stätte im vorigen Jahrhundert Zschokke[2] wiederfand, und die dann mehrfach beschrieben ist. Daß dieses Heiligtum zu Jericho gehörte, sagen die alten Quellen deutlich. Es wird bezeichnet als „Gilgal am Ostende von Jericho" (Jos. 4, 19). Die Theophanie, die Josua wegen 5, 15 (vgl. Richt. 2, 1) ganz offenkundig bei Gilgal hat, wird 5, 13 bezeichnet als eine solche „bei Jericho". Hier war die alte Beschneidungsstätte des Landes, von hier aus zogen die Geweihten in den Krieg. Darnach war ein besonderes Heiligtum in Jericho selbst nicht zu erwarten, und, wenn ein wohlwollender Kritiker unserer Arbeit[3] meinte, wenn wir nur die ganze Zitadelle aufdeckten, würden wir wohl auch „den Tempel von Jericho" finden, so zeugt das nicht von sonderlicher Kenntnis des Alten Testamentes.

Aber die religionsgeschichtlichen Funde waren doch noch geringer, als man zunächst auch bei großer Skepsis annehmen mußte. Sie beschränken sich auf folgende Objekte, die im einzelnen bereits in Abschnitt III beschrieben sind:

1. Die drei großen in der prähistorischen Mauer des West-Ostschnittes verbauten Orthostaten, von denen einer zwei durch einen kleinen Kanal, der dann aber weiterlief, verbundene

1) Die eigentliche Stätte der Metallgießerei Palästinas lag in Salomos Zeit bekanntlich gerade in der Jordanniederung zwischen Sukkoth und Zartan und war dazu offenbar wegen der dortigen, zur Anfertigung der Gußformen besonders geeigneten Tonerde gewählt. Vgl. 1 Kön. 7,46.

2) Vgl. Beiträge zur Topographie der westlichen Jordanaue 1866 S. 26f.

3) Vgl. P. E. F. Qu. St. 1910 S. 59.

Schalenlöcher und ein anderer eine Fülle kleiner, wahrscheinlich nicht natürlicher Löcher trug (vgl. S. 18 f). Eine Antwort auf die Frage nach dem Zweck dieser Löcher und der ursprünglichen Bedeutung der Steine würde sich natürlich nur geben lassen, wenn dieselben sich noch in situ befunden hätten, und man hätte konstatieren können, wo schließlich der kleine Kanal hinführte. Da sie aber in der Mauer anderswoher verbaut waren, müssen wir die Frage offen lassen, ob der Zweck ein praktischer, profaner war — die auffallend kleinen Löcher machen es allerdings schwer, einen solchen namhaft zu machen —, oder ein sakraler, wobei die Steine von einem älteren Dolmen oder einem Steinkreise, wie er ja auch in dem nahen Gilgal vorhanden war, hierher versetzt wären. Zu solchen Schalen auf der Deckplatte von Dolmen, die durch kleine Rinnen verbunden sind, vergleiche man Conder, Survey of Eastern Palestine S. 20, 268[1]. Auf Grund des Fundortes wird man schließen dürfen, daß ihre ursprüngliche Verwendung jedenfalls in die vorkanaanitische Zeit fällt.

2. In der kanaanäischen Stadt wurde ein steinernes Idol gefunden, das von einer höchst primitiven Technik zeugt und wahrscheinlich der älteren kanaanäischen Schicht zuzuzählen ist. Es lag in dem nördlichen Häusergewirre unmittelbar südlich von der Stadtmauer auf einem Fußboden und ist auch deswegen als häusliches Idol anzusehen. Die beiden Augen, die Nase, der Hals und der linke Arm sind kindlich herausgearbeitet, der rechte nur angedeutet (vgl. S. 120). Steinerne Idole solcher primitiven Art sind auch in Megiddo und Gezer gefunden. Sie lassen darauf schließen, daß Bilder aus Metall oder Holz auch vorhanden gewesen sein können, von denen jene ein Raub der Feinde, diese der Flammen oder des Faulungsprozesses geworden wären.

Nur mit Reserve kann man hierhin noch eine zweite kleinere Figur von 16 cm Höhe zählen, die bei der Probegrabung 1907 gefunden wurde, und die ebenfalls in diesem Häusergewirre lag. Augen, Nase, Mund und Nabel waren ganz roh hineingraviert, die beiden Arme durch seitliche Stümpfe angedeutet. Am Kopfende trug sie eine kleine Aushöhlung, sodaß man nicht sicher weiß, ob es sich hier vielleicht um den Träger für ein rundes Krüglein, in den nur zur Dekoration die figürlichen Züge leicht hineingemeißelt sind, oder um ein wirkliches Idol handelt.

3. Weiter können in dies Gebiet gezählt werden die kleine ägyptische Fayence-Statuette aus dem jüdischen Hause im Südwesten (vgl. S. 150) und die Köpfe kleiner Tonidole aus dieser oder der spätjüdischen Periode, der Kopf des assyrischen Dämons (vgl. S. 149 f.), der Rinderkopf (vgl. S. 150) und einige Köpfe menschlicher Terrakotten (vgl. S. 149). Es handelt sich hier jedenfalls immer um Figuren, die man zum Schutze vor Unheil oder zur Abwehr gegen Dämonen bei sich trug oder im Hause aufstellte.

4. Das Letzte, was hier einer Besprechung bedarf, sind die Krughenkel mit dem Jah- und Jahu-Namen aus der spätjüdischen Zeit. Um sie erklärlich zu machen, habe ich sofort an eine Stelle aus dem Buche des Propheten Sacharja erinnert, die auch etwa dem IV. Jahrhundert ihre Entstehung verdankt, und in der gesagt wird, es werde eine Zeit kommen, da jeder Topf in Jerusalem und Juda Jahwe heilig sein werde, da alle, die schlachten, von diesen nehmen und darin kochen werden und kein (ausländischer) Kaufmann mehr im Hause Jahwes

1) Zu der noch ganz ungelösten Frage der Napflöcher im allgemeinen vgl. Dalmann, Die Schalensteine Palästinas, Palästinajahrbuch 1908 S. 23 ff.; auch Greßmann, Dolmen, Masseben und Napflöcher, Zeitschr. f. d. altt. Wissensch. 1909 S. 113—128.

sein werde (14, 21)[1]. Wir müssen aus dieser Stelle auf eine Strömung im Judentum schließen, die sich auflehnt gegen den Bezug von Waren von den Heiden (vgl. Joel 4, 17) und auch an den Geräten des täglichen Lebens zum Ausdruck bringen will, daß die Besitzer eine heilige Jahwe-Gemeinde sind, die mit der Welt nichts gemein hat. Vincent hat dieser meiner Deutung in der Hauptsache zugestimmt (a. a. O. S. 412), Lidzbarski hingegen sie angezweifelt (a. a. O. S. 45). Er meint, dann müsse man den Dativ ליה erwarten, es wäre deswegen eher an apotropäische Bedeutung zu denken, böse und schädliche Einflüsse sollten durch den heiligen Namen ferngehalten werden. Indes einmal kann man ja darauf verweisen, daß auch auf den griechischen Weihobjekten der, dem geweiht wurde, durchaus nicht immer im Dativ, sondern auch im Nominativ verzeichnet ist (vgl. Larfeld, Handbuch der griechischen Epigraphik II S. 845). Und zum anderen handelt es sich auch meiner Ansicht nach überhaupt um keine eigentliche Weihung, sondern nur um einen sichtbaren Ausdruck der Zugehörigkeit des Besitzers zur heiligen, sich vom Heidnischen fernhaltenden Jahwe-Gemeinde[2]. Eine gewisse apotropäische Bedeutung kann zugleich sehr wohl darin gelegen haben. Gerade deswegen ist es nicht zu verwundern, daß diese Stempel (abgesehen von dem einen Exemplar von Silwan) bei den bisherigen Palästina-Ausgrabungen nicht gefunden wurden. Jericho ist der erste Platz, an dem wir einmal in die Schicht hineingekommen sind, in der bewußte Anhänger der Gemeinde, die von Esra-Nehemia begründet war, und die sich nach Neh. 3 auf den engen Umkreis Jerusalems beschränkte, schroff dem immer stärker vordringenden griechischen Element gegenüber standen. Wir werden anzunehmen haben, daß innerhalb des Städtchens selbst die beiden Strömungen mit einander rangen (wie in Jerusalem), und lernen damit auch verstehen, daß, wie wir im 1. und 2. Kapitel fanden, der Aufstand gegen Artaxerxes Ochus hier wie in Jerusalem besonders zum Ausbruche kam.

Ist so das Ergebnis der Ausgrabung für die Religionsgeschichte, abgesehen von dem letzten Punkte, auf den ersten Blick fast gleich null, so ist bei näherer Erwägung doch gerade dieses negative Resultat von der allergrößten Bedeutung. Man mache sich einmal klar, was es besagen will: in der spätkanaanitischen Epoche, in der hier Israeliten neben den Kanaanitern gewohnt haben werden, wie in der eigentlichen israelitischen Schicht kein einziges Idol aus Bronze oder Ton, in der jüdischen ein oder zwei dahingehörige Funde, erst in der spätjüdischen eine ganz leise Zunahme, bei der ganzen Ausgrabung kein einziger Skarabäus, kein mit bildlicher Darstellung verziertes Amulett. Und dann vergleiche man damit den überreichen Ertrag an Funden dieser Art in Megiddo und Taanack, in Gezer und Lachis, in den vier anderen in der Südwestebene ausgegrabenen Hügeln, und man wird bei den sonstigen reichen Ergebnissen der Grabung einen Zufall für ausgeschlossen halten müssen. Bedenkt man freilich, daß schon lange der weitaus größte Teil jener Objekte als ausländischer Import von Ägypten, Cypern oder Phönizien her erkannt ist, so wird man sich zunächst daran erinnern müssen, daß schon Kapitel 3 ergab, daß so stark wie in allen jenen westlich gelegenen Städten, in denen sogar vielfach ägyptische Besatzungen gelegen haben, der aus-

1) V. 20b ist wahrscheinlich eine Glosse zu V. 21a, denn jener greift nur ungeschickt dem vor, was erst in V. 21b gesagt wird, und die Pferdegeschirre in V. 20a haben doch auch nichts mit Tempelgeräten zu tun. Mindestens ist das „im Hause Jahwes" V. 20b als Einschub anzusehen.

2) Es mag sogar ein direkter Gegensatz vorliegen zu den religiösen Emblemen, die sich auch auf den rhodischen Henkeln finden, dem Helioskopf, der Doppelaxt usw. vgl. Nilsson, Timbres amphoriques de Lindos (Académie Royale de Danemark, Bulletin 1909) S. 165 ff. Die Henkel dieser Art, die wir gefunden haben, sind allerdings 100—200 Jahre jünger als die mit aramäischen Stempeln.

ländische Faktor in Jericho nie gewesen ist. Aber ganz löst diese Erwägung das Rätsel doch nicht, denn gefehlt hat der fremde Einfluß, wie wir fanden, in den Geräten des täglichen Lebens doch auch hier nie; ausländische Händler sind auch hierher gekommen, oder wenigstens ausländische Waren und Fabrikate vom Markte in Jerusalem, Bethel, Sichem oder Besan bezogen.

Es muß also doch hinzugenommen werden, daß hier im äußersten Osten des Landes, näher dem Ostjordanlande und näher der Wüste die israelitische Religion in ihrer Eigenart, in ihrer Ablehnung bildlicher Darstellungen der Gottheit wie überhaupt in ihrer Ablehnung anderer Gottheiten neben Jahwe sich reiner erhalten hat, als da, wo die übermächtig werdende ausländische Kultur umgestaltend auf sie einwirkte. Und so dürften wir hier einen der Punkte Palästinas kennen gelernt haben, der uns das plötzliche und nach den sonstigen bisherigen Ergebnissen der Ausgrabungen schier rätselhafte Auftreten von Männern wie Elia, Amos, Hosea, Jeremia usw. in der Geschichte dieses Volkes verständlicher macht. Diese haben ein Rückgrat gehabt in der Bevölkerung solcher Städte wie Jericho, die, indem sie an dem einen Gott vom Sinai festhielt, von Bildern, Amuletten usw. nichts wissen wollte. Es wird daher auch eine durchaus richtige Erinnerung darin zu sehen sein, daß durch die Tradition gerade hier einer Prophetengenossenschaft ein Sitz angewiesen ist.

Über die bei der Ausgrabung konstatierten Begräbnisarten ist zusammenfassend nur zu sagen, daß wir kanaanäische Gräber überhaupt nicht gefunden haben. Ob die Stätte für diese außerhalb der Stadt am Abhange des Gebirges oder draußen irgendwo in der Ebene lag, wissen wir nicht. In der israelitischen Zeit war nicht nur die Beisetzung von Kindern in den Häusern, sondern auch die von Erwachsenen unmittelbar bei denselben auf den Höfen unter Beigabe von Krügen, Fläschchen und Tellern — Waffen fehlten ganz — sehr gebräuchlich. In der jüdischen Zeit scheint sie allmählich zu verschwinden. In den byzantinischen Gräbern fiel unter den ungeheuer reichen Beigaben des täglichen Lebens das Fehlen spezifisch christlicher Embleme auf, nur eine Glasschale und eine Sigillatascherbe vom Quellhügel trugen ein Kreuz; eine andere Sigillatascherbe scheint mit einer Christusfigur und Heiligenköpfen verziert gewesen zu sein (vgl. S. 163). In den aus Lehmsteinen gebauten muslimischen Gräbern lagen die Leichen geradezu ausnahmslos mit dem Kopfe nach Westen, aber nach Süden, nach Mekka hin gedreht. Beigaben fehlten diesen Gräbern fast ganz (vgl. S. 95).

a) Stadthügel von Jericho von Westen bei Beginn der Grabung 1908.

b) Stadthügel von Jericho von Westen am Ende der Grabung 1909.

a) Südhügel und Quellhügel von Südosten.

b) Südhügel von Westen.

c) Südhügel von Süden.

d) Quellhügel von Osten.

a) Stadtmauer mit Nordwestturm und Vormauer von Nordosten; a: die ältere Ziegelmauer, über welche die Haupt- und die Vormauer hinwegsetzen.

b) Mauer mit Orthostaten im West-Ost-Schnitt.

a) Die breite Innenmauer (A) und die schmale Vormauer (B) im Norden, von Südwesten gesehen.

b) Die breite Innenmauer und die schmale Vormauer im Norden, von Westen gesehen.

Nordwestecke der Stadtmauer mit Turm und Vormauer, Ansicht von Nordosten.

a) Die Hauptmauer (A) mit dem Turmvorsprung (C) und die Vormauer (B), von Osten gesehen; zwischen beiden Wange des alten Ziegelmassivs (a), Wände späterer auf den Schutt gebauter Häuser (b und c). Im Hintergrunde der Berg Karantel mit dem griechischen Kloster.

b) Ecke des nordwestlichen Eckturms mit der Vormauer, von Osten gesehen.

a) Die Hauptmauer in ihrem Ostende mit der Vormauer, von Osten gesehen.

b) Der Innenraum zwischen Haupt- und Vormauer mit den Resten schmaler Quermauern, von Osten gesehen.

Kanaanitische Hausfundamente im Norden hinter der Stadtmauer, von Süden gesehen.

Israelitische Hausreste im Norden hinter der Stadtmauer, von Nordosten gesehen; links oben die kanaanitische Stadtmauer.

Die israelitische Stadtmauer im mittleren Nordgraben, Ansicht von Nordosten.

a) Die Böschungsmauer im östlichen Nordgraben, von Nordosten gesehen.

b) Die Stadtmauer im mittleren Nordgraben, von Nordwesten gesehen.

a) Die Böschungsmauer mit Ziegelmauer im mittleren Nordgraben, von Westen gesehen.

b) Die Böschungsmauer im Nordwesten in C 4 mit Ziegelbaurampe (?) rechts.

Israelitische und spätjüdische Häuser im Norden hinter der Stadtmauer, von Nordosten gesehen; im Vordergrunde die Stadtmauer.

Israelitische und spätjüdische Häuser im Norden hinter der Stadtmauer, von Norden gesehen. Im Vordergrunde links der obere Teil der Böschungsmauer.

a) Großes Gebäude israelitischer Zeit auf dem Ostabhang des Quellhügels, von Südosten gesehen (Fernaufnahme).

b) Großes Gebäude israelitischer Zeit auf dem Ostabhang des Quellhügels, von Südosten gesehen.

a) Großes Gebäude israelitischer Zeit auf dem Ostabhang des Quellhügels, von Südosten gesehen.

b) Großes Gebäude israelitischer Zeit auf dem Ostabhang des Quellhügels, von Nordwesten gesehen. Blick auf die Rückwand mit angelehnter Abfallgrube, auf die viereckigen Zimmer und auf das Quellbassin am Fuße des Hügels.

a) Ansicht des jüdischen Hauses VI auf dem Quellhügel von Südosten.

b) Ansicht des jüdischen Hauses I auf dem Quellhügel von Osten.

Ansicht der jüdischen Häuser auf dem Quellhügel von Norden.

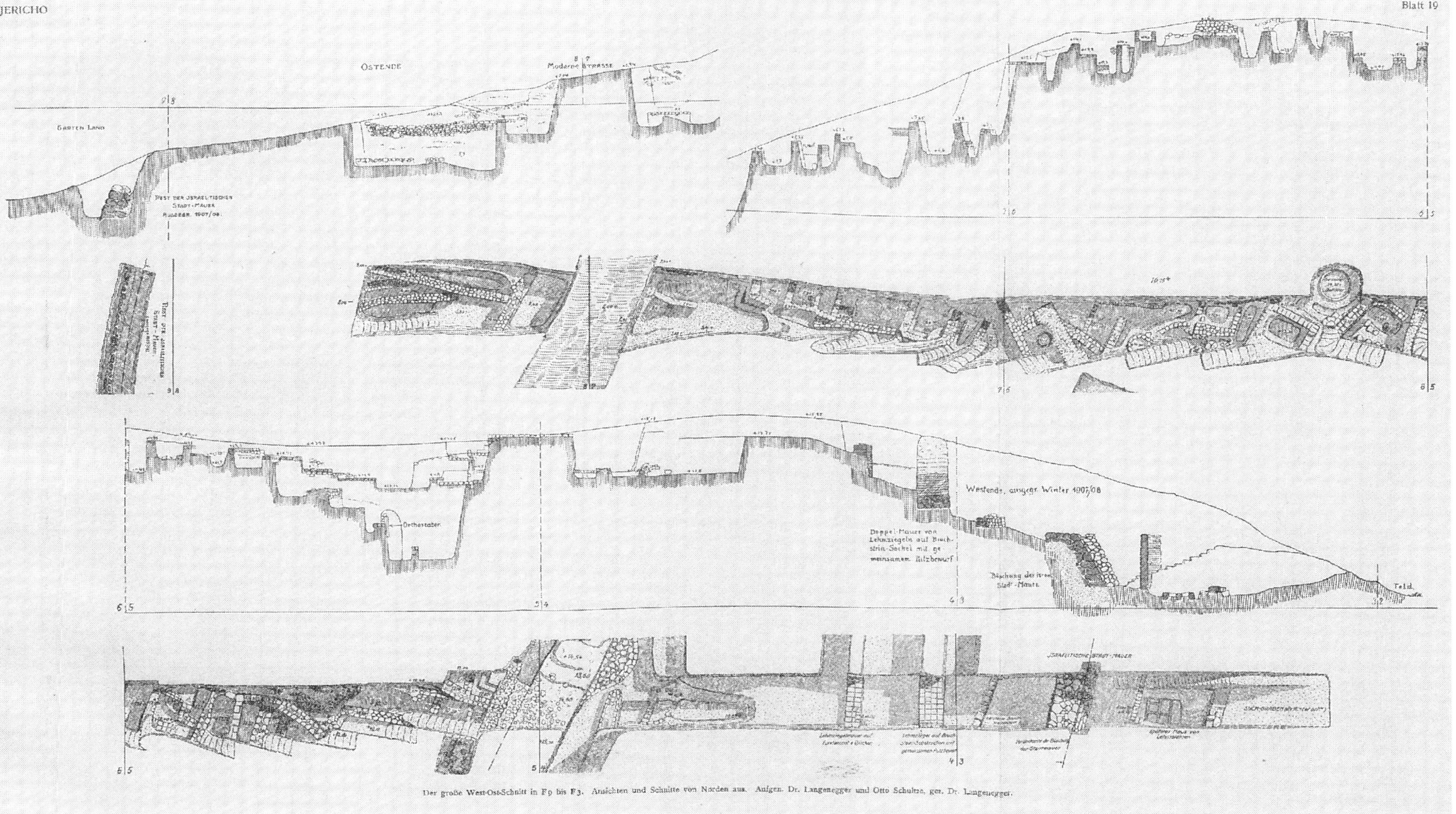

Der große West-Ost-Schnitt in F9 bis F3. Ansichten und Schnitte von Norden aus. Aufgen. Dr. Langenegger und Otto Schultze, gez. Dr. Langenegger.

Kanaanitische Tongefäße.

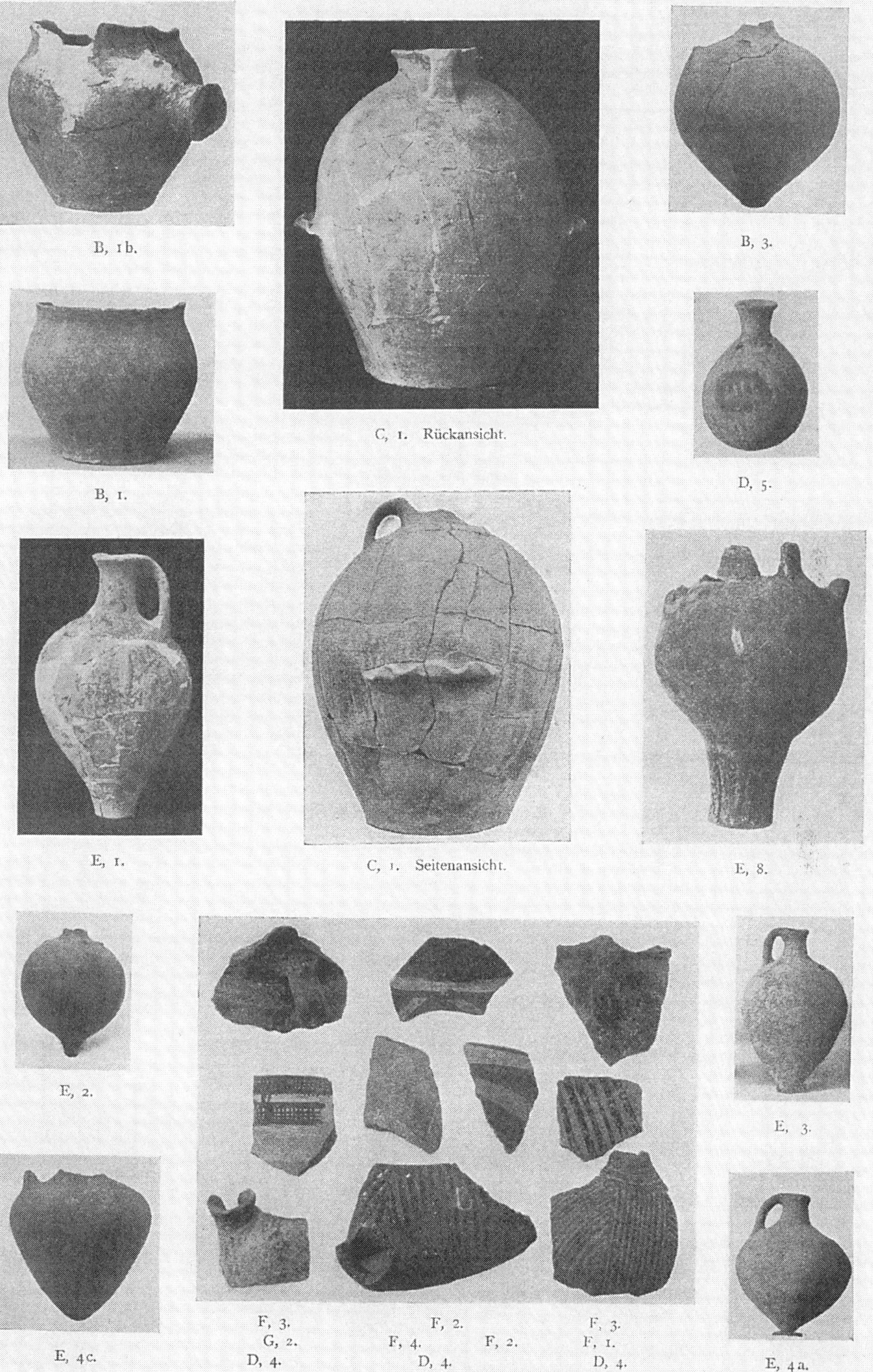

B, 1b.

C, 1. Rückansicht.

B, 3.

B, 1.

D, 5.

E, 1.

C, 1. Seitenansicht.

E, 8.

E, 2.

E, 3.

E, 4c.

F, 3. G, 2. D, 4.

F, 2. F, 4. D, 4.

F, 2.

F, 3. F, 1. D, 4.

E, 4a.

Kanaanitische Tongefäße.

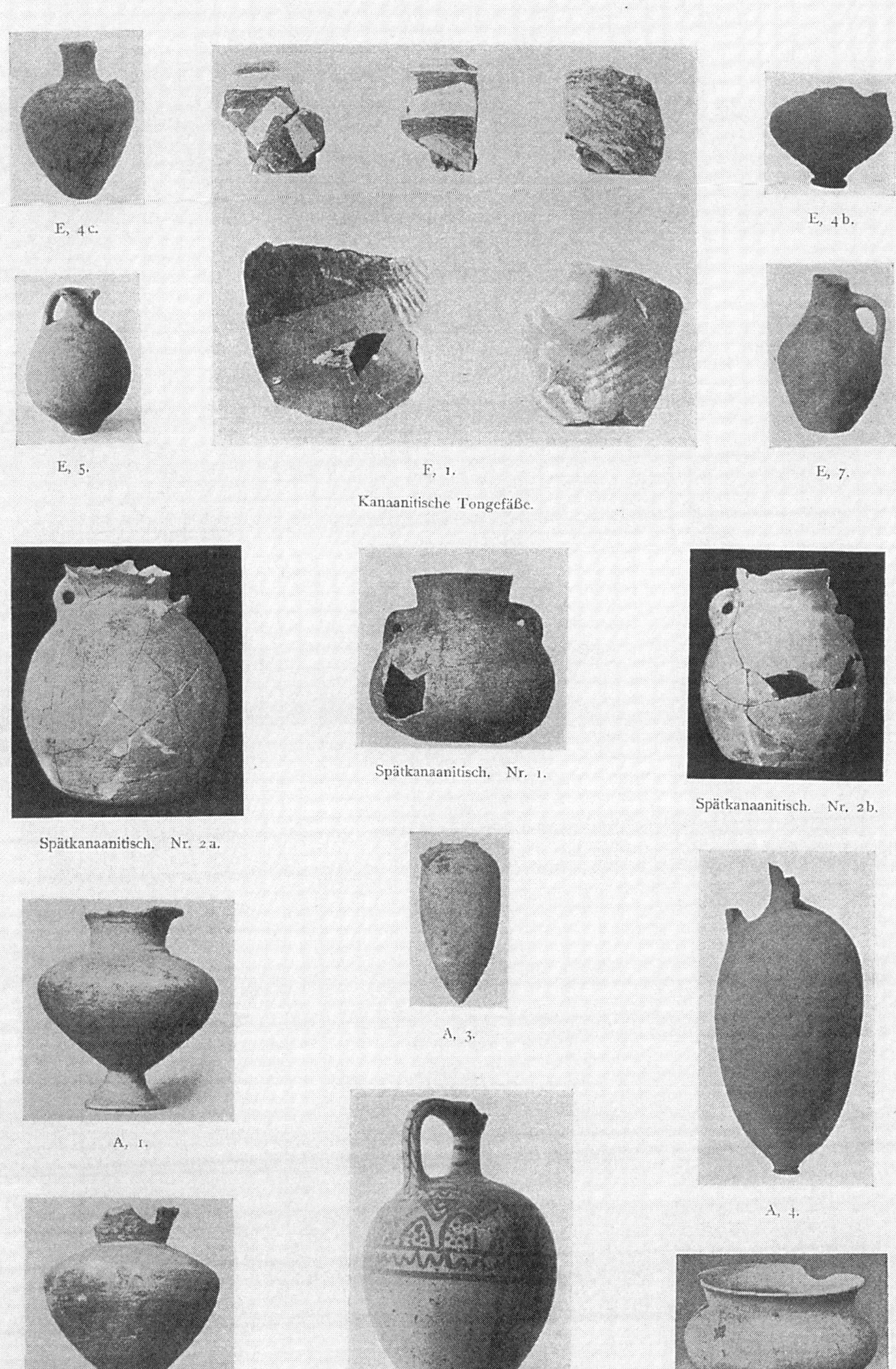

E, 4c.

E, 4b.

E, 5.

F, 1.

E, 7.

Kanaanitische Tongefäße.

Spätkanaanitisch. Nr. 1.

Spätkanaanitisch. Nr. 2b.

Spätkanaanitisch. Nr. 2a.

A, 3.

A, 1.

A, 4.

A, 1.

B, 2.

A, 8.

Israelitische Tongefäße.

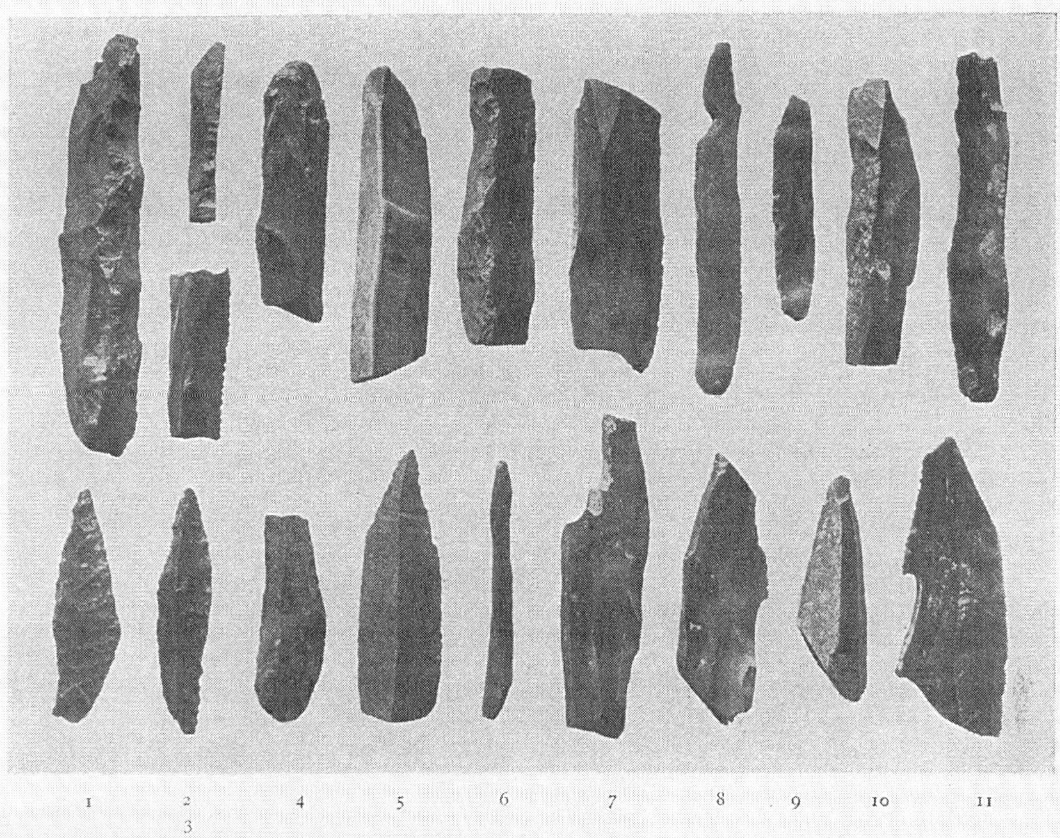

1 2 3 4 5 6 7 8 9 10 11
33 34 36 35 38 37 40 39 41

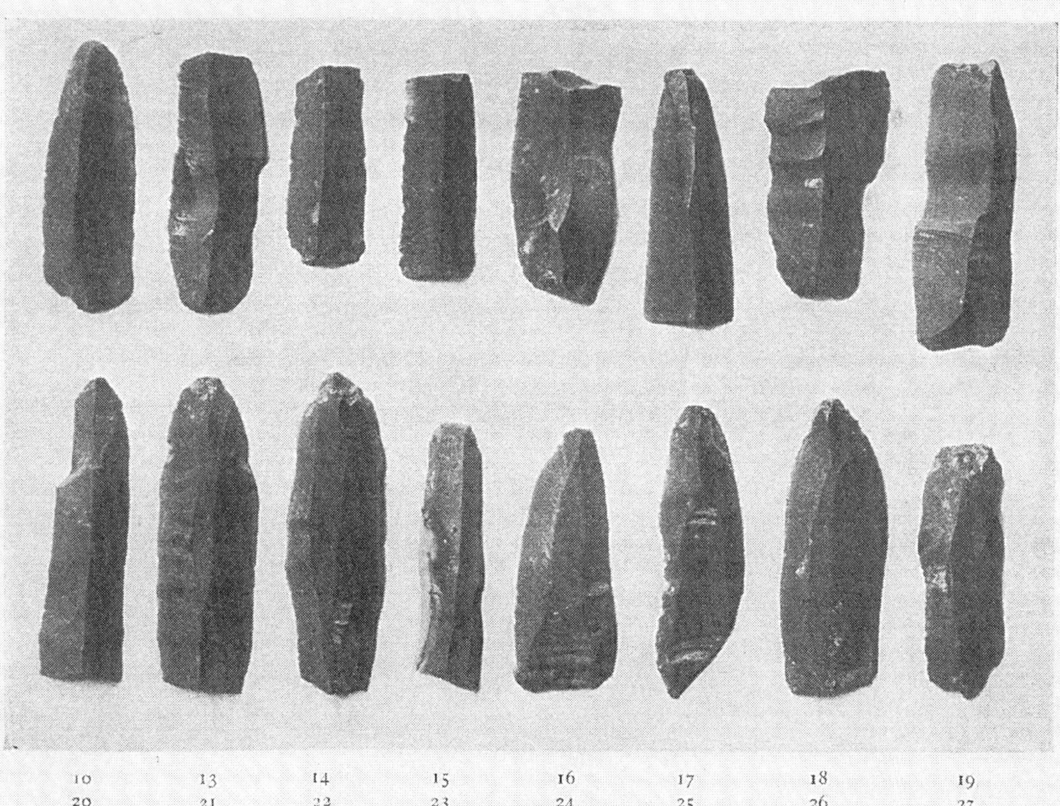

10 13 14 15 16 17 18 19
20 21 22 23 24 25 26 27

Feuersteingeräte.

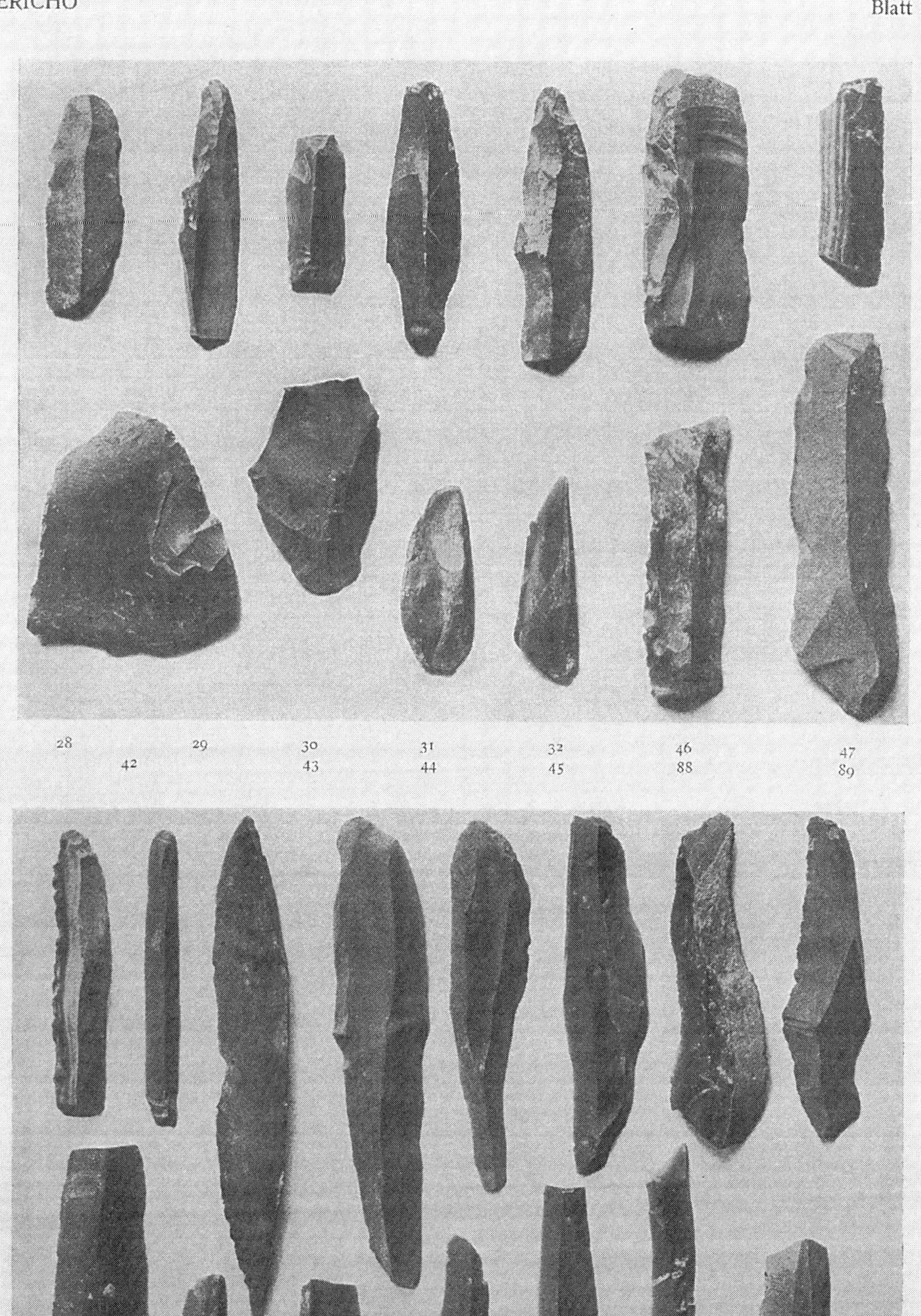

Feuersteingeräte.

Feuersteingeräte.

90 91 92 93 94 95 96 97
106
98 99 100 101 102 103 104 105 107 108

109 110 111 112 113 114 115
118 119 116 117 120 121 122 123

Feuersteingeräte.

129 130 131 132
133 134 141

135 136 137
138 139 140

Feuersteingeräte.

C, 1.

C, 2.

C, 3.

C, 8.

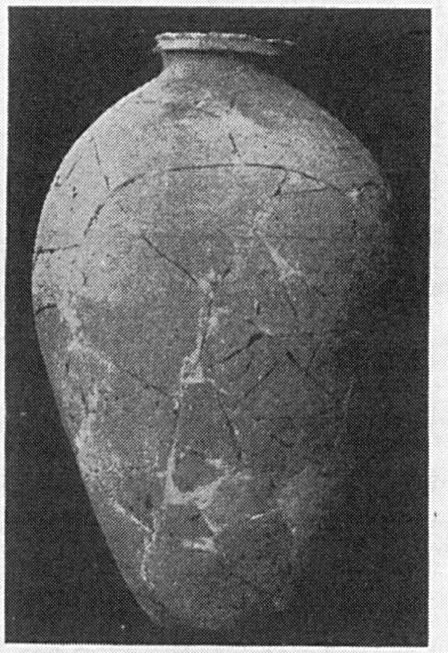

C, 4.

C, 9.

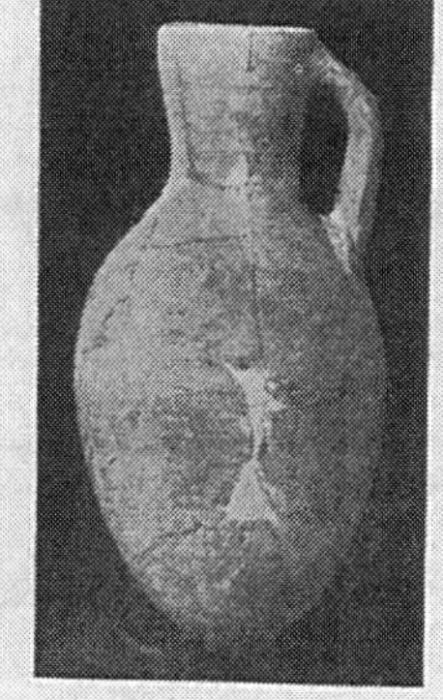

C, 10.

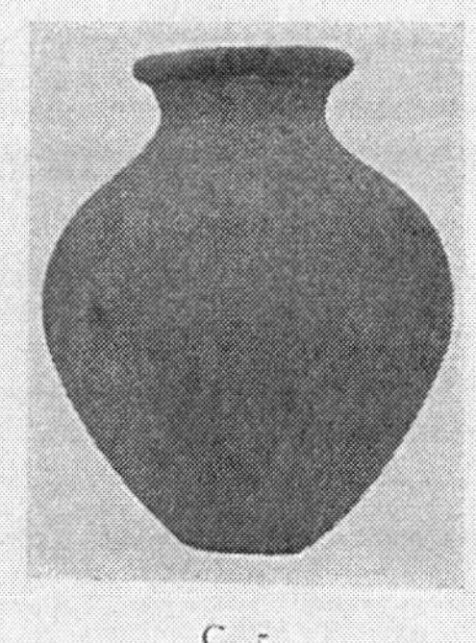

C, 5.

C, 11.

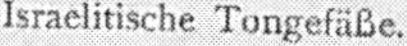

Israelitische Tongefäße.

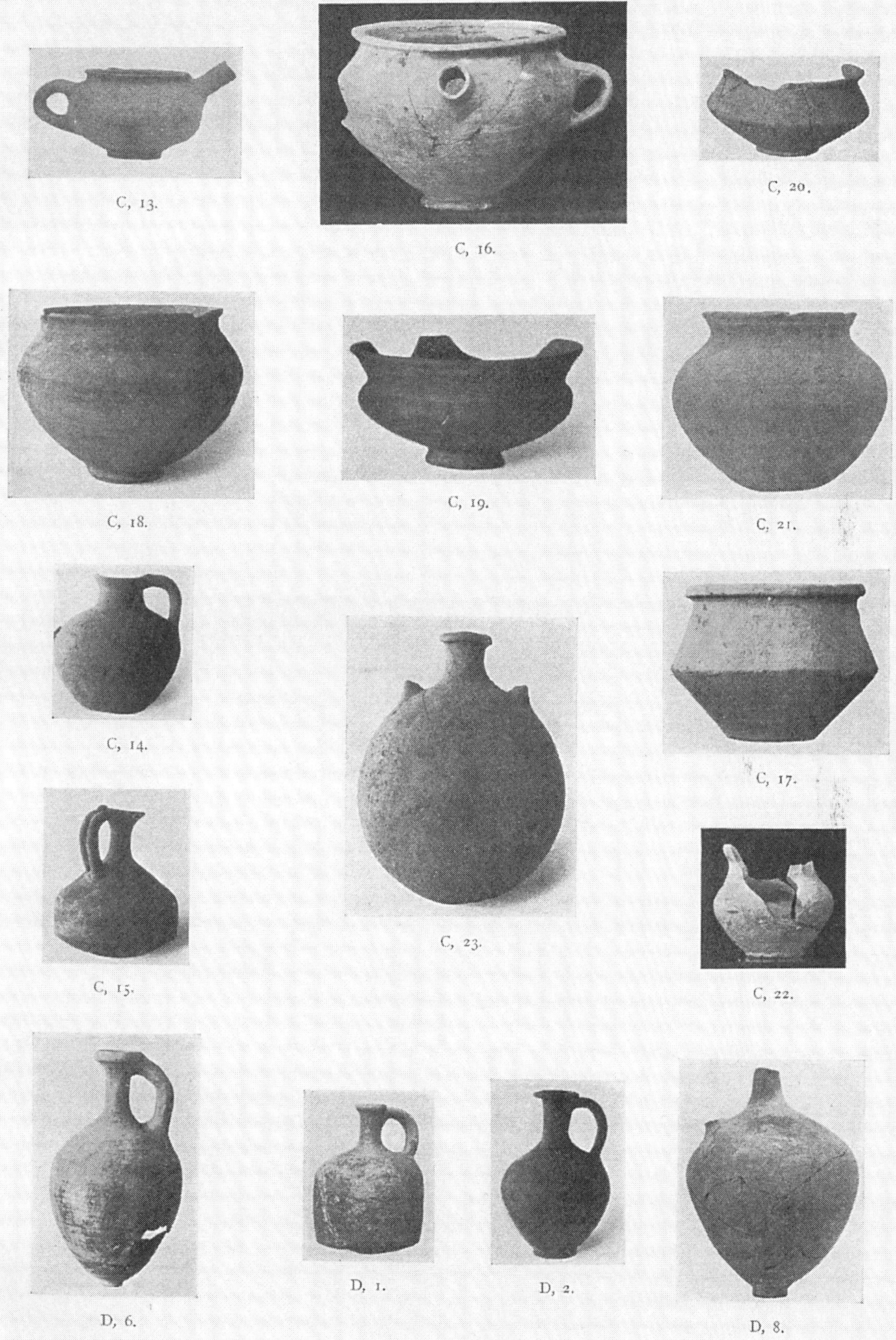

C, 13. C, 16. C, 20.

C, 18. C, 19. C, 21.

C, 14. C, 23. C, 17.

C, 15. C, 22.

D, 6. D, 1. D, 2. D, 8.

Israelitische Tongefäße.

D, 5.  D, 4.  D, 3.  D, 12.

D, 13. 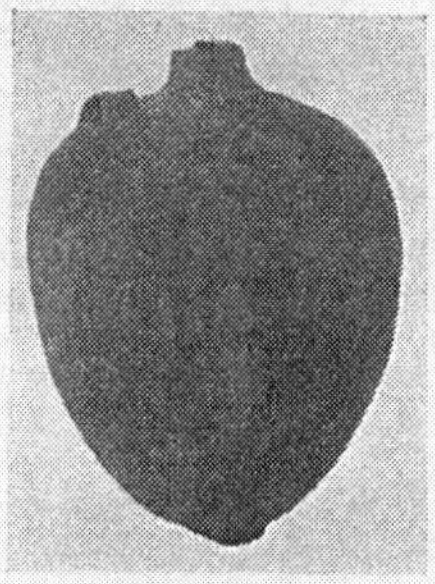 E, 3.  E, 4.  E, 1.

D, 10.  E, 6. 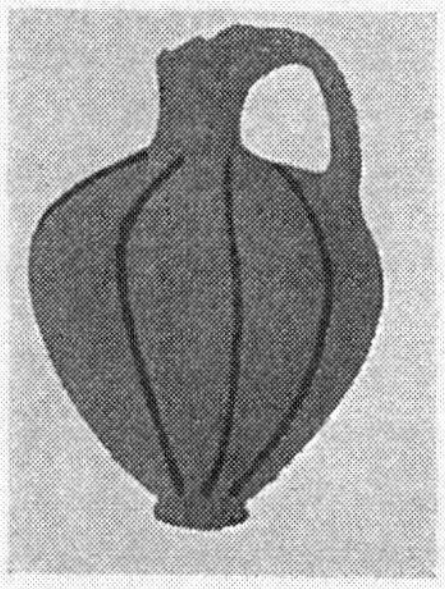 E, 6 (nach Zeichnung).  E, 8.

Israelitische Tongefäße.

G, 2.

G, 4.

G, 3.

Kyprische Tongefäße.

A, 3.

A, 2.

A, 7a.

A, 1.

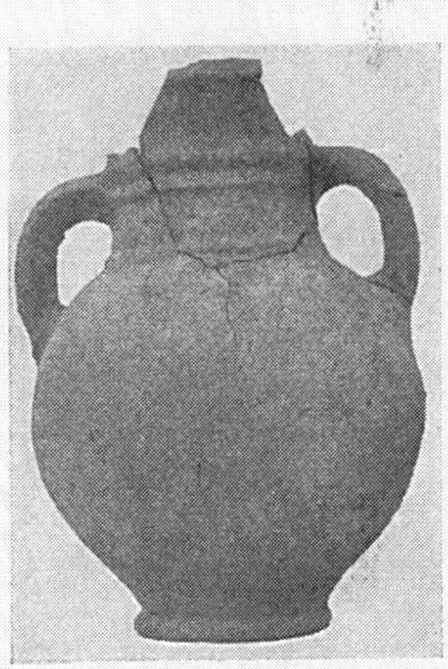

A, 7b.

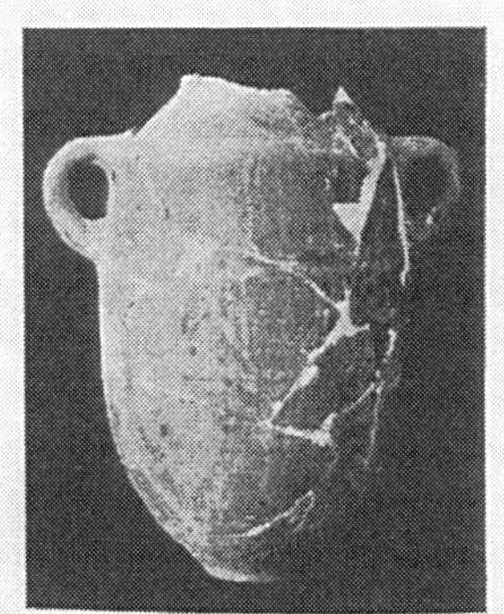

A, 6b.

A, 4.

A, 6a.

Jüdische Tongefäße.

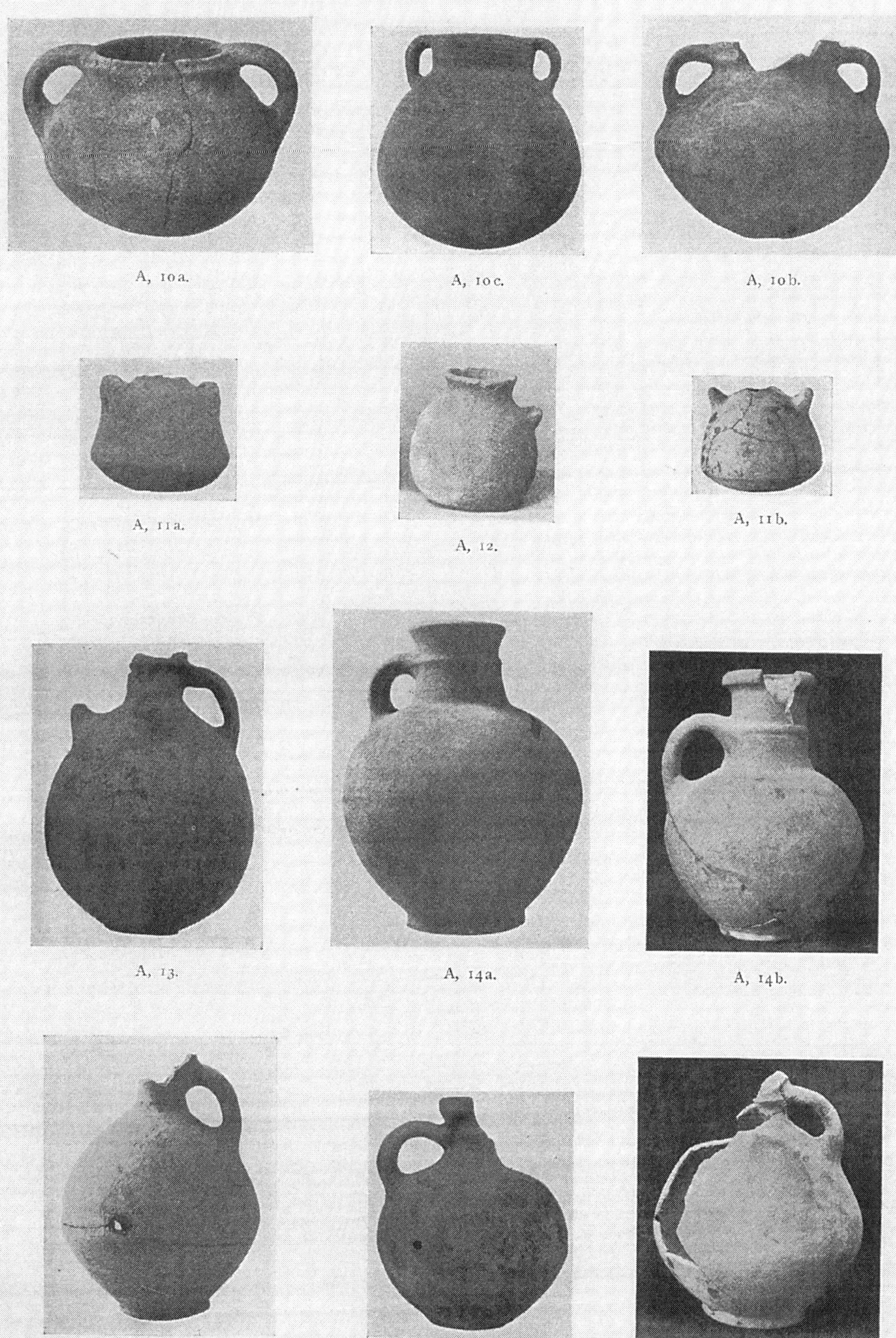

A, 10a. A, 10c. A, 10b.

A, 11a. A, 12. A, 11b.

A, 13. A, 14a. A, 14b.

A, 15a. A, 14c. A, 15b.

Jüdische Tongefäße.

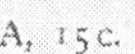
A, 15c.

A, 16b.

A, 16c.

A, 16a.

A, 17.

A, 19.

A, 20a.

A, 20b.

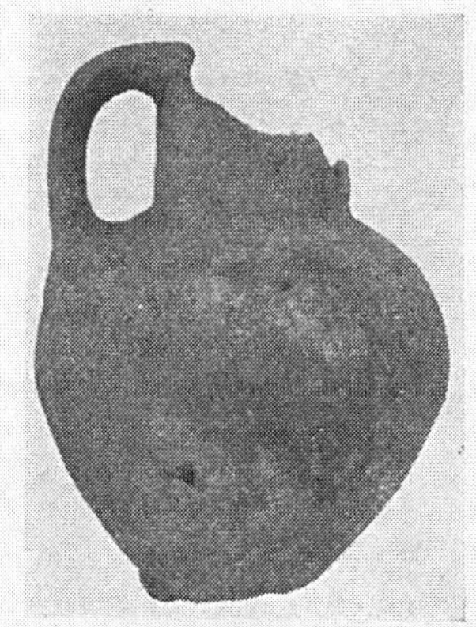
A, 20c.

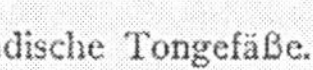
Jüdische Tongefäße.

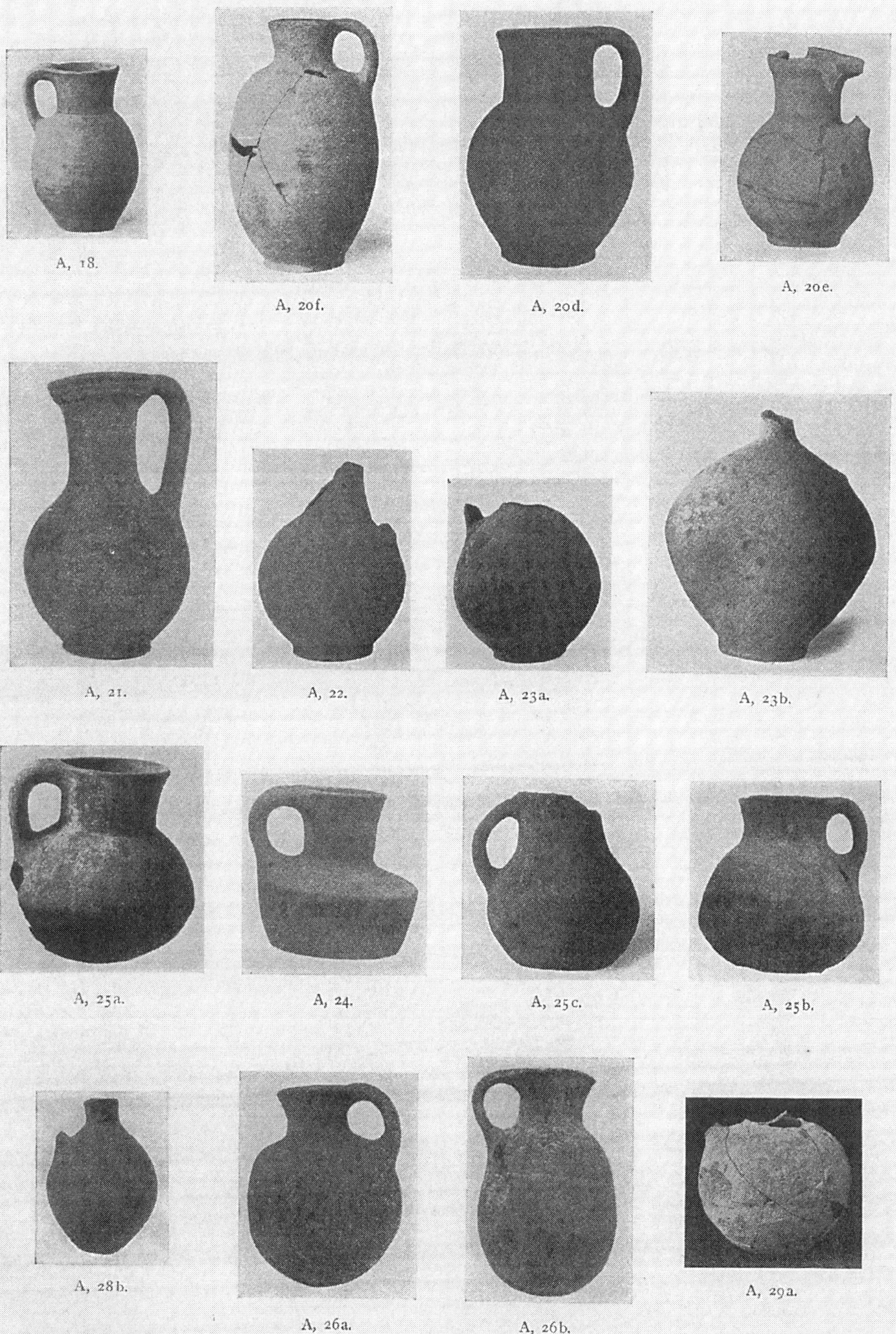

A, 18. A, 20f. A, 20d. A, 20e.

A, 21. A, 22. A, 23a. A, 23b.

A, 25a. A, 24. A, 25c. A, 25b.

A, 28b. A, 26a. A, 26b. A, 29a.

Jüdische Tongefäße.

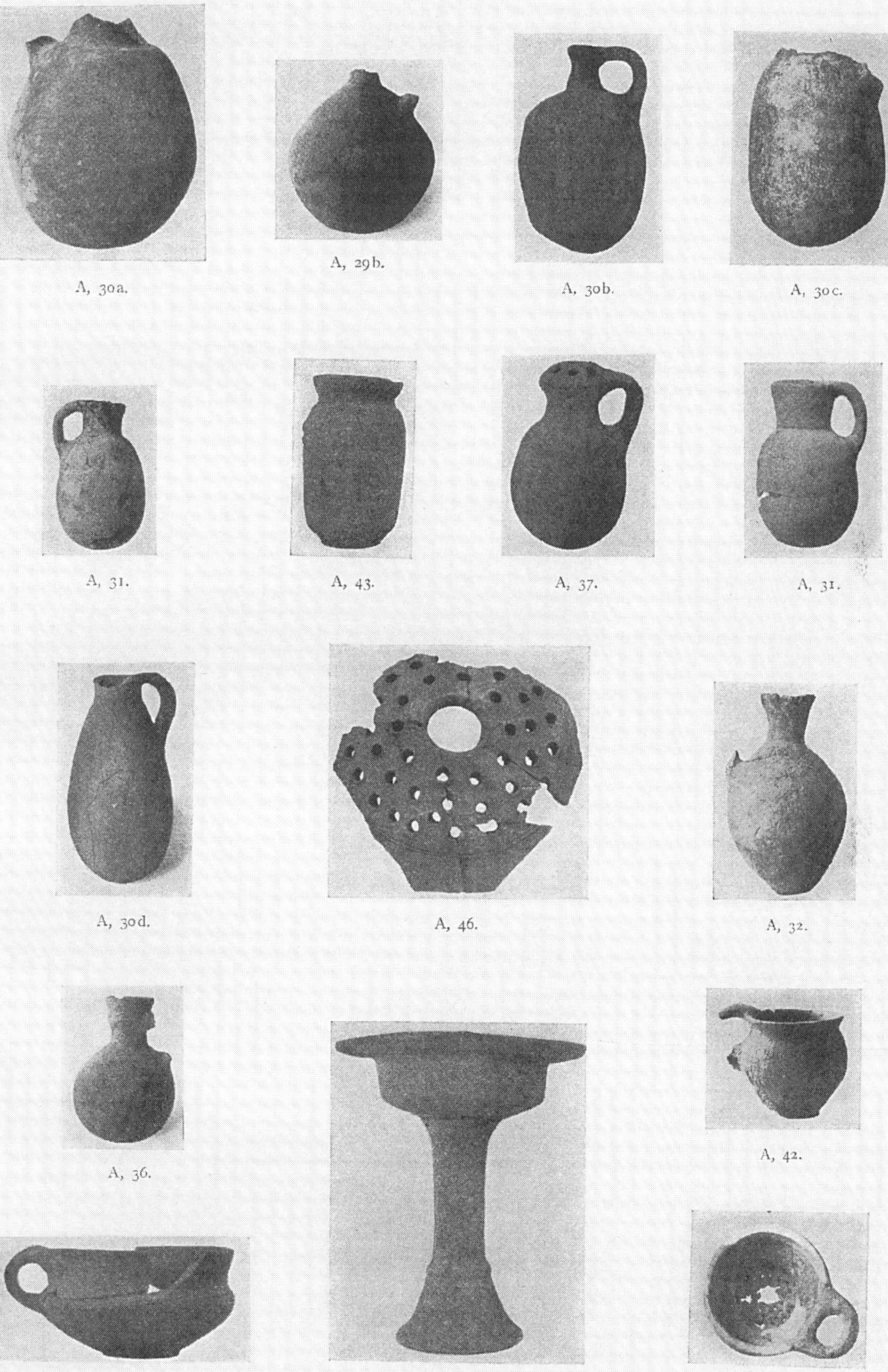

A, 30a. A, 29b. A, 30b. A, 30c.

A, 31. A, 43. A, 37. A, 31.

A, 30d. A, 46. A, 32.

A, 36. A, 42.

A, 41. A, 47a. A, 40.

Jüdische Tongefäße.

A, 47c.

A, 47b.

A, 47d.

A, 48b.

A, 48a.

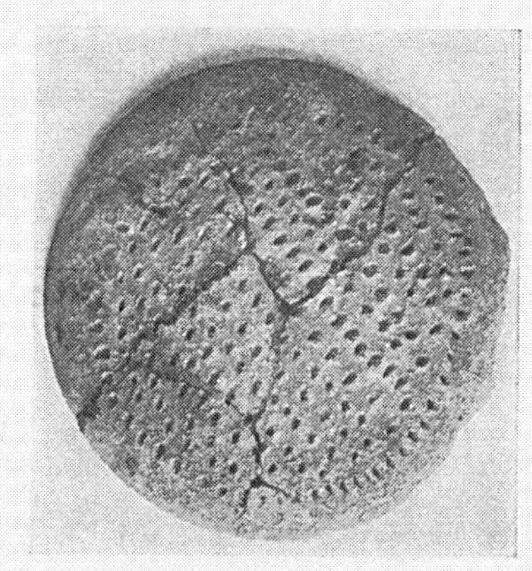

A, 49.

A, 52.

A, 50.

A, 54b.

A, 54a.

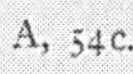

A, 54c.

A, 53.

Jüdische Tongefäße.

A, 56. A, 54d. A. 62.

A, 59. A, 51. A, 59.

A, 63. B, 3. A, 63.

B, 6. B, 2. B, 9.

B, 8. B, 5. B, 10a.

Jüdische Tongefäße.

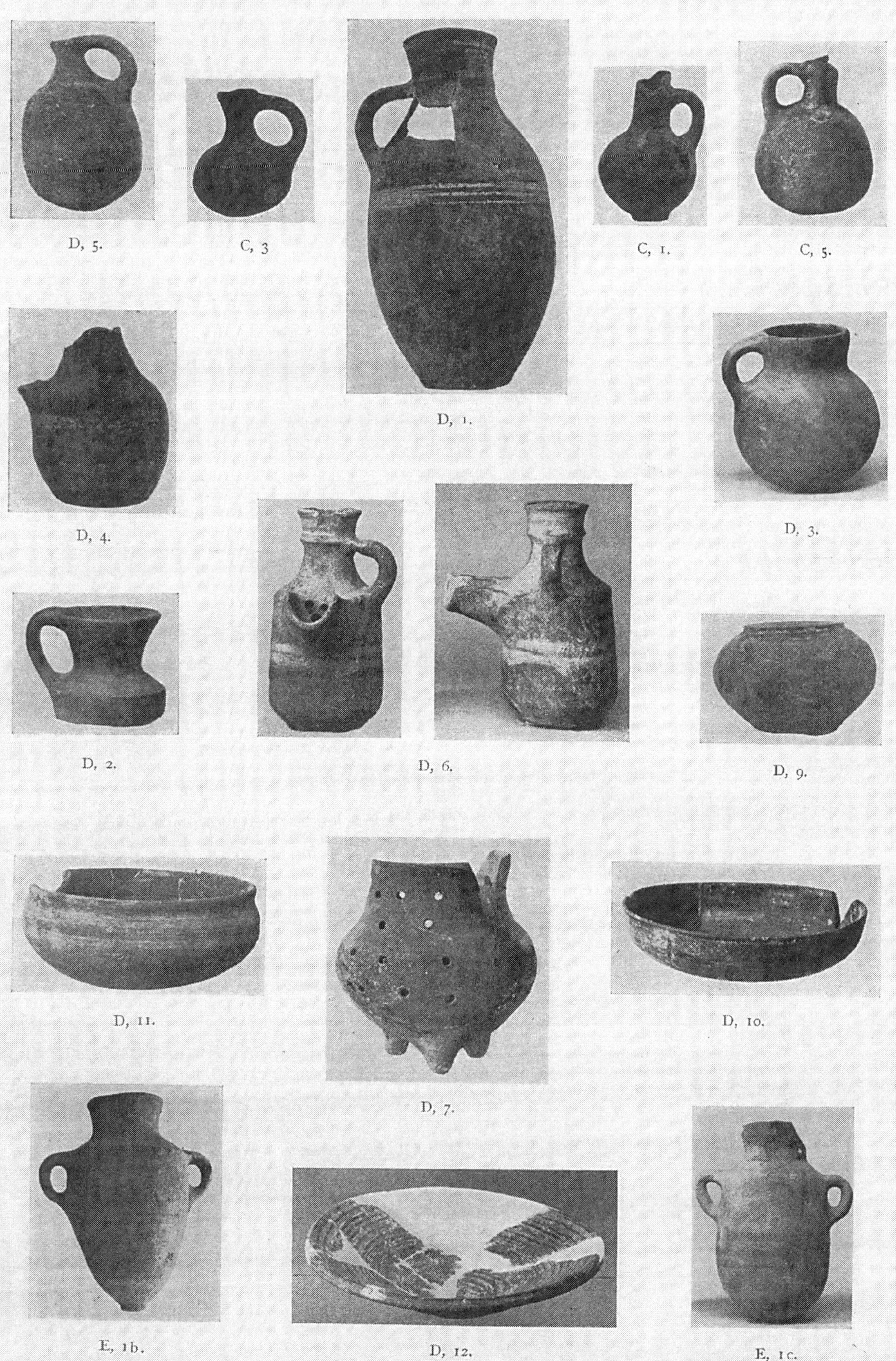

Jüdische Tongefäße.

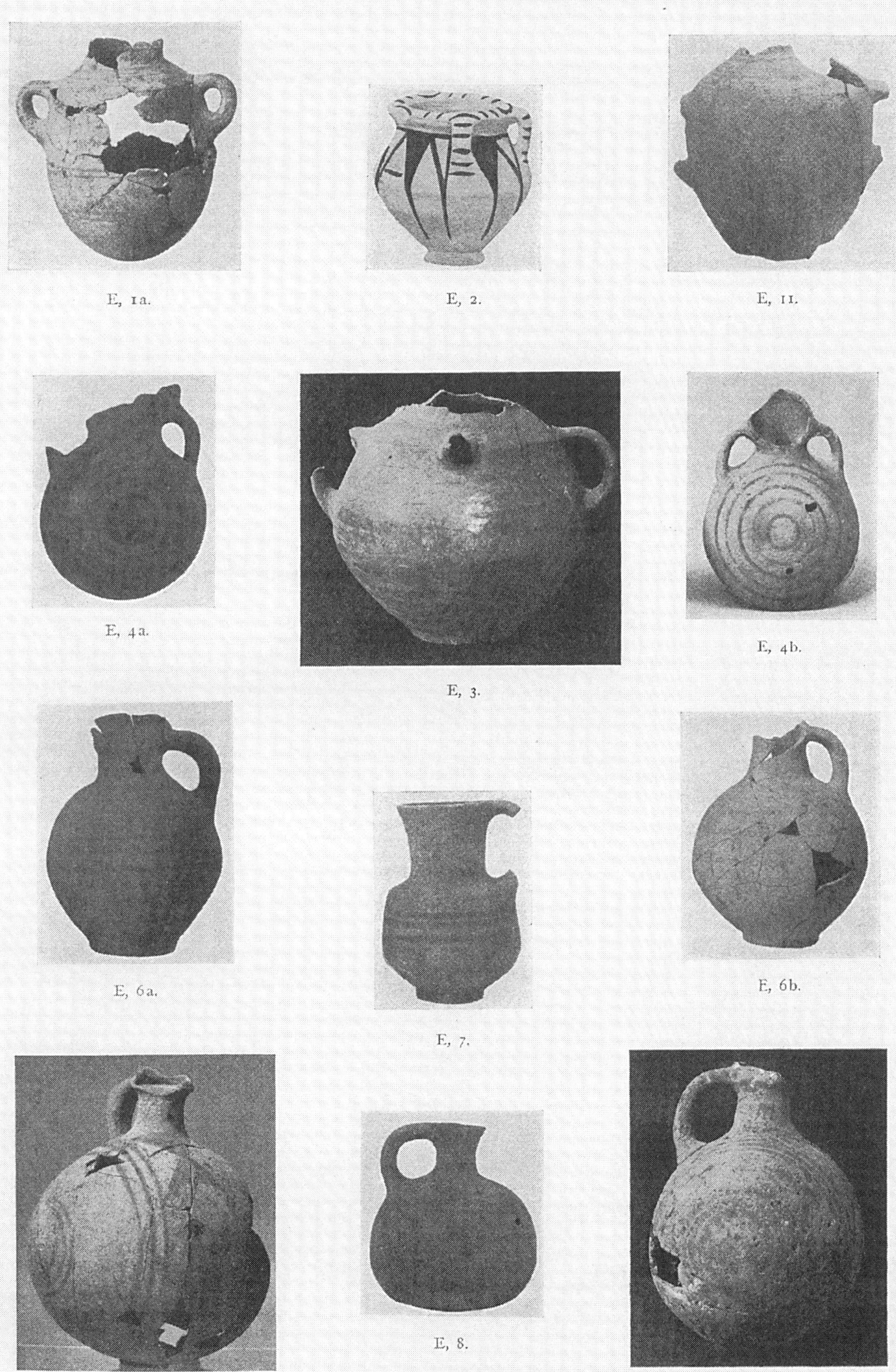

E, 1a. E, 2. E, 11.

E, 4a. E, 3. E, 4b.

E, 6a. E, 7. E, 6b.

E, 9. E, 8. E, 9.

Jüdische Tongefäße.

J, 6. IV, 6. II, 4.

J, 9. II, 5.

IV, 1. IV, 7. IV, 6.

II, 1. II, 3. II, 2.

III, 5. III, 3.

Hellenistische Tongeräte — jüdische und spätjüdische Terrakotten — Geräte aus Stein und Bronze.

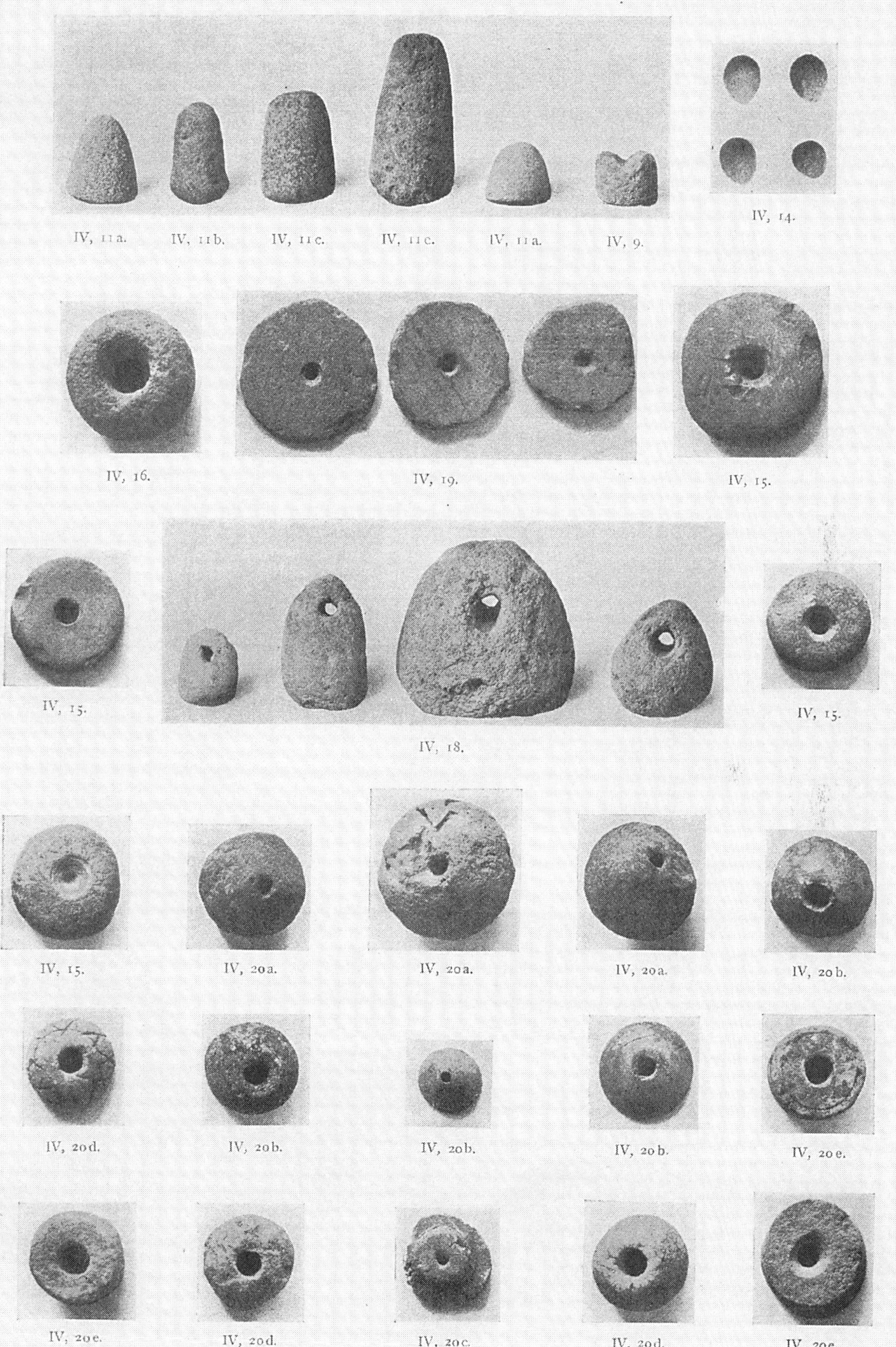
IV, 11a. IV, 11b. IV, 11c. IV, 11c. IV, 11a. IV, 9. IV, 14.

IV, 16. IV, 19. IV, 15.

IV, 15. IV, 18. IV, 15.

IV, 15. IV, 20a. IV, 20a. IV, 20a. IV, 20b.

IV, 20d. IV, 20b. IV, 20b. IV, 20b. IV, 20e.

IV, 20e. IV, 20d. IV, 20c. IV, 20d. IV, 20e.

Geräte aus Stein, Ton und Knochen aus israelitischer und jüdischer Zeit.

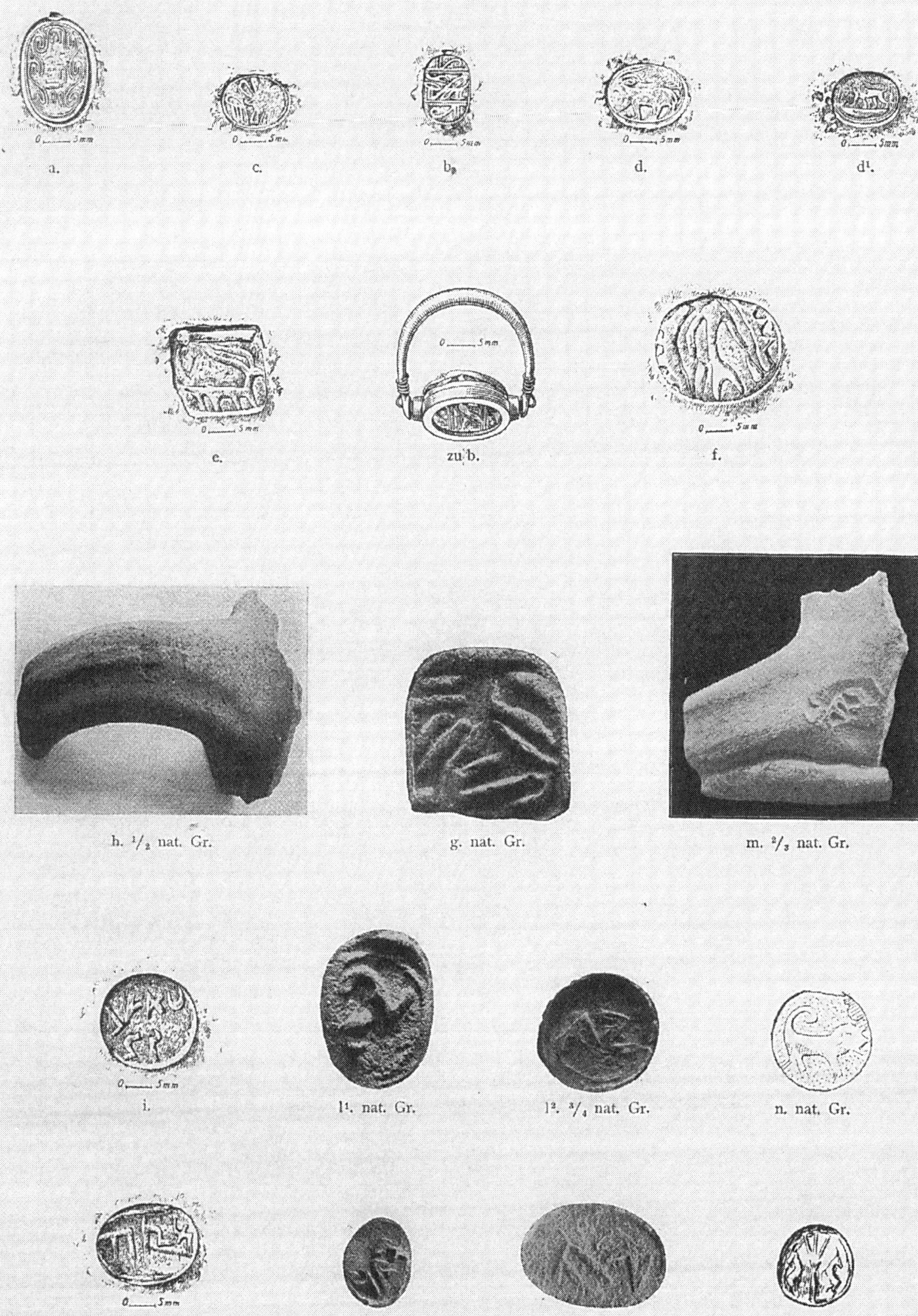
a. c. b. d. d¹.

e. zu b. f.

h. ½ nat. Gr. g. nat. Gr. m. ⅔ nat. Gr.

i. l¹. nat. Gr. l². ¾ nat. Gr. n. nat. Gr.

k. m¹. ¾ nat. Gr. l³. nat. Gr. o. nat. Gr.

Die Stempel der Amphorenhenkel aus israelitischer und jüdischer Zeit.

A, 7. A, 1. A, 14. A, 11a. A, 10. A, 11b. A, 2. A, 18. A, 9. A, 5. A, 16.

Byzantinische Tongefäße.

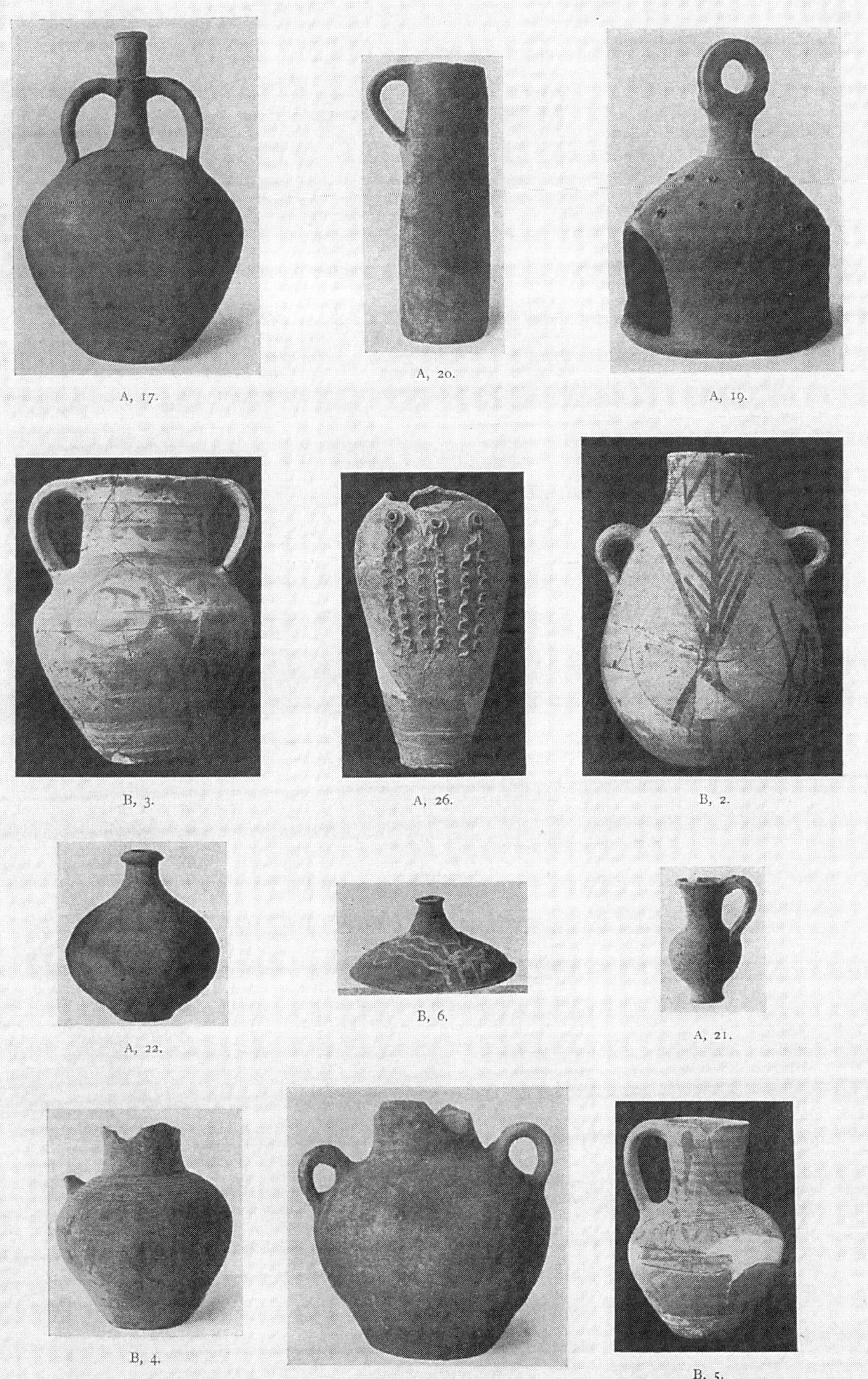

A, 17. A, 20. A, 19.

B, 3. A, 26. B, 2.

A, 22. B, 6. A, 21.

B, 4. B, 1. B, 5.

Byzantinische Tongefäße.

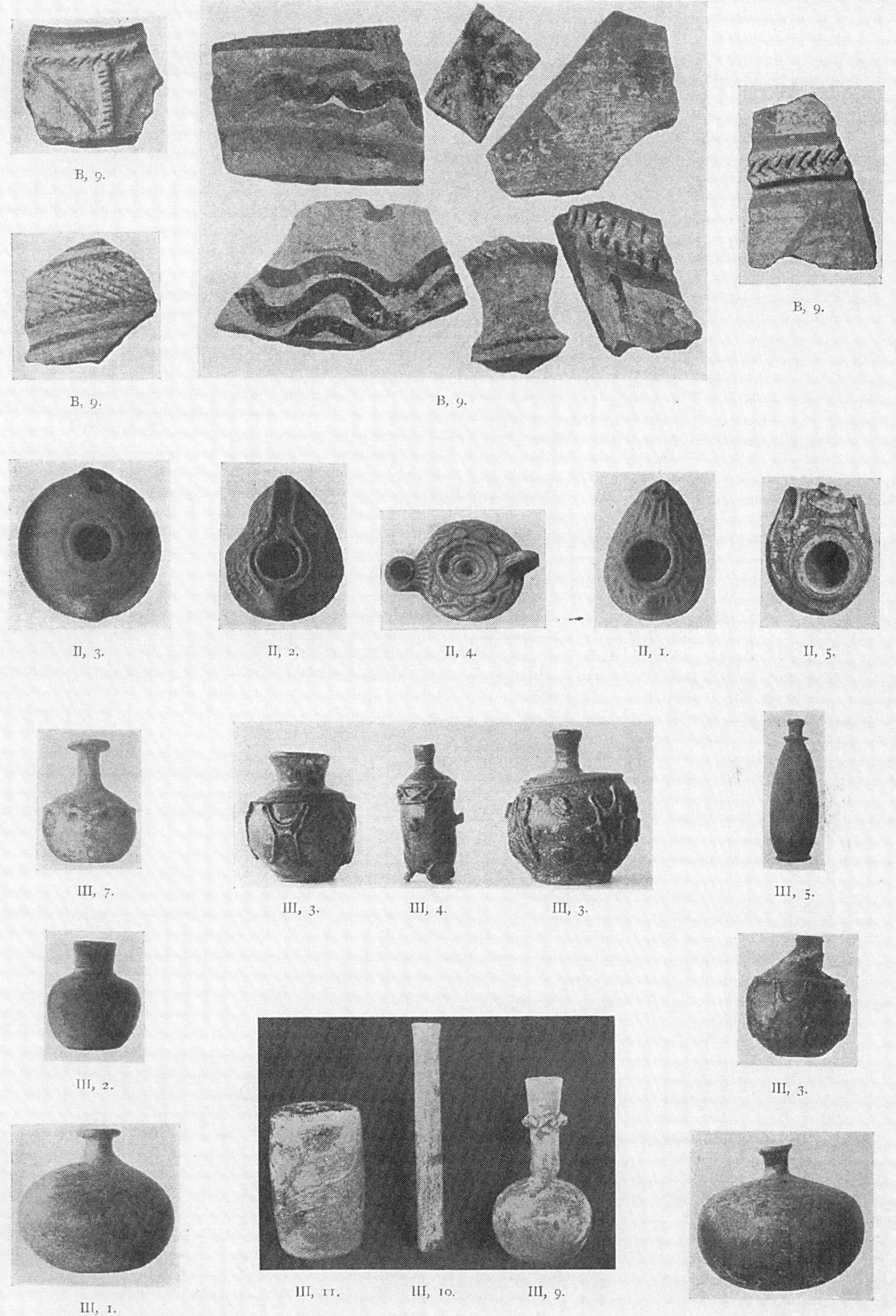

Byzantinische Tongefäße, Lampen und Gläser.

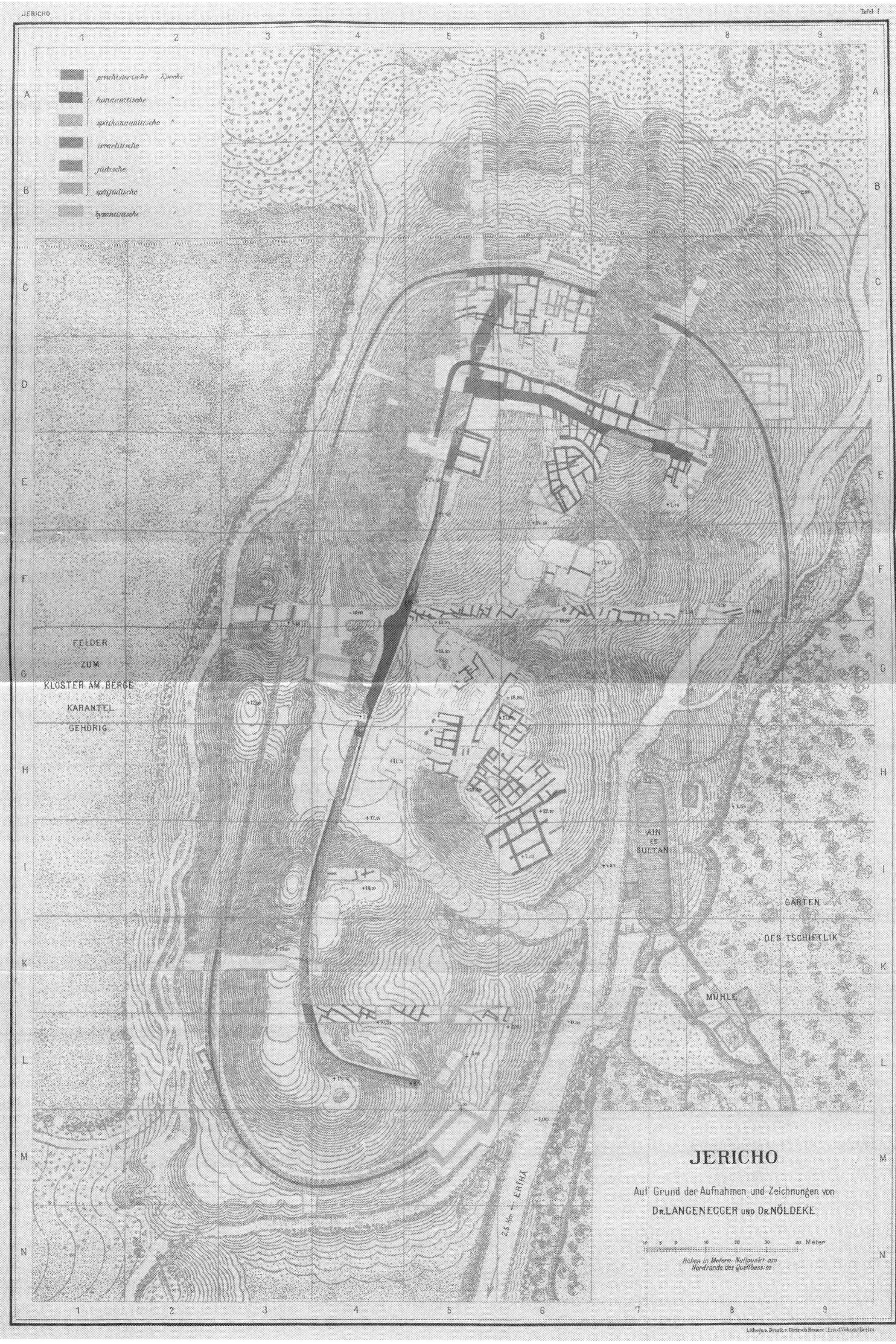
prähistorische Epoche
kanaanitische "
spätkanaanitische "
israelitische "
jüdische "
spätjüdische "
byzantinische "
FELDER
ZUM
KLOSTER AM BERGE
KARANTEL
GEHÖRIG
AIN
ES
SULTAN
GÄRTEN
DES TSCHIFTLIK
MÜHLE
2,5 Km ← ERIHA
JERICHO
Auf Grund der Aufnahmen und Zeichnungen von
Dr. LANGENEGGER und Dr. NÖLDEKE
10 5 0 10 20 30 40 Meter
Höhen in Metern: Nullpunkt am
Nordrande des Quellbassins

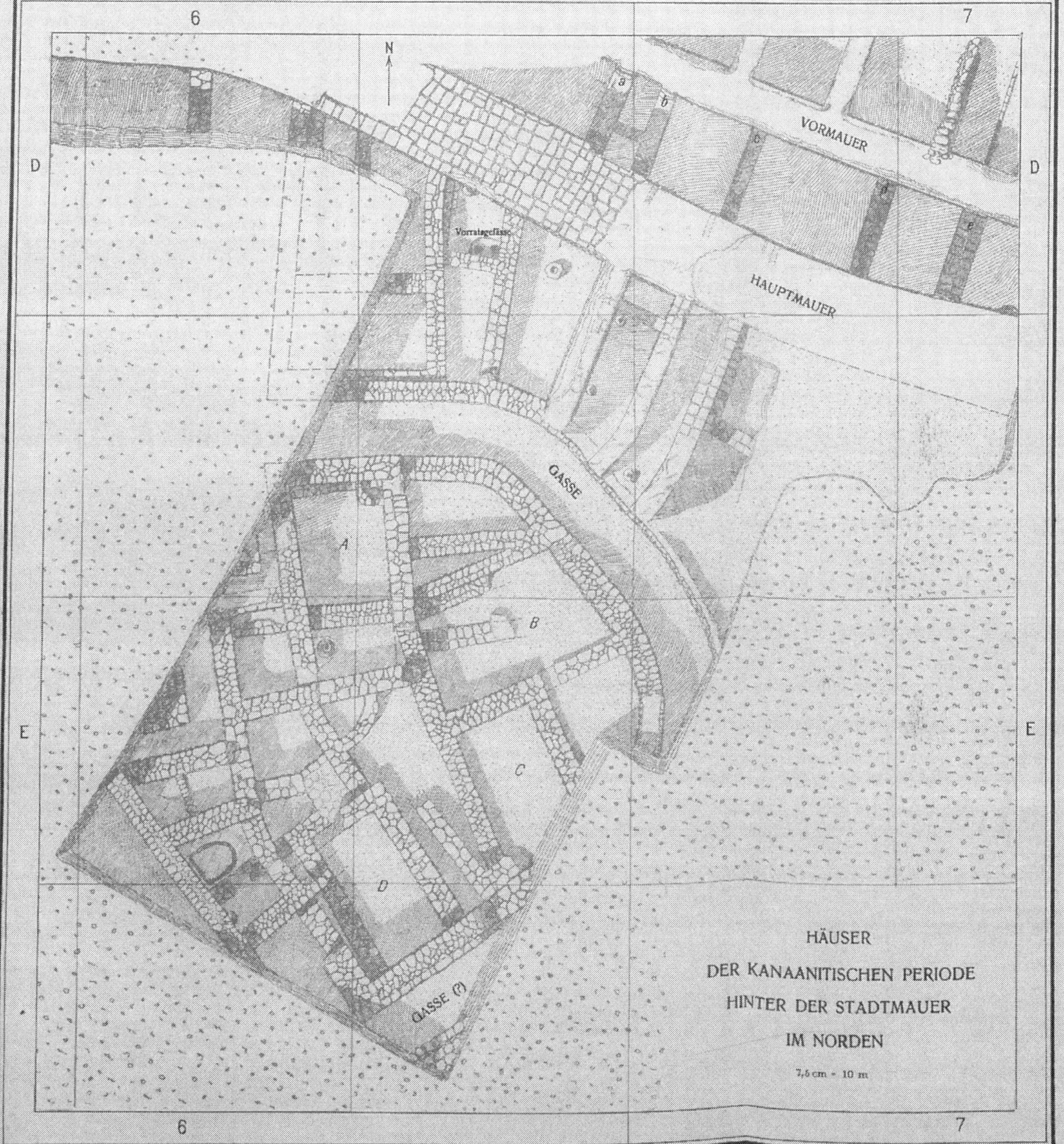

Verlag der J.C. Hinrichs'schen Buchhandlung, Leipzig. Aufgen. u. gez. Dr. Langenegger

Verlag der J. C. Hinrichs'schen Buchhandlung, Leipzig.

Aufgen. u. gez. Dr. Langenegger

HÄUSER DER ISRAELITISCHEN UND SPÄTJÜDISCHEN PERIODE
ZWISCHEN DER KANAANITISCHEN UND DER ISRAELITISCHEN STADTMAUER IM NORDEN

7,5 cm = 10 m

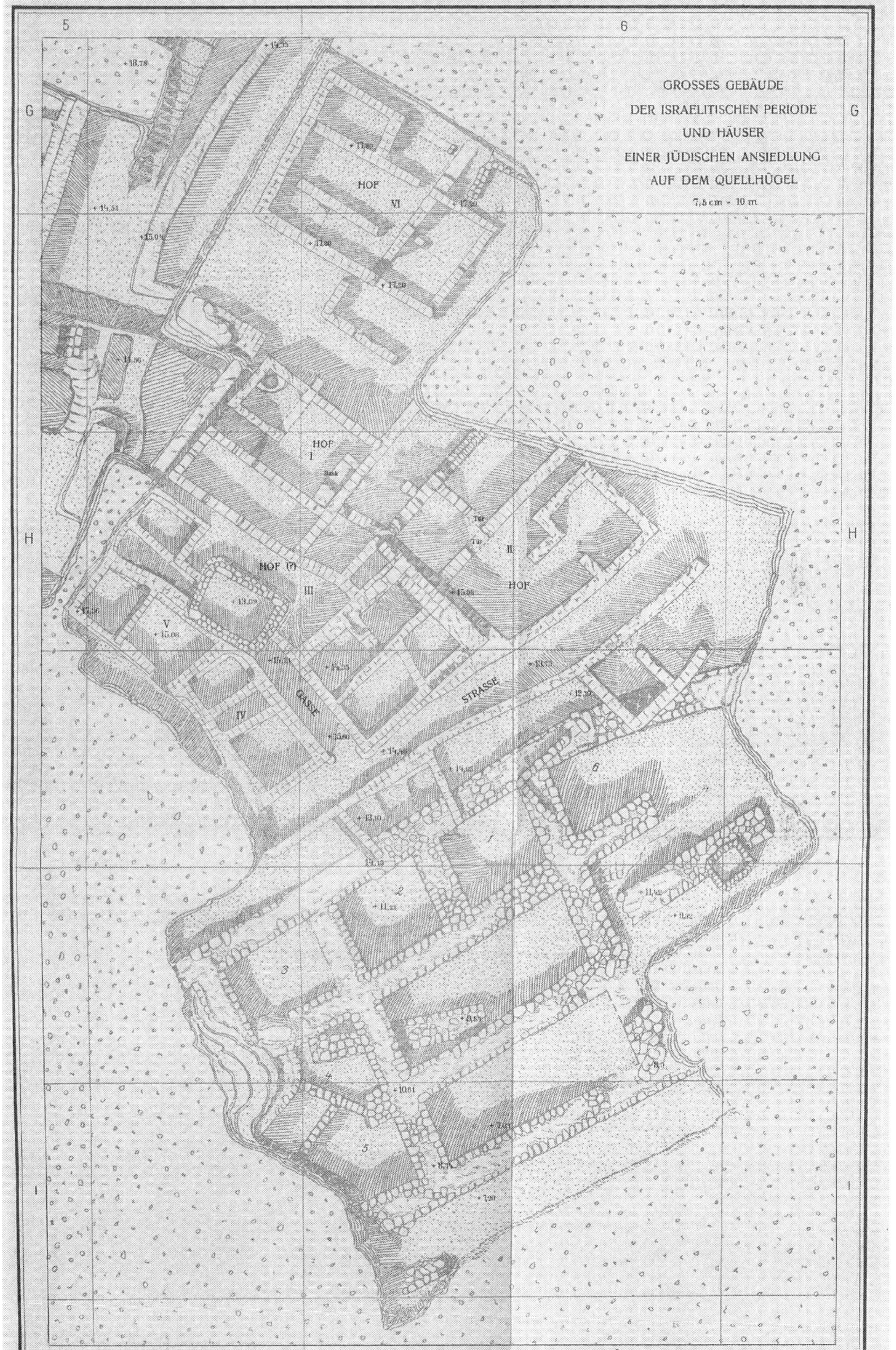

GROSSES GEBÄUDE
DER ISRAELITISCHEN PERIODE
UND HÄUSER
EINER JÜDISCHEN ANSIEDLUNG
AUF DEM QUELLHÜGEL

7,5 cm = 10 m

HOF VI

HOF I

Bank

HOF (?) III

V

IV

GASSE

II HOF

Tür

STRASSE

1 2 3 4 5 6

Verlag der J. C. Hinrichs'schen Buchhandlung, Leipzig.

Aufgen. Dr. Langenegger, Dr. Nöldeke, Otto Schultze, gez. Dr. Langenegger

Fortsetzung von der 2. Umschlagseite.

In Kürze werden erscheinen:

23: **Die Festungswerke von Assur.** Von WALTER ANDRAE. Mit 302 Abbildungen im Text und auf 110 Blättern sowie mit 67 Photolithographie- und 41 Lichtdrucktafeln in besonderem Band. [Assur A II]

24: **Die Stelenreihen in Assur.** Von WALTER ANDRAE. Mit 203 Abbildungen im Text und auf 24 Blättern sowie mit 5 photolithograph. u. 16 Lichtdrucktafeln. [Assur A III]

Im Druck befinden sich ferner:

25: **Alte Kirchen und Moscheen in Armenien und Kurdistan.** Von WALTER BACHMANN. Mit 30 Abbildungen im Text sowie etwa 12 Steindruck- und 60 Lichtdrucktafeln.

26: **Das Grabdenkmal des Königs S'aꜣḥu-reʿ.** Bd. II: Die Wandbilder. Von LUDWIG BORCHARDT unter Mitwirkung von ERNST ASSMANN, ALFRED BOLLACHER, OSKAR HEINROTH, MAX HILZHEIMER und KURT SETHE. [Abusir VII]

Printed in Great Britain
by Amazon

23834619R00137